※価格はすべて税込表示

府県名・学校名	2019年 実施問題	2018年 実施問題	2017年 実施問題	2016年 実施問題	2015年 実施問題	2014年 実施問題	2013年 実施問題	2012年 実施問題	2011年 実施問題	2010年 実施問題	2009年 実施問題	2008年 実施問題	2007年 実施問題	2006年 実施問題	2005年 実施問題	2004年 実施問題	2003年 実施問題
大阪府公立高(一般)	990円 148頁	990円 140頁	990円 140頁	990円 122頁													
大阪府公立高(特別)	990円 78頁	990円 78頁	990円 74頁	990円 72頁													
大阪府公立高(前期)					990円 70頁	990円 68頁	990円 66頁	990円 72頁	990円 70頁	990円 60頁	990円 58頁	990円 56頁	990円 56頁	990円 54頁	990円 52頁	990円 52頁	990円 48頁
大阪府公立高(後期)					990円 82頁	990円 76頁	990円 72頁	990円 64頁	990円 64頁	990円 64頁	990円 62頁	990円 62頁	990円 62頁	990円 58頁	990円 56頁	990円 58頁	990円 56頁
兵庫県公立高	990円 74頁	990円 78頁	990円 74頁	990円 74頁	990円 74頁	990円 68頁	990円 66頁	990円 64頁	990円 60頁	990円 56頁	990円 58頁	990円 56頁	990円 58頁	990円 56頁	990円 56頁	990円 54頁	990円 52頁
奈良県公立高(一般)	990円 62頁	990円 50頁	990円 50頁	990円 52頁	990円 50頁	990円 52頁	990円 50頁	990円 48頁	990円 48頁	990円 48頁	990円 48頁	990円 48頁	×	990円 44頁	990円 46頁	990円 42頁	990円 44頁
奈良県公立高(特色)	990円 30頁	990円 38頁	990円 44頁	990円 46頁	990円 46頁	990円 44頁	990円 40頁	990円 40頁	990円 32頁	990円 32頁	990円 32頁	990円 32頁	990円 28頁	990円 28頁			
和歌山県公立高	990円 76頁	990円 70頁	990円 68頁	990円 64頁	990円 66頁	990円 64頁	990円 64頁	990円 62頁	990円 66頁	990円 62頁	990円 60頁	990円 60頁	990円 58頁	990円 56頁	990円 56頁	990円 56頁	990円 52頁
岡山県公立高(一般)	990円 66頁	990円 60頁	990円 58頁	990円 56頁	990円 58頁	990円 56頁	990円 58頁	990円 60頁	990円 56頁	990円 56頁	990円 52頁	990円 52頁	990円 50頁				
岡山県公立高(特別)	990円 38頁	990円 36頁	990円 34頁	990円 34頁	990円 34頁	990円 32頁											
広島県公立高	990円 68頁	990円 70頁	990円 74頁	990円 68頁	990円 60頁	990円 58頁	990円 54頁	990円 46頁	990円 48頁	990円 46頁	990円 46頁	990円 46頁	990円 44頁	990円 46頁	990円 44頁	990円 44頁	990円 44頁
山口県公立高	990円 86頁	990円 80頁	990円 82頁	990円 84頁	990円 76頁	990円 78頁	990円 76頁	990円 64頁	990円 62頁	990円 58頁	990円 58頁	990円 60頁	990円 56頁				
徳島県公立高	990円 88頁	990円 78頁	990円 86頁	990円 74頁	990円 76頁	990円 80頁	990円 64頁	990円 62頁	990円 60頁	990円 58頁	990円 60頁	990円 54頁	990円 52頁				
香川県公立高	990円 76頁	990円 74頁	990円 72頁	990円 74頁	990円 72頁	990円 68頁	990円 68頁	990円 66頁	990円 66頁	990円 62頁	990円 62頁	990円 60頁	990円 62頁				
愛媛県公立高	990円 72頁	990円 68頁	990円 66頁	990円 64頁	990円 68頁	990円 64頁	990円 62頁	990円 60頁	990円 62頁	990円 56頁	990円 58頁	990円 56頁	990円 54頁				
福岡県公立高	990円 66頁	990円 68頁	990円 68頁	990円 66頁	990円 60頁	990円 56頁	990円 56頁	990円 54頁	990円 56頁	990円 58頁	990円 52頁	990円 54頁	990円 52頁	990円 48頁			
長崎県公立高	990円 90頁	990円 86頁	990円 84頁	990円 84頁	990円 82頁	990円 80頁	990円 80頁	990円 82頁	990円 80頁	990円 80頁	990円 80頁	990円 78頁	990円 76頁				
熊本県公立高	990円 98頁	990円 92頁	990円 92頁	990円 92頁	990円 94頁	990円 74頁	990円 72頁	990円 70頁	990円 70頁	990円 68頁	990円 68頁	990円 64頁	990円 68頁				
大分県公立高	990円 84頁	990円 78頁	990円 80頁	990円 76頁	990円 80頁	990円 66頁	990円 62頁	990円 62頁	990円 62頁	990円 58頁	990円 58頁	990円 56頁	990円 58頁				
鹿児島県公立高	990円 66頁	990円 62頁	990円 60頁	990円 60頁	990円 60頁	990円 60頁	990円 60頁	990円 60頁	990円 60頁	990円 58頁	990円 58頁	990円 54頁	990円 58頁				

英語リスニング音声データのご案内

英語リスニング問題の音声データについて

赤本収録年度の音声データ　弊社発行の**「高校別入試対策シリーズ（赤本）」に収録している年度**の音声データは，以下の一覧の学校分を提供しています。希望の音声データをダウンロードし，赤本に掲載されている問題に取り組んでください。

赤本収録年度より古い年度の音声データ　**「高校別入試対策シリーズ（赤本）」に収録している年度よりも古い年度**の音声データは，6ページの国私立高と公立高を提供しています。赤本バックナンバー（1～3ページに掲載）と音声データの両方をご購入いただき，問題に取り組んでください。

ご購入の流れ

① 英俊社のウェブサイト https://book.eisyun.jp/ にアクセス
② トップページの「高校受験」 リスニング音声データ をクリック
③ ご希望の学校・年度をクリックすると，オーディオブック（audiobook.jp）のウェブサイトの該当ページにジャンプ
④ オーディオブック（audiobook.jp）のウェブサイトでご購入。※初回のみ会員登録（無料）が必要です。

⚠ ダウンロード方法やお支払い等，購入に関するお問い合わせは，オーディオブック（audiobook.jp）のウェブサイトにてご確認ください。

音声データを入手できる学校と年度

赤本収録年度の音声データ

ご希望の年度を1年分ずつ，もしくは赤本に収録している年度をすべてまとめてセットでご購入いただくことができます。セットでご購入いただくと，1年分の単価がお得になります。

⚠ ×印の年度は音声データをご提供しておりません。あしからずご了承ください。

国私立高（アイウエオ順）

※価格は税込表示

学校名	税込価格				
	2020年	2021年	2022年	2023年	2024年
アサンプション国際高	¥550	¥550	¥550	¥550	¥550
5か年セット	¥2,200				
育英西高	¥550	¥550	¥550	¥550	¥550
5か年セット	¥2,200				
大阪教育大附高池田校	¥550	¥550	¥550	¥550	¥550
5か年セット	¥2,200				
大阪薫英女学院高	¥550	¥550	¥550	¥550	×
4か年セット	¥1,760				
大阪国際高	¥550	¥550	¥550	¥550	¥550
5か年セット	¥2,200				
大阪信愛学院高	¥550	¥550	¥550	¥550	¥550
5か年セット	¥2,200				
大阪星光学院高	¥550	¥550	¥550	¥550	¥550
5か年セット	¥2,200				
大阪桐蔭高	¥550	¥550	¥550	¥550	¥550
5か年セット	¥2,200				
大谷高	×	×	×	¥550	¥550
2か年セット	¥880				
関西創価高	¥550	¥550	¥550	¥550	¥550
5か年セット	¥2,200				
京都先端科学大附高(特進・進学)	¥550	¥550	¥550	¥550	¥550
5か年セット	¥2,200				

※価格は税込表示

学校名	税込価格				
	2020年	2021年	2022年	2023年	2024年
京都先端科学大附高(国際)	¥550	¥550	¥550	¥550	¥550
5か年セット	¥2,200				
京都橘高	¥550	×	¥550	¥550	¥550
4か年セット	¥1,760				
京都両洋高	¥550	¥550	¥550	¥550	¥550
5か年セット	¥2,200				
久留米大附設高	×	¥550	¥550	¥550	¥550
4か年セット	¥1,760				
神戸星城高	¥550	¥550	¥550	¥550	¥550
5か年セット	¥2,200				
神戸山手グローバル高	×	×	×	¥550	¥550
2か年セット	¥880				
神戸龍谷高	¥550	¥550	¥550	¥550	¥550
5か年セット	¥2,200				
香里ヌヴェール学院高	¥550	¥550	¥550	¥550	¥550
5か年セット	¥2,200				
三田学園高	¥550	¥550	¥550	¥550	¥550
5か年セット	¥2,200				
滋賀学園高	¥550	¥550	¥550	¥550	¥550
5か年セット	¥2,200				
滋賀短期大学附高	¥550	¥550	¥550	¥550	¥550
5か年セット	¥2,200				

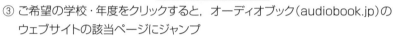

国私立高（アイウエオ順）

※価格は税込表示

学校名	税込価格				
	2020年	2021年	2022年	2023年	2024年
樟蔭高	¥550	¥550	¥550	¥550	¥550
5か年セット	¥2,200				
常翔学園高	¥550	¥550	¥550	¥550	¥550
5か年セット	¥2,200				
清教学園高	¥550	¥550	¥550	¥550	¥550
5か年セット	¥2,200				
西南学院高（専願）	¥550	¥550	¥550	¥550	¥550
5か年セット	¥2,200				
西南学院高（前期）	¥550	¥550	¥550	¥550	¥550
5か年セット	¥2,200				
園田学園高	¥550	¥550	¥550	¥550	¥550
5か年セット	¥2,200				
筑陽学園高（専願）	¥550	¥550	¥550	¥550	¥550
5か年セット	¥2,200				
筑陽学園高（前期）	¥550	¥550	¥550	¥550	¥550
5か年セット	¥2,200				
智辯学園高	¥550	¥550	¥550	¥550	¥550
5か年セット	¥2,200				
帝塚山高	¥550	¥550	¥550	¥550	¥550
5か年セット	¥2,200				
東海大付大阪仰星高	¥550	¥550	¥550	¥550	¥550
5か年セット	¥2,200				
同志社高	¥550	¥550	¥550	¥550	¥550
5か年セット	¥2,200				
中村学園女子高（前期）	×	¥550	¥550	¥550	¥550
4か年セット	¥1,760				
灘高	¥550	¥550	¥550	¥550	¥550
5か年セット	¥2,200				
奈良育英高	¥550	¥550	¥550	¥550	¥550
5か年セット	¥2,200				
奈良学園高	¥550	¥550	¥550	¥550	¥550
5か年セット	¥2,200				
奈良大附高	¥550	¥550	¥550	¥550	¥550
5か年セット	¥2,200				

※価格は税込表示

学校名	税込価格				
	2020年	2021年	2022年	2023年	2024年
西大和学園高	¥550	¥550	¥550	¥550	¥550
5か年セット	¥2,200				
梅花高	¥550	¥550	¥550	¥550	¥550
5か年セット	¥2,200				
白陵高	¥550	¥550	¥550	¥550	¥550
5か年セット	¥2,200				
初芝立命館高	×	×	×	×	¥550
東大谷高	×	×	¥550	¥550	¥550
3か年セット	¥1,320				
東山高	×	×	×	×	¥550
雲雀丘学園高	¥550	¥550	¥550	¥550	¥550
5か年セット	¥2,200				
福岡大附大濠高（専願）	¥550	¥550	¥550	¥550	¥550
5か年セット	¥2,200				
福岡大附大濠高（前期）	¥550	¥550	¥550	¥550	¥550
5か年セット	¥2,200				
福岡大附大濠高（後期）	¥550	¥550	¥550	¥550	¥550
5か年セット	¥2,200				
武庫川女子大附高	×	×	¥550	¥550	¥550
3か年セット	¥1,320				
明星高	¥550	¥550	¥550	¥550	¥550
5か年セット	¥2,200				
和歌山信愛高	¥550	¥550	¥550	¥550	¥550
5か年セット	¥2,200				

公立高

※価格は税込表示

学校名	税込価格				
	2020年	2021年	2022年	2023年	2024年
京都市立西京高（エンタープライジング科）	¥550	¥550	¥550	¥550	¥550
5か年セット	¥2,200				
京都市立堀川高（探究学科群）	¥550	¥550	¥550	¥550	¥550
5か年セット	¥2,200				
京都府立嵯峨野高（京都こすもす科）	¥550	¥550	¥550	¥550	¥550
5か年セット	¥2,200				

赤本収録年度より古い年度の音声データ

以下の音声データは，赤本に収録以前の年度ですので，赤本バックナンバー（P.1～3に掲載）と合わせてご購入ください。
赤本バックナンバーは1年分が1冊の本になっていますので，音声データも1年分ずつの販売となります。

※価格は税込表示

国私立高（アイウエオ順）

学校名	2003年	2004年	2005年	2006年	2007年	2008年	2009年	2010年	2011年	2012年	2013年	2014年	2015年	2016年	2017年	2018年	2019年
大阪教育大附高池田校				¥550	¥550	¥550	¥550	¥550	¥550	¥550	¥550	¥550	¥550	¥550	¥550	¥550	¥550
大阪星光学院高(1次)	¥550	¥550	¥550	¥550	¥550	¥550	¥550	¥550	¥550	¥550	×	¥550	×	¥550	¥550	¥550	¥550
大阪星光学院高(1.5次)		¥550	¥550	¥550	¥550	¥550	¥550	×	×	×	×	×	×	×	×	×	×
大阪桐蔭高						¥550	¥550	¥550	¥550	¥550	¥550	¥550	¥550	¥550	¥550	¥550	¥550
久留米大附設高				¥550	¥550	×	¥550	¥550	¥550	¥550	¥550	¥550	¥550	¥550	¥550	¥550	¥550
清教学園高														¥550	¥550	¥550	¥550
同志社高						¥550	¥550	¥550	¥550	¥550	¥550	¥550	¥550	¥550	¥550	¥550	¥550
灘高																¥550	¥550
西大和学園高				¥550	¥550	¥550	¥550	¥550	¥550	¥550	¥550	¥550	¥550	¥550	¥550	¥550	¥550
福岡大附大濠高(専願)												¥550	¥550	¥550	¥550	¥550	¥550
福岡大附大濠高(前期)					¥550	¥550	¥550	¥550	¥550	¥550	¥550	¥550	¥550	¥550	¥550	¥550	¥550
福岡大附大濠高(後期)					¥550	¥550	¥550	¥550	¥550	¥550	¥550	¥550	¥550	¥550	¥550	¥550	¥550
明星高															¥550	¥550	¥550
立命館高(前期)						¥550	¥550	¥550	¥550	¥550	¥550	¥550	¥550	×	×	×	×
立命館高(後期)						¥550	¥550	¥550	¥550	¥550	¥550	¥550	¥550	×	×	×	×
立命館宇治高										¥550	¥550	¥550	¥550	¥550	¥550	¥550	×

※価格は税込表示

公立高（府県順）

府県名・学校名	2003年	2004年	2005年	2006年	2007年	2008年	2009年	2010年	2011年	2012年	2013年	2014年	2015年	2016年	2017年	2018年	2019年
岐阜県公立高				¥550	¥550	¥550	¥550	¥550	¥550	¥550	¥550	¥550	¥550	¥550	¥550	¥550	¥550
静岡県公立高				¥550	¥550	¥550	¥550	¥550	¥550	¥550	¥550	¥550	¥550	¥550	¥550	¥550	¥550
愛知県公立高(Aグループ)	¥550	¥550	¥550	¥550	¥550	¥550	¥550	¥550	¥550	¥550	¥550	¥550	¥550	¥550	¥550	¥550	¥550
愛知県公立高(Bグループ)	¥550	¥550	¥550	¥550	¥550	¥550	¥550	¥550	¥550	¥550	¥550	¥550	¥550	¥550	¥550	¥550	¥550
三重県公立高					¥550	¥550	¥550	¥550	¥550	¥550	¥550	¥550	¥550	¥550	¥550	¥550	¥550
滋賀県公立高	¥550	¥550	¥550	¥550	¥550	¥550	¥550	¥550	¥550	¥550	¥550	¥550	¥550	¥550	¥550	¥550	¥550
京都府公立高(中期選抜)	¥550	¥550	¥550	¥550	¥550	¥550	¥550	¥550	¥550	¥550	¥550	¥550	¥550	¥550	¥550	¥550	¥550
京都府公立高(前期選抜 共通学力検査)													¥550	¥550	¥550	¥550	¥550
京都市立西京高(エンタープライジング科)		¥550	¥550	¥550	¥550	¥550	¥550	¥550	¥550	¥550	¥550	¥550	¥550	¥550	¥550	¥550	¥550
京都市立堀川高(探究学科群)													¥550	¥550	¥550	¥550	¥550
京都市立嵯峨野高(京都こすもす科)		¥550	¥550	¥550	¥550	¥550	¥550	¥550	¥550	¥550	¥550	¥550	¥550	¥550	¥550	¥550	¥550
大阪府公立高(一般選抜)														¥550	¥550	¥550	¥550
大阪府公立高(特別選抜)														¥550	¥550	¥550	¥550
大阪府公立高(後期選抜)	¥550	¥550	¥550	¥550	¥550	¥550	¥550	¥550	¥550	¥550	¥550	¥550	¥550	×	×	×	×
大阪府公立高(前期選抜)	¥550	¥550	¥550	¥550	¥550	¥550	¥550	¥550	¥550	¥550	¥550	¥550	¥550	×	×	×	×
兵庫県公立高	¥550	¥550	¥550	¥550	¥550	¥550	¥550	¥550	¥550	¥550	¥550	¥550	¥550	¥550	¥550	¥550	¥550
奈良県公立高(一般選抜)	¥550	¥550	¥550	¥550	×	¥550	¥550	¥550	¥550	¥550	¥550	¥550	¥550	¥550	¥550	¥550	¥550
奈良県公立高(特色選抜)					¥550	¥550	¥550	¥550	¥550	¥550	¥550	¥550	¥550	¥550	¥550	¥550	¥550
和歌山県公立高	¥550	¥550	¥550	¥550	¥550	¥550	¥550	¥550	¥550	¥550	¥550	¥550	¥550	¥550	¥550	¥550	¥550
岡山県公立高(一般選抜)						¥550	¥550	¥550	¥550	¥550	¥550	¥550	¥550	¥550	¥550	¥550	¥550
岡山県公立高(特別選抜)													¥550	¥550	¥550	¥550	¥550
広島県公立高	¥550	¥550	¥550	¥550	¥550	¥550	¥550	¥550	¥550	¥550	¥550	¥550	¥550	¥550	¥550	¥550	¥550
山口県公立高					¥550	¥550	¥550	¥550	¥550	¥550	¥550	¥550	¥550	¥550	¥550	¥550	¥550
香川県公立高					¥550	¥550	¥550	¥550	¥550	¥550	¥550	¥550	¥550	¥550	¥550	¥550	¥550
愛媛県公立高					¥550	¥550	¥550	¥550	¥550	¥550	¥550	¥550	¥550	¥550	¥550	¥550	¥550
福岡県公立高				¥550	¥550	¥550	¥550	¥550	¥550	¥550	¥550	¥550	¥550	¥550	¥550	¥550	¥550
長崎県公立高					¥550	¥550	¥550	¥550	¥550	¥550	¥550	¥550	¥550	¥550	¥550	¥550	¥550
熊本県公立高(選択問題A)													¥550	¥550	¥550	¥550	¥550
熊本県公立高(選択問題B)													¥550	¥550	¥550	¥550	¥550
熊本県公立高(共通)					¥550	¥550	¥550	¥550	¥550	¥550	¥550	¥550	×	×	×	×	×
大分県公立高					¥550	¥550	¥550	¥550	¥550	¥550	¥550	¥550	¥550	¥550	¥550	¥550	¥550
鹿児島県公立高					¥550	¥550	¥550	¥550	¥550	¥550	¥550	¥550	¥550	¥550	¥550	¥550	¥550

受験生のみなさんへ

英俊社の高校入試対策問題集

各書籍のくわしい内容はこちら→

近畿の高校入試シリーズ

最新の近畿の入試問題から良問を精選。
私立・公立どちらにも対応できる定評ある問題集です。

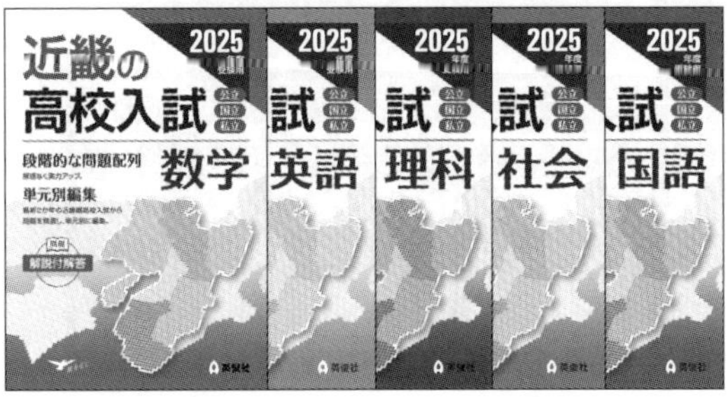

近畿の高校入試シリーズ

中1・2の復習

近畿の入試問題から１・２年生までの範囲で解ける良問を精選。
高校入試の基礎固めに最適な問題集です。

最難関高校シリーズ

最難関高校を志望する受験生諸君におすすめのハイレベル問題集。
灘、洛南、西大和学園、久留米大学附設、ラ・サールの最新７か年入試問題を単元別に分類して収録しています。

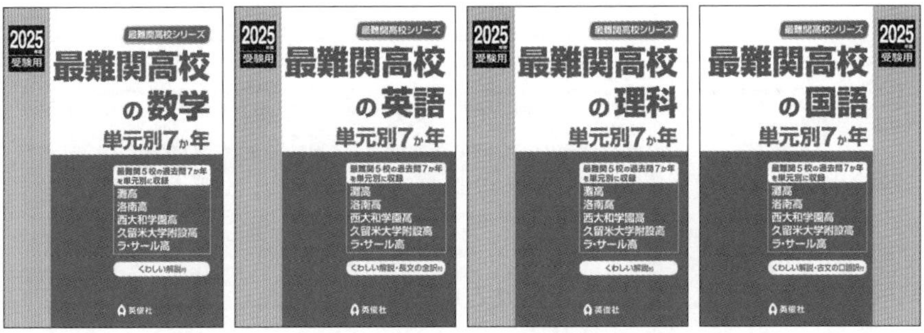

ニューウイングシリーズ　出題率

入試での出題率を徹底分析。出題率の高い単元、問題に集中して効率よく学習できます。

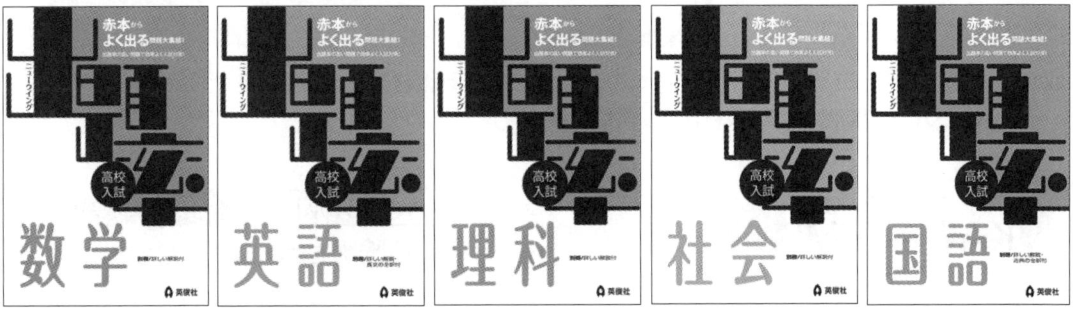

近道問題シリーズ

重要ポイントに絞ったコンパクトな問題集。苦手分野の集中トレーニングに最適です！

数学5分冊

01 式と計算
02 方程式・確率・資料の活用
03 関数とグラフ
04 図形〈1・2年分野〉
05 図形〈3年分野〉

英語6分冊

06 単語・連語・会話表現
07 英文法
08 文の書きかえ・英作文
09 長文基礎
10 長文実践
11 リスニング

理科6分冊

12 物理
13 化学
14 生物・地学
15 理科計算
16 理科記述
17 理科知識

社会4分冊

18 地理
19 歴史
20 公民
21 社会の応用問題 ー資料読解・記述ー

国語5分冊

22 漢字・ことばの知識
23 文法
24 長文読解 ー攻略法の基本ー
25 長文読解 ー攻略法の実践ー
26 古典

学校・塾の指導者の先生方へ

赤本収録の**入試問題データベース**を利用して、**オリジナルプリント教材**を作成していただけるサービスが登場!!　生徒**ひとりひとりに合わせた**教材作りが可能です。

プリント教材作成システム KAWASEMI Lite

くわしくは KAWASEMI Lite 検索 で検索！
まずは**無料体験版**をぜひお試しください。

※指導者の先生方向けの専用サービスです。受験生など個人の方はご利用いただけませんので、ご注意ください。

公立高校入試対策シリーズ 3026－1

もくじ

（注）　著作権の都合により，実際に使用された写真と異なる場合があります。　（編集部）

2020～2024年度のリスニング音声（書籍収録分すべて）は
英俊社ウェブサイト「**リスもん**」から再生できます。
https://book.eisyun.jp/products/listening/index/

リスもん
リスニング問題　音声再生ウェブページ

再生の際に必要な入力コード→ **34896257**
（コードの使用期限：2025年７月末日）

スマホはこちら ——>

※音声は英俊社で作成したものです。

❖公立高校入試選抜制度の概要（前年度参考）

本書の編集時点では2025年度入試選抜要項が公表されておりませんので，前年度（2024年度）の情報を掲載しています。受検にあたっては，2025年度入試選抜要項を必ず確認してください。

前期選抜　出願(2月上旬)→学力検査等(2月中旬)→合格発表(2月下旬)

●１つの高校の１つの学科，系統等を選んで出願する。

① 募集学科　●全日制課程のすべての学科，定時制課程(昼間)の農業及び家庭に関する学科。

② 募集人数　●実施する学科等の募集定員に一定の割合を乗じた人数。

③ 選抜方法　●A，B，Cの３つの方式の中から，各高校が方式および検査項目を定めて実施する。

中期選抜　出願(2月下旬)→学力検査等(3月上旬)→合格発表(3月中旬)

●前期選抜で募集定員の100％を募集する学科等，京都府立清明高校および京都市立京都奏和高校を除くすべての学科で実施する。

●全日制と定時制をまたがる志願はできない。(丹後地域を除く)

●第２志望まで志願できる。全日制については第１志望に順位をつけて，異なる志願先を２校または２学科・系統等まで志願できる。

●第２志望については，第１志望優先で合格者を決めた後，なおその学科等に欠員がある場合，第２志望で選抜を行う。

① 募集人数　●募集定員から前期選抜または特別入学者選抜に合格した者を除いた人数。

② 選抜方法　●学力検査（国語・社会・数学・理科・英語）を実施する。

学力検査の時間割

時間		検査教科
第１時限	9：30～10：10	（検査１）　国語
第２時限	10：30～11：10	（検査２）　社会
第３時限	11：30～12：10	（検査３）　数学
第４時限	13：05～13：45	（検査４）　理科
第５時限	14：05～14：35 14：45～14：55	（検査５）　英語（筆記） （リスニング）

●報告書及び学力検査の成績を総合的に判断し，合格者を決定する。

●報告書の評定と学力検査の取扱いは次のとおり。

【報告書】 9教科　全学年の評定　**195点**（①＋②）

- 5教科（国語，社会，数学，理科，英語）
  （各教科5点）×（5教科）×（3学年分）＝75点（①）
- 4教科（音楽，美術，保健体育，技術・家庭）
  （各教科5点）×（評定を2倍）×（4教科）×（3学年分）＝120点（②）

【学力検査】 5教科　**200点**

- 実施5教科（国語，社会，数学，理科，英語）
  （各教科40点）×（5教科）＝200点

③ 合格決定の流れ

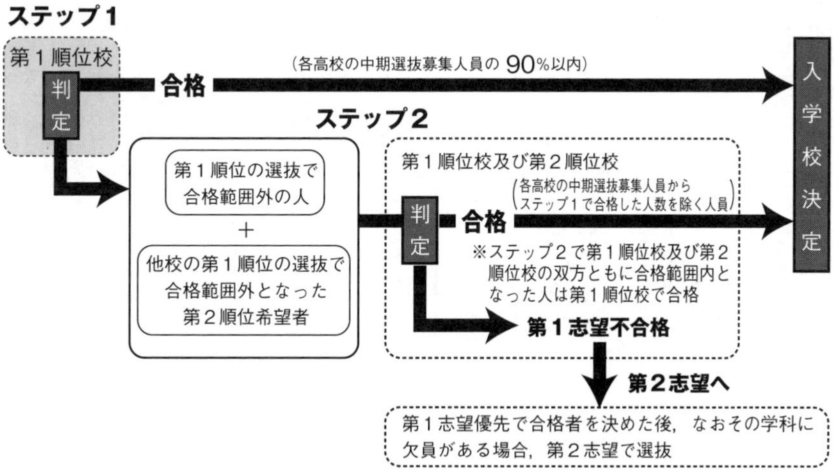

後期選抜　出願（3月中旬）→**学力検査等**（3月下旬）→**合格発表**（3月下旬）

- 前期選抜，特別入学者選抜および中期選抜を実施した後，相当の欠員が生じている場合に実施することがある。
- 後期選抜実施校は，中期選抜の合格者の発表と同時に発表する。
- 報告書，学力検査（国語・数学・英語）の成績および面接の結果を総合的に判断し，合格者を決定する。
  ※学力検査　各教科30点の合計90点

❖2024年度中期選抜　募集人員と受検状況

地域	学校名（学舎・分校名）	学科等名	募集定員（中期選抜実施学科）	中期選抜募集人員 (A)	受検者数 (B)	倍率 (B/A)
京都市・乙訓	山　城	普通［単］	320	224	297	1.33
	鴨　沂	普通	240	168	265	1.58
	洛　北	普通［単］	160	112	155	1.38
	北　稜	普通	240	168	184	1.10
	朱　雀	普通	200	130	111	0.85
	洛　東	普通	240	168	159	0.95
	鳥　羽	普通［単］	160	112	117	1.04
	嵯峨野	普通	120	84	111	1.32
	北嵯峨	普通	280	196	214	1.09
	桂	普通	280	196	219	1.12
		植物クリエイト	40	12	17	1.42
		園芸ビジネス	40	12	8	0.67
	洛　西	普通	280	196	153	0.78
	桃　山	普通	280	196	240	1.22
	東　稜	普通	240	168	155	0.92
	洛　水	普通	160	112	96	0.86
	京都すばる	起業創造	80	24	38	1.58
		企画	120	36	33	0.92
		情報科学	80	24	29	1.21
	向　陽	普通	200	140	132	0.94
	乙　訓	普通	200	137	156	1.14
	西乙訓	普通	160	112	73	0.65
	京都工学院	プロジェクト工学 ものづくり分野	108	33	40	1.21
		プロジェクト工学 まちづくり分野	72	22	26	1.18
	堀　川	普通	80	56	60	1.07
	日吉ケ丘	普通［単］	240	168	147	0.88
	紫　野	普通	200	140	218	1.56
	開　建	ルミノベーション	240	120	189	1.58
山城	東宇治	普通	280	196	203	1.04
	莵　道	普通	280	196	165	0.84
	城南菱創	普通［単］	160	80	120	1.50
	城　陽	普通	280	186	166	0.89
	西城陽	普通	240	168	193	1.15
	京都八幡	普通（総合選択制）	160	72	8	0.11
	京都八幡（南）	介護福祉	30	19	1	0.05
		人間科学	30	10	3	0.30
	久御山	普通	200	140	127	0.91
	田　辺	普通	160	112	113	1.01
		工学探究	40	19	0	0.00
		機械技術	30	9	4	0.44
		電気技術	30	9	5	0.56
		自動車	30	9	4	0.44
	木　津	普通	160	112	79	0.71
		システム園芸	40	12	11	0.92
		情報企画	40	12	3	0.25
	南　陽	普通	160	112	139	1.24

地域	学校名（学舎・分校名）	学科等名	募集定員（中期選抜実施学科）	中期選抜募集人員 (A)	受検者数 (B)	倍率 (B/A)
口丹	北桑田	普通	60	41	9	0.22
		京都フォレスト	30	16	2	0.13
	亀　岡	普通［単］	200	140	180	1.29
	南　丹	総合学科［単］	170	51	13	0.25
	園　部	普通	120	84	53	0.63
	農　芸	農業学科群	100	47	3	0.06
	須　知	普通	60	43	5	0.12
		食品科学	30	20	0	0.00
中丹	綾　部	普通	180	126	120	0.95
	綾　部（東）	農業	30	9	6	0.89
		園芸			2	
		農芸化学	30	9	7	0.78
	福知山	普通	160	112	95	0.85
	工　業	機械テクノロジー	36	11	12	1.09
		ロボット技術	36	11	6	0.55
		電気テクノロジー	36	11	10	0.91
		環境デザイン	36	11	6	0.55
		情報テクノロジー	36	11	16	1.45
	大　江	地域創生［単］	90	47	8	0.17
	東舞鶴	普通	120	84	57	0.68
	西舞鶴	普通	160	111	112	1.01
丹後	海　洋	海洋学科群	95	29	7	0.24
	宮津天橋（宮津学舎）	普通［単］	120	84	79	0.94
		建築［単］	30	9	9	1.00
	宮津天橋（加悦谷学舎）	普通［単］	80	56	39	0.70
	峰　山	普通	160	112	96	0.86
		機械創造	30	9	8	0.89
	丹後緑風（網野学舎）	普通［単］	66	45	35	0.78
		企画経営［単］	24	10	2	0.20
	丹後緑風（久美浜学舎）	アグリサイエンス［単］	30	9	3	0.33
		みらいクリエイト［単］	20	11	1	0.09

注１）［単］は単位制。
注２）綾部高校東分校農業科と園芸科の募集定員は，両学科併せて「30人」である。

❖傾向と対策〈数学〉

出題傾向

		数と式							方程式						関数					図形								資料の活用	
		数の計算	数の性質	平方根の計算	平方根の性質	文字式の利用	式の計算	式の展開・因数分解	一次方程式の計算	一次方程式の応用	連立方程式の計算	連立方程式の応用	二次方程式の計算	二次方程式の応用	比例・反比例	一次関数	関数 $y=ax^2$	いろいろな事象と関数	関数と図形	図形の性質	平面図形の計量	空間図形の計量	図形の証明	作図	中3単元 相似	中3単元 三平方の定理	中3単元 円周角の定理	場合の数・確率	資料の分析と活用・標本調査
2024年度	中期選抜	○		○			○	○					○	○			○	○		○	○	○			○	○		○	○
2023年度	中期選抜	○		○			○	○			○			○	○			○			○	○				○	○	○	○
2022年度	中期選抜	○		○		○	○	○	○		○							○			○	○			○	○	○	○	○
2021年度	中期選抜	○		○		○	○						○	○		○	○		○	○	○	○			○			○	○
2020年度	中期選抜	○		○		○	○				○			○		○	○	○			○	○			○	○	○	○	○

出題分析

（2021年度入試の出題範囲は，中学校等の臨時休業の実施等をふまえた令和3年度高等学校入学者選抜等における配慮事項として，一部削減されている。）

★数と式…………指数を含む正負の数の計算，平方根の計算，多項式の計算，式の展開，因数分解，式の値などを中心に出題されている。また，規則性の問題において，文字式を利用することが多い。

★方程式…………計算問題は，2次方程式，連立方程式から主に出題される。また，規則性の問題の解法として方程式を利用する場合がある。

★関　数…………大問では，速さの変化や点の移動と関数など，いろいろな関数から出題されている。また，2次関数の式の決定や変化の割合など基本的な問題が小問で出題されることもある。

★図　形…………平面図形は，主に円や平行線を含む図形を題材とした問題が出題される。円の性質，相似，三平方の定理などを利用して，角度，線分の長さ，面積などを求める問題が多い。空間図形では，柱体，錐体，球などの題材から，側面の最短距離，投影図など様々な要素の問題が出題されている。

★資料の活用……確率の問題は，玉，くじ，硬貨など様々な題材が出題されている。また，資料について相対度数や代表値を問う問題や，標本調査なども出題されている。

来年度の対策

○全範囲を復習し，苦手単元をなくすこと！

全体としては標準レベルだが，やや難易度の高い問題も含まれるので，時間配分に気をつけ，確実に得点できる問題から手をつけていけるように意識をしておこう。また，幅広い単元からまんべんなく出題されているので，苦手単元をなくしておくことが重要になる。「**数学の近道問題シリーズ**（全５冊）」（英俊社）のうちから苦手単元を選んでやっておくとよい。全体的な復習を効率良く行いたい人は，出題率を詳しく分析し，高校入試でよく出題される問題を中心に編集された「**ニューウイング 出題率 数学**」（英俊社）を活用しよう。

さらに，毎年出題される関数，平面図形（円），空間図形，規則性の問題は集中的に学習をしておこう。特に，図形の問題は，円周角の定理や相似，三平方の定理をスムーズに使いこなせるようになっておくと，高得点につながるだろう。

英俊社のホームページにて，中学入試算数・高校入試数学の解法に関する補足事項を掲載しております。必要に応じてご参照ください。

URL → https://book.eisyun.jp/

スマホはこちら ――――→

❖傾向と対策〈英語〉

出題傾向

		放送問題	語い	音声			英文法					英作文			読解		長文問題										
				語の発音	語のアクセント	文の区切り・強勢	語形変化	英文完成	同意文完成	指示による書きかえ	正誤判断	整序作文	和文英訳	その他の英作文	問答・応答	絵や表を見て答える問題	会話文	長文読解	長文総合	設問の内容							
																				音声・語い	文法事項	英文和訳	英作文	内容把握	文の整序・挿入	英問英答	要約
2024 年度	中期選抜	○															○		○		○		○	○	○	○	○
2023 年度	中期選抜	○															○		○		○		○	○	○	○	○
2022 年度	中期選抜	○															○		○		○		○	○	○	○	○
2021 年度	中期選抜	○															○		○		○		○	○		○	○
2020 年度	中期選抜	○															○		○		○		○	○	○	○	○

出題分析

★長文問題が中心で，設問は内容理解を問うものが多い。英文は標準よりもやや長く，会話文も含め例年２題出題されている。内容理解以外の設問として，語形変化や整序作文がよく出題されており，文法力が問われている。

★リスニングテストは会話と質問を聞いて答えを選ぶ問題，会話に続く応答を選ぶ問題が出題されている。

来年度の対策

①長文になれておくこと！

日頃からできるだけたくさんの長文を読み，大意をつかみながらスピードをあげて読めるようになっておきたい。**英語の近道問題シリーズ**の「**長文基礎**」「**長文実践**」（ともに英俊社）を使って数多く練習をしておくことをおすすめする。

②リスニングに慣れておくこと！

リスニングは今後も実施されると思われるので，日頃からネイティブスピーカーの話す英語に慣れておこう。問題集では，上記シリーズの「**リスニング**」（英俊社）から始めるのがよい。

③効率的な学習を心がけること！

日常ではもちろん，入試間近では，特に大切なことである。これにピッタリな問題集が「**ニューウイング 出題率 英語**」（英俊社）だ。過去の入試問題を詳しく分析し，出題される傾向が高い形式の問題を中心に編集してあるので，仕上げておけば心強い。

A book for You
赤本バックナンバー・リスニング音声データのご案内

本書に収録されている以前の年度の入試問題を,1年単位でご購入いただくことができます。くわしくは,巻頭のご案内1～3ページをご覧ください。

https://book.eisyun.jp/ ▶▶▶▶ 赤本バックナンバー

英語リスニング問題の音声データについて

本書収録以前の英語リスニング問題の音声データを,インターネットでご購入いただくことができます。上記「赤本バックナンバー」とともにご購入いただき,問題に取り組んでください。くわしくは,巻頭のご案内4～6ページをご覧ください。

https://book.eisyun.jp/ ▶▶▶▶ 英語リスニング音声データ

❖傾向と対策〈社会〉

出題傾向

		地理							歴史							公民										融合問題
		世界地理			日本地理			世界地理・日本地理総合	日本史					世界史	日本史・世界史総合	政治				経済				国際社会	公民総合	
		全域	地域別	地図・時差（単独）	全域	地域別	地形図（単独）		原始・古代	中世	近世	近代・現代	複数の時代			人権・憲法	国会・内閣・裁判所	選挙・地方自治	総合・その他	しくみ・企業	財政・金融	社会保障・労働・人口	総合・その他			
2024年度	中期選抜																									○
2023年度	中期選抜																									○
2022年度	中期選抜																									○
2021年度	中期選抜																									○
2020年度	中期選抜																									○

出題分析

分野をまたいだ融合問題の形で出されており，3分野全てから出題されている。例年，各種の**統計や地図・資料が多用**されている。解答は多くが**選択式**で，記述式は少ない。今後もこの傾向は続くと思われるが，短文で記述させる問題が出されることもあるので対策が必要。また，完答を求められることも多く，より正確な理解力・知識が問われる。

★各分野ごとの出題傾向

①地理的分野

毎年度，日本地理・世界地理ともに出題されている。地図（特に世界地図）や地形図の読図，雨温図や統計・グラフなどの読み取りについての出題がある。

②歴史的分野

政治・外交・文化・社会・経済などのテーマにもとづいた問題となっており，年度によっては地域における細かい歴史的内容やグラフ・年表を使った読み取りも問われることがある。

③公民的分野

政治・経済・国際社会のすべての分野から出題があり，いずれも基本的な事項が問われている。また，時事的な内容やグラフ・模式図などを用いた出題も含まれるので注意しておきたい。

来年度の対策

①総合的に考え，判断できる力をつける。

1つのテーマから地理，歴史，公民の問題が組み立てられているので，1つの事がらを多角的に見られるように視野を広げておこう。

②地理的分野の対策

写真・グラフ・統計・地図によって都市や地域の特徴を判断し，さらにそれにあてはまる資料や説明文を選ばせる問題が多いので，国や地域・都市ごとの特色を資料・地図などを通して理解しておく必要がある。地形図の読み取り，作図問題についての練習も欠かさないように。

③歴史的分野の対策

各時代の特色をつかみ，代表的な事件や人物，関連する都市についても整理しておくように。また，年代や歴史資料にも注意をはらい，日本の出来事と同じ時代の世界のようすもまとめておきたい。

④公民的分野の対策

政治は憲法の内容を中心に学習し，経済は特に日本の現状の把握を重点的に行っておくことが大切。国際政治・国際経済・地球環境問題の状況もおさえておくこと。

●出題範囲は広いが，全般にわたって標準的なレベル。作図問題や短文記述問題が苦手な受験生には**社会の近道問題シリーズ「社会の応用問題―資料読解・記述―」**（英俊社）を使って練習を積んでほしい。また，仕上げに出題率の高い問題ばかりを集めた**「ニューウイング 出題率 社会」**（英俊社）をやっておくと自信がつくだろう。

❖傾向と対策〈理科〉

出題傾向

		物理					化学					生物					地学					環境問題
		光	音	力	電流の性質とその利用	運動とエネルギー	物質の性質	物質どうしの化学変化	酸素が関わる化学変化	いろいろな化学変化	酸・アルカリ	植物	動物	ヒトのからだのつくり	細胞・生殖・遺伝	生物のつながり	火山	地震	地層	天気とその変化	地球と宇宙	
2024年度	中期選抜		○			○	○	○					○	○						○	○	
2023年度	中期選抜				○	○	○			○				○	○				○	○		
2022年度	中期選抜	○				○			○	○		○		○						○	○	
2021年度	中期選抜			○			○			○		○	○		○	○				○	○	
2020年度	中期選抜		○			○	○		○					○	○					○	○	

出題分析

例年，大問が８題出題され，各大問には小問が２～３問設けられていたが，2024年度は地学が大問１題にまとめられ，大問数としては７題であった。各分野均等に出題されているが，問題はいずれも基本的な内容である。形式は選択式が多く，語句，計算問題と化学式に一部記述式がみられる。

★物理的分野

電流，運動からの出題が多く，計算力が問われることが多い。

★化学的分野

選択式が多いが，簡単な化学式・化学反応式や計算も近年出題されている。実験問題形式では，基礎的内容が主で，難問はない。

★生物的分野

選択式で基礎知識が問われる。実験問題では，操作法やデータを読み取る力が問われる。

★地学的分野

図・表を通して中学での知識・理解をみる問題が出題される。難問はない。

来年度の対策

各分野ごとに法則や実験結果の理解・考察ができるようにしておこう。

また，重要語句はもれのないように，各分野ごとに整理しておく必要がある。

①**物理→**力，電流回路，運動についての計算問題を，しっかり練習しておくこと。

②**化学→**基礎実験についてまとめ，重要事項や化学式・化学反応式を確実に覚えておくこと。また，化学変化とグラフ問題に取り組んでおくこと。

③**生物→**動植物の分類，呼吸と光合成，食物連鎖について整理，復習しておくこと。

④**地学→**南中高度，湿度，地震の波の速さなどを求める計算問題に慣れておくこと。

基礎力をつけるには出題率の高い問題を集めた「**ニューウイング 出題率 理科**」(英俊社) がおすすめだ。苦手分野は「**理科の近道問題シリーズ**(全6冊)」(英俊社) で克服しておこう。

❖傾向と対策〈国語〉

出題傾向

		現代文の読解									国語の知識									作文		古文・漢文								
		内容把握	原因・理由	接続語	適語挿入	脱文挿入	段落の働き・論の展開	要旨・主題	心情把握・人物把握	表現把握	漢字の読み書き	漢字・熟語の知識	ことばの知識	慣用句・ことわざ・四字熟語	文法	敬語	文学史	韻文の知識	表現技法	課題作文・条件作文	短文作成・表現力	読解問題	主語・動作主把握	会話文・心中文	要旨・主題	古語の意味・口語訳	仮名遣い	文法・係り結び	返り点・書き下し文	古文・漢文・漢詩の知識
2024年度	中期選抜	○			○	○	○				○	○	○		○							○					○		○	
2023年度	中期選抜	○			○	○	○				○	○	○		○							○	○				○			
2022年度	中期選抜	○			○		○				○	○	○		○							○	○			○	○			
2021年度	中期選抜	○		○			○				○		○		○							○	○	○			○			
2020年度	中期選抜	○		○		○	○				○	○	○		○							○	○	○			○			

【出典】

2024年度　[1]古文「古今著聞集」　[2]論理的文章　宮内　勝「音楽の美の戦いと音楽世界」

2023年度　[1]古文「俊頼髄脳」　[2]論理的文章　大嶋　仁「メタファー思考は科学の母」

2022年度　[1]古文「西鶴諸国ばなし」　[2]論理的文章　上平崇仁「コ・デザイン」

2021年度　[1]古文「古今著聞集」
[2]論理的文章　河野哲也「人は語り続けるとき、考えていない」

2020年度　[1]古文「浮世物語」　[2]論理的文章　深田淳太郎「文化人類学の思考法」

出題分析

★現代文…………内容把握や理由説明，適語の挿入などが出題される。段落の構成が問われることもある。漢字の読み書きや，漢字や熟語の知識，ことばの知識も出題される。漢字の読み書きを除いてほとんどが選択式と抜き出し式だが，選択肢をよく読んで内容を吟味したり，文章を細部まで読み，答えとなる語を抜き出したりする必要がある。また，2020年度はポスターセッション，2021年度は意見文，2022年度は批評文，2023年度はスピーチ，2024年度は文章の種類に関する出題があった。

★漢　字…………書きとりや読みがなが1～2問と少ないが，日常の学習は不可欠。書体や漢字の成り立ちについての出題も見られる。

★文　法…………例年1～2問の出題。品詞の識別や用法，単語分け，自立語と付属語などが出されているので，まずは基本的なことがらについて理解を深めておくこと。

★古　文…………現代かなづかいは毎年出題される。文章全体の内容をとらえる設問が中心であったが，主語の把握や会話文の指摘なども出題されて多様になっている。過去には返り点が出題されていたこともあるので，漢文についても基本的なことをおさえておくとよい。

来年度の対策

入試問題では，教科書の文章がそのまま出題文として利用されることはまずない。従って，教科書で学習した知識・読解力を他の文章にも活かせる国語力を養っておくために，多くの文章に接するよう日常から心がけておくことが大切である。さらに，身近なものでは，新聞の精読も国語力の向上につながるものである。社説・コラムなどを読んでその要旨をまとめたり，それに対する考え方を記述する練習を重ねたりすることで，読解力をつけてもらいたい。

古文については，まず教科書に出てきた作品や有名な作品に目を通しておくこと。さらに古文読解のための基礎知識を身につけておくことが望ましい。効率よい学習には「**国語の近道問題シリーズ**（全5冊）」（英俊社）を活用するのがよいだろう。薄手のジャンル別問題集だが，解説が詳しく，解法のキーポイントがまとめられているので，力をつけるには最適である。特に「**古典**」と「**長文読解―攻略法の基本―**」「**長文読解―攻略法の実践―**」はおすすめ。入試直前には，出題率を分析し，入試でよく出る問題を集めた「**ニューウイング 出題率 国語**」（英俊社）を仕上げておけば，さらに自信がつくだろう。

【写真協力】 Chris 73・Toyota Model AA・via Wikimedia CC-BY SA ／ Marcin Konsek・Jurta w Karakorum.jpg・via Wikimedia CC-BY SA ／ ピクスタ株式会社

【地形図】 本書に掲載した地形図は，国土地理院発行の地形図・地勢図を使用したものです。

~MEMO~

~MEMO~

~MEMO~

京都府公立高等学校
（中期選抜）

2024年度
入学試験問題

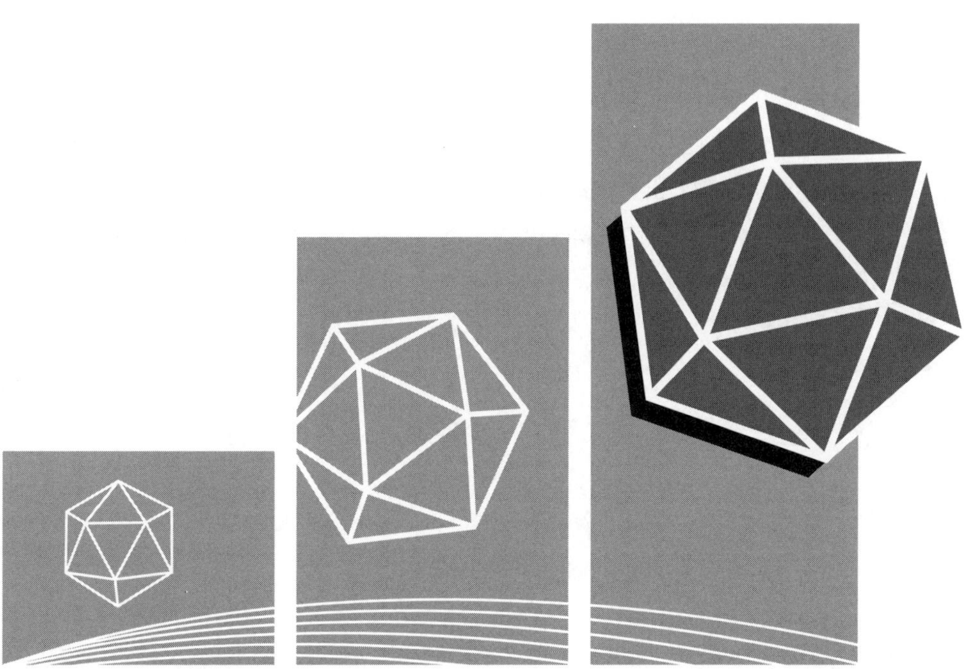

数学

時間　40分　　　　満点　40点

(注)　円周率はπとしなさい。
答えの分数が約分できるときは，約分しなさい。
答えが$\sqrt{\ }$を含む数になるときは，$\sqrt{\ }$の中の数を最も小さい正の整数にしなさい。
答えの分母が$\sqrt{\ }$を含む数になるときは，分母を有理化しなさい。

1　次の問い(1)〜(8)に答えよ。

(1)　$6-2\times(-5^2)$ を計算せよ。(　　　)

(2)　$\dfrac{2}{3}(6x+3y)-\dfrac{1}{4}(8x-2y)$ を計算せよ。(　　　)

(3)　$\sqrt{32}-\dfrac{16}{\sqrt{2}}+\sqrt{18}$ を計算せよ。(　　　)

(4)　$x=7$，$y=-6$ のとき，$(x-y)^2-10(x-y)+25$ の値を求めよ。(　　　)

(5)　2次方程式 $8x^2=22x$ を解け。(　　　)

(6)　y は x の2乗に比例し，$x=3$ のとき $y=-54$ である。このとき，y を x の式で表せ。(　　　)

(7)　右の図のように，方眼紙上に△ABCと点Oがあり，4点A，B，C，Oは方眼紙の縦線と横線の交点上にある。△ABCを，点Oを回転の中心として，時計回りに270°だけ回転移動させた図形を，右の方眼紙上にかけ。

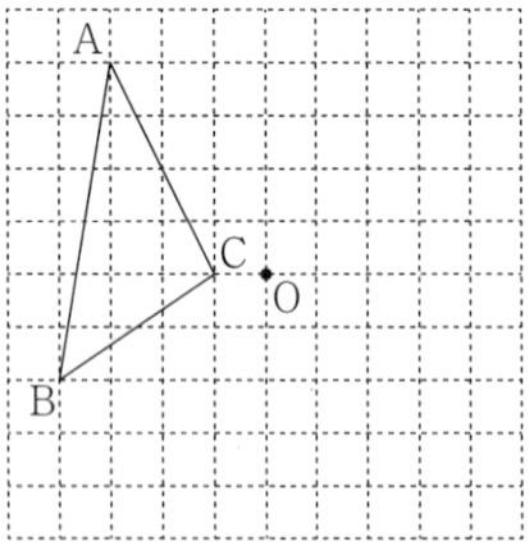

(8)　赤玉が2個，白玉が2個，黒玉が1個の合計5個の玉が入っている袋がある。この袋から玉を1個取り出し，取り出した玉を袋にもどさずに，玉をもう1個取り出す。このとき，取り出した2個の玉の色が異なる確率を求めよ。ただし，袋に入っているどの玉が取り出されることも同様に確からしいものとする。(　　　)

2 ある中学校の2年生は，A組，B組，C組，D組の4学級で編制されており，各学級の人数は30人である。この中学校では，家庭でのタブレット端末を活用した学習時間を調査しており，その結果から得られた学習時間のデータをさまざまな方法で分析している。右のI図は，2年生の120人全員のある日の学習時間を調査した結果を，ヒストグラムに表したものである。たとえば，I図から，2年生の120人のうち，学習時間が0分以上10分未満の生徒は7人いることがわかる。

このとき，次の問い(1)・(2)に答えよ。

I図

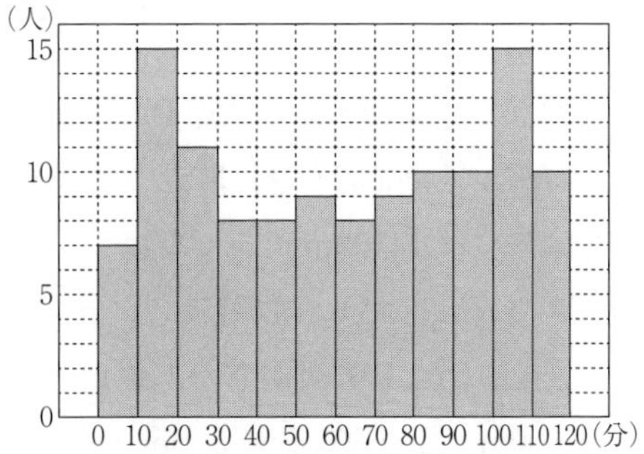

(1) I図において，学習時間が30分以上90分未満の生徒は何人いるか求めよ。また，次の(ア)～(エ)の箱ひげ図のいずれかは，I図のヒストグラムに対応している。I図のヒストグラムに対応している箱ひげ図を，(ア)～(エ)から1つ選べ。（　　　人）（　　　）

(ア)

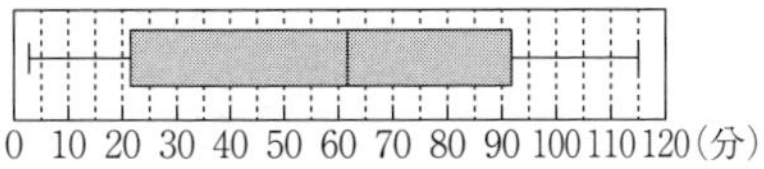

(イ)

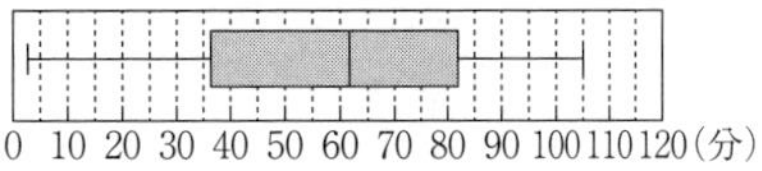

(ウ)

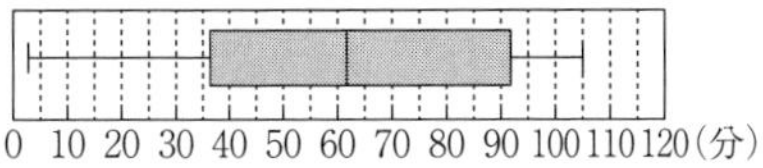

(エ)

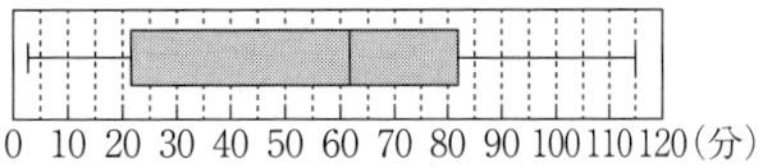

(2) 右のII図は，I図のもととなった学習時間の調査結果を，学級ごとに箱ひげ図に表したものである。II図から必ずいえるものを，次の(ア)～(オ)から**2**つ選べ。

（　　　）

II図

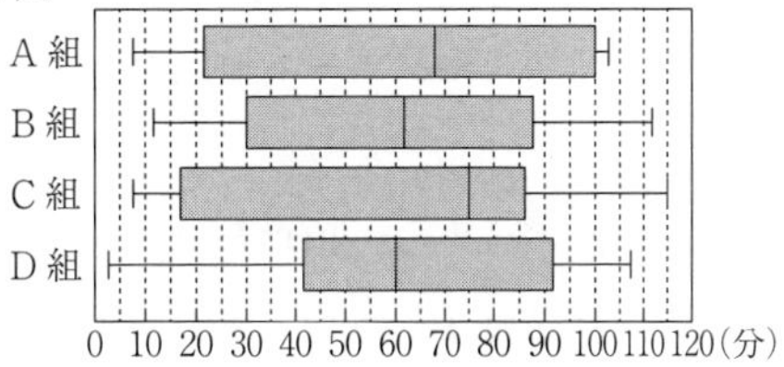

(ア) A組は，学習時間が60分以上70分未満の生徒が1人以上いる。

(イ) B組は，学習時間が80分以上の生徒が8人以上いる。

(ウ) C組は，学習時間が115分の生徒が1人だけいる。

(エ) 4学級のうち，D組は，学習時間が0分以上40分未満の生徒の人数が最も多い。

(オ) 4学級のうち，学習時間のデータの四分位範囲が最も大きい学級は，学習時間のデータの範囲が最も小さい。

3　A さんと B さんは，水泳，自転車，長距離走の 3 種目を，この順に連続して行うトライアスロンの大会に参加した。スタート地点から地点 P までが水泳，地点 P から地点 Q までが自転車，地点 Q からゴール地点までが長距離走で，スタート地点からゴール地点までの道のりは 14300m であった。

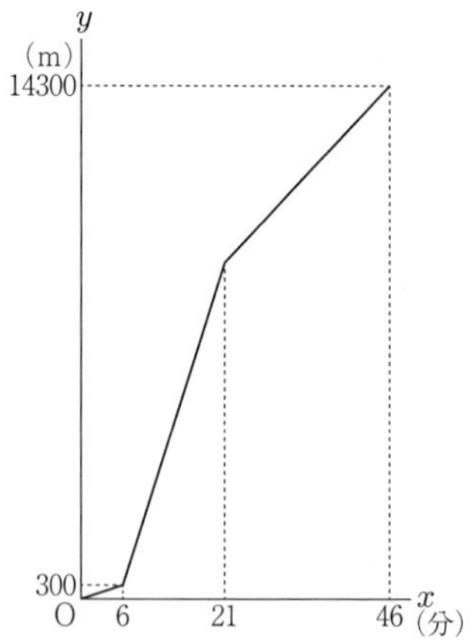

A さんと B さんは同時にスタートし，どちらも同じ速さで泳ぎ，6 分後に地点 P に到着した。地点 P から地点 Q まで，A さんは分速 600m，B さんは分速 500m でそれぞれ走り，A さんは B さんより早く地点 Q に到着した。A さんは，地点 Q からゴール地点まで走っている途中で，B さんに追いつかれ，その後，B さんより遅れてゴールした。地点 Q からゴール地点までにおいて，A さんが走る速さは，B さんが走る速さの $\frac{4}{5}$ 倍であった。右の図は，A さんがスタートしてから x 分後の，A さんがスタート地点から進んだ道のりを ym として，x と y の関係をグラフに表したものである。ただし，A さん，B さんともに，各種目で進む速さはそれぞれ一定であり，種目の切り替えにかかる時間は考えないものとする。

このとき，次の問い(1)・(2)に答えよ。

(1)　地点 P から地点 Q までの道のりは何 m か求めよ。また，$21 \leqq x \leqq 46$ のときの y を x の式で表せ。(　　　m)　y = (　　　)

(2)　地点 Q からゴール地点までにおいて，A さんが走っている途中で，B さんに追いつかれたときの，A さんがスタート地点から進んだ道のりは何 m か求めよ。(　　　m)

4　右の図のような，頂点を A，線分 BC を直径とする円を底面とする円錐《すい》があり，高さは $4\sqrt{6}$ cm，AB : BC = 3 : 2 である。線分 AB を 3 等分する点を点 A に近い方から順に D，E とする。また，この円錐の側面に，点 E から線分 AC を通り，点 D まで，ひもをゆるまないようにかける。

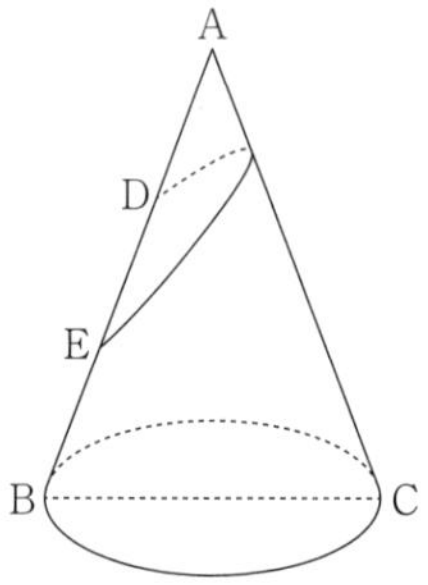

このとき，次の問い(1)・(2)に答えよ。

(1)　この円錐の底面の半径を求めよ。また，線分 AE の長さを求めよ。
半径(　　　cm)　AE = (　　　cm)

(2)　かけたひもの長さが最短となるときの，ひもの長さを求めよ。ただし，ひもの太さは考えないものとする。(　　　cm)

5　右の図のような，AB = 8 cm，AD = 6 cm の長方形 ABCD がある。点 E を，辺 AB 上に AE = 2 cm となるようにとり，線分 CE の垂直二等分線と辺 CD，線分 CE との交点をそれぞれ F，G とする。また，DH = 4 cm となるような点 H を，辺 AD を延長した直線上にとり，2 点 B，H を通る直線と辺 CD，線分 CE との交点をそれぞれ I，J とする。

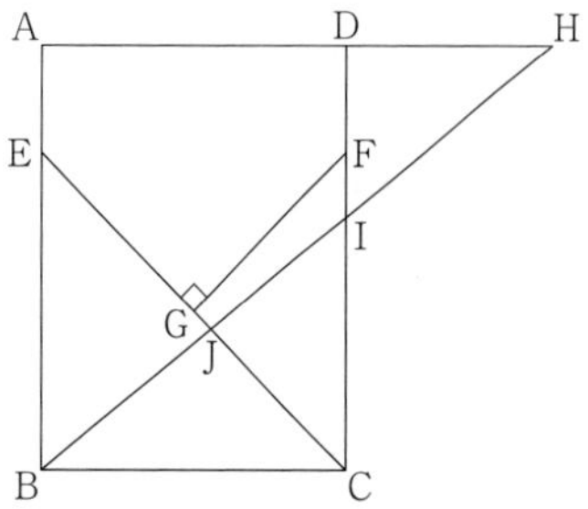

このとき，次の問い(1)～(3)に答えよ。

(1)　$\triangle$CFG の面積を求めよ。(　　　　cm^2)

(2)　線分 CI の長さを求めよ。(　　　　cm)

(3)　四角形 FGJI の面積を求めよ。(　　　　cm^2)

6　円の周上に，n 個の点をそれぞれ異なる位置にとり，これらのすべての点を互いに結ぶ線分をひき，弦の本数を考える。

次の表は，n = 2，3，4 のときの，図と弦の本数をまとめたものである。

	$n=2$	$n=3$	$n=4$
図	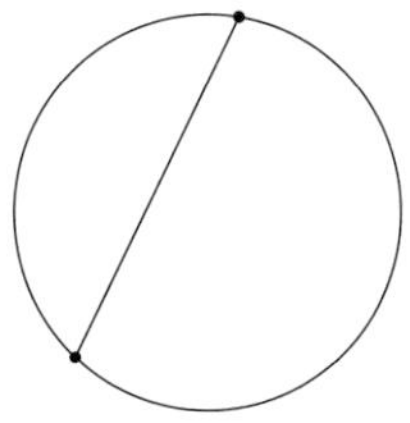	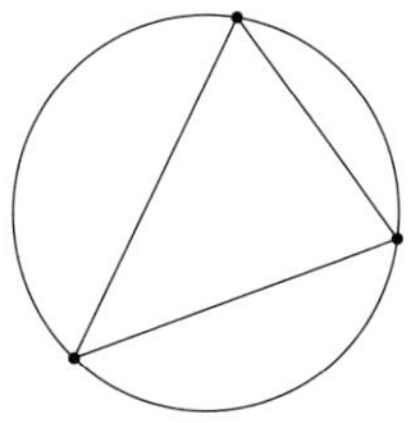	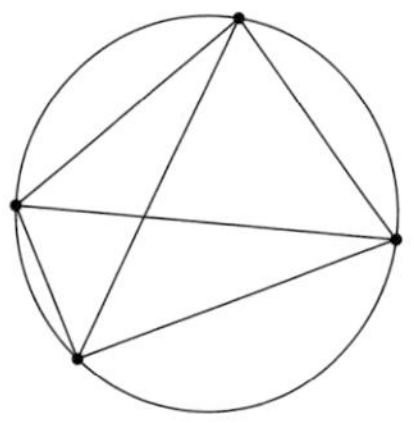
弦の本数(本)	1	3	6

このとき，次の問い(1)～(3)に答えよ。ただし，n は 2 以上の自然数とする。

(1)　n = 5 のとき，弦の本数を求めよ。(　　　　本)

(2)　n = 41 のとき，弦の本数を求めよ。(　　　　本)

(3)　弦の本数が 1953 本であるときの n の値を求めよ。(　　　　)

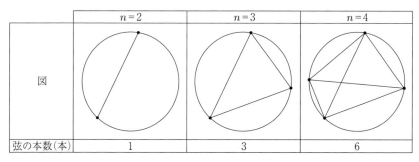

英語

時間　40分　　　　満点　40点

（編集部注）放送問題の放送原稿は英語の末尾に掲載しています。
音声の再生についてはもくじをご覧ください。

（注）問題3・4・5（リスニング）は，問題1・2の終了後に配布されます。
語数制限がある場合は，短縮形（I'm など）と数字（100 や 2024 など）は1語として数え，符号（，/ . / ? / ! / “” など）は語数に含めないものとします。

1　次の英文は，高校生の卓矢（Takuya）が行ったスピーチである。これを読んで，問い(1)～(8)に答えよ。

One day in June, a student from America came to my junior high school. His name was *Lucas, and he came to Japan with his family. When he introduced himself in my class, he said, “I want to have a great time in this class. I like Japan. Especially, I like Japanese temples. Please tell me if you are interested in them.” I also like them, so ①I wanted to talk with him.

After Lucas introduced himself, he sat next to me. When I saw him, he looked nervous because he sometimes couldn't understand Japanese. I *was not confident in speaking English, but I tried to support him in English. When I helped him, he said, “Thank you for helping me.” We soon became friends. After we finished eating lunch, everyone ②(stand) up from their chairs. He asked me what we were going to do. I told him that we were going to clean our classroom. He said, “Really? I didn't know that students clean their classrooms *by themselves in Japan. Students don't have to clean their classrooms at my school in America.” When I heard that, I was surprised because I thought [　③　] by themselves at school.

④On his first Saturday in Japan, Lucas and I went to the temple in my town by bus. He said, “I'm excited to ride a Japanese bus.” Then, we got to the temple and saw statues. When I watched TV before, I found that many people visit the temple to see the statues, so I was happy to see them. We had a great time together. When we were going back home, he told me an interesting thing about buses. He said, “In my *hometown, people can travel with their bikes by bus.” I asked, “You mean you can put bikes inside, right?” He answered, “No. You can put bikes outside.” I couldn't imagine that. Then, he showed me a picture of the bus on his phone. I said, “How interesting! I want to ride a bus like that in America.” I became interested in American buses and wanted to know more about the *differences between Japanese and American *vehicles.

The next day, I went to the library and *borrowed a book about American vehicles. After I ⑤(enjoy) reading the book at home, my sister asked what it was. I showed her the American buses in the book. Then, I told her that Lucas talked to me about them. She said, “When

I was in America, I talked with students from different countries. I found many differences between Japan and other countries, and that was interesting to me. If you talk with Lucas more, you can learn many things. I think *conversations with people from other countries help you understand about their countries *deeply. I'm sure talking with Lucas will be a great *opportunity for *both of you." Then, I wanted to talk with him more.

The next day, I talked to Lucas about the conversation with my sister. He said, "I can understand what she said. When I talk with you, I can learn about Japan, and that makes me become more interested in your country." I said, "I also want to know more about your country. I have found that talking with people from other countries is a great opportunity to learn about their countries. I'm happy to spend a good time with you."

One day in September, Lucas left Japan. When we said "goodbye" to each other at the *airport, he told me about some of his memories in Japan. He said it was exciting to talk with me. Also, he said he was happy to visit ⑥[(ア) for / (イ) the temple / (ウ) famous / (エ) which / (オ) statues / (カ) was] with me.

Through the conversations with Lucas, I found differences between Japan and America, and that made me interested in America. Before I met him, I didn't know a lot about America, but now I *feel close to that country. *Even if you are not confident in speaking foreign languages, I want you to create an opportunity to talk with people from other countries. If you do so, I'm sure you can learn a lot of things you didn't know about those countries before.

(注) Lucas ルーカス(男性の名)　be confident in ～ing ～することに自信がある
by themselves 彼ら自身で　hometown 故郷　difference 違い　vehicle 乗り物
borrow ～ ～を借りる　conversation 会話　deeply 深く　opportunity 機会
both of ～ ～の両方　airport 空港　feel close to ～ ～に親しみを感じる
even if ～ たとえ～だとしても

(1) 下線部①の理由として最も適当なものを，次の(ア)～(エ)から1つ選べ。(　　　)
(ア) ルーカスが，クラスメイトと楽しく過ごしたいと話していたから。
(イ) ルーカスが，自己紹介で彼の家族について話していたから。
(ウ) 卓矢は日本の寺が好きで，ルーカスもそれが好きだと話していたから。
(エ) 卓矢の席の隣が，ルーカスの席だということがわかったから。

(2) 下線部② (stand)・⑤ (enjoy) を，文意から考えて，それぞれ正しい形にかえて1語で書け。
②(　　　)　⑤(　　　)

(3) [③] に入る表現として最も適当なものを，次の(ア)～(エ)から1つ選べ。(　　　)
(ア) students in America also clean their classrooms
(イ) students in America also don't have to clean their classrooms
(ウ) students in Japan also clean their classrooms
(エ) students in Japan also don't have to clean their classrooms

(4) 次の英文は，下線部④について説明したものである。これを読んで，あとの問い(a)・(b)に答えよ。

Lucas went to the temple with Takuya. After visiting the temple, Lucas talked about the buses in his hometown. When people ride buses there, people can [i]. However, Takuya couldn't imagine the bus. Then, Lucas showed Takuya a picture of it. Takuya was surprised to see it and wanted to [ii].

(a) 本文の内容から考えて，[i] に入る表現として最も適当な部分を，本文中から **3** 語で抜き出して書け。(　　　　　　　　　　)

(b) 本文の内容から考えて，[ii] に入る表現として最も適当なものを，次の(ア)〜(エ)から１つ選べ。(　　　　)

(ア) see a lot of buses in Japan　(イ) use the American buses Lucas talked about

(ウ) ride buses with Lucas again　(エ) take pictures of American buses with his phone

(5) 下線部⑥の［　　］内の(ア)〜(カ)を，文意が通じるように正しく並べかえ，記号で書け。

(　　)→(　　)→(　　)→(　　)→(　　)→(　　)

(6) 本文の内容から考えて，次の〈質問〉に対して下の〈答え〉が成り立つように，[　　] に入る最も適当なものを，下の(ア)〜(エ)から１つ選べ。(　　　　)

〈質問〉 What did Takuya tell his sister after he showed her a book about American vehicles?

〈答え〉 He told her that [　　].

(ア) he met Lucas before Lucas came to Japan

(イ) he rode a Japanese bus when he went to the temple in his town

(ウ) he had an interesting experience in America

(エ) he got some information about American buses from Lucas

(7) 本文の内容と一致する英文として最も適当なものを，次の(ア)〜(エ)から１つ選べ。(　　　　)

(ア) Lucas came to Japan and studied in Takuya's class for a few days.

(イ) Takuya wanted to know about American vehicles after he went to the library.

(ウ) Lucas realized that learning about his own country made him interested in Japan.

(エ) Lucas told Takuya how Lucas felt about his life in Japan at the airport.

(8) 次の英文は，このスピーチを聞いた高校生の良太（Ryota）とALTのライアン先生（Mr. Ryan）が交わしている会話の一部である。これを読んで，あとの問い(a)・(b)に答えよ。

Ryota　: Takuya's speech was very interesting to me.

Mr. Ryan : I see. What did he talk about?

Ryota　: Takuya and Lucas had a lot of conversations. Takuya said that he was [i] to have a good time with Lucas.

Mr. Ryan : That's true. I know that we will become interested in foreign countries when we meet foreign people.

Ryota　：　Also, Takuya said that it is great to [ii]. By doing so, we can learn something new about other countries.

Mr. Ryan：　I see. You found a good point.

(a)　本文の内容から考えて，[i]に入る最も適当な語を，次の(ア)～(エ)から1つ選べ。(　　　)

(ア)　careful　　(イ)　glad　　(ウ)　kind　　(エ)　nervous

(b)　本文の内容から考えて，[ii]に入る表現として最も適当な部分を，本文中から**6語**で抜き出して書け。(　　　　　　　　　　　　　　)

2　次の英文は，高校生のあや（Aya）と留学生のリズ（Liz）がレストランで交わしている会話である。あとのメニューを参考にして英文を読み，以下の問い(1)～(4)に答えよ。

Liz ： Thank you for taking me to this restaurant.

Aya ： You're welcome. This restaurant has a menu written in English, and many people who speak English enjoy eating here. The cake *set is very popular, so let's *order it.

Liz ： Sure, do you know how [①] it is?

Aya ： Let's check the menu. Set A is 600 yen, and Set B is 650 yen. When I came here with my brother last month, I ordered Set A, and I'll order it again. Which set will you order, Set A or Set B?

Liz ： Let me think. Oh, look at the picture on the menu. The ice cream looks delicious. I'd like to try it, so I'll order Set B.

Aya ： Well, how about cake? When we order the cake set, we can choose one kind of cake on the menu. Have you already decided which kind of cake you'll eat?

Liz ： Yes, I'll have the special cake.

Aya ： I want to eat the special cake, too. I chose it last month, and the banana cake was delicious. I want to eat it again.

Liz ： Wait, Aya. You can't enjoy it now. From this month, we'll have *pumpkin cake if we choose the special cake. I want to try the pumpkin cake, but how about you?

Aya ： Oh, let me think. I'll choose another kind of cake instead.

Liz ： Well, I think you should try the apple cake. The menu says your favorite writer Aoi likes it very [②]. I think you want to enjoy eating the same thing.

Aya ： I like Aoi, but I ate a piece of apple this morning. I'll choose another kind of cake.

Liz ： How about this cake? I think you will enjoy the shape of the chocolate on the cake.

Aya ： That's nice. I'll order the cake this time. I'll take a picture of the animal on it with my camera.

Liz ： I see. Well, my friend Kaho will come to my house later today, and I want her to enjoy this restaurant's cake. Can I [③]?

Aya ： No, you can't. We can eat the cake only in this restaurant. But we can buy the cookies or the ice cream.

Liz ： I see. I'll buy the cookies for Kaho when we leave this restaurant. I hope she will enjoy them. Will you also buy something later?

Aya ： Well, we can buy the cookies or the ice cream through the Internet, too. After I get home, I'll ask my brother which he wants to eat, and order through the Internet.

メニュー

〈cake set〉

○ Set A（¥600）……a piece of cake and cookies

○ Set B（¥650）……a piece of cake and ice cream

〈cake〉

○ apple cake …………The popular Japanese writer Aoi loves this cake. She introduced it in her book before. A piece of apple is on this cake. The shape of the apple is a rabbit.

○ chocolate cake ……A piece of chocolate is on this cake, and the shape of the chocolate is a flower.

○ strawberry cake …A piece of chocolate is on this cake, and the shape of the chocolate is a cat.

○ special cake ………In spring and summer（March-August）, you can enjoy the special banana cake. In fall and winter（September-February）, you can enjoy the special pumpkin cake.

（注） set　セット，ひとまとまりのもの　order（～）（～を）注文する　pumpkin　カボチャ

(1) ［①］・［②］に共通して入る最も適当な１語を書け。（　　　）

(2) ［③］に入る表現として最も適当なものを，次の(ア)～(エ)から１つ選べ。（　　　）

(ア) buy the cake to enjoy it at home　(イ) take her to this restaurant to eat it together

(ウ) get a menu written in Japanese　(エ) use my camera to take pictures of the cake

(3) 本文とメニューの内容から考えて，あやが今回注文することにしたケーキとして最も適当なものを，次の(ア)～(オ)から１つ選べ。（　　　）

(ア) apple cake　(イ) chocolate cake　(ウ) strawberry cake　(エ) special banana cake

(オ) special pumpkin cake

(4) 本文の内容と一致する英文として最も適当なものを，次の(ア)～(エ)から１つ選べ。（　　　）

(ア) Aya visited the restaurant last month with her brother, and the season was fall then.

(イ) Liz wants Kaho to enjoy the cookies Liz will buy at the restaurant later.

(ウ) After Aya gets home, she will ask her brother which cake he wants to eat.

(エ) One kind of cake on the menu was introduced in a book written by Liz's favorite writer.

【リスニングの問題について】 放送中にメモをとってもよい。

3 それぞれの質問に対する答えとして最も適当なものを，次の(ア)～(エ)から１つずつ選べ。

(1)(　　　) (2)(　　　)

(1) (ア) She will help her mother use the computer.

(イ) She will carry the table with her mother.

(ウ) She will use the computer without the help of her mother.

(エ) She will tell her mother where to take the table.

(2) (ア) Because she won her tennis match.

(イ) Because it was hard for her to practice tennis.

(ウ) Because she will see Nancy's tennis match next weekend.

(エ) Because it will be her first time to join a tennis match.

4 それぞれの質問に対する答えとして最も適当なものを，次の(ア)～(エ)から１つずつ選べ。

(1)(　　　) (2)(　　　)

(1) (ア) サツキ小学校の小学生　(イ) フタバ小学校の小学生　(ウ) ホワイト先生

(エ) 英語クラブの他のメンバー

(2) (ア) 英語クラブでときどき歌う歌　(イ) ホワイト先生が先月紹介した歌

(ウ) 有名な映画で使われている歌　(エ) アメリカではあまり知られていない歌

5 それぞれの会話のチャイム音のところに入る表現として最も適当なものを，下の(ア)～(エ)から１つずつ選べ。(1)(　　　) (2)(　　　)

(例題) A： Hi, I'm Hana.

B： Hi, I'm Jane.

A： Nice to meet you.

B： 〈チャイム音〉

(ア) I'm Yamada Hana.　(イ) Nice to meet you, too.　(ウ) Hello, Jane.

(エ) Goodbye, everyone.

(解答例) (イ)

(1) (ア) I can finish it before lunch.　(イ) It's my favorite watch.

(ウ) I have already finished it.　(エ) It's three p.m. now.

(2) (ア) Sure, I'll call you again when I arrive there.

(イ) Sure, I'll show you a map I have in my bag.

(ウ) Sorry, I didn't get a ticket on the Internet last night.

(エ) Sorry, I didn't know where to meet you yesterday.

〈放送原稿〉

2024 年度京都府公立高等学校中期選抜入学試験英語リスニングの問題を始めます。

これから，問題[3]・[4]・[5]を放送によって行います。問題用紙を見なさい。

それでは，問題[3]の説明をします。

問題[3]は(1)・(2)の 2 つがあります。それぞれ短い会話を放送します。次に，Question と言ってから英語で質問をします。それぞれの質問に対する答えは，問題用紙に書いてあります。最も適当なものを，(ア)・(イ)・(ウ)・(エ)から 1 つずつ選びなさい。会話と質問は 2 回放送します。

それでは，問題[3]を始めます。

(1) A： Mom, can you help me use this computer?

B： Sure, Kate. But can you wait a minute? I want to take this table to my room.

A： OK. I'll help you, so let's do that first.

B： Thank you. I want to put it by the window.

Question：What will Kate do first?

もう一度放送します。〈会話・質問〉

(2) A： Hi, Olivia. You look tired.

B： Hi, Nancy. I practiced tennis for two hours. It was really hard.

A： I see. You are going to join the tennis match next weekend, right? I want to see your match.

B： Yes. I have never joined a tennis match before, so I'm really excited. I hope I will win the match next weekend.

Question：Why is Olivia excited?

もう一度放送します。〈会話・質問〉

これで，問題[3]を終わります。

次に，問題[4]の説明をします。

これから，リナとアンの会話を放送します。つづいて，英語で 2 つの質問をします。それぞれの質問に対する答えは，問題用紙に日本語で書いてあります。最も適当なものを，(ア)・(イ)・(ウ)・(エ)から 1 つずつ選びなさい。会話と質問は 2 回放送します。

それでは，問題[4]を始めます。

Rina： Ann, have you already heard that our English club will visit Satsuki Elementary School? We will do some activities and enjoy using English with the elementary school students.

Ann： Hi, Rina. I think our teacher Mr. White said that we will visit Futaba Elementary School.

Rina： Really? We will meet him after school today, so let's ask him later.

Ann： OK. Well, he also said that he wants us to make a plan for that day.

Rina： Yes, I'm thinking about it now. I want to introduce an English song and sing it together.

Ann： I agree. I want to introduce the song "Flowers."

Rina： Is that the song we sometimes sing at our club?

Ann ： No. I mean the song Mr. White introduced at our club about two months ago.

Rina： Oh, now I understand which song you mean. It is used in a famous movie, so I think many elementary school students know it.

Ann ： Many people in America like the song too, and it is one of my favorite songs.

Rina： I see. Let's talk about our plan with the other members tomorrow.

Ann ： Sure.

Question (1)：Who will Rina and Ann visit after school today?

Question (2)：Which song do Rina and Ann want to sing at the elementary school?

もう一度放送します。〈会話・質問〉

これで，問題4を終わります。

次に，問題5の説明をします。

問題5は(1)・(2)の２つがあります。それぞれ短い会話を放送します。それぞれの会話の，最後の応答の部分にあたるところで，次のチャイム音を鳴らします。〈チャイム音〉このチャイム音のところに入る表現は，問題用紙に書いてあります。最も適当なものを，(ア)・(イ)・(ウ)・(エ)から１つずつ選びなさい。

問題用紙の例題を見なさい。例題をやってみましょう。

（例題） A： Hi, I'm Hana.

B： Hi, I'm Jane.

A： Nice to meet you.

B： 〈チャイム音〉

正しい答えは(イ)のNice to meet you, too.となります。ただし，これから行う問題の会話の部分は印刷されていません。

それでは，問題5を始めます。会話は２回放送します。

(1) A： Sophia, I'll clean the house, but I need your help. Can you come here?

B： Sorry, I can't, Mom. I have to do my homework now.

A： All right. What time will you finish it?

B： 〈チャイム音〉

もう一度放送します。〈会話〉

(2) A： Excuse me. Do you know this town well?

B： Yes, I have lived here for many years.

A： Could you tell me the way to Kaede Museum?

B： 〈チャイム音〉

もう一度放送します。〈会話〉

これで，リスニングの問題を終わります。

社会

時間　40分　　　　満点　40点

(注)　字数制限がある場合は，句読点や符号なども1字に数えなさい。

1　次の資料Ⅰは，近代に旅行業を始めたイギリスの実業家トマス・クックが1872年から1873年にかけて旅行客と世界各地をめぐったときの，おおよそのルートと経由した主な都市を，世界地図の一部に示したものである。これを見て，次の問い(1)～(5)に答えよ。

資料Ⅰ

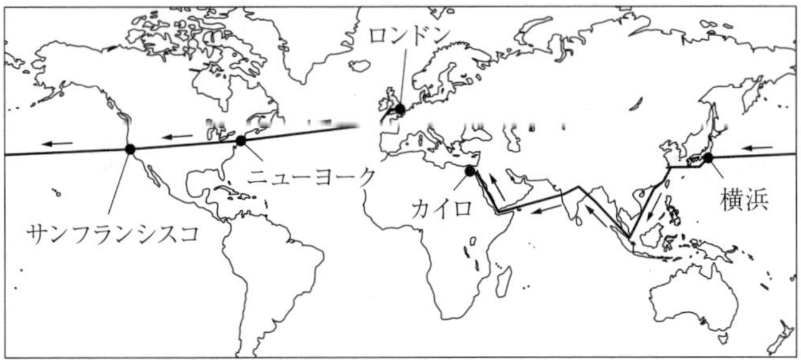

(1)　トマス・クックは，資料Ⅰ中で示したように，ロンドンを出発してニューヨークにわたった。こうした大陸間の移動が盛んになった背景の一つに，列強の積極的な海外進出があった。次の文章は，トマス・クックが旅行した1870年代頃における列強の海外進出とその影響について書かれたものの一部である。文章中の［A］・［B］に入るものの組み合わせとして最も適当なものを，下の(ア)～(カ)から1つ選べ。(　　　)

> 1870年代に資本主義が急速に発達してくると，列強が市場を求めて海外に植民地をつくる［A］主義の動きが激しくなり始めた。列強がアジアにも進出する中で，日本も海外への進出を試み，朝鮮と日朝修好条規を結んだ。この条約では，［B］が領事裁判権を持つと定められた。

(ア)　A　社会　　B　朝鮮のみ　　　　(イ)　A　社会　　B　日本のみ
(ウ)　A　社会　　B　朝鮮と日本の双方　　(エ)　A　帝国　　B　朝鮮のみ
(オ)　A　帝国　　B　日本のみ　　　　(カ)　A　帝国　　B　朝鮮と日本の双方

(2)　トマス・クックは，アメリカ大陸を横断して資料Ⅰ中のサンフランシスコで船に乗り，太平洋を通って日本に向かった。太平洋について述べた文として最も適当なものを，次の(ア)～(エ)から1つ選べ。また，トマス・クックが日本に向かったとき，日本では明治政府がさまざまな改革を進めていた。明治政府が行った，地券を発行して土地の所有者に現金で税を納めさせる改革を何というか，**ひらがな6字**で書け。(　　　)　□□□□□□

(ア)　大西洋より面積が小さい。　　(イ)　インダス川が流れ込む海洋である。
(ウ)　日付《ひづけ》変更線が通っている。　　(エ)　面している国の一つにガーナがある。

(3)　トマス・クックは資料Ⅰ中の横浜に，冬に到着した。右の資料Ⅱは，日本地図の一部に，現在の関東地方の冬の気候に影響を与えるもののうち，内陸部が乾燥する要因となる季節風の向きと，海沿いの地域が比較的暖かくなる要因となる黒潮の向きを，それぞれ模式的に表そうとしているものである。右の図中の白い矢印（⇨）のうち，関東地方の内陸部が冬に乾燥する要因となる季節風の向きを表すものを**黒く塗り**（➡），右の図中の点線の矢印（⇢）のうち，関東地方の海沿いの地域が冬に比較的暖かくなる要因となる黒潮の向きを表すものを**実線でなぞり**（⟶），図を完成させよ。

資料Ⅱ

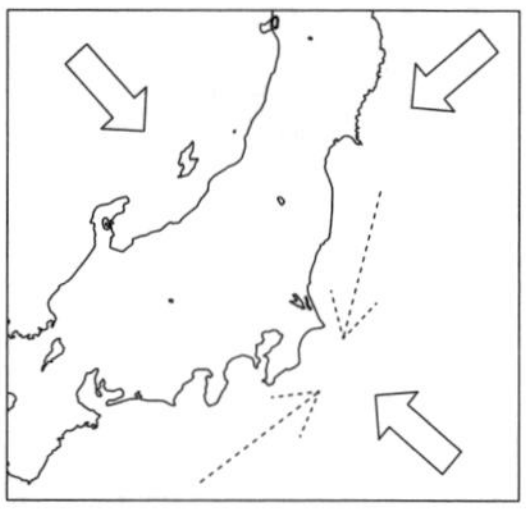

(4)　トマス・クックはアジア各地をめぐった後，エジプトに到着し，資料Ⅰ中のカイロで旅行客と別れた。次の資料Ⅲ中の(ア)～(ウ)はそれぞれ，資料Ⅰ中で示したロンドン，ニューヨーク，カイロのいずれかの都市の，現在の雨温図である。資料Ⅲ中の(ア)～(ウ)の雨温図を，トマス・クックが旅行したルートに沿って，ロンドン，ニューヨーク，カイロの順に並べかえ，記号で書け。また，エジプトは，初めて国際連合の平和維持活動が行われた場所の一つである。国際連合の平和維持活動について書かれた下の文中の［A］・［B］に入るものの組み合わせとして最も適当なものを，あとの(カ)～(ケ)から１つ選べ。（　　）→（　　）→（　　）　（　　）

資料Ⅲ

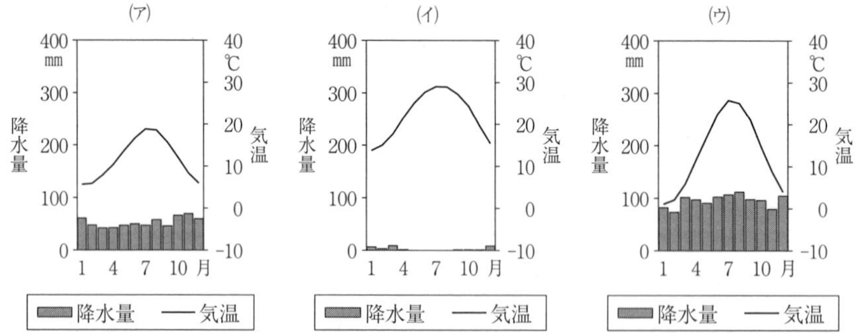

気象庁ホームページ（1991～2020 年統計）より作成

> 平和維持活動の略称は［A］であり，日本は［B］に，平和維持活動のために自衛隊を海外へ派遣するようになった。

(カ)　A　NGO　　B　1980 年代　　(キ)　A　NGO　　B　1990 年代
(ク)　A　PKO　　B　1980 年代　　(ケ)　A　PKO　　B　1990 年代

(5)　トマス・クックの事業を継承した株式会社は，1929 年に資料Ⅰ中で示したいずれかの都市の株式市場で株価が大暴落したことをきっかけに始まった世界的な不況の影響を受けた。その都市はどこか，最も適当なものを，次のⅰ群(ア)～(オ)から１つ選べ。また，株式会社や株主について述べた文として最も適当なものを，あとのⅱ群(カ)～(ケ)から１つ選べ。ⅰ群（　　）　ⅱ群（　　）

ⅰ群　(ア)　ロンドン　　(イ)　ニューヨーク　　(ウ)　サンフランシスコ　　(エ)　横浜　　(オ)　カイロ

ⅱ群　(カ)　株式会社は，公企業に分類される。

(キ)　株式会社は，株式を購入した株主から配当を受け取る。

(ク)　株主は，株主総会に出席して経営方針の決定に関わることができる。

(ケ)　株主は，株式会社が倒産すると出資（投資）額を失い，さらに倒産に関わる費用も負担する。

② 右の資料Ⅰは，礼奈さんが，自分の住んでいる徳島県の課題について考察してまとめたものの一部である。これを見て，次の問い(1)～(5)に答えよ。

資料Ⅰ

発見した課題

①徳島県内における経済の落ち込み

課題の背景

②交通網の発達により，大阪市などの大都市へ買い物に行く人が増えた

進学や就職をきっかけに，多くの人が県内から東京都や大阪府などの県外に出る

課題の解決に向けて

県内の経済活動を盛んにするために，徳島県の魅力を発信し，県外から観光に来る人や移住する人を増やす

徳島県の魅力の例

・人口10万人あたりの③医師の数が全国1位
・④銅鐸《どうたく》の出土数が全国3位
・世界最大規模の⑤渦潮が見られる

(1) 礼奈さんは，下線部①徳島県内における経済について調べる中で，小売業の売場面積に注目した。下の資料Ⅱは，1991年から2016年にかけての，徳島県と全国における小売業の売場面積の推移をそれぞれまとめたものである。資料Ⅱから読み取れることとして適当なものを，次の(ア)～(オ)からすべて選べ。(　　　)

(ア) 徳島県における小売業の売場面積は，1991年から2007年にかけて，常に100万m^2以上である。

(イ) 2004年の徳島県における小売業の売場面積と2014年の徳島県における小売業の売場面積の差は，10万m^2以上である。

(ウ) 1994年の全国における小売業の売場面積は，1991年の全国における小売業の売場面積と比べて増加している。

(エ) 徳島県における小売業の売場面積と全国における小売業の売場面積はいずれも，1997年，2002年，2007年のうち，2007年が最も大きい。

(オ) 徳島県における小売業の売場面積と全国における小売業の売場面積はいずれも，2016年の方が2012年よりも小さい。

資料Ⅱ

徳島県における小売業の売場面積の推移

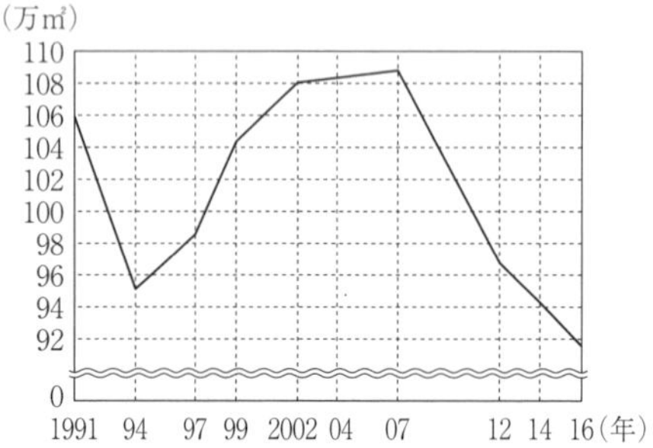

全国における小売業の売場面積の推移

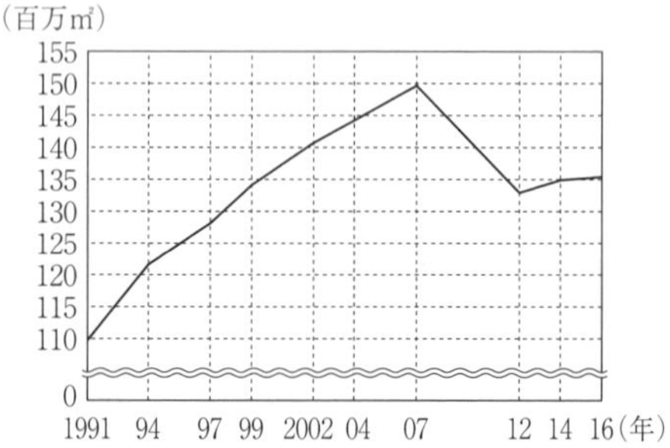

経済産業省資料より作成

(2) 礼奈さんは，下線部②交通網の発達に興味を持ち，徳島県と周辺の都道府県を結ぶ交通網について調べた。右の資料Ⅲは，徳島県とその周辺の都道府県の一部を表した略地図である。資料Ⅲ中の◯で囲まれた(ア)～(ウ)の地域のうち，現在，高速道路が通る橋がかかっている地域として適当なものをすべて選べ。また，資料Ⅲ中の◯で囲まれた(ア)～(ウ)の地域のうち，徳島県と兵庫県の県境がある地域として最も適当なものを1つ選べ。

資料Ⅲ

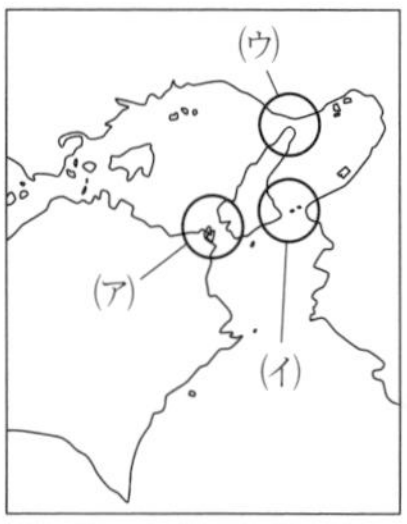

橋がかかっている地域(　　　)　県境がある地域(　　　)

(3)　礼奈さんは，下線部③医師の確保について，徳島県議会において議論されていたことを知り，地方議会の仕事に興味を持った。地方議会が行う仕事として最も適当なものを，次の(ア)～(エ)から1つ選べ。また，礼奈さんは，厚生労働省が医師確保対策を進めていることを知った。内閣のもとで，厚生労働省などの各省庁が分担して国の仕事をする権力は，三権分立の考え方のうち何権にあたるか，**漢字2字**で書け。(　　　)　［　　］権

(ア)　条約を締結する。　(イ)　条例を制定する。

(ウ)　政令を制定する。　(エ)　裁判官を任命する。

(4)　礼奈さんは，下線部④銅鐸の出土数が上位の5つの都道府県を調べ，右の資料Ⅳを作成した。また，次の文章は，礼奈さんが資料Ⅳを参考にして，銅鐸についてまとめたものの一部である。文章中の［A］・［B］に入るものの組み合わせとして最も適当なものを，下のⅰ群(ア)～(エ)から1つ選べ。また，文章中の［C］に入る銅鐸の出土数として最も適当なものを，下のⅱ群(カ)～(コ)から1つ選べ。

ⅰ群(　　　)　ⅱ群(　　　)

資料Ⅳ

	出土数(単位：点)
兵庫県	56
島根県	54
徳島県	42
滋賀県	41
和歌山県	41

兵庫県教育委員会資料(平成15年度)より作成

> 銅鐸は，日本で［A］に，主に［B］として使われた青銅器の一つであるが，出土する地域には偏りが見られる。資料Ⅳ中の5つの県のうち，7地方区分における近畿地方の県だけで［C］点の銅鐸が出土している。

ⅰ群　(ア)　A　縄文時代　B　武器や工具　(イ)　A　縄文時代　B　祭りの道具

(ウ)　A　弥生時代　B　武器や工具　(エ)　A　弥生時代　B　祭りの道具

ⅱ群　(カ)　82　(キ)　97　(ク)　110　(ケ)　138　(コ)　192

(5)　礼奈さんは，下線部⑤渦潮が右の資料Ⅴのように，江戸時代に浮世絵《うきよえ》で描かれていたことを知り，江戸時代の文化に興味を持った。江戸時代の文化について述べた文として適当なものを，次の(ア)～(オ)から**2**つ選べ。(　　　)

資料Ⅴ

(ア)　京都の北山《きたやま》に金閣《きんかく》が建てられた。

(イ)　近松門左衛門《ちかまつもんざえもん》が人形浄瑠璃《じょうるり》の台本を書いた。

(ウ)　太陽暦が採用され，1日が24時間，1週間が7日に定められた。

(エ)　狩野永徳《かのうえいとく》によって，華やかな色彩の絵がふすまや屏風《びょうぶ》に描かれた。

(オ)　仏教などが伝わる前の日本人のものの考え方を明らかにしようとする国学が大成された。

3　右の資料Ⅰは，正広さんが，フビライ・ハンの生涯における主なできごとについて調べて作成した略年表である。これを見て，次の問い(1)～(5)に答えよ。

資料Ⅰ

年	主なできごと
1215	①遊牧民の勢力を統一したチンギス・ハンの孫として生まれる
1254	チベットを征服する
1260	モンゴル帝国の皇帝として即位する
	朝鮮半島の［X］を従える
	②通貨の発行により経済統一を進める
1264	都を移す
1271	支配した中国北部地域に中国風の国名をつける
1272	都の名前を③大都《だいと》と改称する
1274	日本への１度目の遠征を行う
1276	中国の［Y］をほろぼす
1281	日本への２度目の遠征を行う
1287	東南アジア方面への遠征を行う
1294	日本への３度目の遠征を計画している途中で生涯を終える

(1)　資料Ⅰ中の［X］・［Y］に入る語句の組み合わせとして最も適当なものを，次の(ア)～(カ)から１つ選べ。(　　　)

(ア)　X　百済《くだら》　Y　元《げん》

(イ)　X　百済《ペクチェ》　Y　宋《そう》

(ウ)　X　百済　Y　明《みん》

(エ)　X　高麗《こうらい》　Y　元

(オ)　X　高麗《コリョ》　Y　宋

(カ)　X　高麗　Y　明

(2)　正広さんは，下線部①遊牧民について，現在もモンゴルで右の写真のようなゲルと呼ばれる住居に暮らして遊牧をしている人がいることを知った。遊牧について述べた文として最も適当なものを，次のⅰ群(ア)～(エ)から１つ選べ。また，正広さんは，戦乱の続いた春秋・戦国時代の末にも遊牧民が中国に進出していたことを知った。この頃に中国を統一し，遊牧民の侵入を防ぐために万里の長城を築いた人物として最も適当なものを，下のⅱ群(カ)～(ケ)から１つ選べ。ⅰ群(　　　)　ⅱ群(　　　)

写真

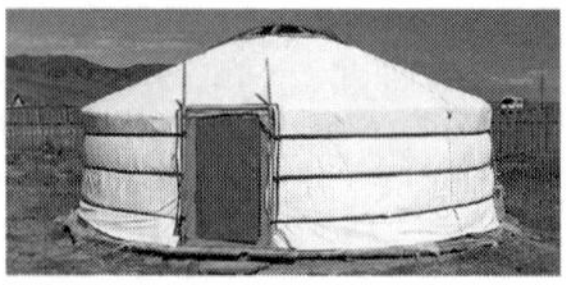

ⅰ群　(ア)　草や水を求めて移動しながら，家畜を飼育している。

(イ)　牧草などの飼料を栽培し，乳牛の飼育を行っている。

(ウ)　土地の養分のバランスを保つために，年ごとに異なる作物を育てている。

(エ)　数年ごとに移動しながら，森林などを燃やした灰を肥料として利用し，作物を育てている。

ⅱ群　(カ)　袁世凱《えんせいがい》　(キ)　孔子《こうし》　(ク)　始皇帝《しこうてい》　(ケ)　溥儀《ふぎ》

(3)　正広さんは，下線部②通貨の発行が，現在の日本では日本銀行によって行われていることを知り，日本銀行について調べた。次の資料Ⅱは，日本銀行が行う金融政策を，正広さんが模式的に表したものである。また，あとの文章は，正広さんが資料Ⅱを参考にして，不景気のときの金融政策についてまとめたものであり，文章中の［　　］に，あとの(ア)～(シ)の語句から**4つ**選び，それらを並べかえてできた表現を入れると文章が完成する。［　　］に適切な表現が入るように，(ア)～(シ)の語句から**4つ**選び，それらを並べかえ，記号で書け。なお，［　　］に入る適切な表現は複数あるが，解答欄には一通りだけ書くこと。(　　)→(　　)→(　　)→(　　)

資料Ⅱ

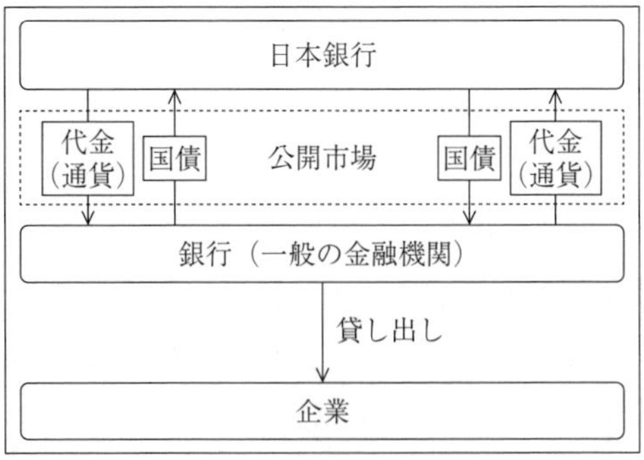

> 不景気のときは，日本銀行が［　　　　　］，企業にとってお金が借りやすい状況になる。このため，企業の生産活動が活発になり，景気の安定化がはかられると考えられる。

(ア)　企業は　　(イ)　企業から　　(ウ)　公開市場で　　(エ)　公開市場に　　(オ)　支払いを受けた

(カ)　貸し出しを受けた　　(キ)　国債を売ることで　　(ク)　国債を買うことで

(ケ)　保有する資金の量が増えて　　(コ)　保有する資金の量が減って

(サ)　銀行（一般の金融機関）は　　(シ)　銀行（一般の金融機関）から

(4)　正広さんは，下線部③大都が現在の中国における首都の北京《ペキン》であり，北京では経済が発展してきたことを知った。右の文は，正広さんが，現在の中国における経済発展についてまとめたものの一部である。文中の［　　　］に入るものとして最も適当なものを，次のⅰ群(ア)～(エ)から１つ選べ。また，正広さんは，日本において中国の都を手本に平城京がつくられたことを知った。平城京について述べた文として最も適当なものを，下のⅱ群(カ)～(ケ)から１つ選べ。ⅰ群（　　　）　ⅱ群（　　　）

> 中国では経済が発展していく中で，沿岸部と内陸部の格差が拡大し，深圳《シェンチェン》のような［　　　］へと出かせぎに行く人が多くなっていった。

ⅰ群　(ア)　沿岸部の都市　　(イ)　沿岸部の農村　　(ウ)　内陸部の都市　　(エ)　内陸部の農村

ⅱ群　(カ)　金剛峯寺《こんごうぶじ》が建てられた。　　(キ)　日本で初めての本格的な都であった。

　　　(ク)　住人は約100万人であった。　　(ケ)　市が設けられて各地の産物が売買された。

(5)　右の文章は，正広さんが，フビライ・ハンの生きていた時代についてまとめたものの一部である。資料Ⅰを参考にして，文章中の［　A　］に入る**数字**を書け。また，文章中の［　B　］・［　C　］に入るものの組み合わせとして最も適当なものを，次の(ア)～(エ)から１つ選べ。

> フビライ・ハンが生きていたのは［　A　］世紀にあたる。この世紀にモンゴル帝国はアジアから［　B　］まで領土を広げ，支配した。モンゴル帝国のもとでは，地域間の文化の交流が［　C　］。

（　　　）（　　　）

(ア)　B　北アフリカ　　C　閉ざされた　　(イ)　B　北アフリカ　　C　盛んに行われた

(ウ)　B　東ヨーロッパ　　C　閉ざされた　　(エ)　B　東ヨーロッパ　　C　盛んに行われた

④　次の会話は，社会科の授業で「起業プランを発表しよう」というテーマのペアワークに取り組んでいる際に，健さんと剛さんが交わしたものの一部である。これを見て，次の問い(1)～(5)に答えよ。

健　地元の①農作物のおいしさを知ってもらうために，レストランを開くという起業プランを発表するのはどうかな。
剛　いいね。今は国の②経済政策の一つとして，起業を支援する制度があるらしいよ。
健　それを利用できないかな。起業後はさまざまな③税金を納める必要があるみたいだね。起業すると多額のお金を扱うから，リスクもあるね。
剛　だからこそ，支援のしくみがあるんだね。起業することは，④日本国憲法が保障する経済活動の自由にあてはまり，中学生でも起業ができるんだって。できる限り現実的なプランを発表しよう。

(1)　健さんは，下線部①農作物の価格の変動について調べた。次の資料Ⅰは，自由な競争が行われている市場において，ある農作物の価格と需要・供給の関係を模式的に表したものである。資料Ⅰについて説明した下の文中の［　A　］・［　B　］に入るものの組み合わせとして最も適当なものを，あとの(ア)～(エ)から1つ選べ。また，農作物の栽培について，例えば，夏が旬の農作物を，時期を早めて冬から春のうちに出荷できるように栽培することがある。このような，出荷時期を早める工夫をした栽培方法を何栽培というか，**ひらがな 4 字**で書け。

（　　　）　［　　　　］栽培

資料Ⅰ

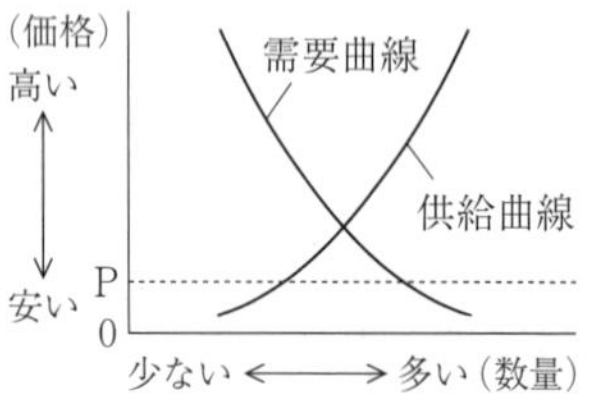

需要・供給の関係から，価格がPのとき，この農作物は希少性が高く，価格が［　A　］いき，市場における［　B　］が増えていくと考えられる。

(ア)　A　上がって　　B　供給量　　(イ)　A　上がって　　B　需要量
(ウ)　A　下がって　　B　供給量　　(エ)　A　下がって　　B　需要量

(2)　剛さんは，下線部②経済政策について，これまで日本でさまざまな経済政策が行われてきたことに興味を持った。次の(ア)～(エ)は，日本で行われた経済政策について述べた文である。(ア)～(エ)を古いものから順に並べかえ，記号で書け。（　　）→（　　）→（　　）→（　　）

(ア)　御家人を救うために，幕府が永仁《えいにん》の徳政令を出した。
(イ)　財政を立て直すために，田沼意次《たぬまおきつぐ》が銅や俵物の輸出を盛んにした。
(ウ)　大名や豪商に海外への渡航を許す朱印状を幕府が与え，朱印船貿易が行われた。
(エ)　商工業者に自由な活動を行わせるために，織田信長《おだのぶなが》が安土《あづち》において市場での税を免除した。

資料Ⅱ
国内総生産（2019年）

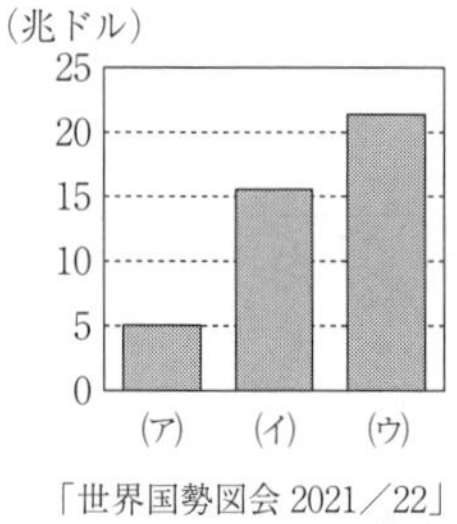

「世界国勢図会 2021／22」より作成

(3)　健さんは，下線部③税金のうち，所得税について調べた。現在の日本では，所得税は，所得が高い人ほど，所得に占める税金の割合（税率）が高くなる。このようなしくみで課税されることを何課税というか，**ひらがな 4 字**で書け。また，税金は貿易における輸入品にも課せられるが，EU

(ヨーロッパ連合)は，加盟国間の貿易において輸入品に課せられる税金をなくし，経済活動を活発にしている。前の資料Ⅱは，2019年におけるEU，日本，アメリカの国内総生産を示したものであり，(ア)～(ウ)はそれぞれ，EU，日本，アメリカのいずれかである。このうち，EUにあたるものを，(ア)～(ウ)から1つ選べ。ただし，EUの国内総生産は，2019年時点の，イギリスを除く加盟国の合計を示したものである。□□□□課税 (　　　)

(4) 剛さんは，下線部④日本国憲法について調べた。日本国憲法について述べた文として適当なものを，次の(ア)～(オ)から**2**つ選べ。(　　　)

(ア) 君主権の強いドイツの憲法をもとにつくられた。

(イ) 裁判を受ける権利を含む社会権を保障している。

(ウ) 国民は自由や権利を公共の福祉のために利用する責任があると定められている。

(エ) 日本政府が作成した案が，議会での審議を経ずに日本国憲法として公布された。

(オ) 法の下の平等を定めており，日本国憲法の制定にともない，民法が改正されて新たな家族制度ができた。

(5) 健さんと剛さんは，起業について調べ，次の資料Ⅲを作成した。資料Ⅲは，起業と起業意識に関する2022年度の調査結果をまとめたものであり，資料Ⅲ中の「起業家」は起業した人を指し，「起業関心層」，「起業無関心層」は，起業していない人のうち，起業に関心がある人とない人をそれぞれ指している。資料Ⅲから読み取れることとして最も適当なものを，あとの(ア)～(エ)から1つ選べ。(　　　)

資料Ⅲ

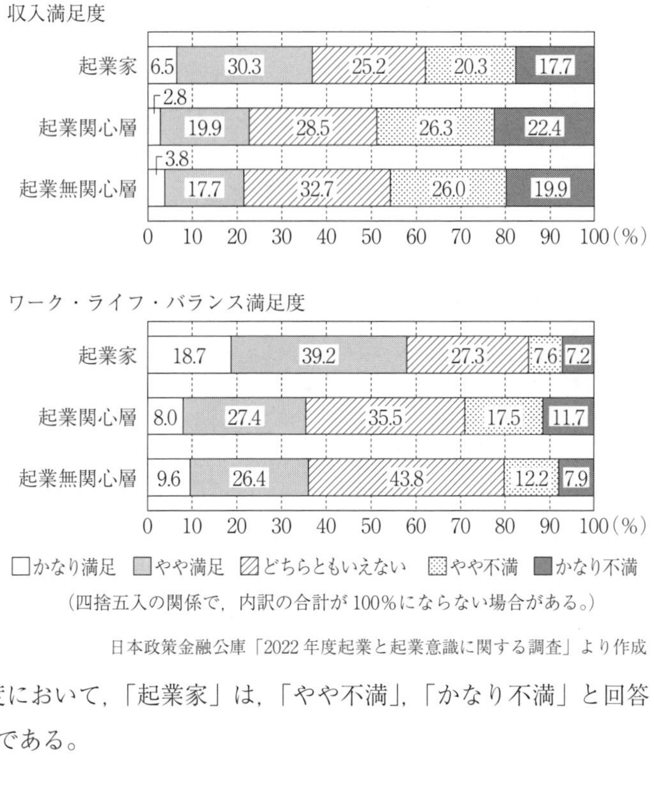

(四捨五入の関係で，内訳の合計が100%にならない場合がある。)

日本政策金融公庫「2022年度起業と起業意識に関する調査」より作成

(ア) 収入満足度において，「起業家」は，「やや不満」，「かなり不満」と回答した人の割合の合計が30%以下である。

(イ)　ワーク・ライフ・バランス満足度において，「起業関心層」は，「かなり満足」，「やや満足」と回答した人の割合の合計よりも，「やや不満」，「かなり不満」と回答した人の割合の合計の方が高い。

(ウ)　「起業家」は，収入満足度よりもワーク・ライフ・バランス満足度の方が，「かなり満足」，「やや満足」と回答した人の割合の合計が高い。

(エ)　収入満足度とワーク・ライフ・バランス満足度のいずれにおいても，「起業関心層」よりも「起業無関心層」の方が，「かなり満足」，「やや満足」と回答した人の割合の合計が高い。

理科

時間　40分　　　　満点　40点

（注）　字数制限がある場合は，句読点や符号なども1字に数えなさい。

1　次のノートは，舞さんが呼吸に関してまとめたものの一部である。これについて，下の問い(1)～(3)に答えよ。

ノート

生物の体は①細胞でできており，細胞は生きていくために必要なエネルギーを細胞呼吸（細胞の呼吸）によって得ている。ヒトの場合，細胞呼吸（細胞の呼吸）でできた二酸化炭素は，血液にとけこんで肺まで運ばれ，気管支の先端のうすい膜でできた［　　　］という袋の中に出され，②息をはくときに体外に排出される。

(1)　下線部①細胞について，次の(ア)～(エ)のうち，植物の細胞と動物の細胞に共通して見られるものとして適当なものを**すべて**選べ。（　　　）

(ア)　核　　(イ)　葉緑体　　(ウ)　細胞膜　　(エ)　細胞壁

(2)　ノート中の［　　　］に入る最も適当な語句を，**ひらがな4字**で書け。また，下線部②息について，右の表は舞さんが，ヒトの吸う息とはく息にふくまれる気体の体積の割合をまとめたものであり，A～Cはそれぞれ，二酸化炭素，酸素，窒素のいずれかである。表中のA～Cにあたるものの組み合わせとして最も適当なものを，次の(ア)～(カ)から1つ選べ。□□□□（　　　）

	吸う息	はく息
A	78.34 %	74.31 %
B	20.80 %	15.23 %
C	0.04 %	4.24 %
その他	0.82 %	6.22 %

(ア)　A　二酸化炭素　　B　酸素　　C　窒素

(イ)　A　二酸化炭素　　B　窒素　　C　酸素

(ウ)　A　酸素　　B　二酸化炭素　　C　窒素

(エ)　A　酸素　　B　窒素　　C　二酸化炭素

(オ)　A　窒素　　B　二酸化炭素　　C　酸素

(カ)　A　窒素　　B　酸素　　C　二酸化炭素

(3)　次の文は，ヒトが息を吸うしくみについて舞さんがまとめたものである。文中の［X］・［Y］に入る表現の組み合わせとして最も適当なものを，あとの(ア)～(エ)から1つ選べ。（　　　）

横隔膜が［X］とともに，胸の筋肉のはたらきでろっ骨が［Y］ことで，肺が広がって息が吸いこまれる。

(ア)　X　上がる　　Y　上がる　　(イ)　X　上がる　　Y　下がる

(ウ)　X　下がる　　Y　上がる　　(エ)　X　下がる　　Y　下がる

2　右の表は，太郎さんが，水とエタノールの密度をまとめたものである。また，太郎さんは，水とエタノールの混合物を用いて，次の〈実験〉を行った。これについて，下の問い(1)・(2)に答えよ。ただし，体積と質量の測定は，室温，物質の温度ともに20℃の状態で行ったものとする。

	密度〔g/cm^3〕20℃のときの値
水	1.00
エタノール	0.79

〈実験〉

操作①　水とエタノールの混合物$30cm^3$を枝つきフラスコに入れる。

操作②　試験管を3本用意する。右の図のような装置で，水とエタノールの混合物を弱火で加熱し，ガラス管から出てくる気体を氷水で冷やし，液体にして1本目の試験管に集める。

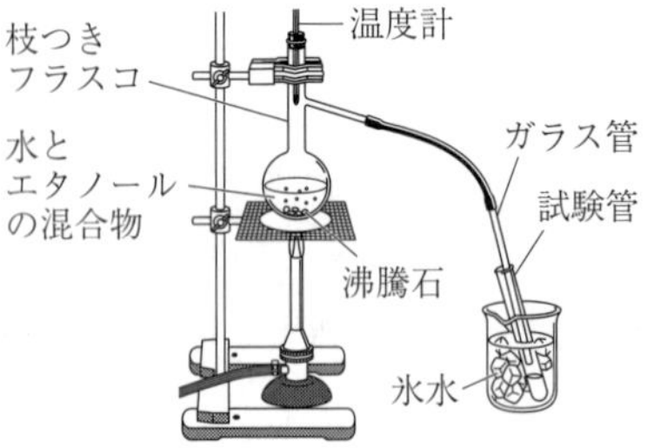

操作③　液体が約$3cm^3$たまったら，次の試験管にとりかえる。この操作を3本目の試験管に液体がたまるまで続け，液体を集めた順に試験管A，B，Cとする。

操作④　メスシリンダーを電子てんびんにのせ，表示の数字を0にする。

操作⑤　操作④のメスシリンダーに，試験管Aに集めた液体を$2.0cm^3$入れ，質量を測定する。

操作⑥　試験管B・Cについても，それぞれ別のメスシリンダーを用いて，操作④・⑤と同様の操作を行う。

【結果】　操作④～⑥の結果，集めた液体$2.0cm^3$の質量は，試験管Aでは1.62g，試験管Bでは1.68g，試験管Cでは1.86gであった。

(1)　次の文は，太郎さんが〈実験〉の試験管Aと試験管Cについて書いたものである。表を参考にして，文中の［　　］に入る適当な表現を，**6字以内**で書け。

集めた液体$2.0cm^3$の質量が，試験管Cより試験管Aの方が小さいのは，試験管Aの液体は試験管Cの液体と比べてエタノールの［　　］ためであると考えられる。

(2)　次の文章は，太郎さんが，水とエタノールの混合物の密度についてまとめたものである。表を参考にして，文章中の［X］に共通して入る密度は何g/cm^3か，小数第3位を四捨五入し，**小数第2位**まで求めよ。(　　　g/cm^3)

水$17.0cm^3$とエタノール$3.0cm^3$を混合した液体の体積が，$20.0cm^3$であるとすると，混合物の密度は［X］であると考えられる。実際には，水とエタノールを混合すると混合物の体積は，混合前のそれぞれの体積の合計より小さくなる。このため，実際の混合物の密度は［X］より大きいと考えられる。

3 脊椎動物は，魚類，鳥類，は虫類，哺乳類，両生類の５つのグループに分類することができる。次の表は，優さんが脊椎動物の５つのグループについて，子の生まれ方と，体の表面のようすをまとめたものであり，A～Dはそれぞれ，鳥類，は虫類，哺乳類，両生類のいずれかである。これについて，下の問い(1)・(2)に答えよ。

	魚類	A	B	C	D
子の生まれ方	卵生	胎生	卵生	卵生	卵生
体の表面のようす	うろこでおおわれている。	体毛（やわらかい毛）でおおわれている。	湿った皮ふでおおわれている。	うろこでおおわれている。	羽毛でおおわれている。

(1) 表中のA・Bにあたるものとして最も適当なものを，次のｉ群(ア)～(エ)からそれぞれ１つずつ選べ。また，表中のCにあたるものの特徴について述べた文として最も適当なものを，下のⅱ群(カ)・(キ)から１つ選べ。A（　　　）　B（　　　）（　　　）

ｉ群　(ア) 鳥類　(イ) は虫類　(ウ) 哺乳類　(エ) 両生類

ⅱ群　(カ) 一生を通して肺で呼吸する。

(キ) 子はえらと皮ふで呼吸し，親（おとな）は肺と皮ふで呼吸する。

(2) 優さんは，動物の体が生活に応じたつくりになっていることを知り，草食動物の体のつくりについて調べた。草食動物であるシマウマの目のつき方や歯の特徴に関して述べた文として最も適当なものを，目のつき方の特徴については次のｉ群(ア)・(イ)から，歯の特徴については下のⅱ群(カ)～(ク)からそれぞれ１つずつ選べ。ｉ群（　　　）　ⅱ群（　　　）

ｉ群　(ア) 目が顔の側面についており，広い範囲を見はるのに適している。

(イ) 目が顔の正面についており，他の動物との距離をはかるのに適している。

ⅱ群　(カ) 臼歯と犬歯が発達している。　(キ) 犬歯と門歯が発達している。

(ク) 門歯と臼歯が発達している。

4　次のノートは，鉄と硫黄を用いて行った実験についてまとめたものの一部である。これについて，下の問い(1)～(3)に答えよ。

ノート

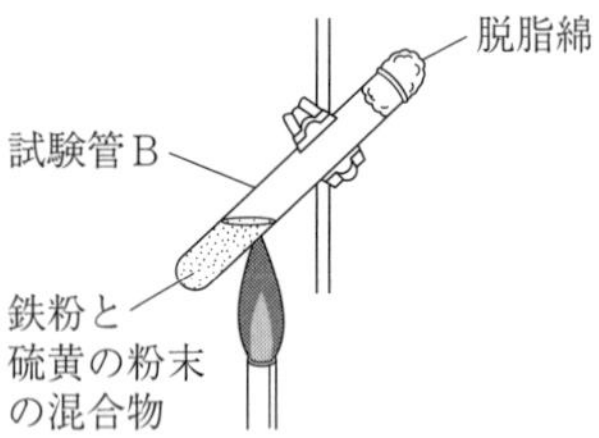

試験管A・Bを用意した。鉄粉2.1gと硫黄の粉末1.2gをよく混ぜ，この混合物の約4分の1を試験管Aに入れ，残りを試験管Bに入れた。次に，右の図のように，試験管B中の混合物の上部を加熱した。混合物の上部が赤くなり，化学変化が始まったところで加熱をやめたが，加熱をやめても化学変化が続き，①黒い物質ができた。加熱後も化学変化が続いたのは，鉄と硫黄が結びつく化学変化にともなって熱が発生したためである。試験管Bの温度が十分に下がってから，試験管A・Bのそれぞれに磁石を近づけると，［　　］中の物質は磁石に引きつけられたが，もう一方の試験管中の物質は磁石に引きつけられなかった。また，試験管A・Bから物質をそれぞれ少量とり出し，うすい塩酸をそれぞれ数滴加えると，試験管Bからとり出した物質から②においのある気体が発生した。

(1)　下線部①黒い物質について，鉄と硫黄の化学変化によってできた黒い物質を化学式で表したものとして最も適当なものを，次の(ア)～(エ)から1つ選べ。(　　　)

(ア)　CuS　　(イ)　FeS　　(ウ)　$CuSO_4$　　(エ)　$FeSO_4$

(2)　ノート中の［　　］に入る語句として最も適当なものを，次のⅰ群(ア)・(イ)から1つ選べ。また，下線部②においのある気体について，試験管Bからとり出した加熱後の黒い物質に塩酸を加えたときに発生した気体として最も適当なものを，下のⅱ群(カ)～(ク)から1つ選べ。ただし，試験管B中の鉄と硫黄はすべて反応したものとする。ⅰ群(　　　)　ⅱ群(　　　)

ⅰ群　(ア)　試験管A　　(イ)　試験管B

ⅱ群　(カ)　アンモニア　　(キ)　硫化水素　　(ク)　水素

(3)　次の文章は，化学変化にともなう熱の出入りについてまとめたものの一部である。文章中の［X］に入る表現として最も適当なものを，あとの(ア)～(ウ)から1つ選べ。また，［Y］に入る最も適当な語句を，**ひらがな5字**で書け。(　　　)　□□□□□

一般に，化学変化が進むと熱が出入りする。化学変化にともなって熱を発生したために，まわりの温度が上がる反応を発熱反応という。［X］ことで起こる反応も発熱反応の一つである。

一方，化学変化にともなって周囲から熱を奪ったために，まわりの温度が下がる反応を［Y］反応という。

(ア)　酸化カルシウムに水を加える　　(イ)　塩化アンモニウムと水酸化バリウムを混ぜる

(ウ)　炭酸水素ナトリウム水溶液にクエン酸を加える

5　モノコードとオシロスコープを用いて，次の〈実験〉を行った。これについて，下の問い(1)・(2)に答えよ。

〈実験〉

操作①　右のⅠ図のように，モノコードに弦をはる。また，オシロスコープの画面を横軸が時間，縦軸が振幅を表すように設定する。

Ⅰ図

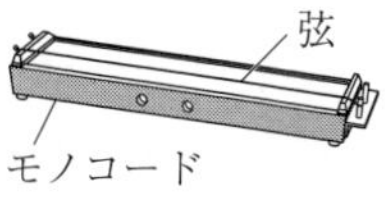

操作②　弦をはじいて出る音をオシロスコープで観察し，表示された波形を記録する。

操作③　弦をはる強さと弦をはじく強さをそれぞれ変えて，弦をはじいて出る音をオシロスコープで観察し，表示された波形を記録する。

【結果】　操作②では，右のⅡ図の波形を記録した。また，操作③では，右のⅢ図の波形を記録した。ただし，Ⅱ図とⅢ図の横軸の１目盛りが表す大きさは等しいものとし，Ⅱ図とⅢ図の縦軸の１目盛りが表す大きさは等しいものとする。

Ⅱ図

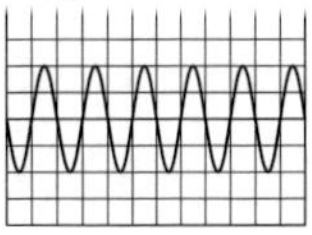

Ⅲ図

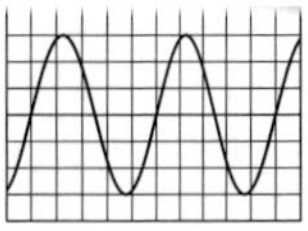

(1)　下線部弦をはる強さと弦をはじく強さについて，【結果】から考えて，操作③では操作②と比べて弦をはる強さと弦をはじく強さをそれぞれどのように変えたと考えられるか，最も適当なものを，次の(ア)～(エ)から１つ選べ。(　　　)

(ア)　弦のはりを弱くし，弦を弱くはじいた。　(イ)　弦のはりを弱くし，弦を強くはじいた。

(ウ)　弦のはりを強くし，弦を弱くはじいた。　(エ)　弦のはりを強くし，弦を強くはじいた。

(2)　操作②で観察した音の振動は１秒間に500回であった。このことと，Ⅱ図から考えて，Ⅱ図の横軸の１目盛りが表す時間の長さは何秒であるか，最も適当なものを，次の(ア)～(エ)から１つ選べ。また，【結果】から考えて，操作③で観察した音の振動数は何Hzか求めよ。(　　　)(　　　Hz)

(ア)　0.0004秒　(イ)　0.001秒　(ウ)　0.002秒　(エ)　0.004秒

6　まっすぐなレール上を動く，球の運動のようすを調べた。これについて，次の問い(1)～(3)に答えよ。ただし，球にはたらく摩擦力や空気の抵抗は考えないものとし，球がレールから離れることはないものとする。また，レールは十分な長さがあるものとする。

(1)　水平に置いたレール上を球が一方向に動いているようすの 0.2 秒間隔のストロボ写真を撮影した。次のⅠ表は，撮影を始めてからの時間と，撮影を始めたときの球の位置から球がレール上を動いた距離を，撮影した写真から読みとってまとめたものの一部である。Ⅰ表から考えて，撮影を始めたときの球の位置から球がレール上を動いた距離が 84.0cm になったのは，撮影を始めてからの時間が何秒のときか求めよ。(　　　秒)

Ⅰ表

撮影を始めてからの時間〔s〕	0.2	0.4	0.6	0.8
撮影を始めたときの球の位置から球がレール上を動いた距離〔cm〕	5.6	11.2	16.8	22.4

(2)　レールの下に木片を置いて斜面の角度を一定にし，レール上に球を置いて手で支え，静止させた。次の図は，手を静かに離し，球がレール上を動き始めたのと同時に，0.1 秒間隔のストロボ写真を撮影したものを，模式的に表したものである。次のⅡ表は，球が動き始めてからの時間と，球が静止していた位置からレール上を動いた距離を，撮影した写真から読みとってまとめたものの一部である。また，次の文章は，Ⅱ表からわかることをまとめたものの一部である。文章中の X ・ Y に入る距離はそれぞれ何 cm か求めよ。X (　　　cm)　Y (　　　cm)

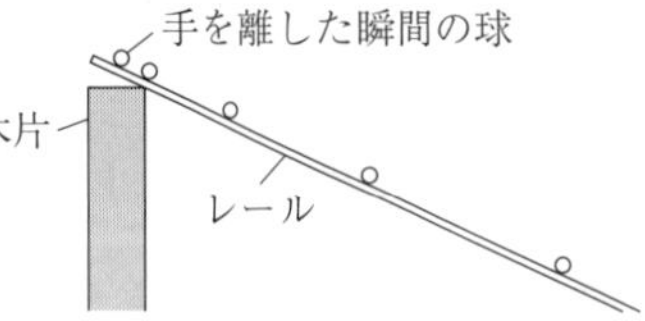

Ⅱ表

球が動き始めてからの時間〔s〕	0.1	0.2	0.3	0.4
球が静止していた位置からレール上を動いた距離〔cm〕	2.0	8.0	18.0	32.0

　0.1 秒ごとの球の移動距離は，一定の割合で増えていることが読みとれる。球が動き始めてからの時間が 0.2 秒から 0.3 秒の間での球の移動距離は，球が動き始めてからの時間が 0.1 秒から 0.2 秒の間での球の移動距離より X 大きい。また，球が動き始めてからの時間が 0.5 秒における，球が静止していた位置からレール上を動いた距離は Y であると考えられる。

(3)　斜面の角度を変えて，同じ球がレール上を下る運動のようすを考える。斜面の角度が 20° のレール上を球が下る運動と比べて，斜面の角度を 25° にしたレール上を球が下る運動がどのようになるかについて述べた文として**適当でないもの**を，次の(ア)～(エ)から 1 つ選べ。(　　　)

(ア)　球にはたらく斜面からの垂直抗力は大きくなる。

(イ)　球にはたらく重力の斜面に平行な分力は大きくなる。

(ウ)　球が動き始めてからの時間が 0.1 秒における球の瞬間の速さは大きくなる。

(エ)　球が動き始めてから 1.0 秒後から 2.0 秒後までの 1.0 秒間における球の平均の速さは大きくなる。

7 次の会話は，ある年の3月6日に，京都市にすむ花子さんが先生と交わしたものの一部である。これについて，下の問い(1)〜(5)に答えよ。

花子　昨日は，昼前に降り始めた雨が15時ごろにやんでから，急に気温が下がりましたね。
先生　昨日の京都市の気温は表のようでした。表では，15時と18時の気温差が最も大きいですね。①風向は南よりから北よりに変わりました。
花子　前線の動きが関係していそうですね。今日は，昨日とちがって晴れていますね。
先生　そうですね。今日は，②太陽が沈んだばかりの空に，③よいの明星が見えると考えられます。
花子　そうなんですね。観察してみようと思います。

時刻〔時〕	気温〔℃〕
9	13.8
12	14.9
15	15.6
18	10.1
21	9.3

(1) 3月5日の9時と18時の日本付近における前線の位置をそれぞれ模式的に表した図の組み合わせは，次の(ア)〜(エ)のいずれかである。会話と表から考えて，(ア)〜(エ)のうち，3月5日の9時と18時の日本付近における前線の位置をそれぞれ模式的に表した図の組み合わせとして，最も適当なものを1つ選べ。(　　　)

(ア)
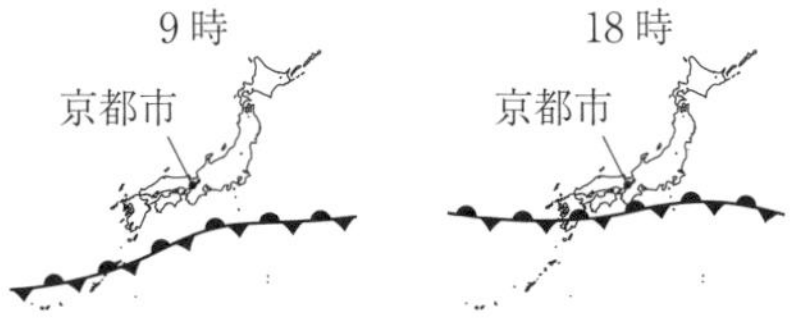

(イ)

(ウ)
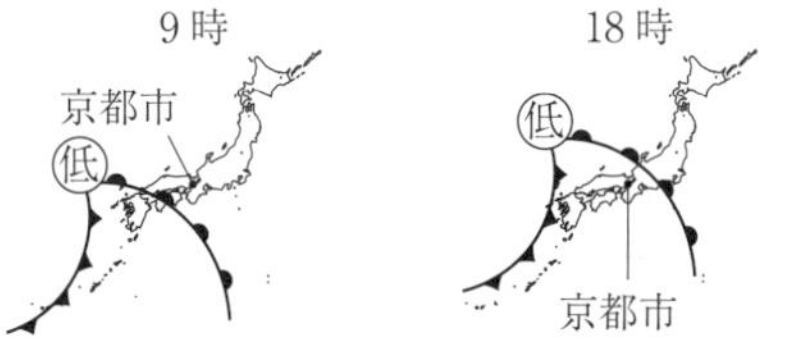

(エ)
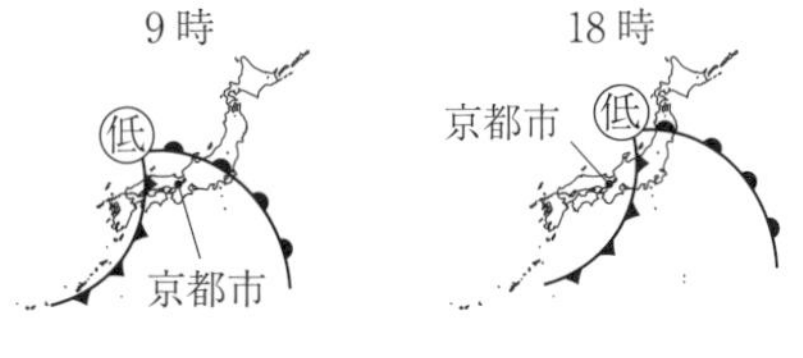

(2) 下線部①風向には気圧配置が関係している。右のI図は，高気圧と低気圧の気圧配置を模式的に表したものであり，曲線は等圧線を表している。I図のような気圧配置のとき，地点A〜Dのうち，風が最も強くふくと考えられる地点として適当なものを1つ選べ。また，次の文は，花子さんが北半球における高気圧の地表付近の風向についてまとめたものである。文中の［　　］に入る表現として最も適当なものを，下の(ア)〜(エ)から1つ選べ。(　　　)(　　　)

I図
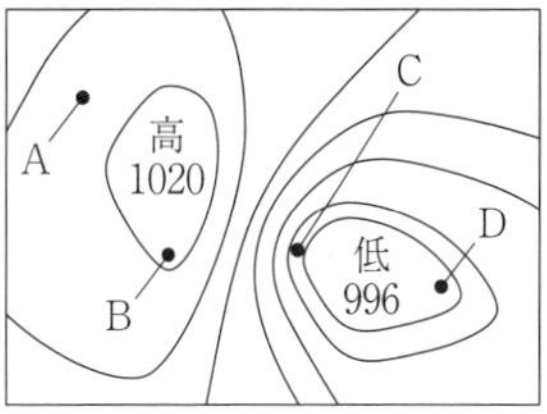

北半球では，高気圧の［　　］ように風がふく。

(ア) 中心に向かって時計回りにふきこむ　(イ) 中心に向かって反時計回りにふきこむ
(ウ) 中心から時計回りにふき出す　(エ) 中心から反時計回りにふき出す

(3)　右のⅡ図は，天気は晴れ，風向は西南西，風力は２を，天気図に用いる記号で表そうとした途中のものであり，風向・風力をかきこむと完成する。右の図中に，風向は西南西，風力は２であることを表す天気図に用いる記号を**実線**（――）でかいて示せ。ただし，図中の点線（………）は16方位を表している。

Ⅱ図

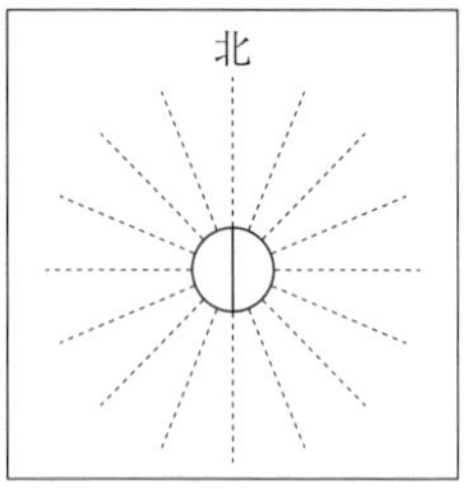

(4)　下線部②太陽について，次の文章は，花子さんが地球の動きと太陽の動きについてまとめたものである。文章中の［ X ］に共通して入る最も適当な語句を，**ひらがな３字**で書け。また，太陽が真東からのぼり，真西に沈む日において，太陽の南中高度が90°である地点として最も適当なものを，下の(ア)～(エ)から１つ選べ。

［　|　|　］　(　　　)

> 地球は［ X ］を中心に自転しながら太陽のまわりを公転している。太陽の南中高度が季節によって変化するのは，公転面に立てた垂線に対して地球の［ X ］が23.4°傾いているためである。

(ア)　赤道上の地点　　(イ)　北緯23.4°の地点　　(ウ)　北緯35.0°の地点　　(エ)　北緯66.6°の地点

(5)　下線部③よいの明星について，花子さんは３月６日の夕方に天体望遠鏡で金星を観察した。次のⅢ図は，花子さんが天体望遠鏡で観察した像の上下左右を，肉眼で観察したときの向きに直した金星の見え方を示したものである。また，次のⅣ図は，地球の北極側から見たときの太陽，地球および金星の位置関係を模式的に表したものである。３月６日の夕方に地球がⅣ図中で示された位置にあるとき，Ⅲ図から考えて，花子さんが観察した金星の位置として最も適当なものを，Ⅳ図中のP～Rから１つ選べ。(　　　)

Ⅲ図

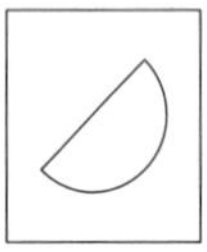

Ⅳ図

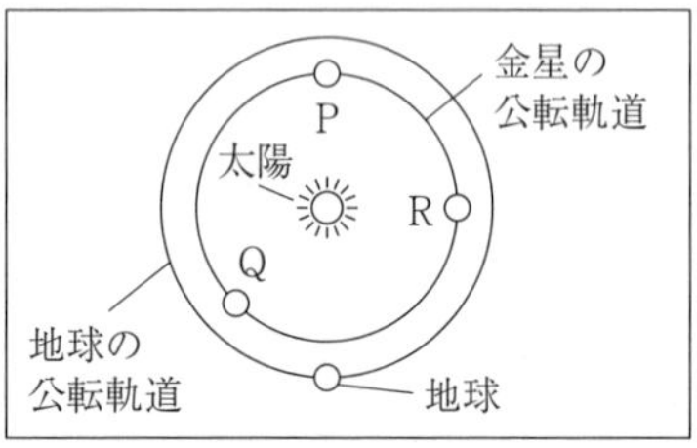

Ⅰ（　　）　Ⅱ（　　）

新聞を編集するときは、伝える内容に適した文章の種類を選択することが大切である。実際に起こった出来事を伝えるときは［X］で、見聞きしたことや体験を通して自分が感じたことを伝えるときは［Y］で、自分の考えを適切な根拠で支えて伝えるときは［Z］で表現するとよい。

Ⅰ群

(ア)　X　意見文　Y　随筆　Z　報道文
(イ)　X　意見文　Y　報道文　Z　随筆
(ウ)　X　随筆　Y　意見文　Z　報道文
(エ)　X　随筆　Y　報道文　Z　意見文
(オ)　X　報道文　Y　意見文　Z　随筆
(カ)　X　報道文　Y　随筆　Z　意見文

図

Ⅱ群　(サ)　九画　(シ)　十画　(ス)　十一画　(セ)　十二画

を、次の(ア)～(エ)から一つ選べ。（　　）

(ア) 2段落では、1段落で示した内容について、具体例を挙げて要因を考察している。

(イ) 4段落では、3段落で述べた主張の根拠を示した後、これまでの論をまとめている。

(ウ) 5段落では、4段落で述べた内容について、比喩を用いながら説明を補足している。

(エ) 7段落では、6段落で提起した問題について、考察を述べ、論を展開している。

(11) 敬一さんと由香さんのクラスでは、本文を学習した後、各班で本文に関連する新聞を編集することになった。次の会話文は、敬一さんと由香さんが話し合ったものの一部である。これを読み、後の問い(一)～(四)に答えよ。

敬一　2段落に「言語の能力によって人間ははじめて人間になりえたとさえいえるだろう」とあるけれど、言語が私たちにもたらしたものは大きいんだね。

由香　うん。言語によって意味の支配が生じるんだよね。

敬一　そうして生じた意味の支配は［A］と本文で述べられているね。この一連の流れによって日常性は支えられているんだね。

由香　そうだね。筆者は日常世界を意味の衣に覆われた世界とし、意味の衣に覆われる以前の先意味的世界と区別しているよ。意味の衣に覆われた世界では、［B］と本文から読み取れるね。

敬一　意味の衣に世界が覆われたため、私たちは美を喪失したけれど、それがかえって［C］強い思いをこらえられなくなることへとつながっていくんだね。本文をよく理解できたし、つぎは新聞のテーマについて話し合おうか。

(一) 会話文中の［A］に入る最も適当な表現を、本文中から**十二字**で抜き出し、**初めと終わりの三字**を書け。［　　］～［　　］

(二) 会話文中の［B］に入る最も適当な表現を、次の(ア)～(エ)から一つ選べ。（　　）

(ア) さまざまなものが意味的に認識され、多様な感覚の体験に意識を向ける必要がない

(イ) いつもの通りという自明性が支配していて、惰性に陥っていた感覚がざわめく

(ウ) 意味的理解を打ち破った美しいものによって、私たちは満足をあたえられる

(エ) 意味的同一化以前の感覚的情感的な現れがさまざまに生じ、認識されたものが他者へ効率的に伝達される

(三) 会話文中の［C］に入る最も適当な表現を、本文中から**十二字**で抜き出し、**初めと終わりの三字**を書け。［　　］～［　　］

(四) 新聞を編集するときの一般的な注意点について説明した次の文章中の［X］～［Z］に入る語の組み合わせとして最も適当なものを、後のⅠ群(ア)～(カ)から一つ選べ。また、敬一さんは、新聞のテーマについて話し合った際、メモを行書で書いた。後の図は、敬一さんが書いたメモの一部である。図中の視点の「視」を楷書にしたときの総画数として最も適当なものを、後のⅡ群(サ)～(セ)から一つ選べ。

こと。

(エ)　茶碗がいつも通りの状態であることをあらためて実感すること。

(2)　本文中のｂそれに深くかかわるのがを単語に分け、次の〈例〉にならって自立語と付属語に分類して示したものとして最も適当なものを、後の(ア)～(エ)から一つ選べ。（　　）

〈例〉　日は昇る　……　(答)　自立語＋付属語＋自立語

(ア)　自立語＋自立語＋付属語＋付属語
(イ)　自立語＋付属語＋自立語＋自立語＋付属語
(ウ)　自立語＋付属語＋自立語＋自立語＋付属語＋付属語
(エ)　付属語＋付属語＋自立語＋自立語＋付属語＋付属語

(3)　次の文章は、本文中のｃ頭上の「上」という漢字の成り立ちに関して述べたものである。文章中の X ・ Y に入る最も適当な語を、 X は後のⅠ群(ア)～(エ)から、 Y はⅡ群(カ)～(ケ)から、それぞれ一つずつ選べ。Ⅰ（　　）Ⅱ（　　）

形のない事柄を、記号やその組み合わせで表すことによって作られた漢字は X 文字に分類される。「上」という漢字は、「 Y 」と同じく、一般的にこの X 文字に分類される。

Ⅰ群　(ア)　象形　(イ)　指事　(ウ)　会意　(エ)　形声
Ⅱ群　(カ)　本　(キ)　林　(ク)　馬　(ケ)　詞

(4)　本文中のｄハイ色の片仮名の部分を**漢字**に直し、**楷書**で書け。（　　色）

(5)　本文からは次の一文が抜けている。この一文は本文中の〈1〉～〈4〉のどこに入るか、最も適当な箇所を示す番号を一つ選べ。（　　）

それだからこそ、意味にとらえられている。

(6)　本文中のｅ澄んだの漢字の部分の読みを**平仮名**で書け。（　　んだ）

(7)　本文中のｆそのような平板な認識についての説明として最も適当なものを、次の(ア)～(エ)から一つ選べ。（　　）

(ア)　美しいと感じたあらゆるものを、意味によって同一的なものとして認識すること。
(イ)　その都度感覚にたいして多様な現れ方をするものごとを、意味によって同一的なものとして認識すること。
(ウ)　慣れ親しんだものを、言葉では表現しきれないほど美しいものだと認識すること。
(エ)　感覚を魅了するものごとを、言葉では表現しきれないほど美しいものだと認識すること。

(8)　本文中のｇ先立つの活用形として最も適当なものを、次のⅠ群(ア)～(エ)から一つ選べ。また、波線部（〰〰）がｇ先立つと同じ活用形であるものを、後のⅡ群(カ)～(ケ)から一つ選べ。Ⅰ（　　）Ⅱ（　　）

Ⅰ群　(ア)　未然形　(イ)　連用形　(ウ)　終止形　(エ)　連体形
Ⅱ群　(カ)　入学してから一年が過ぎた。
(キ)　冬場は湯がすぐに冷める。
(ク)　朝食の前に花に水をやろう。
(ケ)　大切なのは挑戦をすることだ。

(9)　本文中のｈいざなうの意味として最も適当なものを、次のⅠ群(ア)～(エ)から一つ選べ。また、本文中のｉ安易なの意味として最も適当なものを、後のⅡ群(カ)～(ケ)から一つ選べ。Ⅰ（　　）Ⅱ（　　）

Ⅰ群　(ア)　導く　(イ)　流れ出る　(ウ)　変える　(エ)　現れる
Ⅱ群　(カ)　押しつけがましい　(キ)　深く考えない
(ク)　感情的な　(ケ)　迅速な

(10)　本文における段落どうしの関係を説明した文として**適当でないもの**

のできない現れ方に魅了されるのだ。美しいものは意味的理解を打ち破り、感覚の豊かな映発＊をもたらし満足をあたえる。〈2〉美の力は意味の衣をはぎ取るのだ。美の作動において、日常世界における意味の支配は打破され、惰性に陥っていた感覚のヴィヴィッドなざわめきと豊かな情感がよみがえる。感覚と情感の出来事は意味の衣にg先立つ出来事、すなわち「先意味的」な出来事なのである。したがってつぎのように定式化＊することができるだろう。あるものが美しいものとして現象するのは、それが日常世界を離脱し世界の先意味的次元において体験されるときである、と。

5　日常世界とは意味の衣に覆われた表層の世界である。美は日常世界という世界の表層を打ち破り、意味の衣で覆われる以前の世界つまり「先意味的世界」へとhいざなう。美しいものとは、意味の衣を脱ぎ捨てて先意味的次元の「裸身」で現れ出たものである。美の力すなわち日常世界離脱性とは、日常世界の「彼方《かなた》」へ飛び出してしまうことではなく、意味の衣による覆い隠しをのがれ、日常世界の「手前」すなわち先意味的世界へと連れ戻すことである。〈3〉繰り返すようであるが、ここで先意味的世界というのは、言語に支配された世界の手前の世界様態、すなわち意味的同一化以前の感覚的情感的な現れが多様に生じる世界次元を意味する。

6　しかしながら、そうすると奇妙なことにならないか。人間以外の動物たちは言語をもたず先意味的世界に生きているのだから、彼らこそ美の世界に生きていることにならないか。〈4〉その通りである。しかし、それにもかかわらず動物たちは美を知らない。人間のみが美を美として体験できるようなのだ。

7　これはどういうことか。i安易な断定は危険であるが、美と先意味的世界の関係から考えると、とりあえずつぎのような解釈の可能性が開かれるのではないか。人間は言語を獲得したために世界は意味の衣に覆われ、結果として美の喪失を引き起こした。そしてこの美の喪失において、逆に、人間は美に気づき美に飢えることになった。そして、美を求め創出しようとする衝動を抑えることができなくなった。こう理解することができるのではないか。そうだとすれば、人間は言語をもつゆえに美を喪失し、美を喪失したゆえに美に気づき美を求めることになったことになる。だからこそ、人間はいわば「芸術的存在」になったのではないか。人間は、一方において言語を意味的に最大限に使用する「意味的存在」であり、他方で先意味的世界へと回帰＊しようと欲する「美的存在」なのである。

（宮内《みやうち》　勝《まさる》「音楽の美の戦いと音楽世界」より）

注
＊ヴィヴィッド…いきいきしたさま。
＊現象する…ものごとがある形をとって現れる。
＊豊穣さ…ものごとが豊かなこと。
＊映発…光や色彩が映り合うこと。
＊定式化…一定の方式で表すこと。
＊回帰…ひと回りして元に戻ること。

(1)　本文中のaそれが感覚的にどのようかをあらためて体験するとは、どのようなことを指しているのか、最も適当なものを、次の(ア)～(エ)から一つ選べ。（　　）

(ア)　自分の茶碗がどういった色や模様であるかをあらためて見ること。
(イ)　使っている茶碗が誰のものであるかをあらためて知ること。
(ウ)　自分の茶碗の細部がどうなっているかをあらためて言語化する

２ 次の文章を読み、問い⑴～⑾に答えよ。（1～7は、各段落の番号を示したものである。）

1 言うまでもなく日常世界とは、いつも通りの日常が支配する身の回りのこの世界のことである。いつも生活している自分の部屋や家、そしてそのなかのさまざまな事物や近所の風景などは日常的なものであり、すべて見慣れたものであり熟知されたものである。そこには、たとえば毎日使っている茶碗《ちゃわん》や布団《ふとん》がある。ところが、それらが何色でどのような模様が描かれていたかあらためて思い出そうとしても、細部まではっきり思い出すことができない。日常の事物は熟知されているはずなのに、である。それらを使っているときでさえはっきりとは見ていない。たとえば食事をするとき、ひとたび「これは私の茶碗である」ということが認識されればよいのであって、a それが感覚的にどのようかをあらためて体験する必要はない。「これは私の茶碗である」という意味的認識で十分であり、その感覚的な*ヴィヴィッドな現れは通り過ごされている。日常世界にはいつもの通りという自明性が支配しているが、この自明性の支配をもたらすのが「これは……である」という意味的理解であり、それがさらに感覚の惰性化をもたらすのである。

2 それでは、この日常の自明性を支える意味の支配と感覚の惰性化は、いったいどのようにして生じるのか。b それに深くかかわるのが、実は言語なのである。人間は、太古の昔にそして各自的には幼児期に言語を習得した。言語によって人間は世界を認識・理解し、それを他者に効率的に伝達することができるようになった。言語は人間の偉大な「発明」であり、言語の能力によって人間ははじめて人間になりえたとさえいえるだろう。人間は言語をもつゆえに、世界は意味として理解できるようになった。人間の世界は言語あるいは意味でできているとさえいえるだろう。その都度感覚にたいして多様な現れ方をするものごとは、その多様さにまどわされることなく、意味のおかげで不変の同一的なものとして認識される。たとえば c 頭上の広がりは、晴れて青く見えようと、曇って d ハイ色であろうと、星が出ていようと、「空である」。同様に、日常の一切のものはその都度多様に*現象するのであるが、意味によって同一的に認識される。こうして意味的に認識された慣れ親しんだものに囲まれて、私たちは日常の生活を営んでいる。しかし、この偉大な言語にもネガティヴな面があるのだ。さまざまなものを意味的に認識できるなら、つまり「何であるか」が同一的に明確に認識できるなら、もはや揺れ動く多様な感覚の体験に注意をはらう必要はなくなるからだ。こうして感覚は惰性化してしまう。言語が意味の支配をもたらし、それが感覚の惰性化を引き起こすのである。

3 この事態が日常性を支えている。日常世界とは意味の支配する世界であり、私たちは意味の恩恵を被っている。〈1〉日常世界はいわば「意味の衣」に覆われた世界なのである。意味の衣によって、感覚のざわめく*豊穣《ほうじょう》さが抑えられ覆い隠される。

4 このような日常性のなかで、ときとして美しいものが現れる。そのとき私たちはふと足を止める。頭上の青空はいつもの空ではなく、その e 澄んだ青さに染まりそうにあるいは吸い込まれそうに感じるかもしれない。いつもの梅の木ももはや「ただの梅」と認識されるのではなく、その花びらのふくよかさや何とも言えない香りに感覚は魅了される。美しいものとして感じられるとき、もはや「あれは空である」とか「これは梅である」というような意味的同一的認識で済まされることはない。f そのような平板な認識は打ち破られ、感覚にたいする言い表すこと

(ア)　舟ども行きちがひて　　(イ)　なほ聞こえけり

(ウ)　我をば見知りたりや　　(エ)　隠しすゑたりける

(4)　次の会話文は、未波さんと幸治さんが本文を学習した後、本文について話し合ったものの一部である。これを読み、後の問い㈠～㈢に答えよ。

未波　本文にある「大相国」や「丞相」という言葉は唐名といって、日本の役職を中国風に言い換えた名称のようだよ。

幸治　それぞれ「太政大臣《だいじょうだいじん》」と「大臣」の唐名なんだね。当時の日本の貴族は、中国の古典を教養として学んでいたんだよね。本文に登場する九条の大相国と宇治の大臣も学んでいたようだよ。

未波　そうだね。私たちが使っている教科書に、「韓非子《かんぴし》」の一節として、「之《これ》を誉《ほ》めて曰《い》はく、『吾《わ》が盾の堅きこと、能《よ》く陥《とほ》すもの莫《な》きなり。』と。」が載っていたね。現代の私たちも、古代中国の高名な思想家の言葉や故事成語からさまざまなことを学んでいるよね。

幸治　そうだね。ところで、本文から、九条の大相国はどのような人物だったことが読み取れるかな。

未波　本文から、九条の大相国は、［　X　］だったことが読み取れるね。

幸治　うん。九条の大相国の予想通り、「［　Y　］」大臣になったことから、筆者が九条の大相国を「ゆゆしき相人」だと表現しているのも納得だね。

㈠　会話文中の「之を誉めて曰はく、『吾が盾の堅きこと、能く陥すもの莫きなり。』と。」は、漢文では「誉之曰吾盾之堅莫能陥也」のように記す。これに句読点、返り点、送り仮名などをつけたものとして最も適当なものを、次の(ア)～(エ)から一つ選べ。（　　）

(ア)　誉《メテ》レ之《ヲ》曰《ハク》、「吾《ガ》盾之《の》堅《キコト》、莫《キ》レ能《ク》レ陥《スモノ》也《なりト》。」

(イ)　誉《メテ》レ之《ヲ》曰《ハク》、「吾《ガ》盾之《の》堅《キコト》、莫《キ》二能《ク》陥《スモノ》一也《なりト》。」

(ウ)　誉《メテ》二之《ヲ》曰《ハク》一、「吾《ガ》盾之《の》堅《キコト》、莫《キ》レ能《ク》レ陥《スモノ》也《なりト》。」

(エ)　誉《メテ》二之《ヲ》曰《ハク》一、「吾《ガ》盾之《の》堅《キコト》、莫《キ》二能《ク》陥《スモノ》一也《なりト》。」

㈡　会話文中の［　X　］に入る最も適当な表現を、次の(ア)～(エ)から一つ選べ。（　　）

(ア)　宇治の大臣にまでわざわざ自分の人相を見てもらう、探究心の強い人物

(イ)　位の低かった頃をなつかしんで井戸に立ちよる、思い出を大切にする人物

(ウ)　大臣の人相が見えることをいくつかの井戸に確認しに行く、慎重な人物

(エ)　大臣の人相が見える条件を冷静に考えて物事を見通す、分析力のある人物

㈢　会話文中の［　Y　］に入る最も適当な表現を、本文中から**七字**で抜き出して書け。

国語

時間　四〇分
満点　四〇点

（注）字数制限がある場合は、句読点や符号なども一字に数えなさい。

1　次の文章は、「古今著聞集《ここんちょもんじゅう》」の一節である。注を参考にしてこれを読み、問い(1)～(4)に答えよ。

*九条《くでう》の大相国*浅位の時、なにとなく*后町《きさきまち》の井を、立ちよりて底をのぞき給《たま》ひけるほどに、*丞相《しやうじやう》の相見えける。うれしく*おぼして帰り給ひて、鏡をとりて見給ひければ、その相なし。a いかなる事にかとおぼつかなくて、また*大内に参りて、かの井をのぞき給ふに、さきのごとくこの相見えけり。その後しづかに案じ給ふに、[A]見るにはその相なし。[B]見るにはその相あり。この事、*大臣《おとど》にならんずる事遠かるべし。*つひにはむなしからじ、と思ひ給ひけり。はたしてはるかに程へてなり給ひにけり。この大臣は、*ゆゆしき*相人にてb おはしましけり。*宇治《うぢ》の大臣も、*わざと相せられさせ給ひけるとかや。

（「新潮日本古典集成」より）

注
＊九条の大相国…藤原伊通《ふじわらのこれみち》。
＊浅位の時…位の低かった頃。
＊后町の井…内裏にある、皇后の宮殿へ渡る通路のかたわらにある井戸。
＊丞相の相…大臣の人相。
＊おぼして…お思いになって。
＊大内…内裏。
＊大臣にならんずる事…大臣になるということ。
＊つひにはむなしからじ…いずれは必ず大臣になれるのであろう。
＊ゆゆしき…すばらしい。
＊相人…人相を見てその人の将来の運勢を占う人。
＊宇治の大臣…藤原頼長《ふじわらのよりなが》。
＊わざと…特に依頼して。

(1)　本文中の a いかなる事にかとおぼつかなくて の解釈として最も適当なものを、次の(ア)～(エ)から一つ選べ。（　　）

(ア)　大臣の人相がもう一度見えたとはどういうことかと不審に思って
(イ)　うれしくなると大臣の人相が見えるとはどういうことかと不審に思って
(ウ)　大臣の人相が一度も見えたことがないとはどういうことかと不審に思って
(エ)　見えたはずの大臣の人相が見えなくなったとはどういうことかと不審に思って

(2)　本文中の[A]・[B]に入る表現の組み合わせとして最も適当なものを、次の(ア)～(エ)から一つ選べ。（　　）

(ア)　A　井にて近く　B　鏡にて遠く
(イ)　A　井にて遠く　B　鏡にて近く
(ウ)　A　鏡にて近く　B　井にて遠く
(エ)　A　鏡にて遠く　B　井にて近く

(3)　本文中の b おはしましけり をすべて**現代仮名遣い**に直して、**平仮名**で書け。また、次の(ア)～(エ)のうち、波線部（～～）が現代仮名遣いで書いた場合と同じ書き表し方であるものを一つ選べ。

[　　　　　]　（　　）

2024年度／解答

数　学

1 【解き方】(1) 与式 $= 6 - 2 \times (-25) = 6 + 50 = 56$

(2) 与式 $= 4x + 2y - 2x + \dfrac{1}{2}y = 2x + \dfrac{5}{2}y$

(3) 与式 $= 4\sqrt{2} - 8\sqrt{2} + 3\sqrt{2} = -\sqrt{2}$

(4) $x - y = \mathrm{A}$ とおくと，与式 $= \mathrm{A}^2 - 10\mathrm{A} + 25 = (\mathrm{A} - 5)^2 = \{(x - y) - 5\}^2 = (x - y - 5)^2$　これに $x = 7$，$y = -6$ を代入して，$\{7 - (-6) - 5\}^2 = 8^2 = 64$

(5) 両辺を 2 で割って移項すると，$4x^2 - 11x = 0$　よって，$x(4x - 11) = 0$ より，$x = 0,\ \dfrac{11}{4}$

(6) $y = ax^2$ とおいて，$x = 3$，$y = -54$ を代入すると，$-54 = 9a$ より，$a = -6$　よって，$y = -6x^2$

(7) 線分 OA，OB，OC を，点 O を中心として，反時計回りに，$360° - 270° = 90°$ だけ回転させた線分をそれぞれ OA′，OB′，OC′ とし，3 点 A′，B′，C′ を結べばよい。

(例)

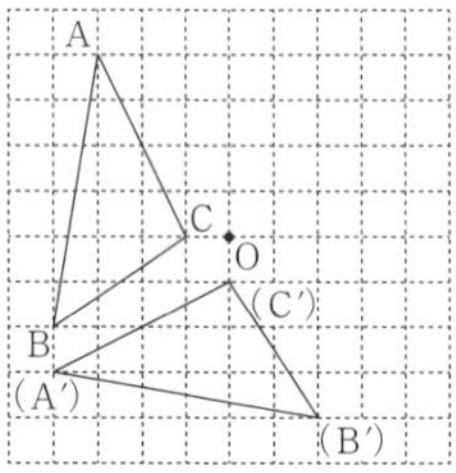

(8) 5 個の玉を，赤 $_1$，赤 $_2$，白 $_1$，白 $_2$，黒とする。2 個の玉の取り出し方は全部で，$5 \times 4 = 20$ (通り)　2 個の玉の色が同じになるのは，(1 回目，2 回目) = (赤 $_1$，赤 $_2$)，(赤 $_2$，赤 $_1$)，(白 $_1$，白 $_2$)，(白 $_2$，白 $_1$) の 4 通りだから，2 個の玉の色が異なるのは，$20 - 4 = 16$ (通り)　よって，求める確率は，$\dfrac{16}{20} = \dfrac{4}{5}$

【答】(1) 56　(2) $2x + \dfrac{5}{2}y$　(3) $-\sqrt{2}$　(4) 64　(5) $x = 0,\ \dfrac{11}{4}$　(6) $y = -6x^2$　(7) (前図)　(8) $\dfrac{4}{5}$

2 【解き方】(1) 学習時間が 30 分以上 90 分未満の生徒は，$8 + 8 + 9 + 8 + 9 + 10 = 52$ (人)　データを小さい順に並べたとき，最小値は 1 番目，第 1 四分位数は 30 番目と 31 番目の平均，中央値は 60 番目と 61 番目の平均，第 3 四分位数は 90 番目と 91 番目の平均，最大値は 120 番目の値である。I 図のヒストグラムから，最小値は 0 分以上 10 分未満，$7 + 15 = 22$，$22 + 11 = 33$ より，第 1 四分位数は 20 分以上 30 分未満，$33 + 8 + 8 + 9 = 58$，$58 + 8 = 66$ より，中央値は 60 分以上 70 分未満，$66 + 9 + 10 = 85$，$85 + 10 = 95$ より，第 3 四分位数は 90 分以上 100 分未満，最大値は 110 分以上 120 分未満である。これらを満たす箱ひげ図は，(ア)である。

(2) (ア) A 組の中央値は 60 分以上 70 分未満である。中央値はデータの小さい方から 15 番目と 16 番目の値の平均であり，15 番目は 60 分未満，16 番目は 70 分以上の可能性があるため，60 分以上 70 分未満の生徒が 1 人以上いるとは必ずしもいえない。(イ) B 組の第 3 四分位数は 80 分以上である。第 3 四分位数は大きい方から 8 番目の値であるから，80 分以上の生徒は 8 人以上いる。(ウ) C 組の最大値は 115 分であるが，115 分の生徒が 1 人だけとはかぎらない。(エ) D 組の第 1 四分位数は 40 分以上である。第 1 四分位数は小さい方から 8 番目の値であるから，0 分以上 40 分未満の生徒は 7 人以下である。また，A，B，C 組の第 1 四分位数はすべて 40 分未満であるから，0 分以上 40 分未満の生徒は 8 人以上である。よって，D 組は 0 分以上 40 分未満の生徒の人数が最も少ない。(オ) 四分位範囲は，(第 3 四分位数) − (第 1 四分位数) より，最も大きいのは A 組。また，範囲は，(最大値) − (最小値) より，最も小さいのは A 組。

【答】(1) 52 (人)，(ア)　(2) (イ)，(オ)

③【解き方】(1) A さんは地点 P から地点 Q まで，分速 600m で，$21-6=15$ (分)走ったから，道のりは，$600\times15=9000$ (m)　また，$x=21$ のとき，$y=300+9000=9300$ であり，$x=46$ のとき，$y=14300$ であるから，$\dfrac{14300-9300}{46-21}=200$ より，y を x の式で表すと，$y=200x+b$　これに $x=21$，$y=9300$ を代入して，$9300=200\times21+b$ より，$b=5100$　よって，$y=200x+5100$……①

(2) 地点 Q からゴールまで，A さんは分速 200m で走ったから，B さんの速さは分速，$200\div\dfrac{4}{5}=250$ (m)　また，B さんは地点 P から地点 Q まで，$9000\div500=18$ (分)で走ったから，B さんの進んだ時間を x 分，道のりを y m とすると，$x=6+18=24$ のとき，$y=9300$　地点 Q からゴールまでの，B さんの進んだ時間と道のりの関係を表す式を $y=250x+c$ おいて，$x=24$，$y=9300$ を代入すると，$9300=250\times24+c$ より，$c=3300$　よって，$y=250x+3300$……②　①と②を連立方程式として解くと，$x=36$，$y=12300$　よって，A さんが B さんに追いつかれたときの，A さんがスタート地点から進んだ道のりは，12300m。

【答】(1) 9000 (m)，($y=$) $200x+5100$　(2) 12300 (m)

④【解き方】(1) 底面の円の中心を O とする。底面の円の半径を x cm とすると，$BC=2x$ cm，$AB:BC=3:2$ より，$AB=3x$ cm　△ABO において，三平方の定理より，$(3x)^2=x^2+(4\sqrt{6})^2$　よって，$8x^2=96$ より，$x^2=12$ だから，$x=\pm2\sqrt{3}$　$x>0$ より，$x=2\sqrt{3}$　また，$AB=3\times2\sqrt{3}=6\sqrt{3}$ (cm)より，$AE=\dfrac{2}{3}AB=4\sqrt{3}$ (cm)

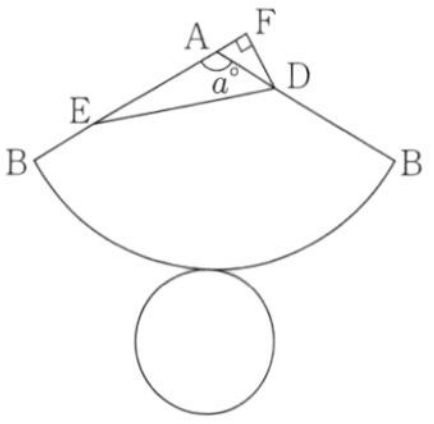

(2) 右図の円錐の展開図において，求めるひもの長さは線分 DE の長さである。側面のおうぎ形の中心角を $a°$ とすると，底面の円の円周の長さと側面のおうぎ形の弧の長さが等しいから，$2\pi\times2\sqrt{3}=2\pi\times6\sqrt{3}\times\dfrac{a}{360}$　これを解いて，$a=120$　次に，直線 AE に垂線 DF をひく。$\angle DAF=180°-120°=60°$ より，△DAF は 30°，60° の直角三角形である。$AD=\dfrac{1}{3}AB=2\sqrt{3}$ (cm)より，$AF=\dfrac{1}{2}AD=\sqrt{3}$ (cm)，$DF=\sqrt{3}AF=3$ (cm)　したがって，$EF=EA+AF=5\sqrt{3}$ (cm)より，△DEF において，$DE=\sqrt{(5\sqrt{3})^2+3^2}=\sqrt{84}=2\sqrt{21}$ (cm)

【答】(1) (半径) $2\sqrt{3}$ (cm)　($AE=$) $4\sqrt{3}$ (cm)　(2) $2\sqrt{21}$ (cm)

⑤【解き方】(1) $BC=AD=6$ cm，$BE=AB-AE=6$ (cm)より，△BCE は直角二等辺三角形だから，$\angle BCE=45°$　よって，$\angle GCF=90°-45°=45°$ より，△CGF も直角二等辺三角形である。したがって，$CE=\sqrt{2}BC=6\sqrt{2}$ (cm)，$GF=CG=\dfrac{1}{2}CE=3\sqrt{2}$ (cm)　よって，$\triangle CFG=\dfrac{1}{2}\times3\sqrt{2}\times3\sqrt{2}=9$ (cm^2)

(2) BC∥DH より，$CI:DI=BC:HD=6:4=3:2$　よって，$CI=CD\times\dfrac{3}{3+2}=\dfrac{24}{5}$ (cm)

(3) $\triangle CBI=\dfrac{1}{2}\times6\times\dfrac{24}{5}=\dfrac{72}{5}$ (cm^2)　CI∥BE より，$JI:JB=IC:BE=\dfrac{24}{5}:6=4:5$　よって，$\triangle CIJ=\triangle CBI\times\dfrac{4}{4+5}=\dfrac{32}{5}$ (cm^2)　したがって，(四角形 FGJI) $=\triangle CFG-\triangle CIJ=9-\dfrac{32}{5}=\dfrac{13}{5}$ (cm^2)

【答】(1) 9 (cm^2)　(2) $\dfrac{24}{5}$ (cm)　(3) $\dfrac{13}{5}$ (cm^2)

6 **【解き方】**(1) $n = 4$ のときの図に点を 1 個つけ加え，つけ加えた点と他の 4 個の点をそれぞれ結ぶと新しい弦ができる。新しい弦は 4 本であるから，$n = 5$ のときの弦の本数は，$6 + 4 = 10$ (本)

(2) 41 個の点からまず 1 個の点を選び，この点と残りの 40 個の点をそれぞれ結ぶと 40 本の弦ができる。41 個の点それぞれから 40 本の弦ができるが，ある 2 個の点 A，B について，点 A を選んでから点 B を選んだ場合と点 B を選んでから点 A を選んだ場合はできる弦が同じであるから，弦の本数は，$41 \times 40 \div 2 = 820$ (本)

(3) (2)と同様に考えると，点が n 個のときの弦の本数は，$\dfrac{n(n-1)}{2}$ 本である。よって，$\dfrac{n(n-1)}{2} = 1953$ より，$n^2 - n - 3906 = 0$　左辺を因数分解して，$(n + 62)(n - 63) = 0$ だから，$n = -62,\ 63$　$n > 0$ より，$n = 63$

【答】(1) 10 (本)　(2) 820 (本)　(3) 63

英　語

1 **【解き方】** (1) 直前の so に注目。ルーカスの「特に私は日本のお寺が好きです。もしそれらに興味があるなら，私に教えてください」という言葉を聞き，卓矢もお寺が好きだったので，ルーカスと話したいと思った。

(2) ② 文前半の finished より過去の文であることがわかる。stand の過去形は stood。⑤ 文後半の asked より過去の文であることがわかる。enjoy は規則活用する。

(3) 卓矢がルーカスの「アメリカの私の学校では，生徒は教室を掃除する必要がありません」という言葉を聞いて驚いた理由。「アメリカの生徒たちも彼ら自身で教室を掃除すると思っていた」とする。

(4) (a) 第 3 段落の後半にあるルーカスの言葉を見る。アメリカではバスの「外に自転車を置く」ことができる。(b) 第 3 段落の最後にある卓矢の言葉を見る。卓矢はルーカスから写真を見せられて，アメリカのバスに乗ってみたいと思った。use the American buses Lucas talked about =「ルーカスが話したアメリカのバスを利用する」。

(5)「仏像で有名なお寺」という意味になる。主格の関係代名詞 which を用いた文。「～で有名だ」= be famous for ～。the temple which was famous for statues となる。

(6)「アメリカの乗り物に関する本を見せたあとに，卓矢は姉に何を言いましたか？」という質問。第 4 段落の 4 文目を見る。卓矢はルーカスからアメリカのバスに関する情報を得たと言った。

(7) (ア) 第 1 段落の 1 文目と第 6 段落の 1 文目より，ルーカスは 6 月から 9 月まで卓矢のクラスにいた。(イ) 第 3 段落の最終文と第 4 段落の 1 文目を見る。卓矢はアメリカの乗り物について知りたくなり，その翌日に図書館に行った。(ウ) 第 5 段落の最初にあるルーカスの言葉を見る。ルーカスは卓矢と話すとき，日本について学ぶことができて，そのことが彼に日本へもっと興味を持たせると言っている。(エ)「ルーカスは空港で卓矢に日本での生活についてどう感じたのか話した」。第 6 段落の 2 文目以降を見る。内容と一致する。

(8) (a) 第 5 段落の最終文を見る。卓矢はルーカスと楽しく過ごせてうれしいと言った。(b)「また，卓矢は『他の国出身の人々と話すこと』は素晴らしいと言いました」という文になる。最終段落の最後から 2 文目に注目。

【答】 (1) (ウ)　(2) ② stood　⑤ enjoyed　(3) (ア)　(4) (a) put bikes outside　(b) (イ)　(5) (イ)→(エ)→(カ)→(ウ)→(ア)→(オ)
(6) (エ)　(7) (エ)　(8) (a) (イ)　(b) talk with people from other countries

◀全訳▶ 6 月のある日，アメリカ出身の生徒が私の中学校に来ました。彼の名前はルーカスで，彼は家族といっしょに日本に来ました。彼が私のクラスで自己紹介をしたとき，彼は「私はこのクラスで楽しい時間を過ごしたいです。私は日本が好きです。特に，私は日本のお寺が好きです。もしあなたたちがそれらに興味があるなら，私に教えてください」と言いました。私もそれらが好きなので，私は彼と話したいと思いました。

ルーカスは自己紹介をしたあと，私の隣に座りました。私が彼を見たとき，彼はときどき日本語を理解できなかったため，緊張しているように見えました。私は英語を話すことに自信がなかったのですが，英語で彼を支援しようとしました。私が彼を助けたとき，彼は「私を助けてくれてありがとう」と言いました。私たちはすぐに友だちになりました。私たちが昼食を食べ終わると，全員がイスから立ち上がりました。彼は私に私たちが何をするつもりなのか聞きました。私は彼に私たちは教室を掃除するつもりだと言いました。彼は「本当ですか？　日本では生徒たちが彼ら自身で教室を掃除することを知りませんでした。アメリカの私の学校では，生徒たちは教室を掃除する必要がありません」と言いました。私はそれを聞いたとき，アメリカの生徒たちも学校では彼ら自身で教室を掃除すると思っていたので，驚きました。

彼の日本での最初の土曜日に，ルーカスと私はバスで私の町のお寺に行きました。彼は「日本のバスに乗ってわくわくします」と言いました。それから，私たちはお寺に到着し，仏像を見ました。以前私がテレビを見たとき，多くの人々がその仏像を見るためにそのお寺を訪れることを知ったので，私はそれらを見てうれしかったです。私たちはいっしょにとても楽しい時間を過ごしました。私たちが家に帰っていたとき，彼はバスについて興味深いことを私に教えました。彼は「私の故郷では，人々は自転車といっしょにバスで移動することができます」と言いました。私は「自転車を中に入れることができるという意味ですね？」と尋ねました。彼は「いいえ。外に自転車を置くことができるのです」と答えました。私はそれを想像することができませんでした。そのとき，彼は彼の電話でバスの写真を私に見せました。私は「なんて面白いのでしょう！　私はアメリカでそのようなバスに乗りたいです」と言いました。私はアメリカのバスに興味を持つようになり，日本とアメリカの乗り物の間にある違いについてもっと知りたいと思いました。

その翌日，私は図書館に行き，アメリカの乗り物に関する本を借りました。私が家でその本を読んで楽しんだあと，姉がそれは何なのかと尋ねました。私は本の中のアメリカのバスを彼女に見せました。それから，ルーカスがそれらについて私に話してくれたのだと彼女に言いました。彼女は「私はアメリカにいたとき，様々な国出身の生徒と話したわ。私は日本と他の国々の間にある違いをたくさん見つけて，それは私にとってとても興味深かったわ。もしルーカスともっと話せば，あなたは多くのことが学べるわよ。他の国出身の人々との会話は，あなたが彼らの国を深く理解するのを助けると思う。ルーカスと話すことは，あなたたち両方にとってきっと素晴らしい機会になると思うわ」と言いました。そのとき，私は彼ともっと話したいと思いました。

その翌日，私はルーカスに姉との会話について話しました。彼は「彼女の言ったことを理解できます。私はあなたと話すとき，日本について学ぶことができて，そのことは私にあなたの国へもっと興味を持たせます」と言いました。私は「私もあなたの国についてもっと知りたいです。他の国出身の人と話すことは，彼らの国について学ぶための素晴らしい機会だということがわかりました。私はあなたと楽しい時間を過ごしてうれしいです」と言いました。

9月のある日，ルーカスは日本を去りました。私たちが空港でお互いに「さようなら」を言ったとき，彼は日本での思い出のいくつかを私に話しました。彼は私と話すことはわくわくしたと言いました。また，彼は私と仏像で有名なお寺を訪れてうれしかったと言いました。

ルーカスとの会話を通じて，私は日本とアメリカの間にある違いを見つけて，そしてそのことが私にアメリカへ興味を持たせました。彼に出会う前は，私はアメリカについてあまり知りませんでしたが，今ではその国に親しみを感じています。たとえ外国語を話すことに自信がなくても，私はあなたたちに他の国出身の人と話す機会を作ってほしいと思います。もしそうすれば，きっとあなたたちはその国について以前は知らなかったたくさんのことを学ぶことができると思います。

((8)の全訳)

良太　　　　：卓矢のスピーチは私にとってとても面白かったです。
ライアン先生：なるほど。彼は何について話したのですか？
良太　　　　：卓矢とルーカスはたくさんの会話をしました。卓矢はルーカスと楽しく過ごしてうれしかったと言いました。
ライアン先生：それは本当ですね。外国の人に会うとき，私たちは外国に興味を持つようになることがわかります。
良太　　　　：また，卓矢は他の国出身の人と話すことは素晴らしいと言いました。そうすることによって，私たちは他の国について新しいことを学べます。
ライアン先生：なるほど。あなたは良い点を見つけましたね。

[2] **【解き方】** (1) ①は「それがいくらなのか」，②は「それをとても好き」という意味になる。値段を尋ねる疑問詞は how much。「～をとても好きだ」= like ～ very much。

(2) 直後にあやが「私たちはケーキをこのレストランでだけ食べることができます」と言っている。リズは「私は家で楽しむためにケーキを買うことができますか？」と聞いた。

(3) 2人の7番目のせりふを見る。リズの「あなたはケーキの上のチョコレートの形を楽しむだろうと思います」

という言葉に対して，あやが「私のカメラでその上の動物の写真を撮ります」と言っている。動物の形をしたチョコレートが上に乗っているのはストロベリーケーキ。

(4) (ア) あやの4番目のせりふと直後のリズのせりふを見る。あやは先月食べたバナナケーキをもう一度食べたいと言ったが，リズは今月からスペシャルケーキはカボチャケーキだと指摘している。バナナケーキが食べられるのは3月から8月なので，あやが先月このレストランに来たときは夏の8月だった。(イ)「リズはあとで自分がレストランで買うクッキーをカホに楽しんでもらいたい」。リズの最後のせりふを見る。内容と一致する。(ウ) アヤの最後のせりふを見る。アヤは帰宅したあと，クッキーかアイスクリームのどちらを食べたいか兄に聞こうと思っている。(エ) リズの6番目のせりふを見る。本の中でケーキを紹介したアオイは，リズではなくアヤのお気に入りの作家。

【答】(1) much　(2) (ア)　(3) (ウ)　(4) (イ)

◀全訳▶

リズ：私をこのレストランに連れてきてくれてありがとう。

あや：どういたしまして。このレストランには英語で書かれたメニューがあって，英語を話す多くの人がここで食事をして楽しんでいます。ケーキセットはとても人気があるので，それを注文しましょう。

リズ：もちろんですが，あなたはそれがいくらなのか知っていますか？

あや：メニューを確認しましょう。セットAは600円で，セットBは650円です。先月兄といっしょにここに来たとき，私はセットAを注文して，もう一度それを注文するつもりです。あなたはセットAかセットBのどちらを注文しますか？

リズ：そうですね。ああ，メニューの写真を見てください。アイスクリームがおいしそうです。それを試してみたいので，私はセットBを注文します。

あや：ええと，ケーキはどうですか？　ケーキセットを注文するとき，私たちはメニューのケーキの1種類を選ぶことができます。あなたはどの種類のケーキを食べるかもう決めましたか？

リズ：はい，私はスペシャルケーキを食べます。

あや：私もスペシャルケーキを食べたいです。私は先月それを選び，バナナケーキがおいしかったです。私はそれをもう一度食べたいです。

リズ：待って，あや。あなたは今，それを楽しむことはできません。今月から，もしスペシャルケーキを選ぶと，私たちはカボチャケーキを食べるでしょう。私はカボチャケーキを試したいですが，あなたはどうですか？

あや：ああ，そうですね。私はそのかわりに他の種類のケーキを選びます。

リズ：ええと，あなたはリンゴケーキを試すべきだと思います。メニューに，あなたのお気に入りの作家であるアオイがそれをとても好きだと書いてあります。あなたは同じものを食べて楽しみたいと私は思います。

あや：私はアオイが好きですが，今朝リンゴを一切れ食べました。私は他の種類のケーキを選びます。

リズ：このケーキはどうですか？　あなたはケーキの上のチョコレートの形を楽しむだろうと私は思います。

あや：それはいいですね。今回，私はそのケーキを注文します。私のカメラでその上の動物の写真を撮ります。

リズ：わかりました。ええと，今日はあとで友人のカホが私の家に来る予定で，私は彼女にこのレストランのケーキを楽しんでほしいと思います。私は家で楽しむためにケーキを買うことができますか？

あや：いいえ，できません。私たちはケーキをこのレストランでだけ食べることができます。でもクッキーかアイスクリームを買うことができます。

リズ：わかりました。このレストランを出るとき，カホのためにクッキーを買います。彼女がそれらを楽しんでくれればいいと思います。あなたもあとで何か買いますか？

あや：ええと，私たちはインターネットを通じてもクッキーかアイスクリームを買うことができます。家に帰ったあと，兄にどちらを食べたいかを聞いて，インターネットを通じて注文します。

メニュー

〈ケーキセット〉
○セットA(600円)…ケーキ1つとクッキー
○セットB(650円)…ケーキ1つとアイスクリーム
〈ケーキ〉
○リンゴケーキ…………人気のある日本人作家のアオイはこのケーキが大好きです。彼女は以前，彼女の本の中でそれを紹介しました。リンゴ1切れがこのケーキの上に乗っています。そのリンゴの形はウサギです。
○チョコレートケーキ…チョコレート1切れがこのケーキの上に乗っていて，そのチョコレートの形は花です。
○イチゴケーキ…………チョコレート1切れがこのケーキの上に乗っていて，そのチョコレートの形はネコです。
○スペシャルケーキ……春と夏(3月から8月)には，スペシャルバナナケーキを楽しむことができます。秋と冬(9月から2月)には，スペシャルカボチャケーキを楽しむことができます。

③【解き方】(1) 母親の「このテーブルを私の部屋に持っていきたいの」というせりふを聞いて，ケイトが「最初にそれをしましょう」と言っている。
(2) オリビアが「私は今までに一度もテニスの試合に参加したことがないから，本当にわくわくしているの」と言っている。
【答】(1)(イ)　(2)(エ)
◀全訳▶　(1)
A：お母さん，私がこのコンピュータを使うのを助けてくれる？
B：いいわよ，ケイト。でもちょっと待てる？　このテーブルを私の部屋に持っていきたいの。
A：わかったわ。あなたを手伝うから，最初にそれをしましょう。
B：ありがとう。それを窓のそばに置きたいの。
質問：ケイトは最初に何をするつもりですか？
(2)
A：こんにちは，オリビア。疲れているようね。
B：こんにちは，ナンシー。2時間テニスを練習したの。それは本当に大変だったわ。
A：なるほど。あなたは来週末テニスの試合に参加するのよね？　私はあなたの試合が見たいわ。
B：そうよ。私は今までに一度もテニスの試合に参加したことがないから，本当にわくわくしているの。来週末の試合に勝てればいいなと思う。
質問：なぜオリビアはわくわくしているのですか？
④【解き方】(1) アンの「私たちの先生のホワイト先生は私たちがフタバ小学校を訪問する予定だと言ったと思う」というせりふのあと，リナが「本当？　私たちは今日の放課後に彼に会う予定だから，あとで彼に聞きましょう」と言っている。
(2) アンが紹介したいと言っている「花」という歌について，リナは「それは有名な映画の中で使われている」と言っている。
【答】(1)(ウ)　(2)(ウ)
◀全訳▶
リナ：アン，私たちの英語クラブがサツキ小学校を訪問することをもう聞いた？　私たちは小学生といっしょにいくつかの活動をして，英語を使って楽しむ予定よ。

アン：こんにちは，リナ。私たちの先生のホワイト先生は私たちがフタバ小学校を訪問する予定だと言ったと思う。

リナ：本当？　今日の放課後に彼に会う予定だから，あとで彼に聞きましょう。

アン：わかったわ。あのね，彼は私たちにその日の計画を立ててほしいとも言っていたわ。

リナ：そうね，私は今，それについて考えているところよ。私は英語の歌を紹介して，それをいっしょに歌いたいわ。

アン：賛成するわ。私は「花」という歌を紹介したい。

リナ：それは私たちがときどきクラブで歌う歌？

アン：いいえ。約2か月前にホワイト先生が私たちのクラブで紹介した歌のことを言っているのよ。

リナ：ああ，どの歌のことをあなたが言っているのか今はわかるわ。それは有名な映画の中で使われているので，多くの小学生がそれを知っていると思う。

アン：アメリカの多くの人もその歌が好きで，それは私の大好きな歌の1つなの。

リナ：なるほど。明日，他のメンバーと私たちの計画について話しましょう。

アン：いいわよ。

質問(1) 今日の放課後，リナとアンは誰を訪ねるつもりですか？

質問(2) リナとアンは小学校でどの歌を歌いたいと思っていますか？

5 **【解き方】** (1) 母親の「何時にそれを終える予定なの？」に対する返答。I can finish it before lunch.＝「昼食前にそれを終えることができるわ」。

(2)「カエデ博物館への道を教えていただけますか？」に対する応答。Sure, I'll show you a map I have in my bag.＝「いいですよ，バッグの中にある地図をあなたに見せましょう」。

【答】 (1) (ア)　(2) (イ)

◀全訳▶　(例題)

A：こんにちは，私はハナです。

B：こんにちは，私はジェーンです。

A：はじめまして。

B：こちらこそはじめまして。

(1)

A：ソフィア，私は家を掃除するつもりなのだけれど，あなたの助けが必要なの。ここに来てくれる？

B：ごめんなさい，できないわ，お母さん。私は今，宿題をしなければならないの。

A：わかったわ。何時にそれを終える予定なの？

B：昼食前にそれを終えることができるわ。

(2)

A：すみません。あなたはこの町をよく知っていますか？

B：はい，私は長年ここに住んでいます。

A：カエデ博物館への道を教えていただけますか？

B：いいですよ，バッグの中にある地図をあなたに見せましょう。

社　会

1 **【解き方】**(1) A. この考え方に基づき，アジアやアフリカ，太平洋の島々などが列強各国によって分割され，植民地にされた。B. 江華島事件をきっかけにこの条規を結んだ。

(2) (ア) 世界の海の中で，太平洋の面積が最も大きく，2番目に大西洋，3番目にインド洋と続く。(イ) インド洋の説明。(エ) 大西洋の説明。

(3)（風）関東地方では，この冷たく乾いた風を「からっ風」と呼ぶ。（海流）黒潮は日本海流ともいわれる暖流。

(4) (ア)は，一年を通して気温と降水量の差が小さいことから「西岸海洋性気候」に属しているロンドン，(イ)は，降水量がとても少ないことから「砂漠気候」に属しているカイロ，(ウ)は，「温暖湿潤気候」に属しているニューヨークの雨温図。また，国際平和協力法（PKO 協力法）に基づいて，1992年に初めてカンボジアでのPKO活動に自衛隊が派遣された。「NGO」は非政府組織の略称。

(5)（ⅰ群）1929年に始まった世界恐慌は，日本の経済にも大打撃を与え，昭和恐慌と呼ばれる深刻な不況となった。（ⅱ群）(カ)「公企業」ではなく，私企業が正しい。「公企業」は，国や地方公共団体の資金で運営される企業。(キ)「株式会社」と「株式を購入した株主」が逆になっている。(ケ) 株主は，投資した金額以上は負担する義務はない。

【答】(1) (オ)　(2) (ウ)，ちそかいせい　(3)（右図）　(4) (ア)→(ウ)→(イ)，(ケ)
(5)（ⅰ群）(イ)　（ⅱ群）(ク)

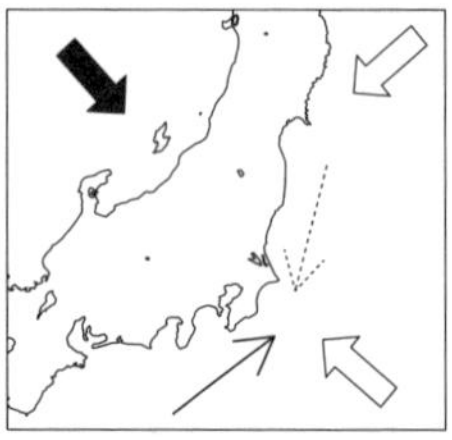

2 **【解き方】**(1) (ア) 1994年と1997年は，100万 m^2 を下回っている。(オ) 全国における小売業の売場面積は，2016年の方が2012年よりも大きい。

(2)（橋がかかっている地域）(ア)には徳島県鳴門市と兵庫県南あわじ市を結ぶ大鳴門橋，(ウ)には兵庫県神戸市と淡路市を結ぶ明石海峡大橋がかかっている。（県境がある地域）(イ)は兵庫県と和歌山県の県境がある地域。

(3) 条例は，地方公共団体における独自の法。(ア)・(ウ)・(エ)は内閣が行う仕事。また，立法権は国会が，行政権は内閣が，司法権は裁判所が担っている。

(4)（ⅰ群）弥生時代には鉄器も伝わったが，鉄器は農具や武器・工具として使われた。（ⅱ群）資料Ⅳ中で近畿地方に属するのは兵庫県，滋賀県，和歌山県。よって，56 + 41 + 41 より138点。

(5) (ア)は室町時代，(ウ)は明治時代，(エ)は安土桃山時代の文化について述べた文。

【答】(1) (イ)・(ウ)・(エ)　(2)（橋がかかっている地域）(ア)・(ウ)　（県境がある地域）(ア)　(3) (イ)，行政(権)
(4)（ⅰ群）(エ)　（ⅱ群）(ケ)　(5) (イ)・(オ)

3 **【解き方】**(1) 蒙古襲来のうち，1度目は高麗軍が，2度目は高麗軍・南宋軍が元軍とともに日本に侵攻してきた。

(2)（ⅰ群）(イ)は酪農，(ウ)は輪作，(エ)は焼畑農業について述べた文。（ⅱ群）中国を初めて統一した秦の王。(カ)は清の末期から中華民国の初期にかけての軍人・政治家。(キ)は儒教を始めた人物。(ケ)は清の最後の皇帝。

(3) 日本銀行は，不景気の際に買いオペレーションを行い，市場に出回る資金の量を増やそうとする。

(4)（ⅰ群）中国南部の沿岸部に経済特区が設けられ，シェンチェン，チューハイ，スワトウ，アモイ，ハイナン省の5か所が指定されている。（ⅱ群）東市・西市が置かれ，調として都へ運ばれた品物などが売買された。

(5) フビライ・ハンは1215年に生まれ，1294年に亡くなった。また，モンゴル帝国の領土拡大にともなって，ユーラシア大陸における東西交流は活発になった。

【答】(1) (オ)　(2)（ⅰ群）(ア)　（ⅱ群）(ク)　(3) (シ)→(ク)→(サ)→(ケ)（または，(ウ)→(ク)→(サ)→(ケ)・(ク)→(オ)→(サ)→(ケ)）
(4)（ⅰ群）(ア)　（ⅱ群）(ケ)　(5) 13，(エ)

4 **【解き方】**(1) 価格がPのときは品不足の状態となっているので希少性は高い。この状態を解消するために供給量が増えると価格は均衡価格へと近づいていく。また，促成栽培は，ほかの地域での出荷量が少なく，価格の高い時期に出荷するための工夫。高知県や九州南部で，冬でも温暖な気候を生かして盛んに行われている。

(2) (ア)は鎌倉時代，(イ)は江戸時代中期，(ウ)は江戸時代初期，(エ)は安土桃山時代の経済政策。

(3) 累進課税は贈与税や相続税にも適用されている。また，(ア)が日本，(ウ)がアメリカにあたる。

(4) (ア) 大日本帝国憲法について述べた文。(イ)「社会権」ではなく，請求権が正しい。(エ) 日本国憲法は，GHQの草案をもとに日本政府が改正案を作成し，帝国議会での審議・修正を経て公布された。

(5) (ア)「やや不満」,「かなり不満」と回答した人の割合の合計は38％（20.3％＋17.7％）であり,「30％以下」は誤り。(イ)「かなり満足」,「やや満足」と回答した人の割合の合計（35.4％）よりも,「やや不満」,「かなり不満」と回答した人の割合の合計（29.2％）の方が低い。(エ) 収入満足度においては,「起業関心層」と「起業無関心層」で「かなり満足」,「やや満足」と回答した人の割合の合計は，それぞれ22.7％，21.5％であり,「起業無関心層」の「かなり満足」,「やや満足」と回答した人の割合の合計の方が低い。

【答】 (1) (ア)，そくせい(栽培)　(2) (ア)→(エ)→(ウ)→(イ)　(3) るいしん(課税)，(イ)　(4) (ウ)・(オ)　(5) (ウ)

理　科

1 【解き方】(1) 細胞壁，葉緑体は植物の細胞のみに見られる。

【答】(1) (ア)・(ウ)　(2) はいほう，(カ)　(3) (ウ)

2 【解き方】(1) 沸点は水よりエタノールのほうが低いので，沸騰し始めたときに出てくる気体は，水よりエタノールを多くふくむ。液体 2.0cm^3 中に密度の小さいエタノールが多くふくまれるほど質量は小さくなる。

(2) 水 17.0cm^3 の質量は，$17.0\,(\text{cm}^3) \times 1.00\,(\text{g/cm}^3) = 17.0\,(\text{g})$　エタノール 3.0cm^3 の質量は，$3.0\,(\text{cm}^3) \times 0.79\,(\text{g/cm}^3) = 2.37\,(\text{g})$　よって，混合物の質量は，$17.0\,(\text{g}) + 2.37\,(\text{g}) = 19.37\,(\text{g})$　混合物の密度は，$\dfrac{19.37\,(\text{g})}{20.0\,(\text{cm}^3)} \fallingdotseq 0.97\,(\text{g/cm}^3)$

【答】(1) 割合が高い（同意可）　(2) $0.97\,(\text{g/cm}^3)$

3 【解き方】(1) C はは虫類，D は鳥類。(カ)は哺乳類，は虫類，鳥類の特徴。(キ)は両生類の特徴。

【答】(1) A. (ウ)　B. (エ)，(カ)　(2) (ⅰ群) (ア)　(ⅱ群) (ク)

4 【解き方】(2) 試験管 A では，鉄粉と硫黄の粉末を混ぜただけで反応は起こっていないので，鉄が磁石に引きつけられる。試験管 B では，反応により硫化鉄ができたので，鉄の磁石に引きつけられる性質が失われている。硫化鉄にうすい塩酸を加えると，卵のくさったようなにおいの硫化水素が発生する。

(3) (イ)はアンモニアが発生する吸熱反応。(ウ)は二酸化炭素が発生する吸熱反応。

【答】(1) (イ)　(2) (ⅰ群) (ア)　(ⅱ群) (キ)　(3) (ア)，きゅうねつ

5 【解き方】(1) オシロスコープの横方向は時間を表すので，波の数が多くなると単位時間あたりの振動の回数が多くなる。縦方向の波の高さが高いほど振幅が大きい。Ⅲ図はⅡ図より振動数が少なく，振幅が大きくなっている。弦のはりが強いほど，弦が速く振動して振動数が多くなる。弦を強くはじくほど，振幅が大きくなる。

(2) 音の振動が 1 秒間に 500 回だったので，1 回の振動に要する時間は，$1\,(\text{s}) \times \dfrac{1\,(\text{回})}{500\,(\text{回})} = 0.002\,(\text{s})$　Ⅱ図より，1 回の振動は 2 目盛りで表されているので，1 目盛りの時間の長さは，$0.002\,(\text{s}) \times \dfrac{1}{2} = 0.001\,(\text{s})$　Ⅲ図では，1 回の振動は 5 目盛りで表されているので，1 回の振動に要する時間は，$0.001\,(\text{s}) \times 5 = 0.005\,(\text{s})$　よって，1 秒間に振動する回数は，$1\,(\text{回}) \times \dfrac{1\,(\text{s})}{0.005\,(\text{s})} = 200\,(\text{回})$より，200Hz。

【答】(1) (イ)　(2) (イ)，200 (Hz)

6 【解き方】(1) Ⅰ表より，$0.4\,(\text{s}) - 0.2\,(\text{s}) = 0.2\,(\text{s})$ごとに，球の移動距離は，$11.2\,(\text{cm}) - 5.6\,(\text{cm}) = 5.6\,(\text{cm})$増加している。よって，各区間の増加分が等しいので，球は水平なレール上を等速直線運動している。84.0cm 動くのに要した時間は，$0.2\,(\text{s}) \times \dfrac{84.0\,(\text{cm})}{5.6\,(\text{cm})} = 3.0\,(\text{s})$

(2) X. Ⅱ表より，球が動き始めてからの時間が 0.1 秒から 0.2 秒の間での球の移動距離は，$8.0\,(\text{cm}) - 2.0\,(\text{cm}) = 6.0\,(\text{cm})$　球が動き始めてからの時間が 0.2 秒から 0.3 秒の間での球の移動距離は，$18.0\,(\text{cm}) - 8.0\,(\text{cm}) = 10.0\,(\text{cm})$　よって，$10.0\,(\text{cm}) - 6.0\,(\text{cm}) = 4.0\,(\text{cm})$大きい。Y. 各 0.1 秒間における平均の速さは，$\dfrac{2.0\,(\text{cm}) - 0\,(\text{cm})}{0.1\,(\text{s})} = 20\,(\text{cm/s})$，$\dfrac{8.0\,(\text{cm}) - 2.0\,(\text{cm})}{0.1\,(\text{s})} = 60\,(\text{cm/s})$，$\dfrac{18.0\,(\text{cm}) - 8.0\,(\text{cm})}{0.1\,(\text{s})} = 100\,(\text{cm/s})$，$\dfrac{32.0\,(\text{cm}) - 18.0\,(\text{cm})}{0.1\,(\text{s})} = 140\,(\text{cm/s})$　平均の速さは 40cm/s ずつ増えているので，球が動き始めてからの時間が 0.4 秒から 0.5 秒の間での球の平均の速さは，$140\,(\text{cm/s}) + 40\,(\text{cm/s}) = 180\,(\text{cm/s})$　よって，球が動き始めてから 0.5 秒間に動いた距離は，$32.0\,(\text{cm}) + 180\,(\text{cm/s}) \times 0.1\,(\text{s}) = 50.0\,(\text{cm})$

(3) (ア)・(イ) 斜面上の球にはたらく重力は，斜面に平行な分力と斜面に垂直な分力に分解できる。斜面の角度を大

きくすると，重力の大きさは変わらないので，斜面に平行な分力は大きくなり，斜面に垂直な分力は小さくなる。斜面に垂直な分力は垂直抗力と大きさが等しい。(ウ)・(エ) 斜面の角度が大きいほど，進行方向にはたらく力も大きくなるので，台車の速さが大きくなる割合が増加する。

【答】 (1) 3 (秒) (2) X. 4 (cm) Y. 50 (cm) (3) (ア)

7 **【解き方】** (1) 温帯低気圧は，中心から南西に寒冷前線，南東に温暖前線をともなうことが多い。寒冷前線通過後は寒気の中に入るので，気温が急に下がる。18 時に気温が大きく下がり，風向が南よりから北よりに変わっているので，京都市を寒冷前線が通過したと考えられる。

(2) 等圧線の間隔がせまいところは，気圧の変化が急なので強い風がふく。

(4) 太陽が真東からのぼり，真西に沈むのは春分の日と秋分の日。春分の日と秋分の日の太陽の南中高度は「90° －観測地点の北緯」で求められるので，太陽の南中高度が 90° である地点は北緯 0 度。

(5) 金星は太陽に向いているほうだけが輝いているので，Ⅲ図の金星より，太陽に面した右側が輝いて見える位置にある。

【答】 (1) (エ) (2) C，(ウ) (3) (右図) (4) ちじく，(ア) (5) Q

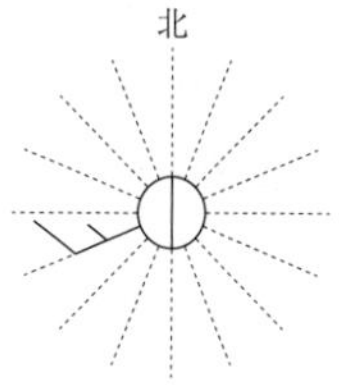

国　語

1 **【解き方】** (1)「后町の井」をのぞいたときに「丞相の相」が見えていたのに，帰宅して鏡で見ると「丞相の相」が見えなかったことを疑問に思っている。

(2)「その後しづかに案じ給ふに」とあるので，「相」の見え方が違ったことに着目する。A は「鏡をとりて見給ひければ，その相なし」という状態，B は「后町の井を…底をのぞき給ひけるほどに，丞相の相見えける」という状態を考える。

(3) 語頭以外の「は・ひ・ふ・へ・ほ」は「わ・い・う・え・お」にする。また，「ゑ」は「え」にする。

(4) ㊀ 一字戻って読む場合には「レ点」を，二字以上戻って読む場合には「一・二点」を用いる。㊁「丞相の相」が見えたり見えなかったりすることについて「しづかに案じ給ふ」とあり，その結果，「大臣にならんずる事遠かるべし…むなしからじ」と判断していることをおさえる。㊂「大臣になった」時期を探す。自分が大臣になることは「遠かるべし。つひにはむなしからじ」と予想しているので，長い時間が過ぎてから大臣に「なり給ひにけり」となったことをおさえる。

【答】 (1) (エ)　(2) (ウ)　(3) おわしましけり，(ウ)　(4) ㊀ (イ)　㊁ (エ)　㊂ はるかに程へて

◀口語訳▶　九条の大相国が位の低かった頃，なにげなく后町の井戸に，立ちよって底をおのぞきになったところ，大臣の人相が見えた。うれしくお思いになってお帰りになり，鏡をとって（ご自分の顔を）ご覧になると，その相は見えない。どういうことかと不審に思って，また内裏に参上して，例の井戸をおのぞきになると，さっきのようにこの大臣の相が見えた。その後で落ち着いてお考えになったところ，鏡で顔を近くで見るとその相は見えない。井戸で顔を遠くに見るとその相がある。このことから，大臣になるということは遠い先のことであろう。いずれは必ず大臣になれるのであろう，とお思いになった。そして本当にずっと時がたってから大臣におなりになった。この大臣は，すばらしい人相占いでいらっしゃった。宇治の大臣も，特に依頼して人相を見てもらいになられたとかいうことだ。

2 **【解き方】** (1)「毎日使っている茶碗や布団」について「何色でどのような模様が描かれていたか」をはっきり思い出す必要はなく，「これは私の茶碗である」という「意味的認識」で十分だと述べていることをおさえる。

(2) 単語は，意味をもつ最小の単位の語にくぎったときのそれぞれのこと。「それ／に／深く／かかわる／の／が」と分けられる。「それ」は，活用のない自立語で，主語にすることができる名詞。「に」は，活用がない付属語の助詞。「深く」は，活用のある自立語で，言い切りの形が「～い」となる形容詞。「かかわる」は，活用のある自立語で，言い切りの形が「ウ段」の音で終わる動詞。「の」「が」は，活用がない付属語の助詞。

(3) Ⅰ. (ア)の象形文字は，物の形をかたどって作られた漢字。(ウ)の会意文字は，意味を示す漢字を二つ以上組み合わせて，新しい意味をもたせた漢字。(エ)の形声文字は，意味を示す部分と，音を示す部分を組み合わせて作られた漢字。Ⅱ. (キ)は会意文字，(ク)は象形文字，(ケ)は形声文字である。

(5) 一文が，「意味」の影響が強いことを述べた文なので，「人間の世界は言語あるいは意味でできているとさえいえる」という考えを述べ，日常世界は「意味の支配する世界」であるとして，「意味」の存在の大きさを述べた後に入る。

(7) 青空の「澄んだ青さ」や，梅の木の「花びらのふくよかさや…香り」を意識することなく，「あれは空である」「これは梅である」というような「意味的同一的認識」で済ませることを表している。

(8) Ⅰ.「出来事」という名詞を修飾している。Ⅱ. (カ)は，完了の助動詞「た」に接続する連用形。(キ)は，文末で終止形。(ク)は，意志の助動詞「う」に接続する未然形。

(10) 3段落で，日常世界は「意味の支配する世界」であり，「意味の衣」に覆われていると述べたことに対して，4段落では，「美の力」が「意味の衣」をはぎ取る場合があるとして，「日常世界における意味の支配は打破され，惰性に陥っていた感覚の…豊かな情感がよみがえる」という「『先意味的』な出来事」について述べている。

(11) ㊀「偉大な言語」の「ネガティヴな面」について説明し，「言語が意味の支配をもたらし…引き起こす」とまとめていることに着目する。㊁ 意味が支配する日常世界において，「さまざまなものを意味的に認識できるなら…もはや揺れ動く多様な感覚の体験に注意をはらう必要はなくなる」と述べている。㊂ 7段落で，「人間は言語を獲得したために世界は意味の衣に覆われ…美の喪失を引き起こした」と述べ，さらに「この美の喪失」において，人間が抑えきれなくなった「衝動」を挙げていることに着目する。㊃ Ⅰ．報道文は，社会の出来事をそのまま伝える文。意見文は，いろいろな出来事に対して自分がもった考えを述べる文。随筆は，自分の心に浮かんだことを書いた文。Ⅱ．楷書では「視」である。

【答】 (1) (ア)　(2) (ウ)　(3) Ⅰ．(イ)　Ⅱ．(カ)　(4) 灰(色)　(5) 1　(6) す(んだ)　(7) (イ)　(8) Ⅰ．(エ)　Ⅱ．(ケ)
(9) Ⅰ．(ア)　Ⅱ．(キ)　(10) (イ)　(11) ㊀ 感覚の～起こす　㊁ (ア)　㊂ 美を求～とする　㊃ Ⅰ．(カ)　Ⅱ．(ス)

~*MEMO*~

~MEMO~

~MEMO~

京都府公立高等学校
（中期選抜）

2023年度
入学試験問題

数学

時間 40分　　　満点 40点

(注) 円周率はπとしなさい。
答えの分数が約分できるときは，約分しなさい。
答えが$\sqrt{}$を含む数になるときは，$\sqrt{}$の中の数を最も小さい正の整数にしなさい。
答えの分母が$\sqrt{}$を含む数になるときは，分母を有理化しなさい。

1 次の問い(1)〜(8)に答えよ。

(1) $-6^2+4\div\left(-\dfrac{2}{3}\right)$を計算せよ。(　　　)

(2) $4ab^2\div 6a^2b\times 3ab$を計算せよ。(　　　)

(3) $\sqrt{48}-3\sqrt{2}\times\sqrt{24}$を計算せよ。(　　　)

(4) 次の連立方程式を解け。(　　　　　)

$$\begin{cases}4x+3y=-7\\3x+4y=-14\end{cases}$$

(5) $x=\sqrt{5}+3$，$y=\sqrt{5}-3$のとき，xy^2-x^2yの値を求めよ。(　　　)

(6) 関数$y=\dfrac{16}{x}$のグラフ上にあり，x座標，y座標がともに整数となる点の個数を求めよ。

(　　　個)

(7) 右の図において，AB∥EC，AC∥DB，DE∥BCである。また，線分DEと線分AB，ACとの交点をそれぞれF，Gとすると，AF：FB＝2：3であった。BC＝10cmのとき，線分DEの長さを求めよ。(　　　cm)

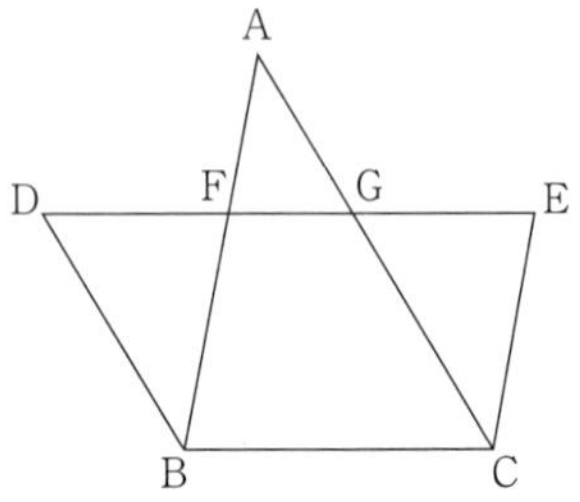

(8) 3学年がそれぞれ8クラスで編成された，ある中学校の体育の授業で，長なわ跳びを行った。右の図は，各クラスが連続で跳んだ回数の最高記録を，学年ごとに箱ひげ図で表そうとしている途中のものであり，1年生と2年生の箱ひげ図はすでにかき終えている。また，右の資料は，3年生のクラスごとの最高記録をまとめたものである。図の1年生と2年生の箱ひげ図を参考にし，右の図に3年生の箱ひげ図をかき入れて，図を完成させよ。

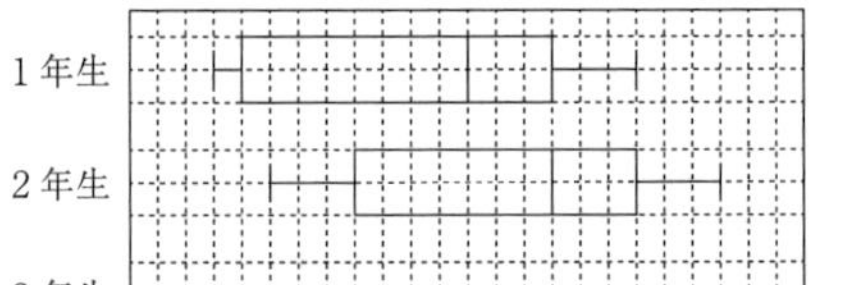

資料 3年生のクラスごとの最高記録（回）

28, 39, 28, 40, 33, 24, 35, 31

2　底面の半径が 5 cm の円柱と，底面の半径が 4 cm の円錐《すい》があり，いずれも高さは 3 cm である。この 2 つの立体の底面の中心を重ねてできた立体を X とすると，立体 X の投影図は右の図のように表される。

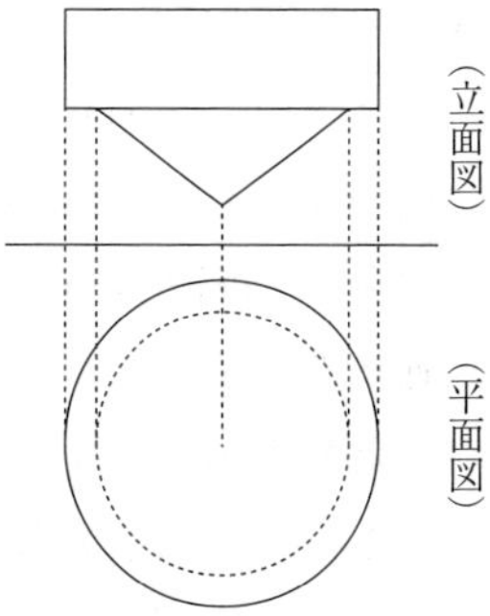

このとき，次の問い(1)・(2)に答えよ。

(1)　立体 X の体積を求めよ。(　　　　cm^3)

(2)　立体 X の表面積を求めよ。(　　　　cm^2)

3　右の I 図のように，袋 X と袋 Y には，数が 1 つ書かれたカードがそれぞれ 3 枚ずつ入っている。袋 X に入っているカードに書かれた数はそれぞれ 1，9，12 であり，袋 Y に入っているカードに書かれた数はそれぞれ 3，6，11 である。

I 図

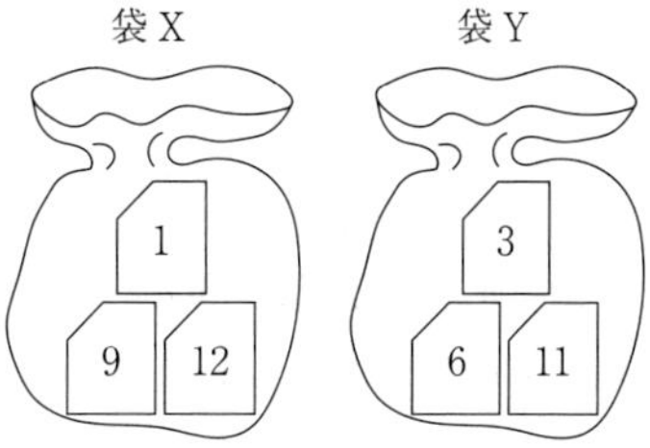

真人さんは袋 X の中から，有里さんは袋 Y の中からそれぞれ 1 枚のカードを同時に取り出し，取り出したカードに書かれた数の大きい方を勝ちとするゲームを行う。

このとき，次の問い(1)・(2)に答えよ。ただし，それぞれの袋において，どのカードが取り出されることも同様に確からしいものとする。

(1)　真人さんが勝つ確率を求めよ。(　　　　)

(2)　右の II 図のように，新たに，数が 1 つ書かれたカードを 7 枚用意した。これらのカードに書かれた数はそれぞれ 2，4，5，7，8，10，13 である。4 と書かれたカードを袋 X に，2，5，7，8，10，13 と書かれたカードのうち，いずれか 1 枚を袋 Y に追加してゲームを行う。

II 図

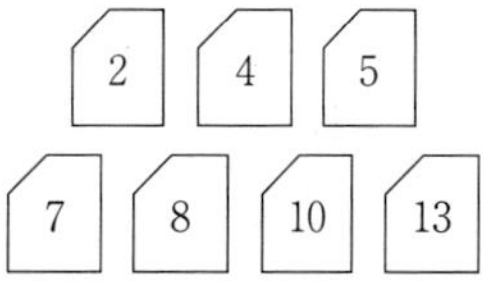

このとき，真人さんと有里さんのそれぞれの勝つ確率が等しくなるのは，袋 Y にどのカードを追加したときか，次の(ア)～(カ)からすべて選べ。(　　　　)

(ア) 2　(イ) 5　(ウ) 7　(エ) 8　(オ) 10　(カ) 13

4　右の図のような，1 辺が 6 cm の正方形 ABCD がある。点 P は，頂点 A を出発し，辺 AD 上を毎秒 1 cm の速さで頂点 D まで進んで止まり，以後，動かない。また，点 Q は，点 P が頂点 A を出発するのと同時に頂点 D を出発し，毎秒 1 cm の速さで正方形 ABCD の辺上を頂点 C，頂点 B の順に通って頂点 A まで進んで止まり，以後，動かない。

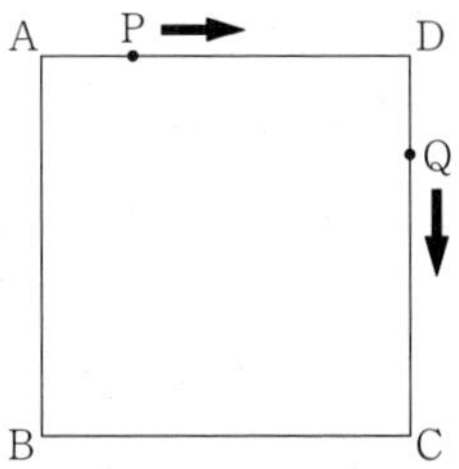

点 P が頂点 A を出発してから，x 秒後の△AQP の面積を y cm^2 とする。

このとき，次の問い(1)・(2)に答えよ。

(1)　$x = 1$ のとき，y の値を求めよ。また，点 Q が頂点 D を出発してから，頂点 A に到着するまでの x と y の関係を表すグラフとして最も適当なものを，次の(ア)～(エ)から 1 つ選べ。

y =（　　　）（　　　）

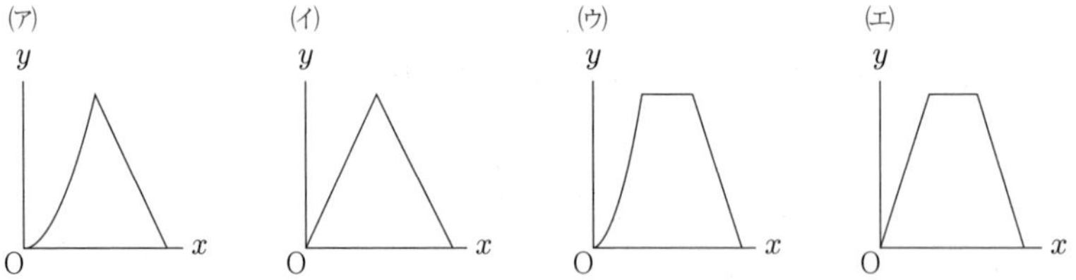

(2)　正方形 ABCD の対角線の交点を R とする。$0 < x \leqq 18$ において，△RQD の面積が△AQP の面積と等しくなるような，x の値をすべて求めよ。（　　　）

5　右の図のように，円 O の周上に 5 点 A，B，C，D，E がこの順にあり，線分 AC と線分 BE は円 O の直径である。また，AE = 4 cm で，∠ABE = 30°，∠ACD = 45° である。線分 AD と線分 BE との交点を F とする。

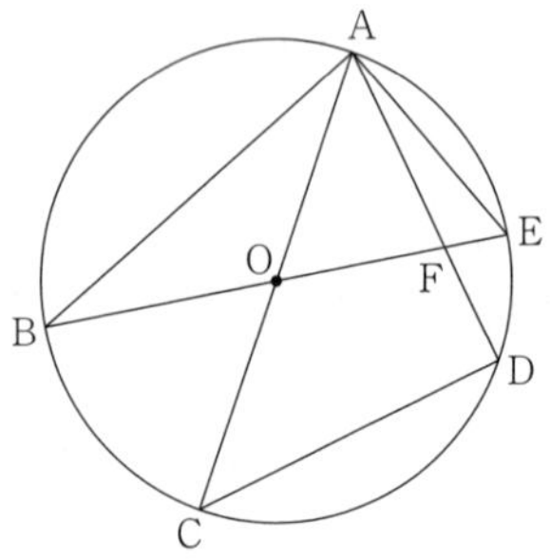

このとき，次の問い(1)～(3)に答えよ。

(1)　円 O の直径を求めよ。（　　　cm）

(2)　線分 EF の長さを求めよ。（　　　cm）

(3)　線分 AC と線分 BD との交点を G とするとき，△OBG の面積を求めよ。（　　　cm^2）

6 右のＩ図のような，タイルＡとタイルＢが，それぞれたくさんある。タイルＡとタイルＢを，次のⅡ図のように，すき間なく規則的に並べたものを，1番目の図形，2番目の図形，3番目の図形，…とする。

たとえば，2番目の図形において，タイルＡは4枚，タイルＢは12枚である。

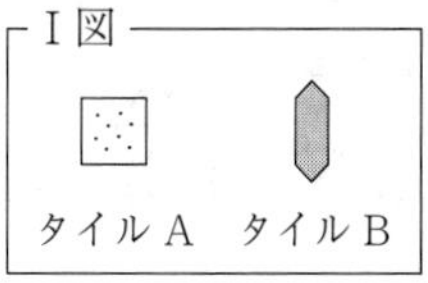

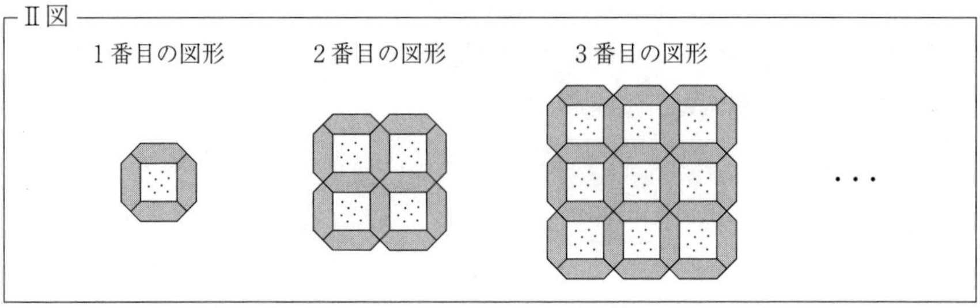

このとき，次の問い(1)～(3)に答えよ。

(1) 5番目の図形について，タイルＡの枚数を求めよ。(　　　枚)

(2) 12番目の図形について，タイルＢの枚数を求めよ。(　　　枚)

(3) n番目の図形のタイルＡの枚数とタイルＢの枚数の差が360枚であるとき，nの値を求めよ。

(　　　)

英語

時間　40分　　　満点　40点

（編集部注）放送問題の放送原稿は英語の末尾に掲載しています。
音声の再生についてはもくじをご覧ください。

（注）問題3・4・5（リスニング）は，問題1・2の終了後に配布されます。
語数制限がある場合は，短縮形（I'm など）と数字（100 や 2023 など）は1語として数え，符号（, / . / ? / ! / “” など）は語数に含めないものとします。

1　次の英文は，中学生の紀実子（Kimiko）が行ったスピーチである。これを読んで，問い(1)～(8)に答えよ。

My grandfather is a *potter. He makes *ceramic works from *clay, and I like his ceramic works.

When I went to his shop one day, I saw his ceramic works and I wanted to make ceramic works like him. He asked me, “Do you want to make cups?” I was happy to hear that. I first tried to make a cup from clay, but I couldn't make the shape of it well *by myself. He helped me, and I could make the shape of it. Then, he told me that he was going to *dry the cup and *bake it. A month later, he brought my cup to my house, and gave it to me. I was happy when I saw ①it. I made cups a few times at his shop after that.

When one of my friends ②(come) to my house, I showed her my cups. She said they were nice and asked, “Where did you make them?” I answered, “My grandfather is a potter and I made them at his shop.” She asked, “Was it easy to make these shapes from clay?” I answered, “No, it was difficult.” She asked, “How long did you bake them?” I answered, “I'm not sure about that because my grandfather baked them.” Then, she asked some questions about ceramic works, but I couldn't answer them, and I realized I didn't know much about ceramic works. I thought I needed to learn about them.

I went to a library to learn about ceramic works after she went back home. I read a book about a kind of ceramic work in Japan. I learned how to make the clay used for the ceramic work, and I also learned that the clay is baked in a *kiln for twenty hours after making a shape. I didn't know those things, and I wanted to make a ceramic work from the first *process. So, ③I decided to visit my grandfather's shop to do that, and I told him that on the phone. He told me to visit his shop when I was free.

After a few days, I went to his shop. He took me to a mountain to get *soil and then we went back to his shop. We put the soil and some water in a box, and *mixed them well. He said, “I'm going to dry this. I need a few days to *change the soil into clay.” I went to his shop every day to see how it was changing. A few days later, he said, “The clay is ready, so ［　④　］.” I decided to make a *plate, and I began to *knead the clay. I tried to make the shape, but it was difficult to make it by myself. However, I tried to make it many times and finally made it. He said, "I will dry your clay plate to *take out the water. It will be ⑤ (break) if I bake it in my kiln now." After one week, he put my clay plate in his kiln, and he said, "I'm going to bake your clay plate in this kiln for ten days. This is dangerous because it is very hot in the kiln. I need a lot of wood to bake your clay plate, so ⑥ [(ア) want / (イ) bring / (ウ) I / (エ) to / (オ) you / (カ) the wood] to me." I carried the wood many times. After about ten days, he took out my plate from his kiln. When I got my plate from him, I looked at it and thought about the things I did to make my plate. I thought making my plate was not easy, but I had a good time because I could see every process with my own eyes. I also thought my grandfather did a lot of things to make his nice ceramic works and his job was really nice.

Before I read a book about a ceramic work and made my plate, I only knew how to make the shape of the cups and just enjoyed making them. I didn't know much about ceramic works. However, I learned a lot through the experience at my grandfather's shop, and I realized that the process to make ceramic works was hard but it was fun. I was happy to learn that. Since then, I have been learning more about them, and now I want to make nice ceramic works by myself in the future.

(注) potter　陶芸家　ceramic　陶磁器の　clay　粘土　by myself　私自身で
dry ～　～を乾かす　bake ～　～を焼く　kiln　窯　process　工程　soil　土
mix ～　～を混ぜる　change ～ into …　～を…に変える　plate　皿
knead ～　～をこねる　take out ～　～を取り出す

(1) 下線部①が指す内容として最も適当なものを，次の(ア)～(エ)から１つ選べ。(　　　)

(ア) the clay which Kimiko made at her grandfather's shop
(イ) the clay which Kimiko's grandfather used for his ceramic works
(ウ) the cup which Kimiko's grandfather helped her make
(エ) the cup which Kimiko dried and baked at her house

(2) 下線部② (come)・⑤ (break) を，文意から考えて，それぞれ正しい形にかえて１語で書け。
②(　　　)　⑤(　　　)

(3) 次の英文は，下線部③について説明したものである。これを読んで，下の問い(a)・(b)に答えよ。

> To learn about ceramic works, Kimiko went to [i] and found some things about a kind of ceramic work by reading a book. Then, she decided to visit her grandfather's shop because she wanted to make a ceramic work [ii].

(a) 本文の内容から考えて，[i] に入る表現として最も適当な部分を，本文中から**2語**で抜き出して書け。(　　　　　)

(b) 本文の内容から考えて，[ii] に入る表現として最も適当なものを，次の(ア)～(エ)から１つ選べ。(　　　)

(ア) with one of her friends　(イ) from the first process　(ウ) after she went back home
(エ) without his help

(4) [④] に入る表現として最も適当なものを，次の(ア)～(エ)から１つ選べ。(　　　)

(ア) you can use it to make something
(イ) you should visit my shop to make it
(ウ) I will show you the way to make it
(エ) we have to go to the mountain again

(5) 下線部⑥の［　　］内の(ア)～(カ)を，文意が通じるように正しく並べかえ，記号で書け。

(　→　→　→　→　→　)

(6) 本文の内容から考えて，次の〈質問〉に対する答えとして最も適当なものを，下の(ア)～(エ)から１つ選べ。(　　　)

〈質問〉 What did Kimiko's grandfather do when she first tried to make a cup?

(ア) He asked her to make the shape of it for him.
(イ) He supported her when she made the shape of it.
(ウ) He told her to be a potter like him in the future.
(エ) He showed his ceramic works to make her happy.

(7) 本文の内容と一致する英文として最も適当なものを，次の(ア)～(エ)から１つ選べ。(　　　)

(ア) The questions Kimiko's friend asked were difficult, but Kimiko could answer all of them.
(イ) Kimiko and one of her friends visited Kimiko's grandfather and went to a mountain to get soil.
(ウ) Kimiko kneaded the clay she made with her grandfather, and then she decided what to make.
(エ) After Kimiko's clay plate was dried for a week, her grandfather put it in his kiln and baked it there.

(8) 次の英文は，このスピーチを聞いた中学生の奈緒子（Naoko）と留学生のジョージ（George）が交わしている会話の一部である。これを読んで，後の問い(a)・(b)に答えよ。

Naoko：I have found something important in Kimiko's speech.
George：What is that?
Naoko：Well, Kimiko liked her grandfather's ceramic works, but she only knew the [i] to make the shape of the cups before she read a book about a ceramic work and made her plate at her grandfather's shop.
George：Do you mean she didn't know much about ceramic works?
Naoko：Yes, she said so. However, [ii] at her grandfather's shop, she learned that making ceramic works was hard but it was fun, and she was happy to realize that. Since then, she has been learning about ceramic works.
George：I see.

Naoko : I understand how she feels. When I learn something by myself and know many things about it, I become happy and want to know more about it.

(a) 本文の内容から考えて，[i]に入る最も適当な語を，次の(ア)〜(エ)から１つ選べ。(　　　)

(ア) answer　(イ) goal　(ウ) topic　(エ) way

(b) 本文の内容から考えて，[ii]に入る表現として最も適当な部分を，本文中から３語で抜き出して書け。(　　　　　　　　)

[2] 次の英文は，高校生のまみ（Mami）と留学生のジーナ（Gina）が交わしている会話である。後のリスト（list）を参考にして英文を読み，以下の問い(1)～(4)に答えよ。

Gina ： What are you looking at, Mami?

Mami ： I'm looking at a list of English books. Our English teacher Ms. Smith gave this to me yesterday. I started reading English books last month and asked her to tell me good books. The *comments on the list are her comments about each book. I'll go shopping tomorrow and buy some of the books on the list.

Gina ： Can I see it? Oh, I think you should read this book. I haven't read it, but look at the comment. You are interested in the U.S., right? You can learn about many famous places there if you read it.

Mami ： Wow, that's nice. I'll buy it.

Gina ： How about "The Blue Sky"? I first read it when I was little and it was very interesting. You should also buy it.

Mami ： Then, I'll buy it, [①].

Gina ： I heard the writer of the book is liked by a lot of people in Japan. Look at the comment. The same writer wrote "The White Sea". I like the writer, so I want to read it someday. Have you read it before?

Mami ： No, but this story is in our English *textbook. We will read the story in the class, so I will not buy it. Well, I want to read "Our Memory", but I think it is difficult. Have you ever read it?

Gina ： No, but if you want to read it, you should read it. I'll help you if you can't understand the book.

Mami ： Thank you. I'll also buy it.

Gina ： How about this book? I haven't read it, but I think you can learn a lot about English.

Mami ： I have read it before, so I will not buy it. It tells us many interesting facts about English words and I learned about the *origin of the names of the months. For example, September means "the seventh month."

Gina ： Wait. Today, September is the ninth month of the year, right?

Mami ： Yes. Let me talk about the history [②]. When people began to use a *calendar, there were only ten months in a year, and the year started in March. September was really the seventh month then. The book says that there are some *theories, but it introduces this theory.

Gina ： I see.

Mami ： Oh, I think I chose [③] many books. I don't think I have enough money.

Gina ： Well, look at the list. I don't think you need to buy ④<u>this book</u>. I found it at the library in our school. I've liked it since I first read it, so I was happy when I found it there.

Mami：　I see. So, I will not buy it tomorrow and I'll visit the library next week. Thank you.

リスト(list)

Name of Book	Comment
(ア)　Lily	A girl called Lily visits many famous places in the U.S. You can learn a lot about them with pictures taken by the writer.
(イ)　Our Memory	A girl goes abroad and studies about AI. There are some difficult words in this book.
(ウ)　The Blue Sky	This is a story about a boy who goes to the future. The writer of this book is liked by many people in Japan and the writer also wrote "The White Sea".
(エ)　The Past	A boy travels to the past and learns about the origin of English words.
(オ)　The White Sea	A small cat visits a city in the sea. There are many pictures in this book. The writer drew them and they will help you understand the situations.

(注)　comment　コメント　　textbook　教科書　　origin　起源　　calendar　暦　　theory　説

(1)　[①]・[③] に共通して入る最も適当な1語を書け。(　　　)

(2)　[②] に入る表現として最も適当なものを，次の(ア)～(エ)から1つ選べ。(　　　)

(ア)　to tell you the reason

(イ)　to buy the book tomorrow

(ウ)　to write a comment about each book

(エ)　to learn about Japanese words

(3)　本文とリスト (list) の内容から考えて，下線部④にあたるものとして最も適当なものを，リスト (list) 中の(ア)～(オ)から1つ選べ。(　　　)

(4)　本文とリスト (list) の内容と一致する英文として最も適当なものを，次の(ア)～(エ)から1つ選べ。(　　　)

(ア)　Mami says that she decided to start reading English books because Ms. Smith gave her the list.

(イ)　The writer of "The Blue Sky" is popular in Japan and Gina knew that before she talks with Mami.

(ウ)　Through the comments, Ms. Smith tells Mami that there are some difficult words in "The Past".

(エ)　Many pictures taken by the writer help people understand the situations in "The White Sea".

【リスニングの問題について】　放送中にメモをとってもよい。

3　それぞれの質問に対する答えとして最も適当なものを，次の(ア)〜(エ)から１つずつ選べ。

(1)(　　　)　(2)(　　　)

(1)　(ア)　Because Mary will come to Japan next month.

(イ)　Because Mary met her in Japan.

(ウ)　Because she is writing a letter for Jenny.

(エ)　Because she will visit America.

(2)　(ア)　The special chocolate cake and tea.　(イ)　The special chocolate cake and coffee.

(ウ)　The special strawberry cake and tea.　(エ)　The special strawberry cake and coffee.

4　それぞれの質問に対する答えとして最も適当なものを，次の(ア)〜(エ)から１つずつ選べ。

(1)(　　　)　(2)(　　　)

(1)　(ア)　今月の14日　(イ)　今月の15日　(ウ)　来月の14日　(エ)　来月の15日

(2)　(ア)　高校でバレーボールのチームに入っている。

(イ)　サキと，週末にときどきバレーボールをしている。

(ウ)　友達と，よくバレーボールの試合をテレビで見る。

(エ)　小学生のときに，小さなトーナメントで最優秀選手に選ばれた。

5　それぞれの会話のチャイム音のところに入る表現として最も適当なものを，下の(ア)〜(エ)から１つずつ選べ。(1)(　　　)　(2)(　　　)

(例題)　A：　Hi, I'm Hana.

B：　Hi, I'm Jane.

A：　Nice to meet you.

B：　〈チャイム音〉

(ア)　I'm Yamada Hana.　(イ)　Nice to meet you, too.　(ウ)　Hello, Jane.

(エ)　Goodbye, everyone.

(解答例)　(イ)

(1)　(ア)　I want to use yours today.　(イ)　Here you are. I have another one.

(ウ)　I'm sorry. I don't think so.　(エ)　I found many cute animals on yours.

(2)　(ア)　Yes, I needed some money to buy it.　(イ)　Yes, my parents play it every day.

(ウ)　No, my parents didn't have one.　(エ)　No, actually I can't play it well.

〈放送原稿〉

2023 年度京都府公立高等学校中期選抜入学試験英語リスニングの問題を始めます。

これから，問題3・4・5を放送によって行います。問題用紙を見なさい。

それでは，問題3の説明をします。

問題3は(1)・(2)の 2 つがあります。それぞれ短い会話を放送します。次に，Question と言ってから英語で質問をします。それぞれの質問に対する答えは，問題用紙に書いてあります。最も適当なものを，(ア)・(イ)・(ウ)・(エ)から 1 つずつ選びなさい。会話と質問は 2 回放送します。それでは，問題3を始めます。

(1) A： Hi, Kana. What are you reading?

B： Hi, Jenny. I'm reading a letter from Mary. She is one of my friends. I met her when I was in America. I'm happy that she will come to Japan next month to meet me.

A： That's great. I want to meet her, too.

B： OK. I'll tell her about that.

Question：Why is Kana happy?

もう一度放送します。〈会話・質問〉

(2) A： Nancy, which cake will you eat today? This month, we can choose the special chocolate cake or the special strawberry cake at this shop.

B： Well, last week, I ate the special chocolate cake. It was delicious.

A： Then, I'll have the special chocolate cake and tea.

B： I see. I want to eat something I have not tried yet, so I'll have this special cake and coffee today.

Question：What will Nancy have at this shop today?

もう一度放送します。〈会話・質問〉

これで，問題3を終わります。

次に，問題4の説明をします。

これから，エマとサキの会話を放送します。つづいて，英語で 2 つの質問をします。それぞれの質問に対する答えは，問題用紙に日本語で書いてあります。最も適当なものを，(ア)・(イ)・(ウ)・(エ)から 1 つずつ選びなさい。会話と質問は 2 回放送します。それでは，問題4を始めます。

Emma： Hi, Saki. Do you like playing volleyball?

Saki： Yes, Emma. Why?

Emma： I'm on the local volleyball team and we have a small tournament on the 14th (fourteenth) this month. But one of our members can't come. Can you join our team?

Saki： I'm sorry, but I can't. I have to practice soccer that day because I have an important soccer game the next day.

Emma： I see.

Saki： Well, I have a sister, so I will ask her. She is a high school student and she likes playing volleyball.

Emma：　Thank you. Is your sister on the volleyball team at her school?

Saki　：　No. But when she was a junior high school student, she was on the volleyball team at her school.

Emma：　Does she play volleyball now?

Saki　：　Yes, she sometimes plays volleyball with her friends on weekends. She often watches volleyball games on TV with them, too.

Emma：　Does she play volleyball well?

Saki　：　Yes. She was chosen as the best player in a small tournament when she was a junior high school student.

Emma：　Wow, I'm sure your sister will help our team a lot.

Question (1)：When does Saki have the important soccer game?

Question (2)：What is the one thing we can say about Saki's sister?

もう一度放送します。〈会話・質問〉

これで，問題[4]を終わります。

次に，問題[5]の説明をします。

問題[5]は(1)・(2)の２つがあります。それぞれ短い会話を放送します。それぞれの会話の，最後の応答の部分にあたるところで，次のチャイム音を鳴らします。〈チャイム音〉このチャイム音のところに入る表現は，問題用紙に書いてあります。最も適当なものを，(ア)・(イ)・(ウ)・(エ)から１つずつ選びなさい。

問題用紙の例題を見なさい。例題をやってみましょう。

（例題）　A：　Hi, I'm Hana.

B：　Hi, I'm Jane.

A：　Nice to meet you.

B：　〈チャイム音〉

正しい答えは(イ)の Nice to meet you, too. となります。ただし，これから行う問題の会話の部分は印刷されていません。それでは，問題[5]を始めます。会話は２回放送します。

(1)　A：　Oh, no! It has started raining!

B：　What's the matter, Kate?

A：　I don't have my umbrella with me today.

B：　〈チャイム音〉

もう一度放送します。〈会話〉

(2)　A：　What did you get for your birthday from your parents, Sarah?

B：　They gave me a guitar and some other things. I was so happy.

A：　A guitar? Great! Can you play it for me?

B：　〈チャイム音〉

もう一度放送します。〈会話〉

これで，リスニングの問題を終わります。

社会

時間　40分　　　　満点　40点

（注）　字数制限がある場合は，句読点や符号なども１字に数えなさい。

1　次の文章は，絵里さんが，イギリスのロンドンに留学している姉の由里さんから受け取った手紙の一部である。これを見て，あとの問い(1)～(5)に答えよ。

絵里，元気にしていますか。ロンドンは①緯度が高いけれど，思っていたより寒くなく，私は快適に過ごしています。こちらにはたくさんの留学生が来ていて，英語以外にもさまざまな②言語を耳にすることがあり，毎日新しく学ぶことばかりです。先日，友人と③博物館に行ったら，教科書で見たことのある絵画が展示されていて，驚きました。こちらでは，友人と④ヨーロッパの歴史の話などで盛り上がり，これまで学んできたこともよく話題になります。絵里が今，学んでいることも，これからいろいろな場面につながっていくかもしれませんね。

(1)　絵里さんは，地球儀でヨーロッパ周辺の下線部①緯度を確認することにした。右の資料Ⅰは，０度を基準に10度の間隔で緯線と経線が描かれた地球儀の一部を示したものであり，a～dの点線（┈┈）は緯線を示している。この４本の緯線のうち，日本の本州を通る北緯40度の緯線はどれか，a～dから１つ選べ。また，絵里さんは地球儀を眺める中で，地球の表面における，陸地と海洋の面積の割合に興味を持った。地球の表面における陸地の面積は，地球の表面の面積のおよそ何割にあたるか，最も適当なものを次の(ア)～(エ)から１つ選べ。（　　）（　　）

資料Ⅰ

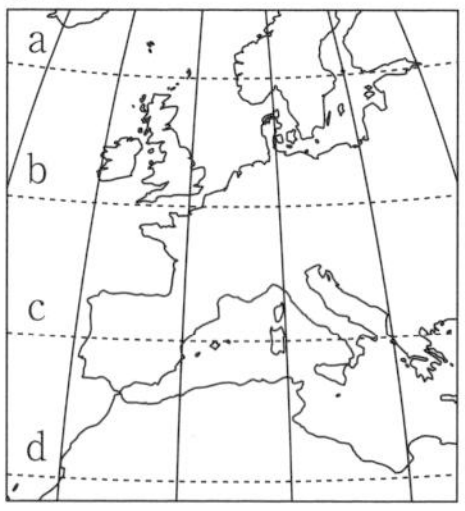

(ア)　およそ３割　　(イ)　およそ４割　　(ウ)　およそ６割　　(エ)　およそ７割

(2)　絵里さんは，下線部②言語に興味を持ち，ヨーロッパのさまざまな言語について調べた。次の文章は，絵里さんがヨーロッパのさまざまな言語についてまとめたものの一部である。文章中の［A］～［C］に入るものの組み合わせとして最も適当なものを，あとの(ア)～(エ)から１つ選べ。（　　）

ヨーロッパのさまざまな言語は大きく３つの系統に分けられ，例えば英語は［A］系言語に分類され，イタリア語は［B］系言語に分類される。また，イタリア語と同じ［B］系言語に分類される［C］語は，16世紀に［C］人が進出した南アメリカ大陸において，現在，多くの国で公用語とされている。

(ア)　A　ゲルマン　　B　ラテン　　C　スペイン

(イ)　A　ゲルマン　　B　ラテン　　C　フランス

(ウ)　A　ラテン　　B　ゲルマン　　C　スペイン

(エ)　A　ラテン　　B　ゲルマン　　C　フランス

(3)　絵里さんは，イギリスの下線部③博物館に，1919年にベルサイユ条約が結ばれたときの様子を描いた右の資料Ⅱが所蔵されていることを知った。ベルサイユ条約が結ばれた講和会議において決められた内容として最も適当なものを，次の(ア)～(エ)から1つ選べ。(　　　)

資料Ⅱ

(ア)　日本に遼東《リアオトン》《りょうとう》半島を返還させること。

(イ)　ドイツの軍備を拡張し増強すること。

(ウ)　日本が山東《シャントン》《さんとう》省の権益を獲得すること。

(エ)　ドイツに東ドイツと西ドイツを成立させること。

(4)　絵里さんは，下線部④ヨーロッパの歴史について調べた。次の(ア)～(エ)は，ヨーロッパの歴史に関することについて述べた文である。(ア)～(エ)を古いものから順に並べかえ，**記号**で書け。また，絵里さんは，17世紀から18世紀のヨーロッパで人権思想の基礎となった考え方が生まれたことを知り，人権の歴史に興味を持った。各国が保障すべき人権の共通の基準として，1948年に国際連合で採択された宣言を何というか，**漢字6字**で書け。

(　　)→(　　)→(　　)→(　　)　□□□□□□

(ア)　ローマ帝国がキリスト教を国の宗教とした。

(イ)　オランダがスペインからの独立を宣言した。

(ウ)　アメリカ独立戦争を支援した戦費の支払いのために，フランスの国王が新たに貴族へ課税しようとした。

(エ)　ヨーロッパで，人間の個性や自由を表現しようとする，ルネサンス（文芸復興）と呼ばれる動きが生まれた。

(5)　絵里さんは，由里さんからの手紙を読んだ後，日本の歴史における留学生の派遣に興味を持った。次の文章は，絵里さんが日本の歴史における留学生の派遣についてまとめたものの一部である。文章中の［A］・［B］に入るものの組み合わせとして最も適当なものを，あとの(ア)～(カ)から1つ選べ。(　　　)

> 日本の歴史において，留学生の派遣は常に行われていたわけではなかった。外国と正式な国交を結ばなかった時代もあり，時代によっては日本人の海外渡航が禁止されることもあった。一方で，公地公民（公地・公民）の方針が打ち出された［A］の後半や，近代国家を建設しようとした［B］の初めには，外交使節や留学生の派遣が行われた。

(ア)　A　飛鳥《あすか》時代　　B　江戸時代　　(イ)　A　飛鳥時代　　B　明治時代

(ウ)　A　平安時代　　B　江戸時代　　(エ)　A　平安時代　　B　明治時代

(オ)　A　室町時代　　B　江戸時代　　(カ)　A　室町時代　　B　明治時代

2 広史さんは，群馬県前橋市に住む祖父母を訪ねることになり，前橋市についてさまざまなことを調べた。次の資料Ⅰは，前橋市の２万5000分の１地形図の一部である。これを見て，あとの問い(1)～(5)に答えよ。

資料Ⅰ

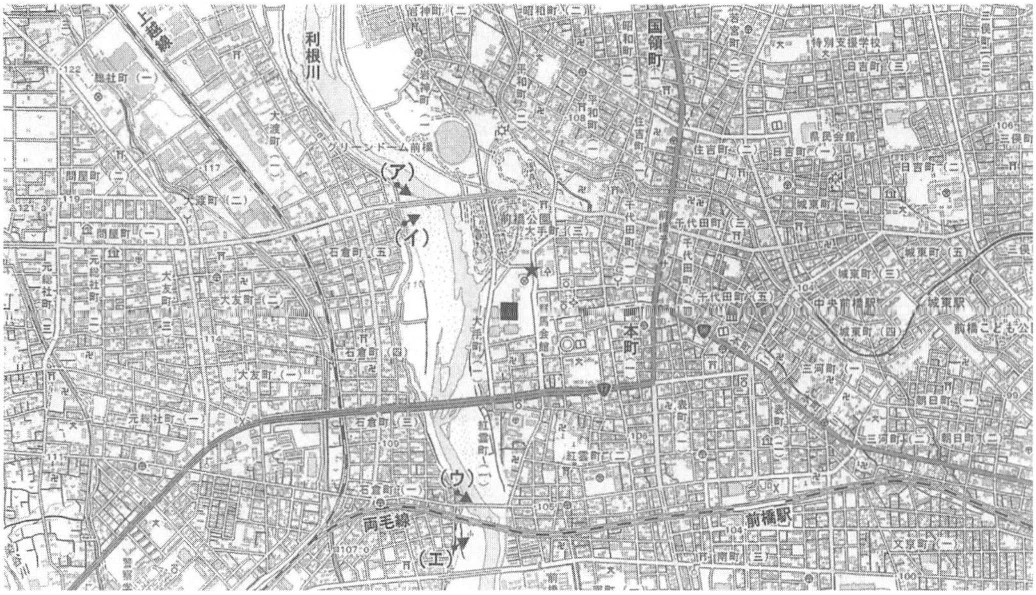

（令和元年国土地理院発行２万5000分の１地形図「前橋」より作成）

（編集部注：原図を縮小しています。）

(1) 広史さんは，資料Ⅰ中の■にある「県庁」から前橋市の市街地を一望できることを知った。次の写真Ａは，「県庁」の展望ホールから広史さんが撮影したものである。写真Ａは「県庁」から東・西・南・北のどの方角を撮影したものと考えられるか，東・西・南・北のいずれかを**漢字１字**で書け。また，次の写真Ｂは，資料Ⅰ中の(ア)～(エ)のいずれかの・の地点から➔の方向に向かって広史さんが撮影したものである。この写真Ｂはどの地点で撮影したものと考えられるか，(ア)～(エ)から１つ選べ。写真Ａ（　　　）　写真Ｂ（　　　）

写真Ａ

写真Ｂ

(2) 広史さんは，資料Ⅰ中の★に前橋城の跡を示す石碑である「前橋《まえばし》城《じょう》址《し》之《の》碑《ひ》」があることを知った。資料Ⅰ中において，「前橋駅」から★までの経路を広史さんが決めて，その長さを測ったところ，8 cmであった。このことから，広史さんが決めた「前橋駅」から★までの実際の道のりは何mと考えられるか，**数字**で書け。また，資料Ⅰから読み取れることとして最も適当なものを，次の(ア)～(エ)から１つ選べ。（　　　m）（　　　）

(ア)　JR 線以外の鉄道はない。

(イ)　田や畑が広がる場所はない。

(ウ)　三角点が置かれている地点は，標高 110m 以下である。

(エ)　「上越《じょうえつ》線」と「利根《とね》川」にはさまれた地域では，寺院よりも神社の方が多い。

(3)　広史さんは，資料Ⅰ中の「国領町《こくりょうまち》」の地名が，国司が直接支配した土地であることに由来することを知った。国司は都から地方に派遣された役人であり，隋《ずい》や唐《とう》にならって整えられたさまざまな法や規定に基づいたものの一つである。隋や唐で国家体制の根本をなす基本法として定められた，当時の刑罰や政治のきまりを何というか，**漢字２字**で書け。また，広史さんは，隋や唐にならって整えられた奈良時代の制度の一つに税制度があることを知った。右の資料Ⅱは，当時の，ある税の内容が記された木簡《もっかん》である。この木簡に記された「生蘇《なまそ》」（乳製品）のような，地方の特産物を納める税の名称を，**漢字１字**で書け。□□　(　　　)

資料Ⅱ

近江国《おうみのくに》生蘇三合

(4)　資料Ⅰ中の「本町《ほんまち》」に国道50号線の起点があることに気づいた広史さんは，国道などの道路整備が公共事業の一つであることを知った。公共事業について調べる中で，公共事業と景気に関わりがあるのではないかと考えた広史さんは，日本の，「国の公共事業関係費」，「国の社会保障費」，「国の税収額」の推移を表す３つのグラフを作成し，それぞれの項目と景気との関係を調べることにした。３つのグラフはそれぞれ，右のⅰ群のいずれかとⅱ群のいずれかを組み合わせたものであり，ⅱ群の灰色で塗って示してある期間は景気の後退期を表している。「国の公共事業関係費」の推移を表すグラフは，ⅰ群(ア)～(ウ)とⅱ群(カ)～(ク)のうち，どれとどれを組み合わせたものか。最も適当なものを，それぞれ１つずつ選べ。ⅰ群(　　　)　ⅱ群(　　　)

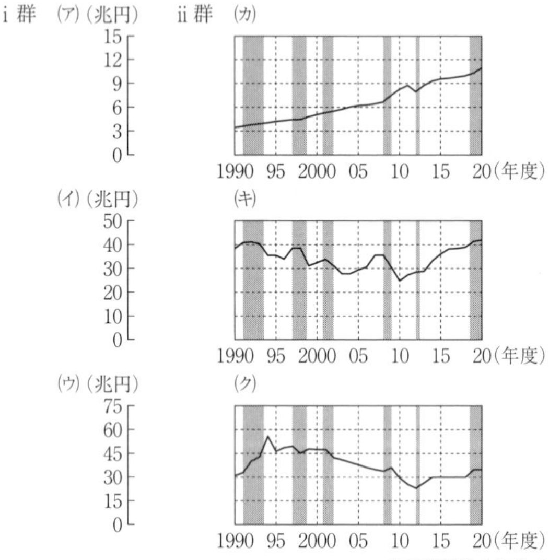

財務省資料より作成

(5)　広史さんは，群馬県が資料Ⅰ中の「上越線」や「両毛《りょうもう》線」などを通して，隣接する都道府県と結び付いていることを知った。群馬県と隣接する栃木県，長野県，新潟県，福島県のいずれかについて述べた次のⅰ群(ア)～(エ)の文のうち，栃木県にあたるものを１つ選べ。また，広史さんは，「両毛線」を利用すると岩宿《いわじゅく》遺跡の最寄り駅まで行くことができることを知った。岩宿遺跡における発見について述べた文として最も適当なものを，あとのⅱ群(カ)～(ケ)から１つ選べ。

ⅰ群(　　　)　ⅱ群(　　　)

ⅰ群　(ア)　四大公害裁判の一つが行われたこの県には，信濃《しなの》川が流れている。

(イ)　盆地での果樹栽培が盛んで日本有数のももの産地であるこの県には，猪苗代《いなわしろ》湖がある。

(ウ)　ナウマンゾウのきばが発見された野尻《のじり》湖があるこの県には，フォッサマグナが通っている。

(エ) 高速道路沿いなどに機械工業の工場が集まっているこの県には，足尾《あしお》銅山がある。

ii群 (カ) 打製石器が発見され，日本に旧石器時代があったことが証明された。

(キ) 水田やむら（集落）のあとなどが発見され，弥生時代の人々の生活が明らかになった。

(ク) 「漢 委奴国王《かんのわのなのこくおう》」と刻まれた金印が発見され，倭《わ》の奴《な》の国王が中国に使いを送っていたことが証明された。

(ケ) ワカタケルの名が漢字で刻まれた鉄剣が発見され，ヤマト王権（大和《やまと》政権）が関東の豪族を従えていたことが明らかになった。

3　次の資料Ⅰは，雪さんが，日本の歴史におけるさまざまな集団や組織について調べて作成したレポートの一部である。これを見て，あとの問い(1)～(5)に答えよ。

資料Ⅰ

平安時代	室町時代	江戸時代	明治時代	大正時代
武士たちが，源氏《げんじ》と①平氏《へいし》を中心にそれぞれまとまり，大きな武士団となった。	②浄土真宗（一向宗）の信仰で結び付いた人たちが，一向一揆《いっこういっき》を起こした。	③城下町に住む商人や職人たちが，それぞれ同業者の組織をつくった。	自由民権運動を進めていた人たちが，国会の開設に備えて，④政党を結成した。	労働者たちが，全国規模の⑤労働組合となる日本労働総同盟を結成した。

(1)　雪さんは，下線部①平氏について調べ，平 清盛《たいらのきよもり》を中心とする平氏の系図の一部である右の資料Ⅱを作成した。また，次の文は，資料Ⅱを参考にして雪さんが平清盛について書いたものであり，文中の[　　]に，あとの(ア)～(シ)の語句から**4つ**選び，それらを並べかえてできた表現を入れると文が完成する。[　　]に適切な表現が入るように，(ア)～(シ)の語句から**4つ**選び，それらを並べかえ，記号で書け。なお，[　　]に入る適切な表現は複数あるが，解答欄には一通りだけ書くこと。(　　)→(　　)→(　　)→(　　)

資料Ⅱ

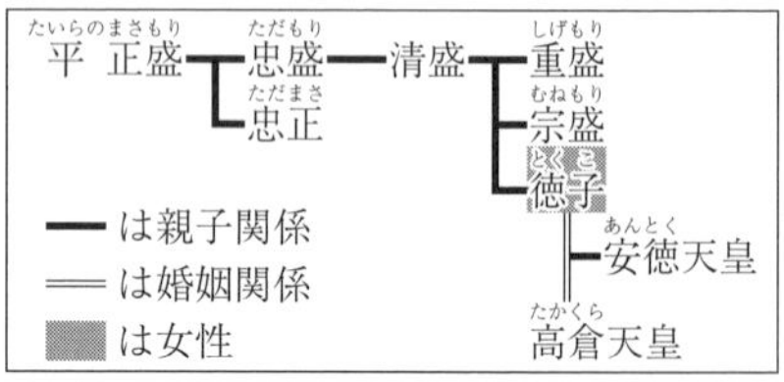

> 平清盛は[　　]権力を強め，朝廷の政治を思うように動かすようになった。

(ア)　姉妹　　(イ)　祖父　　(ウ)　父の　　(エ)　孫を　　(オ)　娘を　　(カ)　きさき　　(キ)　貴族の
(ク)　自分が　　(ケ)　天皇の　　(コ)　息子が　　(サ)　とすることで　　(シ)　となることで

(2)　雪さんは，下線部②浄土真宗（一向宗）が各地に広まり，いくつかの地域で一向一揆が起こったことを知った。一向一揆によって守護大名がたおされ，約100年にわたって武士や農民たちによる自治が行われた地域として最も適当なものを，次の(ア)～(エ)から1つ選べ。また，雪さんは，浄土真宗（一向宗）が鎌倉時代に広まったことを知り，鎌倉時代の文化に興味を持った。鎌倉時代に運慶《うんけい》らによって制作された金剛力士《こんごうりきし》像がある寺院を何というか，**ひらがな5字**で書け。

(　　)　[　　|　　|　　|　　|　　]

(ア)　加賀《かが》（石川県）　　(イ)　紀伊《きい》（和歌山県）　　(ウ)　駿河《するが》（静岡県）　　(エ)　山城《やましろ》（京都府）

(3)　雪さんは，下線部③城下町について調べた。右の資料Ⅲは，江戸時代に城下町であった都市で，2020年の人口が100万人を超える都市のうち，東京と大阪市を除く，仙台市，名古屋市，広島市，福岡市の4つの都市について，2000年と2020年における人口と面積をそれぞれまとめたものである。資料Ⅲから読み取れることとして適当なものを，次の(ア)～(オ)から**すべて**選べ。(　　)

資料Ⅲ

	2000年		2020年	
	人口（千人）	面積（km^2）	人口（千人）	面積（km^2）
仙台市	1,008	784	1,097	786
名古屋市	2,172	326	2,332	327
広島市	1,126	742	1,201	907
福岡市	1,341	339	1,612	343

（注：面積の値は，市町村合併や埋め立てなどをしたものを含む。）

「データでみる県勢」2002年版，2022年版及び総務省資料より作成

(ア) 仙台市における，2000 年の人口と 2020 年の人口の差は 10 万人以上である。

(イ) 2000 年の名古屋市の人口密度は，2020 年の名古屋市の人口密度より高い。

(ウ) 2020 年の広島市の面積は，2000 年の広島市の面積と比べて 10 %以上増加している。

(エ) 4 つの都市はすべて，2020 年の人口が 2000 年の人口より多い。

(オ) 2000 年の人口と 2020 年の人口の差が 4 つの都市の中で最も大きい都市は，2000 年の面積と 2020 年の面積の差も 4 つの都市の中で最も大きい。

(4) 雪さんは，下線部④政党について調べた。日本の政党に関して述べた文として適当なものを，次の(ア)～(オ)から**すべて**選べ。(　　　)

(ア) 政党が閣議を開いて，政府の方針を決定する。

(イ) 立憲改進党は，大隈重信《おおくましげのぶ》を党首として結成された。

(ウ) 政党が政権を担当したときに実施する政策のことを，政権公約という。

(エ) 憲政会（のちの立憲民政党）と立憲政友会が交互に政権を担当する時期があった。

(オ) 民主党を中心とする連立政権にかわって，自由民主党（自民党）が単独で政権を担《にな》った。

(5) 雪さんは，下線部⑤労働組合について調べた。日本国憲法において保障されている，労働組合をつくる権利を何権というか，**漢字 2 字**で書け。また，雪さんは，日本が連合国軍に占領されていた頃に，労働組合の結成が奨励されていたことを知った。当時の政策として最も適当なものを，次の(ア)～(エ)から 1 つ選べ。□□権 (　　　)

(ア) 勤労動員　(イ) 財閥解体　(ウ) 廃藩置県　(エ) 兵農分離

4　次の会話は，ある飲食店で商品を購入した智《さとし》さんと兄の航《わたる》さんがレシートを見ながら交わしたものである。これを見て，あとの問い(1)～(5)に答えよ。

智　あれ，いつもと同じものを買ったのに，金額がいつもより高いよ。①値上げしたのかな。

航　本当だ。最近，世界情勢の変化による②原油価格の上昇や原材料費の高騰，外国通貨に対する円の価値の変動など，さまざまな理由で多くの商品が値上げされているよね。

智　そういえば，ここ1年で1ドル＝100円から1ドル＝120円になって [A] が進んでいるとニュースで見たよ。たしか [A] は日本の [B] を中心とする企業にとっては有利だったよね。でも，[A] の進行などが自分に影響するとは思っていなかったな。

航　そうだね。でも，自分に関係ないことと思っていても，世界情勢の変化が僕たちの生活に影響することはたくさんあるんだよ。例えば，1970年代に中東で戦争が起こったとき，日本から遠い地域でのできごとにもかかわらず，当時の日本ではその影響で物価が上がり続ける [C] が発生したと学校で習ったよ。

智　それは僕も学校で習ったよ。たしか，それを受けて日本の [D] が終わったんだったよね。

航　そうそう。今は，その時より③グローバル化が進んで，世界情勢の変化が僕たちの生活に影響することが増えているのかもしれないね。だから，世界で起こったことでも，その内容を理解してどんな影響があるか自分なりに考えることは大切なことなんだよ。

智　そうだね。僕も3年後には自分の意思でほとんどの④契約を結べるようになるし，今より自分で責任を持たないといけないことが増えるから，社会で起こっていることがどのような影響を及ぼすか，自分なりに考えたうえで，日常生活を送ることを心がけるよ。

(1)　会話中の [A] ～ [D] に入るものとして最も適当なものを，[A] は次のⅰ群(ア)・(イ)から，[B] はⅱ群(カ)・(キ)から，[C] はⅲ群(サ)・(シ)から，[D] はⅳ群(タ)～(テ)からそれぞれ1つずつ選べ。ⅰ群(　　)　ⅱ群(　　)　ⅲ群(　　)　ⅳ群(　　)

ⅰ群　(ア)　円高　　(イ)　円安

ⅱ群　(カ)　輸出　　(キ)　輸入

ⅲ群　(サ)　インフレーション　　(シ)　デフレーション

ⅳ群　(タ)　大戦景気　　(チ)　バブル経済　　(ツ)　高度経済成長　　(テ)　特需景気（朝鮮特需）

(2)　下線部①値上げに関して，江戸時代に物価の上昇をおさえるために株仲間を解散させた水野忠邦《みずのただくに》による一連の改革を何の改革というか，**漢字2字**で書け。[　|　] の改革

(3)　智さんは，下線部②原油の輸入について調べた。次のメモは，原油を，日本の最大の輸入相手国であるサウジアラビアから日本までタンカーで輸送するルートの一つを智さんが書いたものである。また，右の資料Ⅰは，世界地図の一部に，メモに書かれた通りに進んだときのルートを示そうとしているものであり，資料Ⅰ中の点線（⋯⋯）をなぞると完成する。右の地図中に，メモに書かれた通りに進んだときの最短ルートを，点線をなぞって**実線**（**——**）

資料Ⅰ

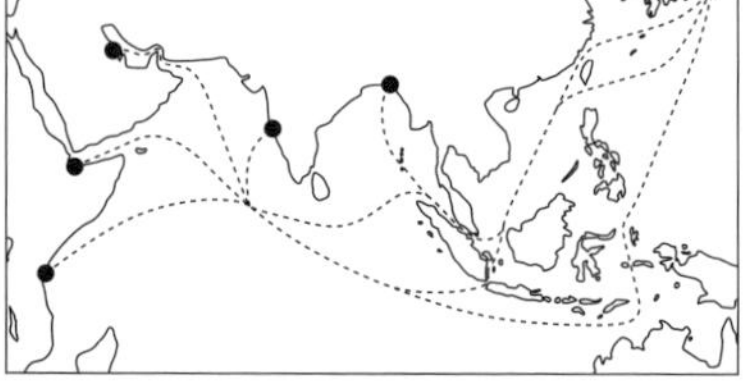

で示せ。

メモ

> アラビア半島に位置するサウジアラビアを出港し，ペルシャ（ペルシア）湾を出た後，マレー半島の南端をまわって北上し，さらに台湾《たいわん》とフィリピンをへだてる海峡を通って，日本に入港する。

(4)　智さんは，下線部③グローバル化が進んだ結果，APEC《エイペック》のように，いくつかの国・地域がまとまり，経済や安全保障などの分野で協力関係を結ぶ枠組みが発足したことを知った。APECの参加国として**適当でないもの**を，次の(ア)～(エ)から１つ選べ。（　　　）

(ア)　日本　　(イ)　アメリカ　　(ウ)　ブラジル　　(エ)　オーストラリア

(5)　智さんは，下線部④契約をめぐる裁判の事例があることを知り，民事裁判について調べた。現在の日本の民事裁判について述べた文として最も適当なものを，次のｉ群(ア)～(エ)から１つ選べ。また，右の資料Ⅱは，裁判所がもつ司法権を含む三権分立について智さんが模式的に表したものであり，資料Ⅱ中の矢印（⟶）は，それぞれの機関が互いに権力の濫用を抑制し，均衡を保つための行為を表している。資料Ⅱ中の矢印A～Dのうち，違憲審査にあたるものとして最も適当なものを，あとのⅱ群(カ)～(サ)から１つ選べ。

資料Ⅱ

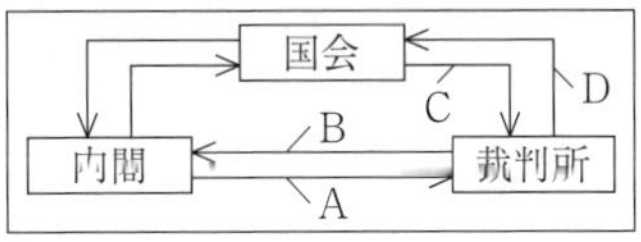

ｉ群（　　　）　ⅱ群（　　　）

ｉ群　(ア)　起訴された人を被告人と呼ぶ。

(イ)　国民が裁判員として裁判に参加することはない。

(ウ)　被害者が質問したり意見を述べたりするために，裁判に参加することができるようになった。

(エ)　経済的事情などで弁護人を頼めないときは，国が費用を負担する国選弁護人を頼むことができる。

ⅱ群　(カ)　Aのみ　　(キ)　Bのみ　　(ク)　Cのみ　　(ケ)　Dのみ　　(コ)　AとC　　(サ)　BとD

理科

時間　40分　　満点　40点

（注）字数制限がある場合は，句読点や符号なども１字に数えなさい。

1　刺激に対するヒトの反応時間を調べるために，次の〈実験〉を行った。また，下のノートは〈実験〉についてまとめたものである。これについて，下の問い(1)～(3)に答えよ。

〈実験〉　右の図のように，Aさんを含む７人が輪になって隣の人と手をつなぎ，Aさんは右手にストップウォッチを持ち，全員が目を閉じる。Aさんは，右手でストップウォッチをスタートさせ，時間の測定を始めると同時に，左手でBさんの右手をにぎる。Aさんはスタートさせたストップウォッチをすばやく右隣のDさんに渡す。Bさんは右手をにぎられたら，すぐに左手でCさんの右手をにぎる。このように，右手をにぎられたらすぐに左手で隣の人の右手をにぎるという動作を続けていく。Dさんは，自分の右手がにぎられたら，左手でストップウォッチをにぎって止め，かかった時間を記録する。ストップウォッチをスタートさせてから止めるまでを１回とし，これを３回行う。

【結果】　測定した時間はそれぞれ1.69秒，1.47秒，1.52秒であった。

ノート

〈実験〉で測定した時間の平均値を用いて，①右手をにぎられるという刺激を受けとってから左手でにぎるという反応をするまでの１人あたりの時間を求めた。このとき，Aさんは，ストップウォッチをスタートさせると同時にBさんの右手をにぎるため，計算する際の数には入れなかった。その結果，１人あたりの時間は［ X ］であった。この時間を，１人のヒトの右手から左手まで刺激や命令の信号が伝わる時間とし，１人のヒトの右手から左手まで刺激や命令の信号が伝わる経路の距離を1.5mとすると，右手から左手まで信号が伝わる平均の速さは，［ Y ］になった。一方，信号がヒトの②感覚神経や運動神経を伝わる速さはおよそ40～90m/sである。今回の〈実験〉で求めた平均の速さと，実際に信号が神経を伝わる速さにちがいがあるのは，脳で信号を受けとり，その信号に対して判断や命令を行う時間が影響するためである。

(1)　下線部①右手をにぎられるという刺激を受けとってから左手でにぎるという反応とは異なる反応で，刺激に対して無意識に起こる反射とよばれる反応がある。反射の例として最も適当なものを，次の(ア)～(エ)から１つ選べ。（　　　）

(ア)　水をこぼしたので，ハンカチでふいた。

(イ)　スタートの合図が聞こえたので，走り出した。

(ウ)　寒くなったので，手に息を吹きかけた。

(エ)　食物を口の中に入れたので，だ液が出た。

(2)　ノート中の［ X ］に入るものとして最も適当なものを，次の(ア)～(エ)から１つ選べ。また，［ Y ］に入る平均の速さは何 m/s か，小数第２位を四捨五入し，**小数第１位**まで求めよ。

X（　　　）　Y（　　　m/s）

(ア)　0.24 秒　　(イ)　0.25 秒　　(ウ)　0.26 秒　　(エ)　0.27 秒

(3)　〈実験〉では，手をにぎられるという刺激を皮ふで受けとっているが，ヒトには皮ふ以外にも刺激の種類に応じた感覚器官があり，耳では音の刺激を受けとっている。耳にある，音の刺激を受けとる感覚細胞が存在する部位として最も適当なものを，次の(ア)～(ウ)から１つ選べ。また，下線部②感覚神経や運動神経のように，脳や脊髄から枝分かれして全身に広がっている神経を何神経というか，**ひらがな５字**で書け。（　　　）［　　　　　］神経

(ア)　鼓膜　　(イ)　耳小骨　　(ウ)　うずまき管

2　次の表は，気体 A～E および二酸化窒素について，におい，密度，気体の集め方，その他の特徴や用途をまとめたものであり，気体 A～E はそれぞれ，アンモニア，二酸化炭素，塩化水素，酸素，水素のいずれかである。これについて，下の問い(1)・(2)に答えよ。ただし，密度は 25 ℃での $1\,cm^3$ あたりの質量〔g〕で表している。

	A	B	C	D	E	二酸化窒素
におい	刺激臭	なし	なし	刺激臭	なし	刺激臭
密度〔g/cm^3〕	0.00150	0.00008	0.00131	0.00071	0.00181	0.00187
気体の集め方	下方置換法	水上置換法	水上置換法	上方置換法	下方置換法 水上置換法	［　　］
その他の特徴や用途	水溶液は酸性を示す。	すべての気体の中で最も密度が小さい。	ものを燃やすはたらきがある。	肥料の原料として利用される。	消火剤として利用される。	水に溶けやすい。

(1)　からのペットボトルに気体 E を十分に入れた後，すばやく少量の水を加え，すぐにふたをして振るという操作を行うと，ペットボトルがへこんだ。これはペットボトル内で，ある変化が起こったことが原因である。この操作を，気体 E のかわりに気体 A～D をそれぞれ用いて行ったとき，気体 E を用いたときと同じ原因でペットボトルがへこむものを，気体 A～D から**すべて**選べ。

（　　　）

(2)　表から考えて，25 ℃での空気の密度〔g/cm^3〕は次の i 群(ア)～(ウ)のうち，どの範囲にあると考えられるか，最も適当なものを１つ選べ。また，表中の［　　］に入る語句として最も適当なものを，下の ii 群(カ)～(ク)から１つ選べ。　i 群（　　　）　ii 群（　　　）

i 群　(ア)　$0.00008 g/cm^3$ より大きく，$0.00071 g/cm^3$ より小さい。

(イ)　$0.00071 g/cm^3$ より大きく，$0.00150 g/cm^3$ より小さい。

(ウ)　$0.00150 g/cm^3$ より大きく，$0.00181 g/cm^3$ より小さい。

ii 群　(カ)　下方置換法　　(キ)　上方置換法　　(ク)　水上置換法

3　次の会話は，雄太さんと先生が，地層について交わしたものの一部である。これについて，下の問い(1)～(3)に答えよ。

雄太　先日，家の近くで地層を見つけ，さらにその周辺で①堆積岩を見つけました。
先生　どのような地層や堆積岩を見つけましたか。
雄太　はい。泥や砂などの層が見られ，泥岩や砂岩などの堆積岩を見つけることができました。地層や岩石について，さらに詳しく調べてみたいと思いました。
先生　具体的にどのようなことを調べてみたいですか。
雄太　そうですね。場所による地層のちがいや，今回，見つけられなかった②凝灰岩や石灰岩の特徴についても調べてみたいです。また，地層からさまざまな③化石が見つかることもあると聞いたので，化石についても調べてみたいです。

(1)　下線部①堆積岩に関して述べた文として最も適当なものを，次の(ア)～(エ)から１つ選べ。
(　　　)

(ア)　砂岩をつくる粒は，角ばったものが多い。
(イ)　堆積岩には，斑れい岩やせん緑岩などもある。
(ウ)　チャートにうすい塩酸をかけても，気体は発生しない。
(エ)　堆積岩をつくる粒の大きさで，2 mm 以上のものはない。

(2)　下線部②凝灰岩や石灰岩について，凝灰岩と石灰岩はそれぞれ，主に何が堆積して固まってできた岩石か，最も適当なものを，次の(ア)～(ウ)からそれぞれ１つずつ選べ。
凝灰岩(　　　)　石灰岩(　　　)
(ア)　火山灰や軽石など　(イ)　岩石などのかけら　(ウ)　生物の遺がい（死がい）など

(3)　下線部③化石について，次の(ア)～(エ)は化石として発見された生物である。(ア)～(エ)のうち，中生代に生息していた生物として最も適当なものを１つ選べ。(　　　)
(ア)　アンモナイト　(イ)　サンヨウチュウ　(ウ)　デスモスチルス　(エ)　フズリナ

4　次のノートは，右のⅠ図のようなテーブルタップを使用する際の注意点について，みゆさんがまとめたものである。また，下の表はみゆさんが，さまざまな電気器具を，家庭のコンセントの電圧である100Vで使用したときの消費電力をまとめたものである。これについて，下の問い(1)～(3)に答えよ。ただし，それぞれの電気器具は，表に示した消費電力で使用するものとし，消費電力は常に一定であるものとする。

Ⅰ図

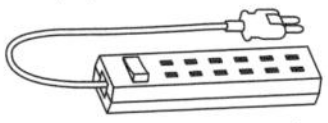

テーブルタップ

ノート

テーブルタップに電気器具を複数つなぐと，それらの電気器具は並列につながることになり，回路全体の消費電力が大きくなる。そのためテーブルタップには，電気を安全に使うために，電流や消費電力の上限が記載されている。テーブルタップに記載された電流や消費電力の上限を超えて電気器具を使用すると，テーブルタップが発熱し，発火するおそれがある。テーブルタップは，電流の上限が15Aのものが多く，例えば，電圧が100Vのコンセントに，電流の上限が15Aのテーブルタップをつなぎ，そのテーブルタップに表中の□をつないで同時に使用すると，テーブルタップに流れる電流は16Aとなり，電流の上限である15Aを超えてしまうので危険である。

電気器具	LED電球	白熱電球	パソコン	テレビ	電子レンジ	電気ポット	トースター
消費電力〔W〕	8	60	80	200	600	800	1000

(1)　表から考えて，ノート中の□に入る語句として最も適当なものを，次の(ア)～(カ)から1つ選べ。(　　　)

(ア)　パソコンとテレビ　　(イ)　パソコンと電子レンジ　　(ウ)　テレビと電子レンジ

(エ)　テレビと電気ポット　　(オ)　電子レンジとトースター　　(カ)　電気ポットとトースター

(2)　みゆさんは，家庭で使用していた白熱電球の1つを，LED電球に交換した。表から考えて，LED電球を1時間使用したときに消費する電力量は何kJか求めよ。また，白熱電球のかわりに，LED電球を50時間使用したときに削減できる電力量は，テレビを何時間使用したときに消費する電力量と等しいと考えられるか求めよ。(　　　kJ)(　　　時間)

(3)　電気器具を流れる電流の道すじは回路図で表すことができる。次のⅡ図は，電源，スイッチ，豆電球を用いてつくった回路を，回路図で表したものである。また，右のⅢ図は，電源，スイッチ，Ⅱ図と同じ豆電球を用いてつくった5つの回路を，それぞれ回路図で表したものである。Ⅱ図で表された回路のスイッチを入れると豆電球は点灯した。Ⅲ図で表されたそれぞれの回路のスイッチを入れたとき，Ⅱ図中の豆電球と同じ明るさで点灯する豆電球として適当なものを，Ⅲ図中のA～Fからすべて選べ。ただし，Ⅱ図・Ⅲ図中に書かれた電圧は電源の電圧を示しており，豆電球以外の電気抵抗は考えないものとする。(　　　)

Ⅱ図

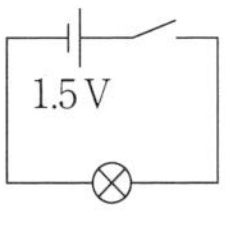

Ⅲ図

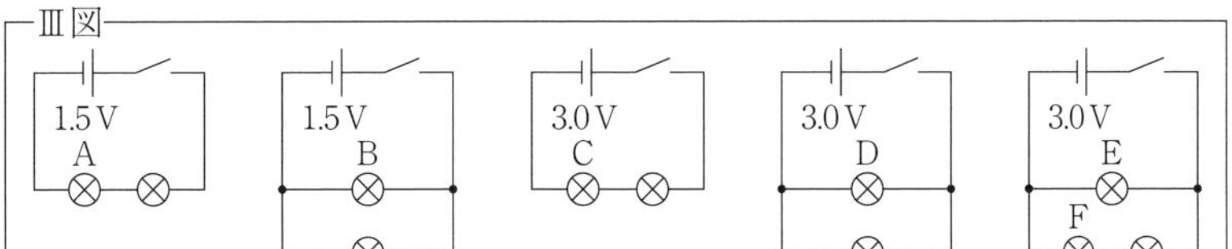

5　次のプリントは，細胞分裂のようすを観察する方法について書かれたものの一部である。太郎さんは，プリントを見ながら実験を行ったが，プリント中の操作の一部において，誤った操作で実験を行ってしまった。これについて，下の問い(1)・(2)に答えよ。

プリント

操作①　発芽して10mm程度に成長したタマネギの根の先端を3mm切りとる。

操作②　操作①で切りとったタマネギの根の先端をうすい塩酸に5分間ひたす。

操作③　操作②でうすい塩酸にひたしたタマネギの根を，スライドガラスの上にのせて，染色液を1滴落として5分間待つ。その後，カバーガラスをかけ，その上をろ紙でおおい，指でゆっくりと垂直にタマネギの根を押しつぶす。

操作④　操作③でつくったプレパラートを顕微鏡で低倍率から観察しはじめ，観察したい部分が視野の中央にくるようにしてから高倍率で観察する。

(1)　太郎さんは操作④で，プレパラートを顕微鏡で観察すると，細胞が多数重なり合っており，核や染色体のようすが十分に観察できなかった。これは太郎さんが，プリント中の操作の一部において，誤った操作で実験を行ってしまったことが原因であると考えられる。次の(ア)〜(エ)のうち，細胞が多数重なり合って見えた原因と考えられる誤った操作として，最も適当なものを1つ選べ。

(　　　)

(ア)　操作①で，発芽して5mm程度までしか成長していないタマネギの根を用いてしまった。

(イ)　操作②で，タマネギの根の先端をうすい塩酸にひたさなかった。

(ウ)　操作③で，タマネギの根に染色液を落とさなかった。

(エ)　操作④で，顕微鏡の倍率を高倍率に変えなかった。

(2)　下線部タマネギの根について，タマネギの根でみられる体細胞分裂に関して述べた文として**適当でないもの**を，次の(ア)〜(エ)から1つ選べ。(　　　)

(ア)　細胞が分裂して細胞の数がふえ，ふえた細胞が大きくなることで根はのびる。

(イ)　染色体が見られる細胞の数の割合は，根のどの部分を観察するかによって異なる。

(ウ)　細胞の中央部分に仕切りができはじめるときには，染色体の数は2倍にふえている。

(エ)　根の細胞の大きさは，先端に近い部分と比べて，根もとに近い部分の方が小さいものが多い。

6　あきらさんは，次の〈実験〉を行った。これについて，下の問い(1)～(3)に答えよ。

〈実験〉

操作①　試験管A・Bを用意し，試験管Aには5％硫酸亜鉛水溶液を，試験管Bには5％硫酸マグネシウム水溶液をそれぞれ5.0mLずつ入れる。

操作②　右のI図のように，試験管Aにはマグネシウム片を，試験管Bには亜鉛片を1つずつ入れ，それぞれの試験管内のようすを観察する。

I図

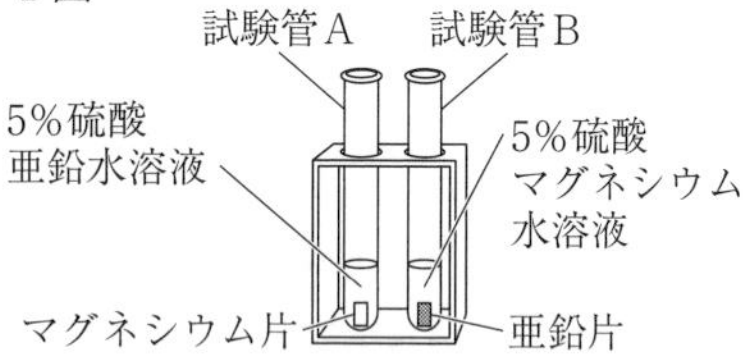

【結果】　操作②の結果，試験管Aではマグネシウム片に色のついた物質が付着したが，試験管Bでは変化が見られなかった。

(1)　下線部5％硫酸亜鉛水溶液について，5％硫酸亜鉛水溶液の密度を1.04g/cm^{3}とすると，5％硫酸亜鉛水溶液5.0mL中の水の質量は何gか，小数第2位を四捨五入し，**小数第1位**まで求めよ。

（　　　g）

(2)　右のII図はあきらさんが，試験管A中で起こった，マグネシウム片に色のついた物質が付着する反応における電子（⊖）の移動を，原子やイオンのモデルを用いて模式的に表そうとしたものである。右の図中の点線で示された矢印（┈┈➝）のうち，マグネシウム片に色のついた物質が付着する反応における電子の移動を表すために必要なものを**2つ**選び，**実線**（──）でなぞって図を完成させよ。

II図

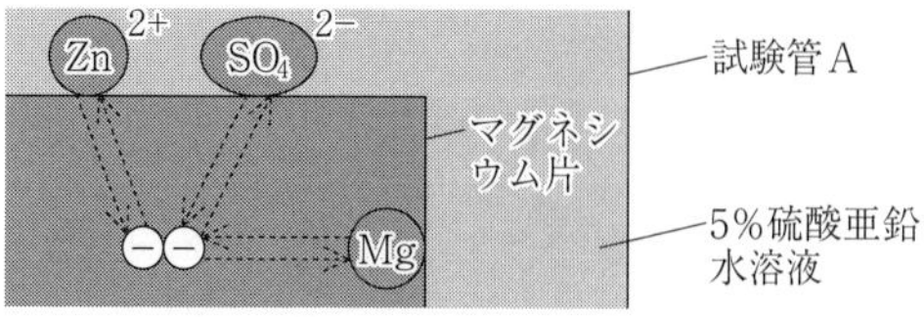

(3)　次の文は，あきらさんが操作①・②で用いる水溶液と金属片を変えて行った〈実験〉について書いたものの一部である。文中の X ～ Z に入る語句の組み合わせとして最も適当なものを，下の(ア)～(エ)から1つ選べ。（　　　）

硫酸銅水溶液を入れた試験管に亜鉛片を，硫酸亜鉛水溶液を入れた試験管に銅片をそれぞれ入れると， X 水溶液に Y 片を入れたときに Y 片に色のついた物質が付着したので， Z の方がイオンになりやすいとわかる。

(ア)　X　硫酸銅　　Y　亜鉛　　Z　銅　　(イ)　X　硫酸銅　　Y　亜鉛　　Z　亜鉛

(ウ)　X　硫酸亜鉛　　Y　銅　　Z　銅　　(エ)　X　硫酸亜鉛　　Y　銅　　Z　亜鉛

7　次の文章は，雲のでき方についてまとめたものである。また，右の図は気温と飽和水蒸気量の関係を表したグラフである。これについて，下の問い(1)・(2)に答えよ。

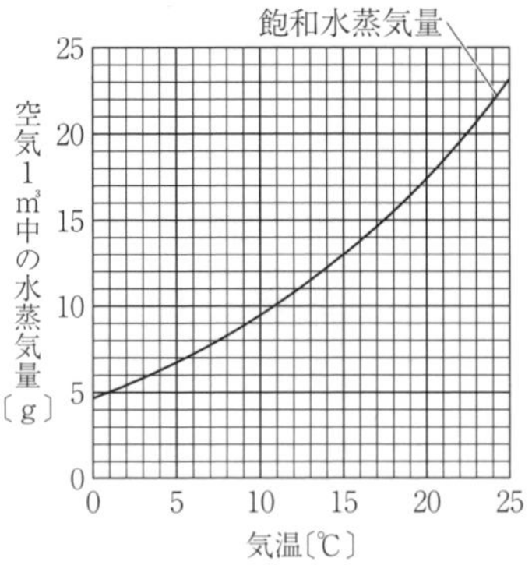

> 自然界において，雲は，①前線付近や，空気が山の斜面に沿って上昇したときなどにできやすい。空気が上昇すると，上空にいくほど空気のまわりの気圧が［ X ］なる。このため，空気が膨張して［ Y ］が下がり，ある高度で②露点に達する。さらに空気が上昇すると，空気中の水蒸気が細かい水滴や氷の粒となる。これが雲である。

(1)　下線部①前線付近に関して，寒冷前線付近で，強い上昇気流によって生じる，上方向に発達する雲として最も適当なものを，次のⅰ群(ア)～(エ)から１つ選べ。また，文章中の［ X ］・［ Y ］に入る表現として最も適当なものを，［ X ］は下のⅱ群(カ)・(キ)から，［ Y ］はⅲ群(サ)・(シ)からそれぞれ１つずつ選べ。ⅰ群(　　　)　ⅱ群(　　　)　ⅲ群(　　　)

ⅰ群　(ア)　巻積雲　　(イ)　高層雲　　(ウ)　積乱雲　　(エ)　乱層雲

ⅱ群　(カ)　高く　　(キ)　低く

ⅲ群　(サ)　温度　　(シ)　湿度

(2)　下線部②露点について，ある年の３月１日の14時における地点Ａの気温が15℃，湿度が40％であったとき，グラフから考えて，このときの地点Ａの露点として最も適当なものを，次のⅰ群(ア)～(エ)から１つ選べ。また，翌日の３月２日の14時における地点Ａの露点を調べたところ，前日の３月１日の14時における露点よりも高かった。露点が高くなった理由として最も適当なものを，下のⅱ群(カ)～(ケ)から１つ選べ。ⅰ群(　　　)　ⅱ群(　　　)

ⅰ群　(ア)　約１℃　　(イ)　約６℃　　(ウ)　約13℃　　(エ)　約18℃

ⅱ群　(カ)　気温が下がったため。　　(キ)　気温が上がったため。

(ク)　空気中の水蒸気量が減少したため。　　(ケ)　空気中の水蒸気量が増加したため。

[8] 次の会話は，優香さんと先生が，力と運動について交わしたものの一部である。これについて，下の問い(1)・(2)に答えよ。

優香　水平な床の上に置かれた重い荷物を，床に平行な向きに押したとき，荷物が重すぎて動かすことができませんでした。もし，床に摩擦がなければ，私は荷物を簡単に動かすことができたのでしょうか。

先生　床に摩擦がなければ荷物は簡単に動きそうですが，その場合，荷物と床の間だけでなく，人と床の間にも摩擦がないことになってしまいますね。

優香　なるほど。荷物と床の間に摩擦がなく，人と床の間にも摩擦がない場合，どのようなことが起こるのでしょうか。

先生　では，図のように，摩擦がない水平な床の上で，人が自分よりも重い荷物を，床に平行な向きに押す状況を想定しましょう。そして，荷物と人にはたらく力を，床に平行な方向と垂直な方向に分けて，荷物と人がそれぞれどう動くのか考えましょう。

優香　はい。床に平行な方向の力を考えると，荷物は人から力を受け，[A]ので，[B]ことになります。

先生　そうですね。では，床に垂直な方向の力はどのようになっているかわかりますか。

優香　はい。荷物にも人にも重力がはたらいていますが，重力と，床からの垂直抗力は[C]と考えられます。

先生　その通りです。

優香　ちなみに，動いている物体は，摩擦や空気の抵抗などの力がはたらいていなければ，[D]の法則が成り立つので，止まることなく動き続けるのですよね。

先生　そうですね。物体に力がはたらいていないときはもちろん，重力や摩擦力，空気の抵抗など，大きさや向きが異なる複数の力がはたらいていても，それらの力が[C]ときは，[D]の法則が成り立つので，動いている物体は等速直線運動を続けます。また，物体がそれまでの運動を続けようとする性質を[D]というのでしたね。

(1) 会話中の[A]・[B]に入る表現として最も適当なものを，[A]は次のⅰ群(ア)～(エ)から，[B]は下のⅱ群(カ)～(ク)からそれぞれ１つずつ選べ。ただし，荷物は変形しないものとする。

ⅰ群（　　　）　ⅱ群（　　　）

ⅰ群　(ア)　人は荷物から力を受けない
　(イ)　人は荷物が受けた力と反対向きで，同じ大きさの力を受ける
　(ウ)　人は荷物が受けた力と反対向きの力を受けるが，人が受ける力の方が大きい
　(エ)　人は荷物が受けた力と反対向きの力を受けるが，荷物が受ける力の方が大きい

ⅱ群　(カ)　荷物だけが動く　(キ)　人だけが動く　(ク)　荷物と人の両方が動く

(2) 会話中の[C]に共通して入る適当な表現を，**7字以内**で書け。また，[D]に共通して入る語句を，**漢字2字**で書け。C［　　　　　　　］　D［　　］

くうえで「ある種の勇気」を得ることができたのは、発達心理学の見解から考えると、個人史を語ることが、自己をゆるぎないものとし、他者との関わりのなかで自己の立ち位置を定め、[X]を自覚するきっかけになったからだと言えるね。

実沙　なるほど。それに、発達心理学の見解では、自己は、発達に伴いながら、[Y]であるということが本文からわかるね。そう考えると、個人史物語における個人にも同じようなことが言えるんだね。

潤一　そうだね。「私小説」は、[Z]ことによって生み出されたのだという筆者の主張にも納得がいくね。本文をよく理解できたし、スピーチについて考えようか。

㈠ 会話文中の[X]に入る最も適当な表現を、本文中から**十六字**で抜き出し、**初めと終わりの三字**を書け。 [　　　]～[　　　]

㈡ 会話文中の[Y]に入る最も適当な表現を、本文中から**十二字**で抜き出し、**初めと終わりの三字**を書け。 [　　　]～[　　　]

㈢ 会話文中の[Z]に入る最も適当な表現を、次の(ア)～(エ)から一つ選べ。（　　）

(ア) 突然の近代化で平静さを欠いた日本人が、自分を自明な存在として捉えるのではなく、物語の展開を介して自分という存在を確かなものにしようとした

(イ) 唐突な近代化に歓喜した日本人が、自分という存在を自明なものとして書くのではなく、物語の内容に応じて自分を確固たるものにしようとした

(ウ) いきなりの近代化に驚き慌てた日本人が、物語の展開を通して自分をつくっていくのではなく、自分という明白な存在を物語に書こうとした

(エ) 急速な近代化で落ち着きを失った日本人が、自分の存在を確固たるものとして語るのではなく、物語を書くなかで全く別の自分になれるようにした

㈣ スピーチをするときの一般的な注意点について説明した次の文章中の[A]～[C]に入る最も適当な表現を、[A]は後のⅠ群(ア)・(イ)から、[B]はⅡ群(カ)・(キ)から、[C]はⅢ群(サ)・(シ)からそれぞれ一つずつ選べ。Ⅰ（　　）Ⅱ（　　）Ⅲ（　　）

> スピーチは、[A]内容を決定し、[B]構成となるようにする。また、スピーチを発表する際は、[C]とよい。

Ⅰ群
(ア) 聞き手の関心よりも、具体的な体験や自分の関心を優先して
(イ) 自分だけの関心に頼らず、話の目的や聞き手の関心にも合わせて

Ⅱ群
(カ) 話の順序を工夫して、考えの根拠を提示してわかりやすい
(キ) 豊富な話題を取り入れ、専門的な語を多用した複雑な

Ⅲ群
(サ) 調子を変えずに、話す速さを一定にする
(シ) 早口で話さずに、間の取り方を工夫する

(イ) 自立語＋付属語＋自立語＋付属語＋自立語＋自立語
(ウ) 自立語＋付属語＋自立語＋付属語＋自立語＋自立語＋付属語
(エ) 自立語＋付属語＋自立語＋付属語＋付属語＋自立語＋自立語

(5) 本文からは次の一文が抜けている。この一文は本文中の〈1〉～〈4〉のどこに入るか、最も適当な箇所を示す番号を一つ選べ。（　　）

だからこそ、ものを書いて商売をするといった発想を度外視してまで、彼らは血のにじむ努力をしたのです。

(6) 本文中の e それの指す内容として最も適当なものを、次の(ア)～(エ)から一つ選べ。（　　）
(ア) 近代は科学の時代で、作家が自分の生の真実を「告白」する道がひらけたことにより、うそっぽい話が流行しなくなったこと。
(イ) 近代は科学の時代で、「私小説」が文学の常道となり、話は面白おかしく奇想天外でないといけないという考え方が広まったこと。
(ウ) 近代は科学の時代で、いかにも面白く奇抜な小説に人々が飽き、作家が自分の生の真実を「告白」することが文学の常道にまでなったこと。
(エ) 近代は科学の時代で、話は「リアル」でないといけないという風潮が高まり、作家が自分の生の真実を「告白」する道がひらけたこと。

(7) 本文中の f だけは助詞であるが、その種類として最も適当なものを、次のⅠ群(ア)～(エ)から一つ選べ。また、f だけと同じ種類の助詞が波線部（〰〰）に用いられているものはどれか、後のⅡ群(カ)～(ケ)から一つ選べ。Ⅰ（　　）Ⅱ（　　）

Ⅰ群　(ア) 格助詞　(イ) 副助詞　(ウ) 接続助詞　(エ) 終助詞
Ⅱ群　(カ) 目的地に着いたばかりだ。　(キ) 会えてうれしいよ。
(ク) メモをしつつ話を聞く。　(ケ) 今日は昨日より寒い。

(8) 本文中の g 性シツの片仮名の部分を漢字に直し、楷書で書け。（性　　　）

(9) 本文中の A ・ B に入る表現の組み合わせとして最も適当なものを、次の(ア)～(エ)から一つ選べ。（　　）
(ア) A 個人は個人　B 作家が作家
(イ) A 個人は社会　B 個人が個人
(ウ) A 作家は社会　B 社会が作家
(エ) A 社会は個人　B 作家が個人

(10) 本文における段落どうしの関係を説明した文として**適当でないもの**を、次の(ア)～(エ)から一つ選べ。（　　）
(ア) [2]・[3]段落では、[1]段落で提示した話題について、具体例を挙げて説明している。
(イ) [4]・[5]段落では、[2]・[3]段落で述べた内容を別の角度から捉え、主張を提示している。
(ウ) [6]段落では、[4]・[5]段落で示した内容を認めたうえで、論を発展させている。
(エ) [9]段落では、[7]・[8]段落で述べた内容に言及しつつ、それとは反対の立場で主張をまとめている。

(11) 実沙さんと潤一さんのクラスでは、本文を学習した後、本文に関連するスピーチをすることになった。次の会話文は、実沙さんと潤一さんが話し合ったものの一部である。これを読み、後の問い(一)～(四)に答えよ。

実沙　本文では、日本人が「私小説」という個人史物語を書くようになった経緯が述べられていたね。
潤一　そうだね。日本人が、近代という不安定な時代を生きていしょう。個人史を語るなど自己満足の*すさびにすぎないと思う人は、多いのではないでしょうか。ところが、実は、幼児からの心の発達を研究する発達心理学では、こうした個人史の語りがきわめて重視されています。個人史を語ることは、人格形成におおいに役立つというのです。〈4〉

8　たとえば、現代の発達心理学者のひとり、*キャサリン・ネルソンは、幼児が自己と他者の意識、そして時間の経過の意識に目覚めるには、自分に起こっている出来事を言葉で物語ることが大事であると言っています。自分に起こる出来事を言葉で物語るとは、まさに個人史を語ることにほかならず、個人史物語は自己を確立し、同時に自己を他者との関係で位置づけ、社会環境のなかでの自分というものに目覚める契機となるというのです。

9　ネルソンにかぎらず、発達心理学の世界では、自己というものを最初から存在しているものとは見ていません。むしろ成長とともに、次第に形成されていくものと見ているのです。そういう立場からすると、個人史物語とは、すでに存在する個人についての物語ではなく、それが語られることによって個人が形成されていくような物語、ということになります。なるほどそう考えると、日本の「私小説」なるものも、「私」という自明の存在についての語りではなく、むしろ「私」と呼ばれるものを物語の展開を通じてつくりあげていく語りである、と理解できるのです。いきなりの近代化で宙に舞い、気も*動顚《どうてん》していた日本人が、自分とは何かを求めるだけではなく、自分というものを確固たる存在として生み出そうとした結果として「私小説」を生み出した、というべきなのでしょう。

(大嶋《おおしま》　仁《ひとし》「メタファー思考は科学の母」より。一部省略がある)

注
＊すさび…娯楽。
＊キャサリン・ネルソン…アメリカの発達心理学者。
＊動顚…「動転」と同じ。

(1)　本文中の a 永遠 の熟語の構成を説明したものとして最も適当なものを、次のⅠ群(ア)～(エ)から一つ選べ。また、a 永遠 と同じ構成の熟語を、後のⅡ群(カ)～(ケ)から一つ選べ。Ⅰ（　　）Ⅱ（　　）

Ⅰ群　(ア)　上の漢字が下の漢字を修飾している。
(イ)　上の漢字と下の漢字の意味が対になっている。
(ウ)　上の漢字と下の漢字が似た意味を持っている。
(エ)　上の漢字と下の漢字が主語・述語の関係になっている。

Ⅱ群　(カ)　雷鳴　(キ)　速報　(ク)　利害　(ケ)　衣服

(2)　本文中の b 念頭に置いて の意味として最も適当なものを、次のⅠ群(ア)～(エ)から一つ選べ。また、本文中の h 追随した の意味として最も適当なものを、後のⅡ群(カ)～(ケ)から一つ選べ。Ⅰ（　　）Ⅱ（　　）

Ⅰ群　(ア)　最初から説明して　(イ)　常に意識して
(ウ)　断続的に準備して　(エ)　長時間調べて

Ⅱ群　(カ)　後からついて行った　(キ)　おのずと張り合った
(ク)　大いに感動した　(ケ)　たちまち夢中になった

(3)　本文中の c 特殊 の読みを平仮名で書け。（　　）

(4)　本文中の d 例にとればよくわかります を単語に分け、次の〈例〉にならって自立語と付属語に分類して示したものとして最も適当なものを、後の(ア)～(エ)から一つ選べ。（　　）

〈例〉　日は昇る　…　（答）　自立語＋付属語＋自立語

(ア)　自立語＋自立語＋付属語＋付属語＋自立語＋付属語

2　次の文章を読み、問い(1)～(11)に答えよ。(1～9は、各段落の番号を示したものである。)

1　これまで私は、古代から現代までのちがいも問題にせず、物語について論じてきました。言ってみれば、「a永遠の物語」をb念頭に置いてきたのです。しかし、ここからは、「近代」と呼ばれるc特殊な時代における物語の役割について話そうと思います。というのも、近代において社会のあり方が大きく変わり、それに応じて、新たな物語の形が求められるようになったからです。その新たな形とは、個人史という物語です。それまでの物語は、それをつくる人の個人的な歴史を直接に反映するものではありませんでしたが、近代になると、人は自分のことを語る必要が出てきたのです。

2　この変化は、日本文学をd例にとればよくわかります。日本の近代文学には、それ以前になかったタイプの物語、すなわち、作家自身の生を語る「私小説」というものが現れたのです。〈1〉今日でもこの種の小説が日本ではなかなかに盛んであり、それに応じる読者もかなりあります。では、いったいどうして、近代になるとそのような物語が生まれ、文学の常道にまでなってしまったのか。面白おかしく奇想天外な小説では、不十分だったのでしょうか。

3　ひとつには、近代は科学の時代で、うそっぽい話はもう流行《はや》らなくなったということがあります。話は「リアル」(＝現実的)でないといけない、そういう考え方が強くなったと思われます。そうなると、作家が自分の生の真実を正直に「告白」する道がひらけます。「私小説」隆盛の背景には、eそれがあったと思います。

4　しかし、それfだけではありません。思うに、近代という時代は人間社会の根本的な構造を変えてしまったのであり、それによって、文学のg性シツも変わらざるを得なかったのです。〈2〉日本に「私小説」のような個人史の物語が出てきたのも、そうした社会変化のせいだと思います。では、その変化とはどういうものであったか。

5　簡単に言えば、それまでの社会では誰しもが生まれた時からその社会における自身の地位を与えられており、それを当たり前のこととして受けとめ、自身の社会における位置づけなど考える必要がないほどに安定した構造を持っていたのですが、近代になって、そうした構造がくつがえされて、人々は社会の定める安定した地位を失い、そのかわりに自分で好きなように地位を獲得したらいいということになったのです。この変化によって、[A]から解放されて自由になったようでいて、自分で自分の人生を決めなくてはならなくなるという、今までにない苦労を背負うことになりました。[B]としての意識に目覚め、そこからすべてを考え直す必要が出て来たそのことが、個人史物語の発達をうながしたのだと思われます。

6　たしかに、個人史物語は、それを生み出す人にとって、個人として己を確立しようとするのに役立つでしょう。日本人の場合、最初はヨーロッパ文学における「告白」物語に目をひらかされ、それにh追随しただけだったかもしれませんが、自分もまた「告白」をしてみて、自分という存在がより鮮明になり、自他の区別が明確になり、近代という不安定このうえない時代を生きていくにあたってある種の勇気を得たのだろうと思われます。「私小説」が日本近代文学の常道となった、否《いな》、王道となったというのも、真剣に自己を掘り下げ、それを正直に言葉にしなくては自分というものを確立できないと作家たちが感じたからにほかならない。〈3〉

7　では、そうした個人史の物語を、文学者でない人はどう見ているで

(ウ)　馬に乗って神社の前を通った貫之の夢を見ている状態
(エ)　馬が倒れたことをとがめる神が禰宜に乗り移っている状態

(4)　次の(ア)～(エ)は本文中のできごとについて述べたものである。(ア)～(エ)を時間の経過にそって古いものから順に並べかえ、**記号**で書け。（　→　→　→　）
(ア)　貫之が和歌を詠んだ。
(イ)　倒れていた馬が生き返った。
(ウ)　貫之が鳥居を見つけた。
(エ)　蟻通の神が祭られていると貫之が知った。

(5)　次の会話文は、光太さんと奈月さんが本文を学習した後、本文について話し合ったものの一部である。これを読み、後の問い㊀・㊁に答えよ。

光太　本文から、神が貫之の無礼な行いを「 A 」と考えたのは、貫之が故意にその行いをしたのではないからだとわかるね。その後、貫之は和歌を詠んだけれど、その和歌はどのような内容だったかな。

奈月　本で調べたけれど、「雲が空を覆っている夜なので、蟻通の神がいるとはうかつにも思わなかった」というような内容だよ。「ありとほし」という語は掛詞《かけことば》の解釈がさまざまにできて、この和歌の「神ありとほし」は、「神蟻通」と「神有り遠し」の掛詞だそうだよ。「遠し」は、神がいると気づかなかった貫之のうかつさを表現しているんだね。

光太　なるほど。この和歌は、 B だよね。貫之には、掛詞という表現技法を用いて巧みに和歌を詠めるほど、和歌の実力があったんだね。

㊀　会話文中の A に入る最も適当な表現を、本文中から**十字**で抜き出して書け。

㊁　会話文中の B に入る最も適当な表現を、次の(ア)～(エ)から一つ選べ。（　）
(ア)　貫之が自らの行いに対する罰が何かを尋ねたので、卓越した和歌の力を示すことだと神が告げたところ、貫之が驚きためらいつつ詠んだもの
(イ)　貫之が和歌の達人として神に認めてもらおうとしたので、試しに和歌を詠むように神が告げたところ、貫之が即座に考えて詠んだもの
(ウ)　貫之が和歌を得意としていないと思っていた神が、あえて和歌を詠むことを求めたところ、貫之が神の予想に反して上手に詠んだもの
(エ)　貫之が和歌に熟達していることを知っていた神が、その腕前を見せることを求めたところ、貫之がすぐに行動を起こして詠んだもの

国語

時間　四〇分
満点　四〇点

（注）　字数制限がある場合は、句読点や符号なども一字に数えなさい。

1　次の文章は、「俊頼髄脳《としよりずいのう》」の一節である。注を参考にしてこれを読み、問い(1)～(5)に答えよ。

*貫之《つらゆき》が馬《むま》にのりて、*和泉《いづみ》の国におはしますなる、*蟻通《ありどほし》の*明神の御まへを、暗きに、*え知らで通りければ、馬 a にはかにたふれて死にけり。いかなる事にかと驚き思ひて、火のほかげに見れば、神の鳥居の見えければ、「いかなる神のおはしますぞ」と尋ねりければ、「これは、ありどほしの明神と申して、*物とがめいみじくせさせ給《たま》ふ神なり。もし、乗りながらや通り給へる」と人の言ひければ、「いかにも、くらさに、神おはしますとも知らで、過ぎ侍《はべ》りにけり。いかがすべき」と、社の*禰宜《ねぎ》を呼びて問へば、その禰宜、ただにはあらぬさまなり。「汝《なんぢ》、我が前を馬に乗りながら通る。*すべからくは、知らざれば許しつかはすべきなり。*しかはあれど、和歌の道をきはめたる人なり。その道をあらはして過ぎば、馬、*さだめて起《た》つことを得《え》むか。これ、明神の*御託宣なり」といへり。貫之、たちまち水を浴《あ》みて、この歌を詠《よ》みて、紙に書きて、御《み》社の柱におしつけて、拝入りて、*とばかりある程に、馬起きて身ぶるひをして、いななきて立てり。禰宜、「許し給ふ」とて、b 覚めにけりとぞ。

あま雲のたちかさなれる夜半《よは》なれば神ありとほし思ふべきかは

（「新編日本古典文学全集」より）

注　*貫之…紀貫之《きのつらゆき》。平安前期の歌人。

*和泉の国…現在の大阪府南部。

*蟻通…大阪府にある蟻通《ありとおし》神社。

*明神…神の敬称。

*え知らで…気づくことができずに。

*物とがめいみじくせさせ給ふ…とがめることをひどくしなさる。

*禰宜…神官。

*すべからくは…当然。

*しかはあれど…そうではあるが。

*さだめて…必ず。

*御託宣…お告げ。

*とばかりある程に…しばらくの間に。

(1)　本文中の a にはかにを、すべて**現代仮名遣い**に直して、**平仮名**で書け。また、次の(ア)～(エ)のうち、波線部（〰〰）が現代仮名遣いで書いた場合と同じ書き表し方であるものを一つ選べ。　（　　）

(ア)　ほのかにうち光りて　(イ)　晴れならずといふことぞなき

(ウ)　いづれの年よりか　(エ)　ひとへに風の前の塵《ちり》に同じ

(2)　本文中の二重傍線部（‖）で示されたもののうち、主語が一つだけ他と異なるものがある。その**異なるもの**を、次の(ア)～(エ)から選べ。　（　　）

(ア)　見れば　(イ)　問へば　(ウ)　いへり　(エ)　おしつけて

(3)　本文中の b 覚めにけりとぞとは、「覚めたということだ」という意味であるが、「禰宜」はどのような状態から覚めたのか、最も適当なものを、次の(ア)～(エ)から一つ選べ。（　　）

(ア)　貫之に神が乗り移っている夢を見ている状態

(イ)　託宣をする神が禰宜に乗り移っている状態

2023年度／解答

数　学

1 【解き方】(1) 与式 $= -36 + 4 \times \left(-\dfrac{3}{2}\right) = -36 + (-6) = -42$

(2) 与式 $= 4ab^2 \times \dfrac{1}{6a^2b} \times 3ab = 2b^2$

(3) 与式 $= 4\sqrt{3} - 3\sqrt{2} \times 2\sqrt{6} = 4\sqrt{3} - 6\sqrt{12} = 4\sqrt{3} - 12\sqrt{3} = -8\sqrt{3}$

(4) 与式を順に①，②とする。①×4－②×3より，$7x = 14$　よって，$x = 2$　$x = 2$ を①に代入して，$4 \times 2 + 3y = -7$ より，$3y = -15$　よって，$y = -5$

(5) 与式 $= xy(y - x)$　$xy = (\sqrt{5} + 3)(\sqrt{5} - 3) = 5 - 9 = -4$，$y - x = \sqrt{5} - 3 - (\sqrt{5} + 3) = -6$ だから，求める式の値は，$-4 \times (-6) = 24$

(6) $xy = 16$ だから，x 座標，y 座標は 16 の正の約数と負の約数になる。よって，$(x,\ y) = (-16,\ -1)$，$(-8,\ -2)$，$(-4,\ -4)$，$(-2,\ -8)$，$(-1,\ -16)$，$(1,\ 16)$，$(2,\ 8)$，$(4,\ 4)$，$(8,\ 2)$，$(16,\ 1)$ の10個。

(7) DE∥BCより，FG：BC＝AF：AB＝2：(2＋3)＝2：5だから，$\mathrm{FG} = \dfrac{2}{5}\mathrm{BC} = 4$ (cm)　AC∥DBより，FD：FG＝BF：AF＝3：2だから，$\mathrm{FD} = \dfrac{3}{2}\mathrm{FG} = 6$ (cm)　また，AB∥ECより，FG：EG＝AG：GC＝AF：FB＝2：3だから，$\mathrm{EG} = \dfrac{3}{2}\mathrm{FG} = 6$ (cm)　よって，DE＝FD＋FG＋EG＝6＋4＋6＝16 (cm)

(8) 3年生のクラスごとの最高記録について，回数の少ない順に並べると，24，28，28，31，33，35，39，40となる。これより，最小値は24回，最大値は40回となる。また，第1四分位数は，回数の少ない方から2番目と3番目の値の平均だから，$\dfrac{28 + 28}{2} = 28$ (回)　第2四分位数(中央値)は，回数の少ない方から4番目と5番目の値の平均だから，$\dfrac{31 + 33}{2} = 32$ (回)　第3四分位数は，回数の少ない方から6番目と7番目の値の平均だから，$\dfrac{35 + 39}{2} = 37$ (回)　よって，3年生の箱ひげ図をかき入れると前図のようになる。

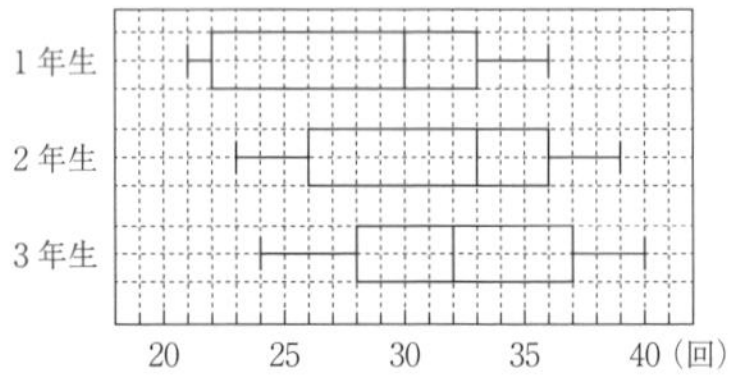

【答】(1) －42　(2) $2b^2$　(3) $-8\sqrt{3}$　(4) $x = 2$，$y = -5$　(5) 24　(6) 10 (個)　(7) 16 (cm)　(8) (前図)

2 【解き方】(1) 見取り図は右図のようになる。円柱と円錐に分けて考えると，$\pi \times 5^2 \times 3 + \dfrac{1}{3} \times \pi \times 4^2 \times 3 = 91\pi$ (cm^3)

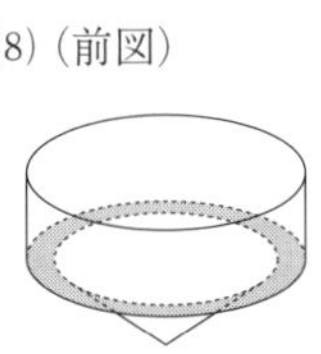

(2) 底面積は，上側が，$\pi \times 5^2 = 25\pi$ (cm^2)　下側は右図のかげをつけた部分の面積になるから，$\pi \times 5^2 - \pi \times 4^2 = 9\pi$ (cm^2)　側面積は，円柱と円錐に分けて考えると，円柱の側面を展開図に表すと，縦が3cm，横が，$2\pi \times 5 = 10\pi$ (cm)の長方形になるから，円柱の側面積は，$3 \times 10\pi = 30\pi$ (cm^2)　円錐の側面を展開図に表すと，母線を半径とするおうぎ形になる。底面の円の半径が4cm，高さが3cmだから，三平方の定理より，母線の長さは，$\sqrt{3^2 + 4^2} = 5$ (cm)　円錐の側面を展開図に表したときのおうぎ形の弧の長さは底面の円周の長さに等しいから，おうぎ形の中心角は，$360° \times \dfrac{2\pi \times 4}{2\pi \times 5} = 288°$　よって，円錐の側

面積は，$\pi \times 5^2 \times \frac{288}{360} = 20\pi\,(\mathrm{cm}^2)$　よって，立体Xの表面積は，$25\pi + 9\pi + 30\pi + 20\pi = 84\pi\,(\mathrm{cm}^2)$

【答】(1) $91\pi\,(\mathrm{cm}^3)$　(2) $84\pi\,(\mathrm{cm}^2)$

[3]【解き方】(1) カードの取り出し方は全部で，$3 \times 3 = 9$ (通り)　このうち，真人さんが勝つ場合は，(真人，有里) = (9，3)，(9，6)，(12，3)，(12，6)，(12，11) の5通り。よって，求める確率は $\frac{5}{9}$。

(2) カードの取り出し方は全部で，$4 \times 4 = 16$ (通り)　同じ数が書かれたカードはないから，真人さんが勝つ場合が8通りになるようにすればよい。袋Xに入っているカードは1，4，9，12。真人さんが1を取り出したときは有里さんがどのカードを取り出しても有里さんの勝ちとなる。真人さんが12を取り出したときは有里さんがどのカードを取り出しても真人さんが勝つので，真人さんが勝つ場合は4通り。真人さんが4か9のカードを取り出したときは，袋Yに入れたカードによって，真人さんが勝つ場合の数が変わる。まず，袋Yに初めから入っている3枚のカードで考えると，真人さんが4を取り出したとき，有里さんが3のカードを取り出すと，真人さんが勝ちになる。真人さんが9を取り出したとき，有里さんが3か6のカードを取り出すと真人さんが勝ちになる。これより，袋Yに入れるカードが5以上8以下のとき，真人さんが勝つ場合が8通りになる。よって，袋Yに追加したカードはイ，ウ，エのいずれかになる。

【答】(1) $\frac{5}{9}$　(2) イ，ウ，エ

[4]【解き方】(1) 点Pが頂点Dに到着するのと点Qが頂点Cを通るのは同時で，$6 \div 1 = 6$ (秒後)，点Qが頂点Bを通るのは，$6 \times 2 \div 1 = 12$ (秒後)，頂点Aを通るのは，$6 \times 3 \div 1 = 18$ (秒後) だから，x の範囲を $0 \leqq x \leqq 6$，$6 \leqq x \leqq 12$，$12 \leqq x \leqq 18$ に分けて考える。$x = 1$ のとき，△AQPは底辺が AP = 1 cm，高さが QD = 1 cm だから，$y = \frac{1}{2} \times 1 \times 1 = \frac{1}{2}$　また，$0 \leqq x \leqq 6$ のとき，点Qは辺DC上で，△AQPは底辺が x cm，高さが x cm だから，$y = \frac{1}{2} \times x \times x = \frac{1}{2}x^2$　$6 \leqq x \leqq 12$ のとき，点Qは辺CB上で，底辺が6 cm，高さが6 cm だから，$y = \frac{1}{2} \times 6 \times 6 = 18$　$12 \leqq x \leqq 18$ のとき，点Qは辺BA上で，底辺が6 cm，高さが $(18 - x)$ cm だから，$y = \frac{1}{2} \times 6 \times (18 - x) = -3x + 54$　よって，グラフは(ウ)になる。

(2) $0 < x \leqq 6$ のとき，△RQDは底辺が x cm，高さが3 cm だから，面積は，$\frac{1}{2} \times x \times 3 = \frac{3}{2}x\,(\mathrm{cm}^2)$　△RQD = △AQP だから，$\frac{3}{2}x = \frac{1}{2}x^2$ より，$x^2 - 3x = 0$　左辺を因数分解して，$x(x - 3) = 0$ より，$x = 0, 3$　$0 < x \leqq 6$ だから，$x = 3$　$6 \leqq x \leqq 12$ のとき，△RQDの底辺をRDとしたときの高さが最も高いのは点Qが頂点Cにいるときだが，そのときの面積は，$6 \times 6 \div 4 = 9\,(\mathrm{cm}^2)$ となり，△AQPよりも小さい。したがって，$6 \leqq x \leqq 12$ のとき，△RQDの面積が△AQPの面積と等しくなることはない。$12 \leqq x \leqq 18$ のとき，△RQDは右図のようになる。AQ = $(18 - x)$ cm，BQ = $(x - 12)$ cm だから，△RQD = △ABD − △AQD − △QBR = $\frac{1}{2} \times 6 \times 6 - \frac{1}{2} \times (18 - x) \times 6 - \frac{1}{2} \times (x - 12) \times 3 = \frac{3}{2}x - 18\,(\mathrm{cm}^2)$

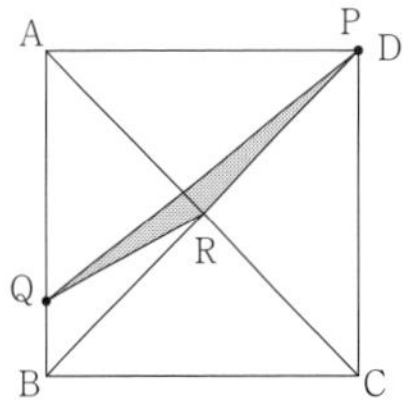

よって，$\frac{3}{2}x - 18 = -3x + 54$ より，$x = 16$　これは $12 \leqq x \leqq 18$ を満たす。

【答】(1) $\frac{1}{2}$，(ウ)　(2) 3，16

5【解き方】(1) BEは円の直径だから，∠BAE = 90°　よって，△ABEは30°，60°の直角三角形だから，BE = 2AE = 8 (cm)

(2) $\overset{\frown}{AD}$に対する円周角は45°，$\overset{\frown}{AE}$に対する円周角は30°だから，$\overset{\frown}{DE}$に対する円周角は，45° − 30° = 15°　よって，∠DAE = 15°だから，∠BAF = 90° − 15° = 75°　∠ABF = 30°だから，∠BFA = 180° −(75° + 30°) = 75°　よって，△ABFは，BA = BFの二等辺三角形。BA = $\sqrt{3}$AE = $4\sqrt{3}$ (cm)だから，BF = $4\sqrt{3}$cm　よって，EF = $8 - 4\sqrt{3}$ (cm)

(3) 右図で，△OBGと△EAFにおいて，BO = $\frac{1}{2}$BE = 4 (cm)より，BO = AE……①　$\overset{\frown}{DE}$に対する円周角より，∠OBG = ∠EAF……②　△OABは二等辺三角形だから，∠OAB = ∠OBA = 30°　よって，△OABの内角と外角の関係より，∠BOG = 30° + 30° = 60°……③　△ABEは30°，60°の直角三角形だから，∠AEF = 60°……④　③，④より，∠BOG = ∠AEF……⑤　①，②，⑤より，1組の辺とその両端の角がそれぞれ等しいので，△OBG ≡ △EAF　点AからBEに垂線AHを引くと，△AEHは30°，60°の直角三角形だから，AH = $\frac{\sqrt{3}}{2}$AE = $2\sqrt{3}$ (cm)　したがって，△OBG = △EAF = $\frac{1}{2} \times (8 - 4\sqrt{3}) \times 2\sqrt{3} = 8\sqrt{3} - 12$ (cm^2)

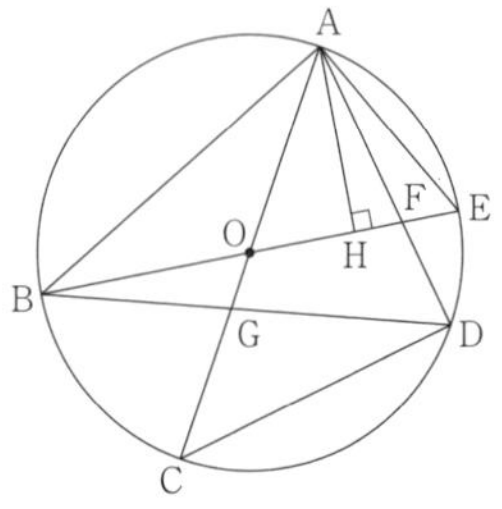

【答】(1) 8 (cm)　(2) $8 - 4\sqrt{3}$ (cm)　(3) $8\sqrt{3} - 12$ (cm^2)

6【解き方】(1) 5番目の図形では，タイルAは縦に5枚，横に5枚ずつ並ぶので，$5^2 = 25$ (枚)

(2) 12番目の図形について，縦に1列で並んだタイルBを右図のように線で囲んだものを1グループとすると，グループは，12 + 1 = 13 (グループ)ある。1グループの中にタイルが12枚あるから，縦に並んだタイルBは，12 × 13 = 156 (枚)　横に並んだタイルも同数あるので，タイルBの枚数は，156 × 2 = 312 (枚)

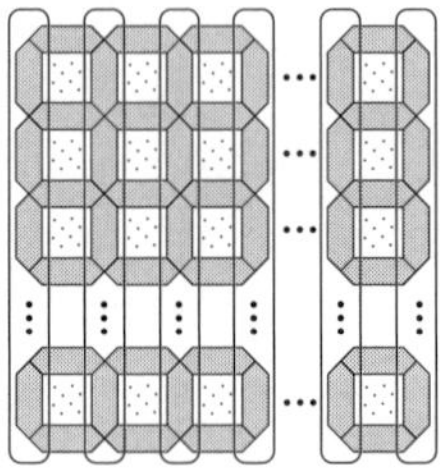

(3) (1)より，n番目の図形のタイルAの枚数はn^2枚。(2)より，n番目の図形のタイルBの枚数は，$n \times (n + 1) \times 2 = 2n^2 + 2n$ (枚)　これより，タイルBの枚数とタイルAの枚数の差は，$2n^2 + 2n - n^2 = 360$が成り立つ。移項して整理すると，$n^2 + 2n - 360 = 0$より，$(n + 20)(n - 18) = 0$　よって，$n = -20,\ 18$　nは自然数だから，$n = 18$

【答】(1) 25 (枚)　(2) 312 (枚)　(3) 18

英　語

1 【解き方】(1) 第2段落の4～7文目を見る。紀実子が祖父から受け取ったのは，紀実子が祖父に手伝ってもらって作った陶磁器のカップ。

(2) ② 文後半から時制が過去の文であることがわかる。come の過去形は came。⑤ 受動態〈be 動詞＋過去分詞〉の文。break の過去分詞は broken。

(3) (a) 第4段落の1文目を見る。陶磁器作品について学ぶため，紀実子は「図書館」に行った。(b) 第4段落の4文目を見る。紀実子は「最初の工程から」陶磁器作品を作りたいと思った。

(4) 紀実子が祖父と一緒に作った粘土は，何かの作品を作るのに使うためのものだった。直後に，紀実子は皿を作ろうと決心したと言っている。

(5)「お前にその木を私のところに持ってきてもらいたい」という意味の文。「A に～してもらいたい」= want A to ～。I want you to bring the wood となる。

(6)「紀実子が初めてカップを作ろうとしたとき，紀実子の祖父は何をしましたか？」という質問。第2段落の4・5文目を見る。紀実子は形をうまく作ることができなかったので，祖父が手伝ってくれた。

(7) (ア) 第3段落の最後から2文目を見る。紀実子は友人の質問に答えることができなかった。(イ) 第5段落の1・2文目を見る。土を手に入れるために山に行ったのは祖父と紀実子だけ。(ウ) 第5段落の7文目を見る。紀実子は皿を作ろうと決心してから粘土をこね始めた。(エ)「紀実子の粘土の皿が1週間乾かされたあと，彼女の祖父はそれを窯に入れてそこで焼いた」。第5段落の中ほどを見る。内容と一致する。

(8) (a) 本文の最終段落の1文目を見る。陶磁器作品についての本を読むまで，紀実子はカップの形の作り方しか知らなかった。「～の仕方」= the way to ～。(b) 本文の最終段落の3文目を見る。祖父の店での経験を通して多くのことを学び，陶磁器作品を作るための工程は大変だけれど楽しいことに紀実子は気づいた。「経験を通して」= through the experience。

【答】(1) (ウ)　(2) ② came　⑤ broken　(3) (a) a library　(b) (イ)　(4) (ア)　(5) (ウ)→(ア)→(オ)→(エ)→(イ)→(カ)　(6) (イ)
(7) (エ)　(8) (a) (エ)　(b) through the experience

◀全訳▶　私の祖父は陶芸家です。彼は粘土で陶磁器の作品を作っていて，私は彼の陶磁器作品が好きです。

ある日，彼の店に行ったとき，彼の陶磁器作品を見て，私は彼のように陶磁器作品を作りたいと思いました。彼は私に「カップを作ってみたいか？」と聞きました。私はそれを聞いてうれしく思いました。最初，私は粘土でカップを作ろうとしたのですが，自分一人でその形をうまく作ることができませんでした。彼が私を手伝ってくれたので，私はその形を作ることができました。その後，彼はそのカップを乾かして焼くと私に言いました。1か月後，彼は私のカップを家まで持ってきて，それを私にくれました。それを見たとき，私はうれしかったです。その後，私は何回か彼の店でカップを作りました。

友人の1人が私の家に来たとき，私は彼女に私のカップを見せました。彼女はそれらが素敵だと言い，「あなたはどこでそれらを作ったの？」と聞きました。私は「祖父が陶芸家をしていて，私は彼の店でそれらを作ったの」と答えました。彼女は「粘土でこれらの形を作るのは簡単だった？」と聞きました。私は「いいえ，難しかったわ」と答えました。彼女は「どれくらいの間それらを焼いたの？」と聞きました。私は「祖父が焼いてくれたからそのことはよくわからない」と答えました。その後，彼女は陶磁器作品についていくつかの質問をしたのですが，私はそれらに答えることができず，自分が陶磁器作品についてあまりよくわかっていないことに気づきました。私はそれらについて学ぶ必要があると思いました。

彼女が家に帰ったあと，私は陶磁器作品について学ぶため，図書館に行きました。私は日本の陶磁器作品の1種についての本を読みました。私はその陶磁器作品のために使われる粘土の作り方を学び，形を作ったあと，粘土が窯の中で20時間焼かれることも学びました。私はそれらのことを知らなかったので，最初の工程から陶磁器作品を作りたいと思いました。そこで，私はそれをするために，祖父の店を訪れようと決心し，電話でそのことを彼に伝えました。彼は私が暇なとき店に来るよう私に言いました。

数日後，私は彼の店に行きました。彼は土を手に入れるため私を山に連れていき，それから私たちは彼の店に戻りました。私たちは箱の中に土と水を入れ，それらをよく混ぜました。彼は「これを乾かすんだ。土を粘土に変えるのに数日必要だ」と言いました。それがどのように変化しているのかを見るため，私は毎日彼の店に行きました。数日後，彼は「粘土の準備ができたので，何か作るためにそれを使うことができるよ」と言いました。私は皿を作ろうと決心し，粘土をこね始めました。私はその形を作ろうとしましたが，自分一人でそれを作るのは困難でした。しかし，何度もそれを作ろうとして，ようやく私はそれを作りました。彼は「水分を取り出すために，お前の粘土の皿を乾かそう。今，私の窯でそれを焼くと，それは割れてしまうだろう」と言いました。1週間後，彼は私の粘土の皿を窯に入れ，「この窯でお前の粘土の皿を10日間焼くことにする。窯の中はとても高温になるのでこれは危険だ。お前の粘土の皿を焼くためにはたくさんの木が必要だから，お前にその木を私のところに持ってきてもらいたい」と言いました。私は何度も木を運びました。約10日後，彼は窯から私の皿を取り出しました。彼から皿を受け取ったとき，私はそれを見て，私が皿を作るためにしたことについて考えました。皿を作るのは簡単ではなかったけれど，自分自身の目で全ての工程を見ることができたので，私は楽しい時間を過ごしたと思いました。私はまた，祖父が素敵な陶磁器作品を作るために多くのことをしていて，彼の仕事が本当に素敵だと思いました。

陶磁器作品についての本を読んで皿を作る前は，私はカップの形の作り方しか知らず，ただそれらを作って楽しんでいただけでした。私は陶磁器作品についてあまりよく知りませんでした。しかし，祖父の店での経験を通して多くのことを学び，陶磁器作品を作るための工程は大変だけれど楽しいことに私は気づきました。そのことが学べて私はうれしく思いました。そのとき以来，私はそれらについてより多くのことを学んできており，今では，将来は私自身で素敵な陶磁器作品を作りたいと思っています。

2 **【解き方】**(1) ①は「それも買うことにする」，③は「あまりにも多くの本を選んでしまった」という意味。「～も」= too。「あまりにも多くの～」= too many ～。

(2) 直後にSeptemberが7番目の月であった理由をまみが説明していることから考える。

(3) 初めて読んだときから気に入っているこの本を，ジーナは学校の図書館で見つけたので，まみに買う必要はないと言っている。会話の中でジーナが読んだことがあると言っているのは「青い空」だけ。

(4) (ア) まみの最初のせりふを見る。まみがスミス先生に良い本を教えてくれるように頼んだのは，英語の本を読み始めたあと。(イ)「『青い空』の著者は日本で人気があり，まみと話す前からジーナはそのことを知っていた」。ジーナの3・4番目のせりふを見る。内容と一致する。(ウ) リストの中で「難しい単語がいくつかある」と書かれているのは「私たちの思い出」という本。(エ) リストの中の「白い海」のコメントを見る。「白い海」の中にある絵は著者によって「描かれた」もの。著者によって「撮られた」ものではない。

【答】(1) too　(2) (ア)　(3) (ウ)　(4) (イ)

◀全訳▶

ジーナ：まみ，何を見ているの？

まみ　：英語の本のリストを見ているのよ。昨日，英語のスミス先生がこれを私にくれたの。私は先月，英語の本を読み始めたのよ，そして彼女に良い本を教えてくれるよう頼んだの。リストにあるコメントは，それぞれの本についての彼女のコメントよ。明日買い物に行って，リストにある本の何冊かを買うつもりなの。

ジーナ：それを見てもいい？　ああ，あなたはこの本を読むべきだと思う。私は読んだことがないけれど，そのコメントを見て。あなたはアメリカに興味があるでしょう？　それを読めば，向こうにある多くの有名な場所について知ることができるわ。

まみ　：ああ，それはいいわね。それを買うことにする。

ジーナ：「青い空」はどう？　私は小さいころにそれを初めて読んで，とても面白かったわ。それも買った方がいいわよ。

まみ　：じゃあ，それも買うことにするわ。

ジーナ：その本の著者は日本の多くの人々に好かれているらしいわよ。コメントを見て。同じ著者が「白い海」を書いているわ。私はその著者が好きなので，いつかそれが読みたい。あなたは以前それを読んだことがある？

まみ　：いいえ，でもこの話は私たちの英語の教科書に載っている。私たちは授業でその物語を読む予定だから，それは買わないことにするわ。あのね，私は「私たちの思い出」が読みたいのだけれど，それは難しいと思うの。あなたは今までに，それを読んだことがある？

ジーナ：いいえ，でもそれが読みたいのであれば，あなたはそれを読むべきよ。もしその本が理解できなければ，私が手助けしてあげる。

まみ　：ありがとう。それも買うことにするわ。

ジーナ：この本はどう？　私は読んだことがないけれど，あなたは英語について多くのことが学べると思うわよ。

まみ　：以前読んだことがあるから，それは買わないわ。それは私たちに英単語に関する多くの興味深い事実を教えてくれていて，私は月の名前の起源について学んだわ。例えば，September は「7 番目の月」という意味なのよ。

ジーナ：待って。現在，September は 1 年の 9 番目の月よね？

まみ　：そう。あなたにその理由を伝えるため，その歴史について話をさせて。人々が暦を使い始めたとき，1 年には 10 か月しかなくて，1 年は 3 月に始まっていたの。そのとき，September は本当に 7 番目の月だったのよ。いくつかの説があるとその本には書いてあるけれど，その本はこの説を紹介しているの。

ジーナ：なるほど。

まみ　：ああ，私はあまりにも多くの本を選んでしまったようね。十分なお金がないと思う。

ジーナ：ええと，リストを見て。あなたはこの本を買う必要がないと思う。私たちの学校の図書館でそれを見つけたわ。初めてそれを読んだときから私はそれが気に入っているから，そこでそれを見つけたとき，私はうれしかったの。

まみ　：わかったわ。じゃあ，明日はそれを買わずに，来週図書館を訪れることにするわ。ありがとう。

リスト

書名	コメント
(ア)　リリー	リリーと呼ばれる少女がアメリカの多くの有名な場所を訪れます。著者によって撮られた写真とともに，あなたはそれらについて多くを学ぶことができます。
(イ)　私たちの思い出	1 人の少女が海外に行って AI について勉強します。この本には難しい単語がいくつかあります。
(ウ)　青い空	これは未来に行く少年の物語です。この本の著者は日本の多くの人々に好かれていて，「白い海」も書いています。
(エ)　過去	1 人の少年が過去に旅をして，英単語の起源について学びます。
(オ)　白い海	1 匹の小さな猫が海の中の街を訪れます。この本にはたくさんの絵があります。著者がそれらを描き，それらはあなたが状況を理解するのに役立つでしょう。

3 **【解き方】**(1) カナが喜んでいるのは，来月，友人のメアリーが日本に来るから。

(2) ナンシーは「先週，スペシャルチョコレートケーキを食べた」と言っており，「まだ食べたことのないものが食べたいので，今日はこのスペシャルケーキとコーヒーをいただくことにする」と言っている。

【答】(1) (ア)　(2) (エ)

◀全訳▶　(1)

A：こんにちは，カナ。何を読んでいるの？

B：こんにちは，ジェニー。メアリーからの手紙を読んでいるの。彼女は私の友人の 1 人なのよ。アメリカにいたときに彼女と出会ったの。来月，私に会うために彼女が日本に来る予定なので私はうれしいわ。

A：それはいいわね。私も彼女に会いたいわ。

B：いいわよ。そのことを彼女に伝えておくわ。

質問：カナはなぜ喜んでいるのですか？

(2)

A：ナンシー，今日はどのケーキを食べることにしますか？　今月，この店で私たちはスペシャルチョコレートケーキかスペシャルストロベリーケーキを選ぶことができます。

B：ええと，先週，私はスペシャルチョコレートケーキを食べました。それはおいしかったですよ。

A：それでは，私はスペシャルチョコレートケーキと紅茶をいただくことにします。

B：わかりました。私はまだ食べたことのないものが食べたいので，今日はこのスペシャルケーキとコーヒーをいただくことにします。

質問：今日，ナンシーはこの店で何を飲食するつもりですか？

4 **【解き方】**(1) エマが出場するバレーボールのトーナメントが行われるのは今月の 14 日。サキはその翌日に大切なサッカーの試合があると言っている。

(2) サキは「私の姉は，友人たちとバレーボールをするだけでなく，テレビでよくバレーボールの試合を見ている」と言っている。

【答】(1) (イ)　(2) (ウ)

◀全訳▶

エマ：こんにちは，サキ。あなたはバレーボールをするのが好き？

サキ：好きよ，エマ。どうして？

エマ：私は地元のバレーボールチームに入っていて，今月の 14 日に小さなトーナメントがあるの。でもメンバーの 1 人が来られないのよ。私たちのチームに加わってくれない？

サキ：残念だけれど無理だわ。その翌日に大切なサッカーの試合があるから，その日はサッカーの練習をしなければならないの。

エマ：そうなの。

サキ：あのね，私には姉がいるから，彼女に聞いてみるわ。彼女は高校生で，バレーボールをするのが好きなの。

エマ：ありがとう。あなたのお姉さんは学校のバレーボールチームに入っているの？

サキ：いいえ。でも中学生だったとき，彼女は学校のバレーボールチームに入っていたわ。

エマ：彼女は今もバレーボールをしているの？

サキ：ええ，彼女は週末に友人たちと一緒にときどきバレーボールをしているわ。彼女は友人たちと一緒によくバレーボールの試合をテレビで見たりもしているわ。

エマ：彼女は上手にバレーボールをするの？

サキ：上手よ。中学生だったとき，彼女は小さなトーナメントで最優秀選手に選ばれたの。

エマ：わあ，きっとあなたのお姉さんは大いに私たちのチームを助けてくれると思うわ。

質問(1) サキはいつ大切なサッカーの試合があるのですか？

質問(2) サキの姉について言えることは何ですか？

5 【解き方】(1) 雨が降り始めたのに傘を持っていないというケイトに対するせりふ。Here you are.＝「はい，どうぞ」。

(2)「私のためにそれを弾いてくれませんか？」というせりふに対する返答を選ぶ。No, actually I can't play it well.＝「いいえ，実は上手にそれを弾けないのです」。

【答】(1) (イ)　(2) (エ)

◀全訳▶　(1)

A：あら，まあ！　雨が降り始めました！

B：どうしたのですか，ケイト？

A：私は今日，傘を持っていません。

B：(はい，どうぞ。私はもう１つ持っています)。

(2)

A：サラ，ご両親から誕生日に何をもらったのですか？

B：彼らは私にギターと他にいくつかのものをくれました。とてもうれしかったです。

A：ギター？　すごいですね！　私のためにそれを弾いてくれませんか？

B：(いいえ，実は上手にそれを弾けないのです)。

社　会

1 【解き方】(1) 北緯 40 度の緯線は，ギリシャやイタリア南部，スペインなどを通る。

(2) 英語やドイツ語などのゲルマン系言語はヨーロッパの北西部，イタリア語やスペイン語などのラテン系言語はヨーロッパの南部で多く話されている。

(3) ベルサイユ条約は，第一次世界大戦の講和条約。山東省の権益は，日本がドイツから受けついだ。

(4) (ア)は 4 世紀末，(イ)は 16 世紀，(ウ)は 18 世紀，(エ)は 14 世紀以降のできごと。

(5) 飛鳥時代の後半には，中国の制度や文化を取り入れるため遣唐使が派遣されていた。明治時代の 1871 年には，条約改正交渉や欧米の制度・技術の調査を目的として，岩倉使節団が派遣された。

【答】(1) c，(ア)　(2) (ア)　(3) (ウ)　(4) (ア)→(エ)→(イ)→(ウ)，世界人権宣言　(5) (イ)

2 【解き方】(1) (写真 A) 広い道路や大きな建物は「県庁」の東の方角に位置する。「県庁」の西の方角には利根川，北の方角には公園があるが，写真 A では見られない。また，南の方角には，写真 A に見られる広い道路に囲まれた大きな建物はないことが地図からわかる。(写真 B) 写真より，川に 2 つ橋がかかっている様子が見られ，奥の橋には列車が見えることから撮影方向を判断するとよい。

(2) 実際の道のりは，(地図上の長さ)×(縮尺の分母)で求められることから，8 × 25000 = 200000cm より，2000m となる。(ア)の「JR 線以外の鉄道」は前橋駅の北東，(イ)の「田や畑」は上越線の西側や染谷川の近くに見られる。(ウ)は西の端に位置する三角点に標高 121.3m とある。

(3) 律は刑罰のきまり，令は政治のきまりのこと。口分田の面積に応じて稲をおさめる租や，労役のかわりに布をおさめる庸《よう》，土木工事などを行う労役の雑徭《ぞうよう》なども課されていた。

(4) (ⅰ群) 目盛りの金額が最も大きい(ウ)が「国の税収額」，(イ)が「国の社会保障費」にあたる。国の歳出では，社会保障費の占める割合が最も高い。(ⅱ群)「国の公共事業関係費」は，バブル経済の崩壊以降，金額が抑えられてきている。(カ)が「国の社会保障費」，(キ)が「国の税収額」にあたる。

(5) (ⅰ群) (ア)は新潟県，(イ)は福島県，(ウ)は長野県にあたる。(ⅱ群) (キ)は静岡県の登呂遺跡など，(ク)は福岡県の志賀島，(ケ)は埼玉県の稲荷山古墳における発見。

【答】(1) (写真 A) 東　(写真 B) (ウ)　(2) 2000 (m)，(エ)　(3) 律令，調　(4) (ⅰ群) (ア)　(ⅱ群) (ク)
(5) (ⅰ群) (エ)　(ⅱ群) (カ)

3 【解き方】(1) 平清盛は，娘の徳子を高倉天皇のきさきとし，徳子の産んだ子を安徳天皇に立てることで，その祖父として権力を強めた。

(2) 加賀国では約 100 年の間，自治が続いたのち，織田信長に平定された。東大寺は源平の争いの中で焼失し，鎌倉時代に新しい建築様式を取り入れて再建され，南大門に金剛力士像がおさめられた。

(3) (ア) 仙台市の 2000 年と 2020 年の人口の差は，8 万 9000 人 (109 万 7000 人－100 万 8000 人)。(イ) 人口密度は，(人口)÷(面積)で求められる。名古屋市のそれぞれの年の人口密度は，2000 年が約 6663 人/km^2，2020 年が約 7131 人/km^2 であり，2020 年の人口密度の方が高い。(オ) 人口の差が最も大きいのは福岡市だが，面積の差が最も大きいのは広島市。

(4) (ア)「政党」ではなく，内閣が正しい。(オ)「単独」ではなく，公明党との連立政権が正しい。2012 年の総選挙で自民党と公明党が再び与党となった。

(5) 団結権・団体交渉権と団体行動権を合わせて労働三権という。(ア)は太平洋戦争中，(ウ)は明治時代，(エ)は安土桃山時代以降の政策。

【答】(1) (オ)→(ケ)→(カ)→(サ)(または，(ク)→(ケ)→(イ)→(シ)・(ケ)→(イ)→(シ)→(ク))　(2) (ア)，とうだいじ　(3) (ウ)・(エ)
(4) (イ)・(ウ)・(エ)　(5) 団結(権)，(イ)

4 【解き方】(1) (ⅰ群) 円安は，外国通貨に対する円の価値が低くなること。(ⅱ群) 円安の場合，日本からの輸出品が外国では割安になるため，輸出量は増加する。(ⅲ群) 石油危機により，石油を使った製品が値上がりした。「デフレーション」は，物価が下がり続ける現象。（ⅳ群）高度経済成長期は，1955 年ごろ～1973 年の間。(タ)は第一次世界大戦中におきた好況。(チ)は 1980 年代後半～1991 年ごろに土地の価格や株価が異常に高くなった現象。(テ)は朝鮮戦争をきっかけとした好況。

(2) 江戸に出稼ぎに来ている農民を故郷の村へ帰らせ，農村の再建を図ることも行った。

(3)「アラビア半島」は，西アジアにある世界最大の半島で，東側にペルシャ湾が位置する。「マレー半島」は，東南アジアに位置するインドシナ半島から南にのびる半島。日本と中東地域を結ぶ航路では，マラッカ海峡（マレー半島とスマトラ島の間の海峡）の利用が最短ルートとなる。

(4) APEC は，アジア太平洋経済協力〔会議〕の略称。太平洋を取り囲む 21 か国・地域が参加している。

(5)（ⅰ群）裁判員制度は刑事裁判においてのみ採用されている。（ⅱ群）違憲審査を行う権限は裁判所が持つ。国会が制定した法律や内閣が出す政令などが憲法に違反していないかを審査し，違憲の場合はそれを無効とする権限。

【答】 (1)（ⅰ群）(イ)　（ⅱ群）(カ)　（ⅲ群）(サ)　（ⅳ群）(ツ)　(2) 天保（の改革）
(3)（右図）　(4)(ウ)　(5)（ⅰ群）(イ)　（ⅱ群）(サ)

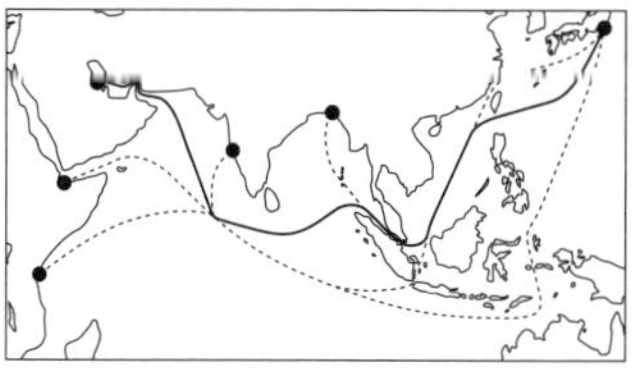

理　科

1 **【解き方】** (1) (ア)～(ウ)は，意識して起こす反応。

(2) X．3 回の測定結果の平均値は，1.69 (秒) + 1.47 (秒) + 1.52 (秒) = 4.68 (秒) より，$\dfrac{4.68\,(\text{秒})}{3} = 1.56\,(\text{秒})$ よって，1 人あたりの時間は，$\dfrac{1.56\,(\text{秒})}{6} = 0.26\,(\text{秒})$　Y．$\dfrac{1.5\,(\text{m})}{0.26\,(\text{s})} \fallingdotseq 5.8\,(\text{m/s})$

(3) 音は鼓膜でとらえられ，耳小骨を通してうずまき管に伝えられる。

【答】 (1) (エ)　(2) X．(ウ)　Y．5.8 (m/s)　(3) (ウ)，まっしょう (神経)

2 **【解き方】** (1) 気体 E が水に溶けることで，ペットボトル内の気圧が下がり大気圧によって押しつぶされる。水に溶けやすい気体を用いればよいので，水上置換法以外の方法で集めている気体を選ぶ。

(2) (ⅰ群) 水に溶けやすく空気より軽い気体は上方置換法で集めるので，空気の密度は気体 D の密度よりも大きい。水に溶けやすく空気より重い気体は下方置換法で集めるので，空気の密度は気体 A の密度よりも小さい。(ⅱ群) 二酸化窒素は水に溶けやすく，空気より密度が大きいので，下方置換法で集める。

【答】 (1) A・D　(2) (ⅰ群) (イ)　(ⅱ群) (カ)

3 **【解き方】** (1) (ア) 砂岩の粒は，流水によって運ばれる途中で角がけずりとられるので，角が丸いものが多い。(イ) 斑れい岩やせん緑岩は火成岩。(ウ) 石灰岩にうすい塩酸をかけると，二酸化炭素が発生する。(エ) れき岩は粒の大きさが 2 mm 以上。

(3) サンヨウチュウとフズリナは古生代，デスモスチルスは新生代の示準化石。

【答】 (1) (ウ)　(2) (凝灰岩) (ア)　(石灰岩) (ウ)　(3) (ア)

4 **【解き方】** (1) 100V で使用したときに電気器具に流れる電流を求める。LED 電球は，$\dfrac{8\,(\text{W})}{100\,(\text{V})} = 0.08\,(\text{A})$ 白熱電球は，$\dfrac{60\,(\text{W})}{100\,(\text{V})} = 0.6\,(\text{A})$　パソコンは，$\dfrac{80\,(\text{W})}{100\,(\text{V})} = 0.8\,(\text{A})$　テレビは，$\dfrac{200\,(\text{W})}{100\,(\text{V})} = 2\,(\text{A})$　電子レンジは，$\dfrac{600\,(\text{W})}{100\,(\text{V})} = 6\,(\text{A})$　電気ポットは，$\dfrac{800\,(\text{W})}{100\,(\text{V})} = 8\,(\text{A})$　トースターは，$\dfrac{1000\,(\text{W})}{100\,(\text{V})} = 10\,(\text{A})$ よって，16A になる組み合わせは，6 (A) + 10 (A) = 16 (A)

(2) 1 J は 1 W の電力を 1 秒間使用したときに消費される電力量なので，8 (W) × (1 × 60 × 60) (s) = 28800 (J) より，28.8kJ。電球を交換後，50 時間使用して削減できる電力量は，テレビを x 時間使用したときの電力量に等しいとすると，(60 − 8) (W) × (50 × 60 × 60) (s) = 200 (W) × (x × 60 × 60) (s)　これを解いて，x = 13 (時間)

(3) 消費される電力が大きいほど豆電球は明るい。消費される電力は，Ⅱ図の豆電球に比べて，A は電流，電圧が $\dfrac{1}{2}$ になるので，電力は $\dfrac{1}{4}$ になる。D と E は電流，電圧が 2 倍になるので，電力は 4 倍になる。B・C・F は電流，電圧がⅡ図の豆電球に等しい。

【答】 (1) (オ)　(2) 28.8 (kJ)　13 (時間)　(3) B・C・F

5 **【解き方】** (1) 根の先端をうすい塩酸にひたして細胞壁どうしを離れやすくする。プレパラートをつくるときに親指で押しつぶすと，細胞が重なり合わないようになる。

(2) (イ) 根の先端付近では，細胞分裂がさかんに行われるので，染色体が見られる。(ウ) 細胞が 2 つに分かれる前に，それぞれの染色体が 2 つに割れる。2 倍になった染色体はそれぞれ 2 つの新しい細胞に入るので，分裂の前後で染色体の数は変わらない。(エ) 根の細胞の大きさは，先端に近い部分と比べて，根もとに近い部分の方が大きいものが多い。

【答】 (1) (イ)　(2) (エ)

6 【解き方】(1) 5.0mL = 5.0cm^3 より，5 %硫酸亜鉛水溶液 5.0mL の質量は，5.0 (cm^3) × 1.04 (g/cm^3) = 5.2 (g)　このうち，水の質量は，5.2 (g) × $\frac{100-5}{100}$ ≒ 4.9 (g)

(2) 硫酸亜鉛は水溶液中で，Zn^{2+} と $SO_4{}^{2-}$ に分かれている。マグネシウム片の表面のマグネシウム原子は電子を放出して Mg^{2+} になり，溶けて溶液中に出ていく。Zn^{2+} は電子と結びついて亜鉛原子になり，マグネシウム片に付着する。

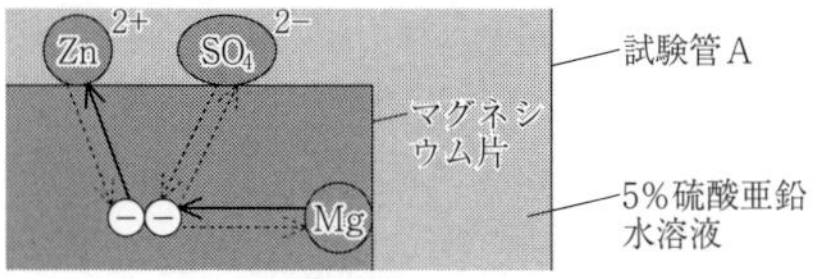

(3) 硫酸銅は水溶液中で，Cu^{2+} と $SO_4{}^{2-}$ に分かれている。亜鉛片を入れると，亜鉛原子は電子を放出して Zn^{2+} になり，Cu^{2+} は電子と結びついて銅原子になる。銅よりもイオンになりやすい亜鉛が溶けている水溶液に銅片を入れても変化は見られない。

【答】(1) 4.9 (g)　(2) (前図)　(3) (イ)

7 【解き方】(1) 上空にいくほどその高さに相当する分だけ大気の重さがへるので，気圧は低くなる。

(2) グラフより，気温 15 ℃の飽和水蒸気量は 13g/m^3 なので，湿度 40 %の水蒸気量は，13 (g/m^3) × $\frac{40}{100}$ = 5.2 (g/m^3)　グラフより，露点は水蒸気量 5.2g/m^3 が飽和水蒸気量になる気温を読みとって約 1 ℃。露点では，飽和水蒸気量とその空気に含まれている水蒸気量は等しい。

【答】(1) (ⅰ群) (ウ)　(ⅱ群) (キ)　(ⅲ群) (サ)　(2) (ⅰ群) (ア)　(ⅱ群) (ケ)

8 【解き方】(1) 押したら同じ力で押し返され，床に摩擦がないので両方が動く。

【答】(1) (ⅰ群) (イ)　(ⅱ群) (ク)　(2) C. つり合っている（同意可）　D. 慣性

国　語

1 【解き方】(1) 語頭以外の「は・ひ・ふ・へ・ほ」は「わ・い・う・え・お」にする。(ア)の「ほ」は語頭にあるので同じ書き表し方。また,「づ」は「ず」にする。

(2) 乗っていた馬が急死したので驚いて火の明かりで周りを見た,神社の禰宜に質問した,歌を詠んで柱に押しつけたというのは,いずれも貫之の行為。「汝,我が前を…御託宣なり」と言ったのは,貫之に呼ばれてやってきた禰宜。

(3) 貫之に呼ばれた禰宜は,はじめ「ただにはあらぬさま」で「汝,我が前を…起つことを得むか」という,神が貫之に語りかけているかのような話し方をしている。そして最後に「これ,明神の御託宣なり」と言っており,この言葉は,神が禰宜の口を借りて語ったものであることを示している。

(4) 貫之が暗がりの中で馬に乗ったまま神社の前を通ったところ,馬が死んでしまった。「火のほかげに見れば,神の鳥居」が見えたので,どんな神がいらっしゃるのかと人に尋ねたところ,「これは,ありどほしの明神と申して…神なり」という答えを得た。そこで禰宜を呼び,どうしたらよいか尋ねると,禰宜に乗り移った神から「和歌の道をきはめたる人なり…さだめて起つことを得むか」と,貫之を許す代わりとして和歌を詠むように求められた。そこで貫之は「この歌を詠みて…御社の柱におしつけて」参拝した。すると「馬起きて身ぶるひをして,いななきて立てり」となった。

(5) ㊀「貫之の無礼な行い」に対する神の考えは,禰宜によって語られた「汝,我が前を…起つことを得むか」というもの。その中の「故意にその行いをしたのではないから」ということを表す,「知らざれば」に着目する。
㊁ 蟻通の明神は,貫之を許すとした上で「和歌の道をきはめたる人なり。その道をあらはして過ぎば」と,許す代わりに貫之に和歌を詠むよう求めている。それに対して貫之は「たちまち水を浴みて,この歌を詠みて」と,即座に対応している。そうして詠んだ歌が,その場の状況にふさわしく,しかも「ありとほし」という掛詞も上手に使ったものであるところに,貫之が存分に和歌の「道をあらはし」ていることが表れている。

【答】(1) にわかに・(ア)　(2) (ウ)　(3) (イ)　(4) (ウ)→(エ)→(ア)→(イ)　(5) ㊀ 許しつかはすべきなり　㊁ (エ)

◀口語訳▶　紀貫之が馬に乗って,和泉国にいらっしゃるという,蟻通の明神の御前を,暗いので,(神様がいらっしゃる場所だとは)気づくことができずに通ったところ,馬が突然倒れて死んでしまった。どうしたことかと驚き思って,火の明かりで見ると,神社の鳥居が見えたので,「どのような神様がいらっしゃるのか」と尋ねたところ,「これは,蟻通の明神とお呼び申し上げる神様で,とがめることをひどくしなさる神様です。もしや,馬に乗ったままで通り過ぎなさいましたか」と人が言ったので,「そのとおり,暗いので,神様がいらっしゃるとも知らずに,通り過ぎてしまいました。どうしたらよいでしょうか」と,神社の神官を呼んで尋ねると,その神官は,普通ではない様子である。「お前は,わたしの前を馬に乗ったままで通った。当然,知らなかったのだから許してやるのがよい。そうではあるが,(お前は)和歌の道に熟達している人である。その腕前を見せてから通り過ぎれば,馬は,必ず生き返って立ち上がることができるだろう。これが,明神のお告げである」と言った。貫之は,すぐさま水を浴びて(身を清めて),この歌を詠んで,紙に書きつけて,神社のおやしろの柱に押しつけて,参拝して,しばらくの間に,馬が生き返ってみぶるいをして,いなないて立ち上がった。神官は,「お許しになられた」と言って,覚めたということだ。

雲が空を覆っている夜なので,蟻通の神がいるとはうかつにも思わなかった

2 【解き方】(1) 他は,(ア)と(キ),(イ)と(ク),(エ)と(カ)がそれぞれ対応する。

(4)「例/に/とれ/ば/よく/わかり/ます」と分けられる。単語は,意味をもつ最小の単位の語にくぎったときのそれぞれのこと。自立語は単語だけで意味を伝えることができ,付属語は自立語と組み合わせることでさまざまな意味を付け加える働きがある。

(5) 抜けている一文は「ものを書いて商売をする」ことに関わりのある「彼ら」について書かれている。ものを書くことを商売にしているのは「作家」なので,作家について書かれているところを探す。また,抜けている

一文では「ものを書いて商売をするといった発想を度外視して」「血のにじむ努力をした」とあり，作家が，商売以上に大事な目的のために書いたことを暗示しているので，書くことに関する切実な理由が説明されているところを探す。

(6)「『私小説』隆盛の背景」となることがらのひとつとして，「近代は科学の時代で…そういう考え方が強くなった」ことを挙げている。

(7)「だけ」「ばかり」は，動作や様子の程度などを限定する働きがある副助詞。(キ)の「よ」は終助詞，(ク)の「つつ」は接続助詞，(ケ)の「より」は格助詞。

(9) A では，「この変化によって」に続くので，「変化」の内容をとらえる。「それまでの社会では…社会における自身の地位を与えられて」いたが，「近代になって，そうした構造がくつがえされ」たとあり，人々が社会の定める安定した地位を得られなくなったことをおさえる。B では，「自分で自分の人生を決めなくてはならなくなる」ときの，人々の「意識」を考える。

(10) [1]段落では「近代において社会のあり方が大きく変わり…新たな物語の形が求められるようになった」と述べ，[2]段落では，その例として日本の近代文学における「私小説」を例に挙げている。[3]段落は，[2]段落に述べた「私小説」の隆盛の背景を述べている。続く[4]・[5]段落では，前の段落で指摘したのとは別の理由として「社会変化」を挙げ，これが「個人史物語の発達をうながした」と主張している。[6]段落では，前の段落に述べたことを「たしかに」で受け，作家にとっての「私小説」の意義に論を発展させ，[7]から[9]段落では「文学者でない人」に視点を転じ，発達心理学の知見を交えながら論をより一般化して展開している。

(11) ㈠「発達心理学の見解」について書かれている[8]・[9]段落に着目して，「個人史を語ることが…自覚するきっかけになった」に近い内容を探すと，「個人史物語は自己を確立し…目覚める契機となる」と述べている。㈡「発達心理学の見解」について書かれている[8]・[9]段落に着目して，「自己は，発達に伴いながら…」に近い内容を探すと，「自己というものを…成長とともに」と述べている。㈢ 日本文学における「私小説」の隆盛の理由として，ひとつには，科学の時代となって，作家が自分の生の真実を正直に告白する道がひらけたことを指摘している。しかし，それに加えて，近代が「人間社会の根本的な構造を変えてしまった」ために，人々が，「個人として己を確立」する必要に迫られたことを，より重要な理由として挙げている。特に日本人の事情については[6]段落で「日本人の場合…勇気を得たのだろう」と具体的に説明している。こうした経緯をふまえて，日本の「私小説」に対する筆者の主張は，[9]段落で，「いきなりの近代化で宙に舞い，気も動顛していた日本人が…生み出そうとした」と述べている。㈣ スピーチは比較的短い時間で，多くの人に聞いてもらうために話すもの。そのため，話題はその場の聞き手の関心をふまえて選び，話す順序や内容をよく整理し，聞き取りやすい話し方で話すといった工夫を必要とする。

【答】 (1) Ⅰ．(ウ)　Ⅱ．(ケ)　(2) Ⅰ．(イ)　Ⅱ．(カ)　(3) とくしゅ　(4) (ウ)　(5) 3　(6) (エ)　(7) Ⅰ．(イ)　Ⅱ．(カ)
(8) (性)質　(9) (イ)　(10) (エ)　(11) ㈠ 社会環～うもの　㈡ 次第に～くもの　㈢ (ア)　㈣ Ⅰ．(イ)　Ⅱ．(カ)　Ⅲ．(シ)

~MEMO~

京都府公立高等学校
(中期選抜)

2022年度
入学試験問題

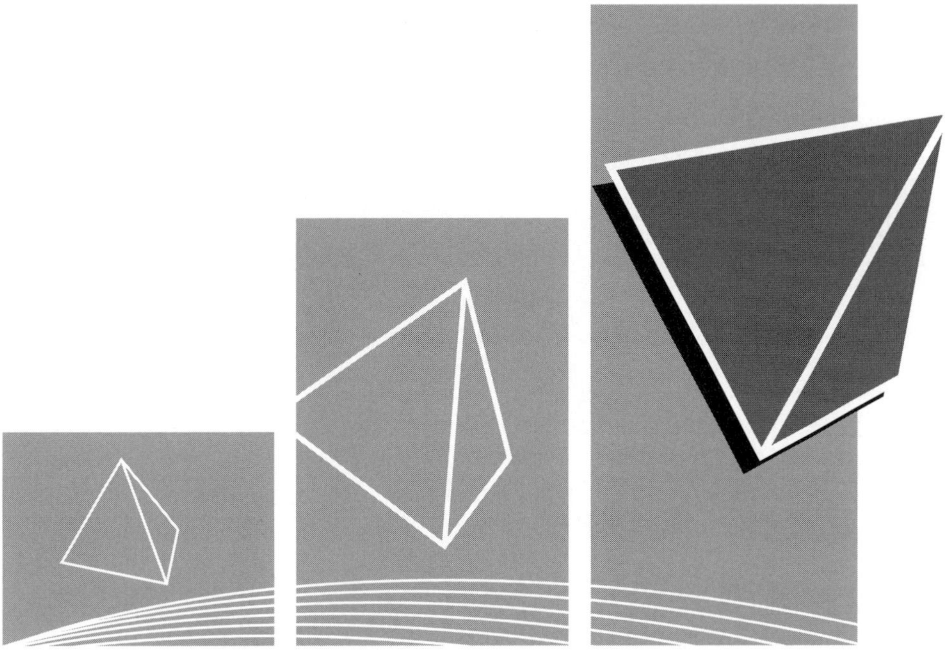

数学

時間　40分　　　　満点　40点

(注)　円周率はπとしなさい。

答えの分数が約分できるときは，約分しなさい。

答えが$\sqrt{\ }$を含む数になるときは，$\sqrt{\ }$の中を最も小さい正の整数にしなさい。

答えの分母が$\sqrt{\ }$を含む数になるときは，分母を有理化しなさい。

1　次の問い(1)～(8)に答えよ。

(1)　$-3^2-6\times5$を計算せよ。(　　　)

(2)　$\dfrac{8a+9}{4}-\dfrac{6a+4}{3}$を計算せよ。(　　　)

(3)　$(\sqrt{2}+\sqrt{5})^2$を計算せよ。(　　　)

(4)　方程式$0.16x-0.08=0.4$を解け。(　　　)

(5)　次の連立方程式を解け。(　　　　)

$$\begin{cases}7x-3y=11\\3x-2y=-1\end{cases}$$

(6)　関数$y=\dfrac{1}{4}x^2$について，xの変域が$a\leqq x\leqq3$のときのyの変域が$b\leqq y\leqq9$である。このとき，a，bの値をそれぞれ求めよ。$a=$(　　　)　$b=$(　　　)

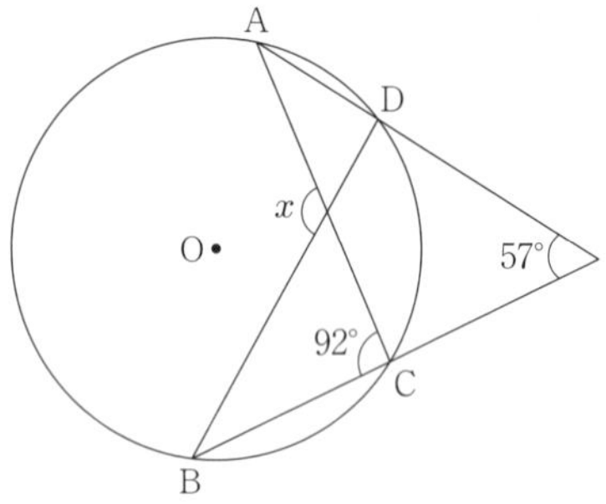

(7)　右の図で，4点A，B，C，Dは円Oの周上にある。このとき，$\angle x$の大きさを求めよ。(　　　)

(8)　箱の中に同じ大きさの白玉だけがたくさん入っている。この箱の中に，同じ大きさの黒玉を50個入れてよくかき混ぜた後，この箱の中から40個の玉を無作為に抽出すると，その中に黒玉が3個含まれていた。この結果から，はじめにこの箱の中に入っていた白玉の個数はおよそ何個と考えられるか。一の位を四捨五入して答えよ。(およそ　　　個)

2　1から6までの目があるさいころを2回投げ，1回目に出た目の数をa，2回目に出た目の数をbとする。

このとき，次の問い(1)・(2)に答えよ。ただし，さいころの1から6までの目の出方は，同様に確からしいものとする。

(1)　$\dfrac{a}{b}=2$となる確率を求めよ。(　　　)

(2)　$\dfrac{a}{b}$の値が循環小数になる確率を求めよ。(　　　)

③　右の図のように，三角柱 ABC—DEF があり，AB = 8 cm，BC = 4 cm，AC = AD，∠ABC = 90° である。

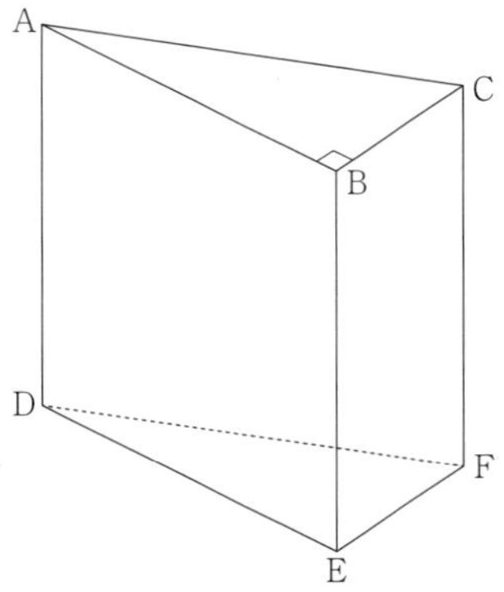

このとき，次の問い(1)・(2)に答えよ。

(1)　次の文は，点 B と平面 ADFC との距離について述べたものである。文中の □ に当てはまるものを，下の(ア)～(オ)から 1 つ選べ。(　　　)

> □ を G とするとき，線分 BG の長さが，点 B と平面 ADFC との距離である。

(ア)　辺 AC の中点　(イ)　辺 CF の中点　(ウ)　線分 AF と線分 CD との交点
(エ)　∠CBE の二等分線と辺 CF との交点　(オ)　点 B から辺 AC にひいた垂線と辺 AC との交点

(2)　2 点 H，I をそれぞれ辺 AC，DF 上に CH = DI = $\frac{9}{2}$ cm となるようにとるとき，四角錐《すい》 BCHDI の体積を求めよ。(　　　　cm^3)

④　右の I 図のように，池のまわりに 1 周 1800m の円形のジョギングコースがあり，このジョギングコース上に地点 A がある。ひなたさんは，午前 9 時ちょうどに地点 A を出発し，このジョギングコースを，一定の速さで同じ向きに 2 周歩いて，午前 9 時 48 分ちょうどに地点 A に着いた。また，大輝さんは，ひなたさんと同時に地点 A を出発し，このジョギングコースを，一定の速さでひなたさんと同じ向きに 1 周走って，地点 A に着いたところで 18 分間休憩した。休憩後，再び地点 A を出発し，1 周目と同じ一定の速さで，1 周目と同じ向きにもう 1 周走って，午前 9 時 36 分ちょうどに地点 A に着いた。

I 図

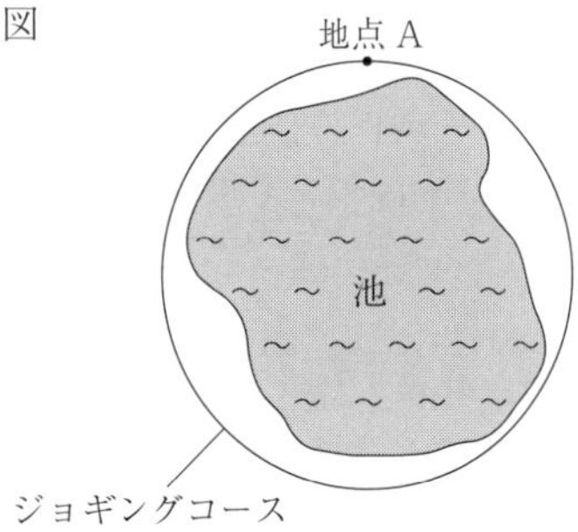

右の II 図は，午前 9 時から午前 9 時 48 分における，ひなたさんが午前 9 時に地点 A を出発してからの時間と，ひなたさんが午前 9 時に地点 A を出発してから進んだ道のりとの関係をグラフに表したものである。

II 図

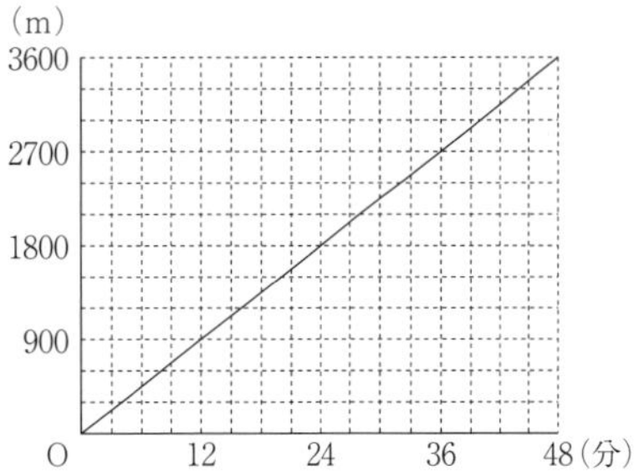

このとき，次の問い(1)～(3)に答えよ。

(1)　午前9時から午前9時36分における，大輝さんが午前9時に地点Aを出発してからの時間と，大輝さんが午前9時に地点Aを出発してから進んだ道のりとの関係を表すグラフを右の図にかけ。

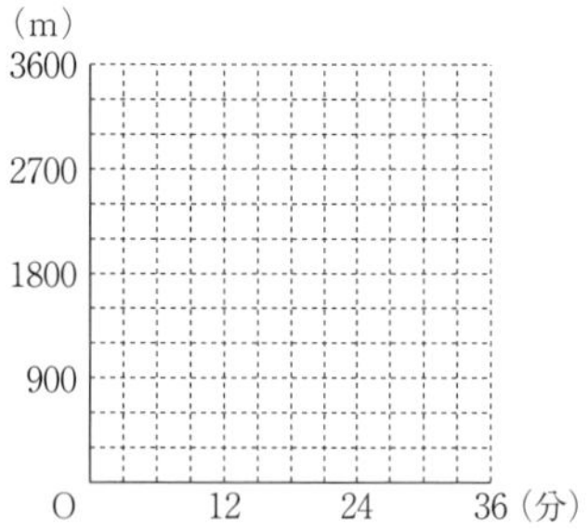

(2)　大輝さんが，休憩後，ひなたさんに追いついたのは午前9時何分何秒か求めよ。ただし，分，秒いずれも0以上59以下の整数で答えること。(午前9時　　分　　秒)

(3)　京平さんは，午前9時29分ちょうどに地点Aを出発し，このジョギングコースを，一定の速さでひなたさんと反対向きに1周走って，午前9時41分ちょうどに地点Aに着いた。このとき，京平さんが，大輝さんとすれ違ってから，ひなたさんとすれ違うまでに進んだ道のりを求めよ。(　　　m)

5　右の図のように，△ABCがあり，AB = 9cm，BC = 7cmである。∠ABCの二等分線と∠ACBの二等分線との交点をDとする。また，点Dを通り辺BCに平行な直線と2辺AB，ACとの交点をそれぞれE，Fとすると，BE = 3cmであった。

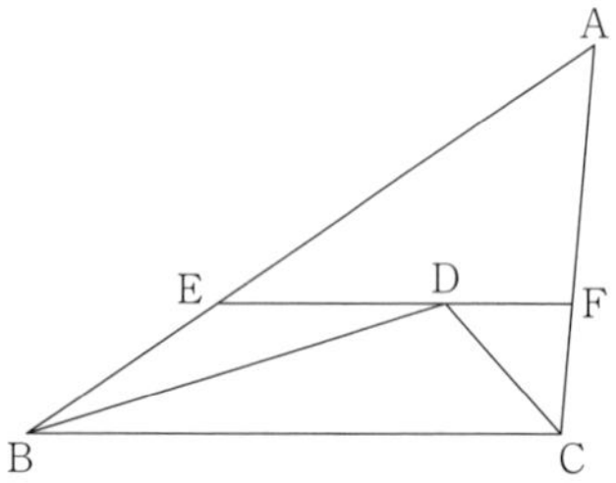

このとき，次の問い(1)〜(3)に答えよ。

(1)　線分EFの長さを求めよ。(　　　cm)

(2)　線分AFの長さを求めよ。(　　　cm)

(3)　△CFDと△ABCの面積の比を最も簡単な整数の比で表せ。(　　　)

6　同じ大きさの正三角形の板がたくさんある。これらの板を，重ならないようにすき間なくしきつめて，大きな正三角形を作り，上の段から順に1段目，2段目，3段目，…とする。右の図のように，1段目の正三角形の板には1を書き，2段目の正三角形の板には，左端の板から順に2，3，4を書く。3段目の正三角形の板には，左端の板から順に5，6，7，8，9を書く。4段目以降の正三角形の板にも同じように，連続する自然数を書いていく。たとえば，4段目の左端の正三角形の板に書かれている数は10であり，4段目の右端の正三角形の板に書かれている数は16である。

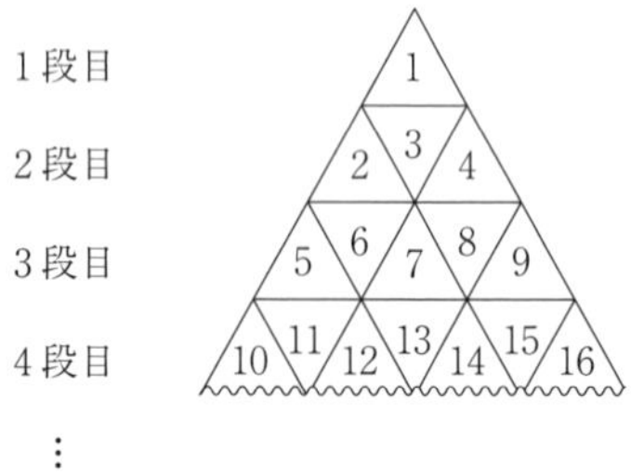

このとき，次の問い(1)・(2)に答えよ。

(1)　7段目の左端の正三角形の板に書かれている数と7段目の右端の正三角形の板に書かれている数をそれぞれ求めよ。

7段目の左端の正三角形の板に書かれている数(　　　)

7段目の右端の正三角形の板に書かれている数(　　　)

(2)　n段目の左端の正三角形の板に書かれている数とn段目の右端の正三角形の板に書かれている数の和が1986であった。このとき，nの値を求めよ。(　　　)

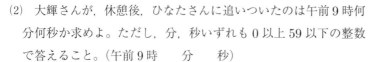

英語

時間　40分　　　満点　40点

（編集部注）放送問題の放送原稿は英語の末尾に掲載しています。
音声の再生についてはもくじをご覧ください。

（注）問題3・4・5（リスニング）は，問題1・2の終了後に配布されます。
語数制限がある場合は，短縮形（I'm など）と数字（100 や 2022 など）は 1 語として数え，符号（, / . / ? / ! / “” など）は語数に含めないものとします。

1　次の英文は，高校生の涼真（Ryoma）が英語の授業で書いた作文である。これを読んで，問い(1)～(8)に答えよ。

I have ①(meet) many people in my life, and there is a person who I will never forget among them. He was one of my classmates. He came to our school when I was a junior high school student.

One morning, our teacher said to us, “We will have a new student from a foreign country next week. He will come to our school because his family will stay in this town. He will spend two months here.” ②[(ア) hear / (イ) that / (ウ) to / (エ) were / (オ) we / (カ) surprised]. I talked about the new student with my friends after school. One of my friends asked me, “What language does he speak?” I said to him, “English? Japanese? I'm not sure, but I can't wait to see the new student.”

The day came. He came into our classroom and we welcomed him. His name was *Mauro. He introduced himself in English. He spoke English slowly for us and we could understand what he said. After that, he introduced himself in Japanese, too. His Japanese was not *fluent, but he tried hard to speak Japanese, and I liked ③that way of introducing himself. So, I thought I could *get along with him.

He sat next to me in the classroom. He studied very hard in every class in Japanese. I asked him, “Do you sometimes feel studying in Japanese is hard?” He smiled and said to me, “No, I don't. Every class is interesting.” I understood how hard he studied, so I respected him. When he had a Japanese word he couldn't understand, he always asked people around him ④a question. Also, he often tried to speak Japanese with us, and his Japanese became better.

One day, every student made a speech in our English class. The topic was “What is the most important in your life?” Each speaker went to the front of the classroom. We made our speeches when our *turns came. Finally, my turn came after many speakers made their speeches. I started ⑤my speech. “I think friends are the most important in my life. I have three reasons. First, they *cheer me up when I am sad. Second, they help me solve problems that I have. Third, it is important for me to talk with them every day because we can share our opinions with each other.” I was so nervous during my speech, but I *did my best.

Soon, Mauro’s turn came and it was the last speech in our class. He went to the front and ⑥ (begin) his speech. He said, “Education is the most important in my life. In my country, some children can’t study though they want to study. I think education can give us many things. For example, if we get new *knowledge through education, we can have wide *views and many ways of thinking, and we can solve our problems with the knowledge. And we can get many *skills and have a lot of *choices for our jobs in the future. So, we can *expand our *possibilities in the future.” After I listened to his speech, I understood why he studied so hard in every class even in Japanese. I thought everyone in the world had a chance to get education, but that was wrong. After I got home, I talked about his speech with my mother. I said, “For the first time, I thought how important education is. *From now on, I will study harder. Education can help us make our future better.” I *took it for granted that I got education but I understood it was special and necessary for my future.

Two months *passed and the last day at our school came for him. He had to go back to his country the next day. We were so sad and told him how we were feeling. I said to him, “Thank you for the good time. I will never forget your speech in the English class. Next time, I want to see you in your country.” He said to us, “Thank you for your words. I had a good time in Japan. It is my treasure.”

Now I study hard in every class, and I am trying to do my best in my school life and enjoy it because he taught us an important thing. I think education has the power to expand our possibilities for our future.

(注)　Mauro　マウロ（男性の名）　fluent　流ちょうな　get along with ～　～と仲良くやっていく
turn　順番　cheer ～ up　～を元気づける　do my best　最善を尽くす
knowledge　知識　view　見方　skill　技術　choice　選択　expand ～　～を広げる
possibility　可能性　from now on　今後は
take it for granted that ～　～ということを当然のことと思う　pass　(時が)過ぎる

(1)　下線部① (meet)・⑥ (begin)を，文意から考えて，それぞれ正しい形にかえて**1**語で書け。
①(　　　)　⑥(　　　)

(2)　下線部②の［　　］内の(ア)～(カ)を，文意が通じるように正しく並べかえ，記号で書け。ただし，文頭に来る語も小文字で示されている。(　　)→(　　)→(　　)→(　　)→(　　)→(　　)

(3)　下線部③が指す内容として最も適当なものを，次の(ア)～(エ)から1つ選べ。(　　　)

(ア)　マウロが，つたなくても英語で自己紹介をしたこと。

(イ)　マウロが，自己紹介を日本語でした後に英語でもしたこと。

(ウ)　マウロが，日本語で流ちょうに自己紹介をしたこと。

(エ)　マウロが，日本語で懸命に自己紹介をしたこと。

(4)　下線部④は具体的にはどのような発言と考えられるか，次の(ア)～(エ)のうち最も適当なものを，1つ選べ。(　　　)

(ア) "Can you tell me what this Japanese word means?"

(イ) "Do you want to know what this word means in English?"

(ウ) "Are there many people learning English in your country?"

(エ) "How often do you speak Japanese in your house?"

(5) 次の英文は，下線部⑤に関して説明したものである。これを読んで，下の問い(a)・(b)に答えよ。

> Ryoma made a speech in his English class. The topic was "What is the most important in your life?" He felt [i] when he was making his speech, but he tried hard. He told his classmates that friends are the most important, and as one of the reasons, he told it is important for him to talk with his friends every day because [ii].

(a) 本文の内容から考えて，[i] に入る最も適当な語を，本文中から１語で抜き出して書け。

（　　　）

(b) 本文の内容から考えて，[ii] に入る表現として最も適当なものを，次の(ア)～(エ)から１つ選べ。（　　　）

(ア) he can give them his ideas and also get theirs

(イ) they cheer him up when he is sad

(ウ) he enjoys talking with them

(エ) they help him solve a problem

(6) 本文の内容から考えて，次の〈質問〉に対して下の〈答え〉が成り立つように，[　　] に入る最も適当なものを，下の(ア)～(エ)から１つ選べ。（　　　）

〈質問〉 What did Mauro tell his classmates on his last day at Ryoma's school?

〈答え〉 He told them that [　　] after saying "Thank you."

(ア) he had to go back to his country soon

(イ) he remembered Ryoma's speech in the English class

(ウ) his days in Japan were his treasure

(エ) his dream was to see his friends in Japan next time

(7) 本文の内容と一致する英文として最も適当なものを，次の(ア)～(エ)から１つ選べ。（　　　）

(ア) Ryoma heard from his teacher that Mauro was going to stay in Japan for a month.

(イ) Ryoma didn't know what language Mauro spoke before seeing him.

(ウ) Ryoma didn't think Mauro studied hard in some classes in Japanese.

(エ) Ryoma was the last student to make a speech in his English class.

(8) 次の英文は，この作文を読んだ高校生の裕次郎（Yujiro）と留学生のミラ（Mira）が交わしている会話の一部である。これを読んで，後の問い(a)・(b)に答えよ。

> Yujiro： Let's talk about the things Ryoma learned from Mauro's speech.
>
> Mira　： OK. He thought [i] before listening to it, but he understood that was not true.

Yujiro： You are right. Also, Mauro said in his speech that we can get many things through education.

Mira　： Yes, and Ryoma thought how important education was after listening to Mauro's speech.

Yujiro： I see. Ryoma realized we can [ii] through education, and he has been studying hard after he listened to the speech.

Mira　： Yes. I'll also try to do my best in my school life and enjoy it.

(a) 本文の内容から考えて，[i]に入る表現として最も適当なものを，次の(ア)～(エ)から１つ選べ。(　　　)

(ア) he could share it with his family

(イ) everyone in the world could understand each other

(ウ) he could not get along with Mauro

(エ) everyone in the world could get education

(b) 本文の内容から考えて，[ii]に入る表現として最も適当な部分を，本文中から４語で抜き出して書け。(　　　　　　　　　　)

2　次の英文は，高校生のまゆ（Mayu）と留学生のローザ（Rosa）が交わしている会話である。寺院に関する，後の特集記事（feature article）を参考にして英文を読み，以下の問い(1)〜(4)に答えよ。

Mayu：Hi, Rosa. Emma, one of my friends in Australia, will come to Japan next month. Emma and I will spend one day together. I want to take her to some temples in our city. You and I visited some temples in our city together this summer vacation, so tell me which temples we should visit.

Rosa：OK. Well, I think you should visit Ume Temple. I enjoyed the beautiful *garden at the temple and the *wind bell event very much. We drew a picture on a wind bell for each other at the event.

Mayu：I like the picture of the dolphin you drew for me. I often look at it.

Rosa：I also like the wind bell you gave me. I like the picture of the cat.

Mayu：Emma likes drawing pictures, so we will visit the temple and enjoy the event. How about Yuzu Temple?

Rosa：I enjoyed the beautiful pond there and took many pictures of it. I sent them to my sister in my country and she liked the temple, too. She always says she will visit the temple if she has a chance to visit this city. This feature article in this magazine says the same thing.

Mayu：Yes. I also liked the pond, so we will visit this temple, too.

Rosa：How about Hasu Temple? The large tree at the temple was nice. And the *sakura-flavored ice cream we ate at the famous shop near the temple was good.

Mayu：This feature article says the name of the ice cream shop. I want to eat the ice cream again, but we have to walk a lot from the station to the temple. If we visit this temple, we will get very tired. We also won't have much time to visit another temple. I want to take Emma to other temples.

Rosa：I see. Well, I liked the temple we visited with your mother by car, too. The temple isn't in this feature article, but we enjoyed the night *view of this city from the temple. I'll never forget. We also drank Japanese tea at the famous tea shop near the temple. It was so good.

Mayu：That is Fuji Temple. My parents can't come with us on that day and it takes a lot of time to go there by train or by bus. Emma wants to visit two or three temples on that day, so we should not go there.

Rosa：Wait, this feature article says that the wind bell event will end this month. How about this temple? You can enjoy a *fan event near this temple. You can buy a fan with a picture of your favorite animal on it.

Mayu：[ ], so we will visit the temple and won't visit Ume Temple.

Rosa：I hope you will have a good day.

特集記事（feature article）

Name of Temple	Information
Yuzu Temple	You should see [i] at this temple. You should not miss it.
Hasu Temple	There is a famous [ii] shop called Kokoro near this temple. You should visit the shop.
Ume Temple	You can enjoy a wind bell event at this temple. You can draw pictures on a wind bell. The event will end in September.
Kiku Temple	You can enjoy a fan event at a shop near this temple. The staff at the shop will draw a picture of your favorite animal on a fan for you.

（注） garden　庭園　　wind bell　風鈴　　sakura-flavored　さくら風味の　　view　景色

fan　扇子

(1) 本文中の[　　]に入る表現として最も適当なものを，次の(ア)～(エ)から１つ選べ。(　　　)

(ア) I think the wind bell event is more interesting

(イ) That will be a nice memory for Emma

(ウ) You should tell me your favorite animal now

(エ) Emma likes visiting Japanese temples

(2) 本文の内容から考えて，特集記事（feature article）中の[i]・[ii]に入るものの組み合わせとして最も適当なものを，次の(ア)～(エ)から１つ選べ。(　　　)

(ア) i　the large tree　ii　ice cream　(イ) i　the large tree　ii　tea

(ウ) i　the beautiful pond　ii　ice cream　(エ) i　the beautiful pond　ii　tea

(3) 本文と特集記事（feature article）の内容から考えて，まゆがエマと一緒に訪れることにした寺院として適当なものを，次の(ア)～(オ)からすべて選べ。(　　　)

(ア) Yuzu Temple　(イ) Hasu Temple　(ウ) Ume Temple　(エ) Kiku Temple

(オ) Fuji Temple

(4) 本文と特集記事（feature article）の内容と一致する英文として最も適当なものを，次の(ア)～(エ)から１つ選べ。(　　　)

(ア) Emma will come to Japan in November and Mayu will take her to some temples in Mayu's city.

(イ) Mayu drew a picture of a dolphin on the wind bell for Rosa when they visited Ume Temple.

(ウ) Because of the pictures Rosa took at Yuzu Temple, her sister wants to visit the temple in the future.

(エ) People who visit the shop near Kiku Temple can enjoy drawing pictures on a fan at the event.

【リスニングの問題について】 放送中にメモをとってもよい。

3 それぞれの質問に対する答えとして最も適当なものを，次の(ア)～(エ)から１つずつ選べ。

(1)(　　　)　(2)(　　　)

(1) (ア) She visited her grandfather and made a cake.

(イ) She played tennis with her friends.

(ウ) She watched TV at home.

(エ) She did her homework.

(2) (ア) Daisuke.　(イ) Shota.　(ウ) Kumi.　(エ) Lisa.

4 それぞれの質問に対する答えとして最も適当なものを，次の(ア)～(エ)から１つずつ選べ。

(1)(　　　)　(2)(　　　)

(1) (ア) 学校　(イ) レストラン　(ウ) エマの家　(エ) スーパーマーケット

(2) (ア) アンの誕生日の前日に，ジェーンがプレゼントを買うことができなかったから。

(イ) アンの誕生日の前日に，アンが病気で病院に行くから。

(ウ) アンの誕生日に，ジェーンに他の用事が入ったから。

(エ) アンの誕生日に，エマがおじとおばに会う予定が入ったから。

5 それぞれの会話のチャイムのところに入る表現として最も適当なものを，下の(ア)～(エ)から１つずつ選べ。(1)(　　　)　(2)(　　　)

（例題）　A： Hi, I'm Hana.

B： Hi, I'm Jane.

A： Nice to meet you.

B： 〈チャイム音〉

(ア) I'm Yamada Hana.　(イ) Nice to meet you, too.　(ウ) Hello, Jane.

(エ) Goodbye, everyone.

（解答例） (イ)

(1) (ア) I'll watch movies tonight.

(イ) Here you are.

(ウ) Sorry, but I don't need a watch.

(エ) I like it but it's a little expensive.

(2) (ア) You're so lucky.　(イ) You're welcome.　(ウ) I think so, too.

(エ) That's a good idea.

〈放送原稿〉

2022年度京都府公立高等学校中期選抜入学試験英語リスニングの問題を始めます。

これから，問題[3]・[4]・[5]を放送によって行います。問題用紙を見なさい。

それでは，問題[3]の説明をします。

問題[3]は(1)・(2)の2つがあります。それぞれ短い会話を放送します。次に，Questionと言ってから英語で質問をします。それぞれの質問に対する答えは，問題用紙に書いてあります。最も適当なものを，(ア)・(イ)・(ウ)・(エ)から1つずつ選びなさい。会話と質問は2回放送します。

それでは，問題[3]を始めます。

(1)　A：　Hi, Ami. What did you do last weekend?

B：　On Saturday, I visited my grandfather and made a cake with him. On Sunday, I watched TV at home. I had a nice weekend. How about you, Mana?

A：　I played tennis with my friends on Saturday and did my homework on Sunday.

B：　You had a good weekend, too!

Question：What did Mana do last Saturday?

もう一度放送します。〈会話・質問〉

(2)　A：　Hi, Lisa. Do you have any brothers or sisters?

B：　Yes, I do. Look at this picture. There are four people in the picture. These boys are my brothers, Daisuke and Shota. This girl is my sister, Kumi, and this is me. Daisuke is the oldest of the four. I am younger than Shota.

A：　I see. Are you older than Kumi?

B：　Yes, I am.

Question：Who is the youngest in the picture?

もう一度放送します。〈会話・質問〉

これで，問題[3]を終わります。

次に，問題[4]の説明をします。

これから，エマの母親とジェーンの会話を放送します。つづいて，英語で2つの質問をします。それぞれの質問に対する答えは，問題用紙に日本語で書いてあります。最も適当なものを(ア)・(イ)・(ウ)・(エ)から1つずつ選びなさい。会話と質問は2回放送します。

それでは，問題[4]を始めます。

Mother：　Hello?

Jane　：　Hello. This is Jane. May I speak to Emma?

Mother：　Hi, Jane. Sorry. She is in a supermarket now because I told her to buy food for dinner. Do you want to talk to her about the birthday party for your school friend tomorrow?

Jane　：　Yes, I have an important message about the party. Can you give it to her, please?

Mother：　Sure. What is it?

Jane　：　Emma and I had a plan for a birthday party for Ann in a restaurant tomorrow because tomorrow is her birthday. We have already bought the presents for her. But Ann is sick and will go to a hospital soon today. So, it is difficult for us to have the party tomorrow. We have to change the date. I think next Sunday is the best. I'm free on that day, but I want to ask Emma what she thinks.

Mother：　OK. I'll tell her that. Oh! I remember my family has another plan for next Sunday. Her uncle and aunt will come to our house on that day.

Jane　：　I see.

Mother：　I'll tell her to call you again when she comes home.

Jane　：　Thank you.

Question (1)：Where is Emma now?

Question (2)：Why do Jane and Emma have to change the date for Ann's birthday party?

もう一度放送します。〈会話・質問〉

これで，問題[4]を終わります。

次に，問題[5]の説明をします。

問題[5]は(1)・(2)の2つがあります。それぞれ短い会話を放送します。それぞれの会話の，最後の応答の部分にあたるところで，次のチャイムを鳴らします。〈チャイム音〉このチャイムのところに入る表現は，問題用紙に書いてあります。最も適当なものを，(ア)・(イ)・(ウ)・(エ)から1つずつ選びなさい。

問題用紙の例題を見なさい。例題をやってみましょう。

（例題）　A：　Hi, I'm Hana.

B：　Hi, I'm Jane.

A：　Nice to meet you.

B：　〈チャイム音〉

正しい答えは(イ)の Nice to meet you, too.となります。ただし，これから行う問題の会話の部分は印刷されていません。

それでは，問題[5]を始めます。会話は2回放送します。

(1)　A：　Hello, welcome to our shop. What are you looking for?

B：　I'm looking for a watch. There are many nice ones here.

A：　How about this watch? This is very popular.

B：　〈チャイム音〉

もう一度放送します。〈会話〉

(2)　A：　Hi, Tomomi. I have something to tell you.

B：　You look so happy, Keiko. Tell me what happened.

A：　I saw my favorite singer at Minato Station a few hours ago.

B：　〈チャイム音〉

もう一度放送します。〈会話〉

これで，リスニングの問題を終わります。

社会

時間　40分　　　　　満点　40点

（注）　字数制限がある場合は，句読点や符号なども１字に数えなさい。

1　恵《めぐみ》さんは，世界遺産についてさまざまなことを調べた。次の資料Ｉは，最初の世界遺産として1978年に登録された自然や文化財がある国々を，世界地図の一部に恵さんが灰色で塗って示したものである。これを見て，あとの問い(1)～(5)に答えよ。

資料Ｉ

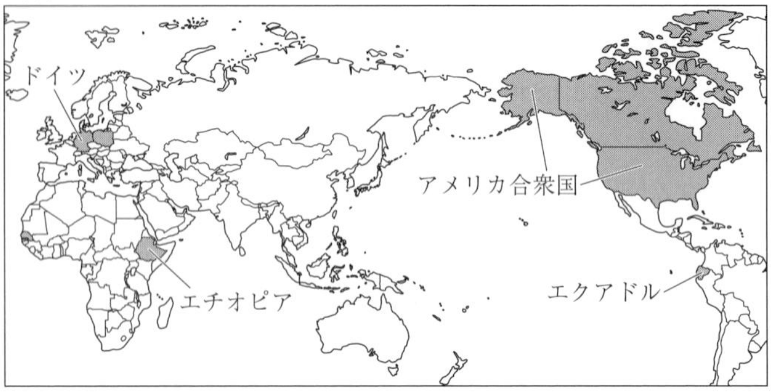

(1)　恵さんは，資料Ｉ中のアメリカ合衆国における最初の世界遺産の一つが，広大な自然が見られるイエローストーン国立公園であることを知り，アメリカ合衆国の自然について調べた。アメリカ合衆国の自然について述べた文として最も適当なものを，次の(ア)～(エ)から１つ選べ。また，アメリカ合衆国は，地球環境問題の解決に向けた協定に2021年に復帰した。すべての参加国が温室効果ガスの削減目標を定め，その目標を達成するために努力していくことを義務づけたこの協定を何協定というか，**カタカナ２字**で書け。（　　　）　□□協定

(ア)　ライン川が流れている。　(イ)　チベット高原が広がっている。

(ウ)　ミシシッピ川が流れている。　(エ)　パンパと呼ばれる草原が広がっている。

(2)　恵さんは，資料Ｉ中のエクアドルにおける最初の世界遺産の一つが，19世紀にエクアドルが領有を宣言したガラパゴス諸島であることを知り，19世紀の世界について調べた。19世紀に世界で起こったできごととして最も適当なものを，次のｉ群(ア)～(エ)から１つ選べ。また，エクアドルではバナナの生産が盛んである。右の資料Ⅱは，2016年におけるバナナの輸出量が世界で上位５位までの国の，バナナの生産量と輸出量を，世界合計とともに示したものである。資料Ⅱから読み取れることとして最も適当なものを，あとのⅱ群(カ)～(ケ)から１つ選べ。ｉ群（　　　）　ⅱ群（　　　）

資料Ⅱ	生産量（万 t）（2016年）	輸出量（万 t）（2016年）
エクアドル	653	597
グアテマラ	378	215
コスタリカ	241	237
コロンビア	204	184
フィリピン	583	140
世界合計	11,328	2,064

「データブック　オブ・ザ・ワールド2019」より作成

ｉ群　(ア)　インド大反乱が起こった。

(イ)　ロシア革命によって社会主義の政府ができた。

(ウ) フランス人権宣言が発表された。

(エ) イギリスで権利の章典（権利章典）が制定された。

ii 群 (カ) エクアドルとフィリピンのバナナの生産量の差は，輸出量の差よりも大きい。

(キ) エクアドルのバナナの生産量は，グアテマラとコスタリカのバナナの生産量の合計より少ない。

(ク) バナナの輸出量の世界合計に占めるエクアドルの割合は，25 %以上である。

(ケ) バナナの輸出量が生産量の 80 %を超えているのは，エクアドルとコロンビアのみである。

(3) 恵さんは，資料Ⅰ中のエチオピアにおける最初の世界遺産の一つが，ラリベラの岩窟《がんくつ》教会群というキリスト教の教会群であることを知り，エチオピアで信仰されている宗教に興味を持った。右の資料Ⅲは，恵さんが，2007 年のエチオピアにおけるキリスト教，イスラム教，その他の宗教を信仰している人口をそれぞれ調べてまとめたものである。また，右の資料Ⅳは，資料Ⅲをもとに，2007 年のエチオピアで信仰されている宗教の割合を，小数第 1 位を四捨五入して求め，その他の部分を で示したうえで，キリスト教の部分を ，イスラム教の部分を で円グラフに示そうとしている途中のものである。資料Ⅳ中に，キリスト教の部分をすべて で塗って示し，円グラフを完成させよ。

資料Ⅲ
エチオピアにおける
宗教別人口（万人）

キリスト教	4,629
イスラム教	2,504
その他	242
合計	7,375

国際連合ホームページより作成

資料Ⅳ

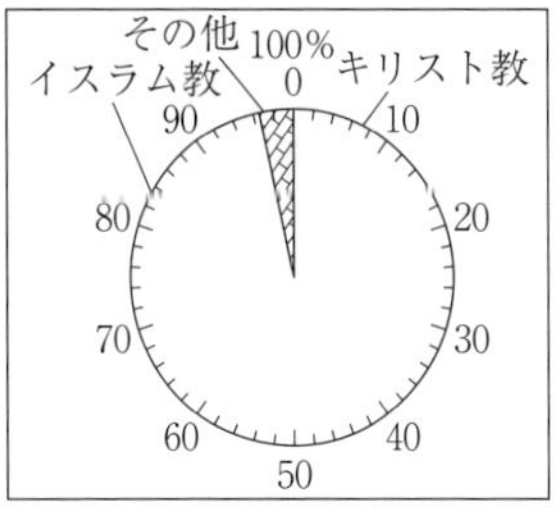

(4) 恵さんは，資料Ⅰ中のドイツにおける最初の世界遺産が，1000 年以上の歴史を持つアーヘン大聖堂であることを知り，ドイツの歴史について調べた。ドイツについて述べた文として適当なものを，次の(ア)～(オ)から **2** つ選べ。（　　　）

(ア) 大西洋憲章を発表した。　(イ) 第一次世界大戦においてイギリスと同盟を結んだ。

(ウ) ワイマール憲法が制定された。　(エ) 第二次世界大戦においてイタリアと同盟を結んだ。

(オ) ミッドウェー海戦でアメリカに敗れた。

(5) 恵さんは，世界遺産を登録し保護しているUNESCO《ユネスコ》（国際連合教育科学文化機関）が，国際連合の専門機関の一つであることを知り，国際連合について調べた。国際連合について述べた文として**適当でないもの**を，次の i 群(ア)～(エ)から 1 つ選べ。また，恵さんは，日本の世界遺産についても調べ，正倉院《しょうそういん》が世界遺産の一つであることを知った。正倉院に遺品が納められている，天平《てんぴょう》文化の頃の人物として最も適当なものを，あとの ii 群(カ)～(ケ)から 1 つ選べ。

i 群（　　　）　ii 群（　　　）

i 群 (ア) 現在の加盟国は 190 か国以上である。

(イ) 専門機関の一つとして WHO（世界保健機関）がある。

(ウ) 安全保障理事会では常任理事国のみが拒否権を持っている。

(エ) 総会において各加盟国が投票できる票数は人口に比例して決められている。

ii 群 (カ) 桓武《かんむ》天皇　(キ) 聖武《しょうむ》天皇　(ク) 推古《すいこ》天皇　(ケ) 後三条《ごさんじょう》天皇

2　拓斗さんは，社会科の授業で「魅力的な旅行プラン」を提案することになり，夏の北海道を舞台とした旅行プランを考え，その行程にあることがらに関して調べた。次の資料Ⅰは，拓斗さんが作成した行程表の一部である。これを見て，あとの問い(1)～(5)に答えよ。

資料Ⅰ

「北海道の自然と歴史の体感ツアー」の行程表	
1日目	①成田《なりた》国際空港……たんちょう釧路《くしろ》空港＝＝北方四島交流センターで②北方領土について学ぶ（③根室《ねむろ》市）＝＝宿泊施設
2日目	宿泊施設＝＝搾乳《さくにゅう》体験（④別海《べつかい》町）＝＝阿寒《あかん》湖で伝統文化体験＝＝宿泊施設（夕食後にスターウォッチング）
3日目	宿泊施設＝＝⑤釧路湿原で清掃活動とカヌー体験＝＝塘路《とうろ》駅－(くしろ湿原ノロッコ号に乗車)－釧路駅＝＝宿泊施設

(1)　拓斗さんは，下線部①成田国際空港が日本有数の貿易の拠点であることを知り，貿易を行う空港と港について調べた。次の資料Ⅱは，2019年の日本の空港や港における輸入額と輸出額のそれぞれ上位6港について，拓斗さんが調べたことをまとめたものである。また，資料Ⅱ中のA～Dはそれぞれ，成田国際空港，関西国際空港，東京港，名古屋港のいずれかである。成田国際空港と名古屋港にあたるものをA～Dからそれぞれ1つずつ選べ。

成田国際空港(　　　)　名古屋港(　　　)

資料Ⅱ

輸入額(2019年)				輸出額(2019年)			
順位	空港・港名	輸出入総額に占める輸入額の割合	1位の品目	順位	空港・港名	輸出入総額に占める輸出額の割合	1位の品目
1	A	55.2％	通信機	1	C	70.8％	自動車
2	B	66.4％	衣類	2	A	44.8％	半導体等製造装置
3	C	29.2％	液化ガス	3	横浜港	58.7％	自動車
4	横浜港	41.3％	石油	4	B	33.6％	半導体等製造装置
5	大阪港	55.9％	衣類	5	神戸港	62.7％	プラスチック
6	D	43.4％	医薬品	6	D	56.6％	集積回路

「日本国勢図会 2020／21」より作成

(2)　拓斗さんは，下線部②北方領土について調べる中で，日本とロシアの国境が移り変わってきたことを知り，右の資料Ⅲを作成した。資料Ⅲは，北方領土周辺の略地図であり，P～Sの点線（- - -）はこれまでに日本とロシアの国境であった境界線を示している。1905年のポーツマス条約の締結によって国境はどのように変化したか，国境の変化を示す組み合わせとして最も適当なものを，次の(ア)～(エ)から1つ選べ。(　　　)

資料Ⅲ

(ア)　締結前はPとR，締結後はQとR　　(イ)　締結前はPとR，締結後はQとS

(ウ)　締結前はPとS，締結後はQとR　　(エ)　締結前はPとS，締結後はQとS

(3)　拓斗さんは，下線部③根室市でかつて風力発電所の建設が中止されたことを知り，再生可能エネルギーについて調べた。次の文章は，拓斗さんが再生可能エネルギーを利用した発電についてまとめたものである。文章中の［　　］に入る適当な表現を，**供給量**という語句を用いて**9字以内**で書け。［　　　　　　　　　］

> 再生可能エネルギーを利用した発電は，温室効果ガスの排出量が少ないなど，地球温暖化対策として有効である一方で，発電コストが高いことや自然条件に電力の［　　］ことだけでなく，立地場所の生態系への影響の大きさなどが指摘されている。そのため，再生可能エネルギーを利用した発電の拡大には，地球温暖化対策と生態系の保全などとの適切なバランスが求められている。

(4) 拓斗さんは，下線部④別海町で生乳の生産が盛んなことを知り，生乳について調べた。右の資料Ⅳは，2019年に全国で生産された生乳の生産量の地方別割合と，全国で生産された生乳の牛乳等向けと乳製品向けに処理された量の地方別割合をそれぞれ，拓斗さんが示したものであり，［A］・［B］には牛乳等か乳製品のいずれか，［X］・［Y］には北海道か関東のいずれかが入る。［A］と［Y］に入るものの組み合わせとして正しいものを，次の(ア)～(エ)から1つ選べ。また，別海町は，社会生活を営む上でサポートが必要な人々の生活に対する保障や支援の一つとして，町の高齢者などに対して牛乳を配付している。これは，社会保障制度を構成する四つの柱のうち，何に含まれるか，**ひらがな7字**で書け。（　　　）［　　　　　　　］

資料Ⅳ

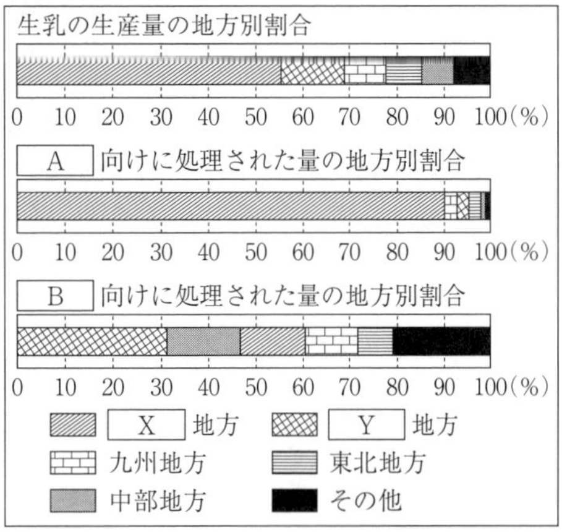

農林水産省「牛乳乳製品統計」より作成

(ア) A 牛乳等　Y 北海道　(イ) A 牛乳等　Y 関東

(ウ) A 乳製品　Y 北海道　(エ) A 乳製品　Y 関東

(5) 拓斗さんは，下線部⑤釧路湿原の保全活動の一つである清掃活動に，多くの企業が参加していることを知り，企業の活動について調べ，右の文のようにまとめた。文中の［　　］に入る語句を，**漢字5字**で書け。また，現在の日本の企業について述べた文として最も適当なものを，次の(ア)～(エ)から1つ選べ。［　　　　　］（　　　）

> 企業は法令を守り，より良い商品やサービスを生産し，利潤を追求するだけでなく，環境保全や地域文化への貢献などの「企業の［　　］（CSR）」を果たすことが期待されている。

(ア) 企業の10％以上が大企業である。

(イ) 企業間の健全な競争が独占禁止法によって制限されている。

(ウ) 成果主義による賃金制度にかわって，年功序列型の賃金制度を導入する企業が増えている。

(エ) 独自の技術や新たなビジネスモデルを用いて事業を展開する企業は，ベンチャー企業と呼ばれる。

3　右の資料Ⅰは，「粉河寺縁起絵巻《こかわでらえんぎえまき》」の一部であり，次の会話は，資料Ⅰを見ながら桜さんと俊さんが交わしたものの一部である。これを見て，あとの問い(1)～(5)に答えよ。

資料Ⅰ

桜　この場面は，平安時代後期の有力者の屋敷の前の様子みたいだよ。やぐらや堀があって，門の前にいる武士たちが描かれているね。

俊　そうだね。 X が行われ， Y 文化が栄えた平安時代中期の寝殿造《しんでんづくり》の屋敷と様子が全く異なるね。

桜　つまり，同じ時代でも①住居の形態や様子は変化しているってことだね。ところで，屋敷に向かう人々は，何を運んでいるんだろう。

俊　これはきっと②年貢《ねんぐ》の一部だよ。門の前にいる武士たちは，年貢を保管している屋敷の③警備をしているんじゃないかな。

桜　なるほど。そういえば，武士が警備などの役割を担《にな》ったことは，武士が中央の④政治に関わるきっかけになったと先生が言ってたね。

(1)　会話中の X ・ Y に入るものとして最も適当なものを， X は次のⅰ群(ア)～(エ)から， Y はⅱ群(カ)～(ケ)からそれぞれ１つずつ選べ。ⅰ群(　　　)　ⅱ群(　　　)

ⅰ群　(ア)　藤原《ふじわら》氏による摂関政治　　(イ)　後醍醐《ごだいご》天皇による建武《けんむ》の新政

(ウ)　北条《ほうじょう》氏による執権政治　　(エ)　中大兄皇子《なかのおおえのおうじ》らによる大化《たいか》の改新

ⅱ群　(カ)　北山　　(キ)　国風　　(ク)　南蛮《なんばん》　　(ケ)　東山

(2)　桜さんは，下線部①住居に興味を持ち，現代のさまざまな住居について調べた。桜さんは，右の写真の住居は，石でつくられ，石灰で壁が白く塗られたり，小さい窓の外側にブラインドが付けられたりしており，この住居がある気候を特徴づけるものであることを知った。次の(ア)～(エ)の，特定の気候の分布を黒で塗って示した世界地図の一部のうち，写真のような住居が多く見られる地域の気候の分布を示しているものとして，最も適当なものを１つ選べ。(　　　)

写真

(ア)

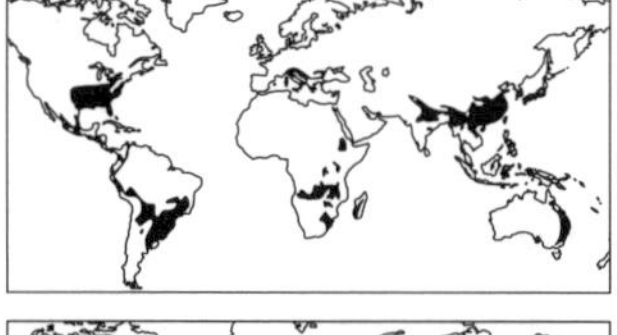

(イ)

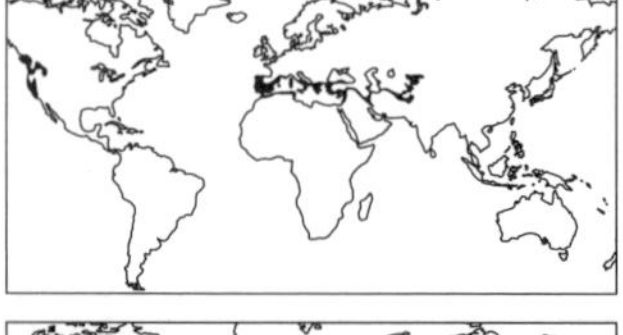

(ウ)

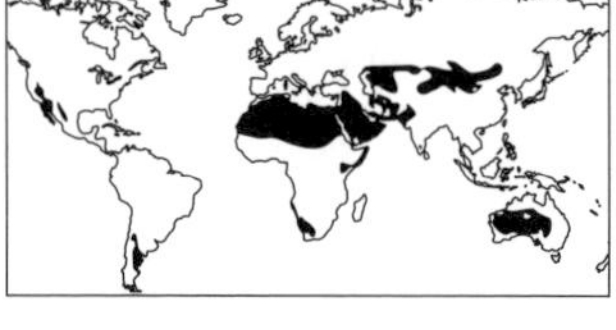

(エ)

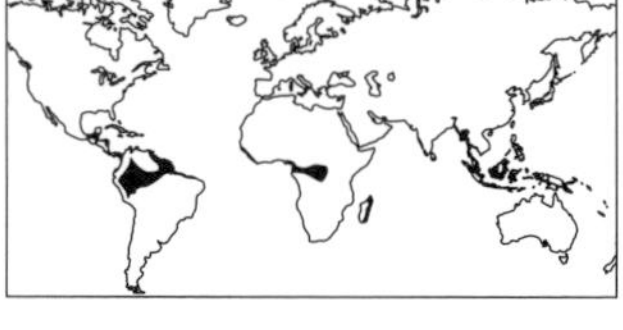

(3) 桜さんは，下線部②年貢に関する歴史について調べた。次の(ア)～(エ)は，年貢に関することについて述べた文である。(ア)～(エ)を古いものから順に並べかえ，記号で書け。

（　　）→（　　）→（　　）→（　　）

(ア) 村役人となった有力な本百姓は，年貢を徴収して幕府や藩に納入する責任を負った。

(イ) 治安維持や年貢の徴収・納入を職務とする地頭を置くことを，朝廷が初めて認めた。

(ウ) 重い年貢や借金に反発して団結した農民が，近畿地方を中心に土《つち》《ど》一《いっ》揆《き》を起こすようになった。

(エ) 荘園領主や幕府に従わず，年貢をうばう悪党と呼ばれる武士が近畿地方を中心に現れ始めた。

(4) 桜さんは，かつて民衆が担っていた，下線部③警備について以前に学習したことを，右の文章のようにまとめていた。文章中の［ A ］・［ B ］に入るものとして最も適当なものを，［ A ］は次のⅰ群(ア)～(ウ)から，［ B ］はⅱ群(カ)～(ク)からそれぞれ1つずつ選べ。また，文章中の［ C ］に入る語句を，**漢字3字**で書け。ⅰ群（　　）　ⅱ群（　　）［　｜　｜　］

ⅰ群　(ア) 北海道　(イ) 東北　(ウ) 九州

ⅱ群　(カ) 防人《さきもり》　(キ) 守護　(ク) 屯田兵《とんでんへい》

> 奈良時代の民衆には，年間60日以内の労役や［ A ］地方の北部におかれた［ B ］のような兵役など，一家の働き手をうばわれてしまう重い負担が課せられた。当時の民衆の厳しい生活や［ B ］のつらさを詠《よ》んだ歌は奈良時代にまとめられた［ C ］という和歌集に収められている。

(5) 桜さんは，下線部④政治に私たちの意見を反映させるためには，選挙が重要であることを知り，日本の選挙について調べた。右の資料Ⅱは，桜さんが作成した2017年の日本の年齢別総人口と，2017年10月に行われた第48回衆議院議員総選挙の年齢別投票率を示すグラフである。資料Ⅱ中の20歳代の投票者数は，60歳代の投票者数の約何倍と推定できるか，最も適当なものを，次のⅰ群(ア)～(ウ)から1つ選べ。また，現在の日本における選挙について述べた文として最も適当なものを，あとのⅱ群(カ)～(ケ)から1つ選べ。ⅰ群（　　）　ⅱ群（　　）

資料Ⅱ

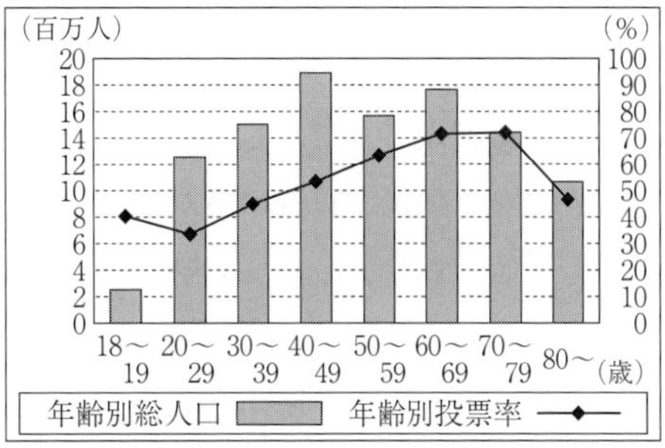

（注：年齢別総人口は，2017年10月1日時点のものである。また，年齢別投票率の数値は全国から抽出して調査したものである。）

総務省資料より作成

ⅰ群　(ア) 約0.3倍　(イ) 約0.5倍　(ウ) 約0.7倍

ⅱ群　(カ) 衆議院議員と参議院議員の被選挙権を得られる年齢は，同じである。

(キ) 国政選挙において，外国に居住している有権者は投票することができない。

(ク) 選挙に立候補した者は，SNSで情報を発信する選挙運動を行うことが認められている。

(ケ) 選挙当日に旅行などの外出により投票できない場合，選挙期日前に投票することは認められていない。

4　真《まこと》さんのクラスでは「現代の日本の特色」について，班ごとにテーマを決めて調べ学習に取り組んだ。次の表は，1～5班のテーマを示したものである。これを見て，あとの問い(1)～(5)に答えよ。

班	1班	2班	3班	4班	5班
テーマ	諸外国との関係	情報化の進展	家族の形態の変化	交通網の整備	働き方の変化

(1)　1班は，現在の日本と諸外国との関係が，日本がこれまで諸外国と結んできた多くの条約や同盟によって築かれていることを知った。右の資料Ⅰは，日本が外国と結んだ条約を，1班が年代順に並べて作成したものである。資料Ⅰ中のA～Dのうち，日英同盟が結ばれた時期はどれか，1つ選べ。また，明治時代には不平等条約の改正を目的の一つとして岩倉《いわくら》使節団が欧米に派遣された。岩倉使節団に同行した女子留学生で，女子教育の発展に努めた人物として最も適当なものを，次の(ア)～(エ)から1つ選べ。(　　　)(　　　)

資料Ⅰ

日米和親条約が結ばれる
A
下関《しものせき》条約が結ばれる
B
ロンドン海軍軍縮条約が結ばれる
C
日ソ中立条約が結ばれる
D
日韓基本条約が結ばれる

(ア)　津田梅子《つだうめこ》　(イ)　樋口一葉《ひぐちいちよう》　(ウ)　平塚《ひらつか》らいてう《(ちょう)》　(エ)　与謝野晶子《よさのあきこ》

(2)　2班は，情報化の進展の中で情報を大量に扱うマスメディアについて調べた。右の文章は，2班がマスメディアの特徴についてまとめたものの一部である。文章中の［A］・［B］に入る語句の組み合わせとして最も適当なものを，次のⅰ群(ア)～(エ)から1つ選べ。また，2班は，情報化の進展に伴い，情報公開条例が各地で制定されていることを知った。条例の制定や改廃を住民が首長に請求する場合，有権者の何分の1以上の署名が必要か，最も適当なものを，あとのⅱ群(カ)～(ケ)から1つ選べ。ⅰ群(　　　)　ⅱ群(　　　)

1945年に［A］によって昭和天皇が日本の降伏を国民に伝えたように，マスメディアは多くの人々に一斉に情報を伝え，世論に影響を与えることもある。例えば，1960年代から70年代における［B］戦争では，マスメディアが戦況を伝えたことで，アメリカの撤兵を求める反戦運動を支持する世論が各地で高まったことなどが挙げられる。

ⅰ群　(ア)　A　テレビ放送　　B　朝鮮
　　　(イ)　A　テレビ放送　　B　ベトナム
　　　(ウ)　A　ラジオ放送　　B　朝鮮
　　　(エ)　A　ラジオ放送　　B　ベトナム

ⅱ群　(カ)　2分の1以上　　(キ)　3分の1以上　　(ク)　4分の1以上　　(ケ)　50分の1以上

(3)　3班は，家族の形態の変化について調べ，1960年代以降に，核家族世帯が増加したことを知った。次の(ア)～(オ)のうち，核家族世帯にあたるものを**すべて**選べ。また，右の文は，3班が家庭生活を含めた共生社会の実現について書いたものの一部である。文中の［　　］に入る語句を**漢字6字**で書け。(　　　)

性別による役割分担という固定的な考え方を取り除き，女性の社会進出を進め，男女が家庭生活や仕事において対等な立場で活躍できる社会をつくることが求められており，1999年には男女［　　］基本法が制定された。

(ア)　単独（一人）世帯　　(イ)　夫婦のみの世帯
(ウ)　夫婦と未婚の子どもの世帯　　(エ)　夫婦と未婚の子どもと夫婦の両親の世帯
(オ)　一人親（父または母のみ）と未婚の子どもの世帯

(4)　4班は，交通網の整備について調べる中で，東京都と青森県を結ぶ国道4号線が，日本の陸路の国道の中で一番距離が長いことを知った。右の資料Ⅱは，東京都を出発して国道4号線を青森県まで北上する際に通過する都道府県をすべて，通過する順にまとめたものである。資料Ⅱ中の［A］に入る県名を**漢字**で書け。また，青森県が属する東北地方について述べた文として最も適当なものを，次の(ア)～(エ)から1つ選べ。(　　　県)(　　　)

資料Ⅱ

東京都→埼玉県→
茨城県→栃木県→
［A］→宮城県→
岩手県→青森県

(ア)　8つの県が属している。

(イ)　源《みなもとの》　義経《よしつね》らが平《へい》氏をほろぼした戦いが行われた。

(ウ)　五街道のすべてが通っていた。

(エ)　天童《てんどう》将《しょう》棋《ぎ》駒《こま》や南部鉄器《なんぶてっき》などの伝統的工芸品がつくられている。

(5)　5班は，働き方の変化として，労働時間に注目した。次の資料Ⅲは，全産業における1995年から2015年にかけての，所定内労働時間，所定外労働時間，所定内労働時間と所定外労働時間の合計である総実労働時間，労働者のうちパートタイム労働者の割合を5班が示したものである。資料Ⅲから読み取れることとして適当なものを，あとの(ア)～(オ)から**2**つ選べ。(　　　)

資料Ⅲ	所定内労働時間(時間)	所定外労働時間(時間)	総実労働時間(時間)	パートタイム労働者の割合(%)
1995年	1772.4	136.8	1909.2	11.6
2000年	1719.6	139.2	1858.8	17.3
2005年	1680.0	150.0	1830.0	21.3
2010年	1653.6	144.0	1797.6	23.3
2015年	1629.6	154.8	1784.4	25.4

(注：所定内労働時間…各事業所の就業規則で定められた労働時間のうち，実際に労働した時間
所定外労働時間…残業や休日出勤など就業規則で定められた労働時間以外で実際に労働した時間
パートタイム労働者…正規の労働時間や労働日数で働く一般労働者よりも労働時間や労働日数が短い労働者)

厚生労働省資料より作成

(ア)　2015年の所定内労働時間と所定外労働時間はそれぞれ，1995年の所定内労働時間と所定外労働時間より減少した。

(イ)　2000年の総実労働時間に占める所定外労働時間の割合は，2015年の総実労働時間に占める所定外労働時間の割合より少ない。

(ウ)　2010年の総実労働時間は，1995年の総実労働時間より100時間以上長い。

(エ)　所定内労働時間が1700時間未満の年は，パートタイム労働者の割合が20％以下である。

(オ)　2015年のパートタイム労働者の割合は，1995年のパートタイム労働者の割合の2倍以上である。

理科

時間　40分　　　　満点　40点

（注）　字数制限がある場合は，句読点や符号なども１字に数えなさい。

1　右の図は夏実さんが作成した模式図であり，ヒトを正面から見たときの左うでの骨格と筋肉の一部を表している。また，次のノートは夏実さんが，左うでの曲げのばしについて説明するためにまとめたものの一部である。これについて，下の問い(1)～(3)に答えよ。ただし，図中の手のひらは正面へと向けられているものとする。

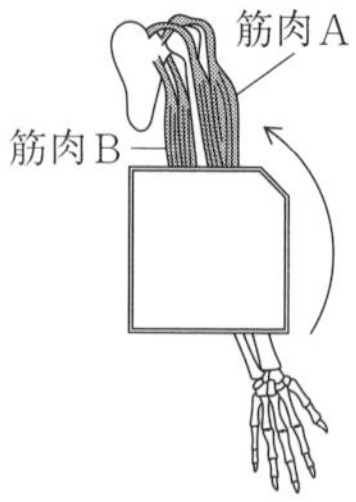

ノート

私たちが意識してうでを曲げたりのばしたりできるのは，骨や筋肉がたがいに関係し合って動いているためである。図中の，筋肉Aと筋肉Bは左うでの曲げのばしに関わっている筋肉である。

例えば，左手を左肩へ近づけようとして，図中の矢印（⟶）の方向へ左うでを曲げるときには，□。その結果，左うでが曲がり，左手を左肩へと近づけることができる。

(1)　ノート中の下線部骨や筋肉について述べた次の(ア)～(エ)の文のうち，**適当でないもの**を１つ選べ。（　　）

(ア)　ホニュウ類はすべて，体の中に骨をもっている。

(イ)　ヒトの筋肉の両端の，骨についている部分は，けんというつくりになっている。

(ウ)　筋肉をつくる細胞は，二酸化炭素をとり入れてエネルギーをとり出し，酸素を出している。

(エ)　ヒトが口からとり入れた食物は，筋肉の運動によって，消化管を通って肛門へと送られていく。

(2)　図中の二重線（═══）で囲まれた部分に入る図として最も適当なものを，次のⅰ群(ア)～(エ)から１つ選べ。また，ノート中の□に入る表現として最も適当なものを，下のⅱ群(カ)～(ケ)から１つ選べ。ⅰ群（　　）　ⅱ群（　　）

ⅰ群　(ア)

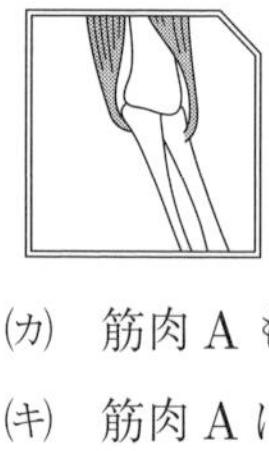

(イ)

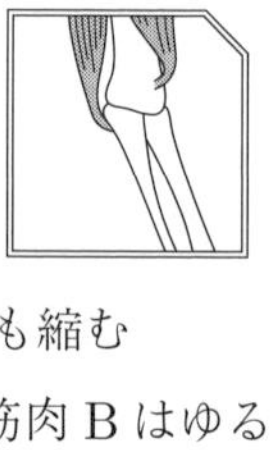

(ウ)

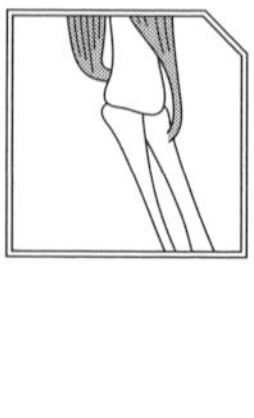

(エ)

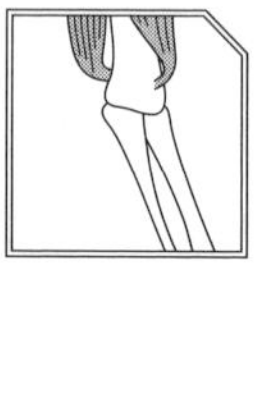

ⅱ群　(カ)　筋肉Aも筋肉Bも縮む

(キ)　筋肉Aは縮み，筋肉Bはゆるむ

(ク)　筋肉Aはゆるみ，筋肉Bは縮む

(ケ)　筋肉Aも筋肉Bもゆるむ

(3) 筋肉は，多細胞生物の手やあしといった器官をつくっているものの1つである。次の文章は，夏実さんが器官について書いたものの一部である。文章中の X に入る語句として最も適当なものを，**漢字2字**で書け。また，後の(ア)～(エ)のうち，多細胞生物であるものとして最も適当なものを1つ選べ。□□ (　　)

> 器官をつくっている，形やはたらきが同じ細胞が集まったものを X という。それぞれ特定のはたらきを受けもつ器官が，たがいにつながりをもって調和のとれたはたらきをすることで，多細胞生物の体全体が1つの生物として生きていくことができる。

(ア) アメーバ　(イ) オオカナダモ　(ウ) ゾウリムシ　(エ) ミカヅキモ

[2]　次の〈実験〉について，下の問い(1)・(2)に答えよ。

〈実験〉

操作①　ビーカーに，円筒型の素焼きの容器を入れ，その容器に硫酸銅水溶液を入れる。また，ビーカー内の，素焼きの容器の外側に硫酸亜鉛水溶液を入れる。

操作②　右の図のように，発泡ポリスチレンの板を用いて亜鉛板と銅板をたて，硫酸亜鉛水溶液に亜鉛板を，硫酸銅水溶液に銅板をさしこみ，電子オルゴールに亜鉛板と銅板を導線でつなぐ。

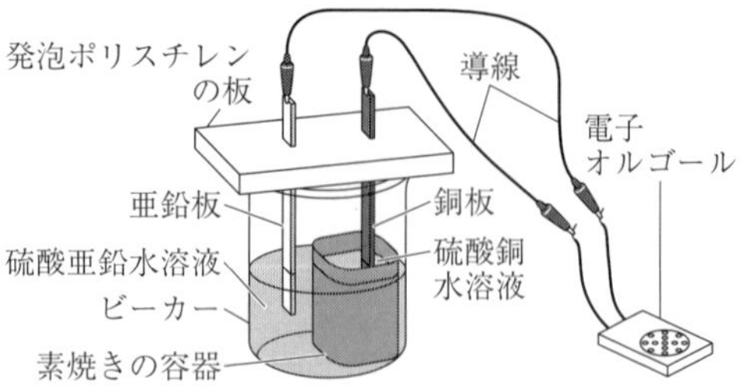

【結果】　操作②の結果，電子オルゴールが鳴った。

(1)　〈実験〉では，何エネルギーが電気エネルギーに変わることで電子オルゴールが鳴ったか，最も適当なものを，次の(ア)〜(エ)から１つ選べ。(　　　)

(ア)　核エネルギー　　(イ)　熱エネルギー　　(ウ)　位置エネルギー　　(エ)　化学エネルギー

(2)　次の文章は，〈実験〉について述べたものの一部である。文章中の[A]・[B]に入る表現の組み合わせとして最も適当なものを，下のⅰ群(ア)〜(エ)から１つ選べ。また，[C]に入る表現として最も適当なものを，下のⅱ群(カ)〜(コ)から１つ選べ。ⅰ群(　　　)　ⅱ群(　　　)

〈実験〉で，銅板は[A]，亜鉛板は[B]となっている。また〈実験〉で，素焼きの容器を用いたのは，素焼きの容器だと，[C]ためである。

ⅰ群　(ア)　A　導線へと電流が流れ出る＋極　　B　導線から電流が流れこむ－極

(イ)　A　導線へと電流が流れ出る－極　　B　導線から電流が流れこむ＋極

(ウ)　A　導線から電流が流れこむ＋極　　B　導線へと電流が流れ出る－極

(エ)　A　導線から電流が流れこむ－極　　B　導線へと電流が流れ出る＋極

ⅱ群　(カ)　イオンなどの小さい粒子は，通過することができない

(キ)　それぞれの水溶液の溶媒である水分子だけが，少しずつ通過できる

(ク)　イオンなどの小さい粒子が，硫酸銅水溶液から硫酸亜鉛水溶液へのみ少しずつ通過できる

(ケ)　イオンなどの小さい粒子が，硫酸亜鉛水溶液から硫酸銅水溶液へのみ少しずつ通過できる

(コ)　それぞれの水溶液に含まれるイオンなどの小さい粒子が，少しずつ通過できる

③　次の表は，太陽系の惑星について，太陽からの距離，公転周期，半径（赤道半径），質量，衛星の数をまとめたものであり，A～Gはそれぞれ，海王星，火星，金星，水星，天王星，土星，木星のいずれかである。これに関して，下の問い(1)～(3)に答えよ。ただし，半径（赤道半径）と質量は，それぞれ地球を1としたときの値を示している。

	地球	A	B	C	D	E	F	G
太陽からの距離〔億km〕	1.50	7.78	2.28	0.58	45.04	14.29	28.75	1.08
公転周期〔年〕	1.00	11.86	1.88	0.24	164.77	29.46	84.02	0.62
半径（赤道半径）	1.00	11.21	0.53	0.38	3.88	9.45	4.01	0.95
質量	1.00	317.83	0.11	0.06	17.15	95.16	14.54	0.82
衛星の数〔個〕	1	79	2	0	14	65	27	0

(1)　表中のA～Gのうち，地球型惑星であるものをすべて選べ。（　　　）

(2)　表から考えて，太陽系の惑星について述べた文として適当なものを，次の(ア)～(オ)からすべて選べ。（　　　）

(ア)　太陽からの距離が地球よりも遠い惑星は，地球よりも多くの衛星をもつ。

(イ)　太陽からの距離が遠くなるにしたがって，惑星の半径（赤道半径）も大きくなる。

(ウ)　半径（赤道半径）が地球よりも小さい惑星は，地球よりも公転周期が短い。

(エ)　惑星の質量が大きくなるにしたがって，半径（赤道半径）も大きくなる。

(オ)　地球が太陽のまわりを100周する時間がたっても，太陽のまわりを1周もしていない惑星がある。

(3)　太陽系には，太陽系外縁天体，すい星，小惑星といった小天体がある。太陽系の小天体に関して述べた文として最も適当なものを，次の(ア)～(エ)から1つ選べ。また，太陽系は，千億個以上の恒星からなる，直径約10万光年の銀河系に属している。右の図は，銀河系の模式図である。図中のX～Zのうち，太陽系の位置を示しているものとして最も適当なものを1つ選べ。

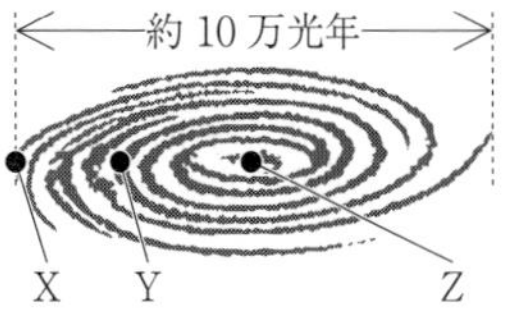

（　　　）（　　　）

(ア)　太陽系外縁天体は，地球からは川のように帯状に見え，これを天の川という。

(イ)　細長いだ円軌道で地球のまわりを公転している小天体を，すい星という。

(ウ)　小惑星の多くは地球の公転軌道より内側にあり，いん石となって地球に落下するものもある。

(エ)　すい星から放出されたちりが地球の大気とぶつかって光り，流星として観測されることがある。

4　次の会話は，京太さんが，ある日の気温や湿度について調べ，その結果について先生と交わしたものの一部である。これについて，下の問い(1)・(2)に答えよ。

京太　昨日，乾湿計を地上から X ぐらいの高さで，風通しのよい，直射日光が Y 場所に置き，6時から18時まで，3時間ごとに気温と湿度を調べました。

先生　正しく乾湿計を設置できましたね。気温と湿度を調べ，何かわかったことはありますか。

京太　はい，昨日の6時，9時，12時における湿球温度計の示した値はそれぞれ8.0℃，9.0℃，8.0℃でした。この結果と，乾球温度計の示した値をあわせて考えると，それぞれの時刻における湿度は86％，87％，86％であったことがわかりました。

先生　なるほど。他にもわかったことはありますか。

京太　15時と18時における乾球温度計の示した値は，どちらも10℃でした。また，湿球温度計の示した値は，15時では8.5℃，18時では8.0℃になっていて，大きな変化は見られませんでした。

先生　よく調べられましたね。では，結果をもとに，昨日の気温と湿度をグラフにまとめてみましょう。

(1)　会話中の X ・ Y に入る表現として最も適当なものを，X は次のⅰ群(ア)～(ウ)から，Y は下のⅱ群(カ)・(キ)からそれぞれ1つずつ選べ。ⅰ群(　　　)　ⅱ群(　　　)

ⅰ群　(ア)　15cm　　(イ)　50cm　　(ウ)　1.5m

ⅱ群　(カ)　あたる　　(キ)　あたらない

(2)　右の図は，京太さんが調べた日の気温と湿度について，それぞれの変化をグラフで表そうとした途中のものであり，図中の点線（………）のうち，いずれかをなぞると完成する。会話および次の乾湿計用湿度表を参考にして，右の図中の点線のうち，6時から15時の間の気温の変化と，12時から18時の間の湿度の変化を表すために必要な点線をすべて**実線**（——）でなぞってグラフを完成させよ。

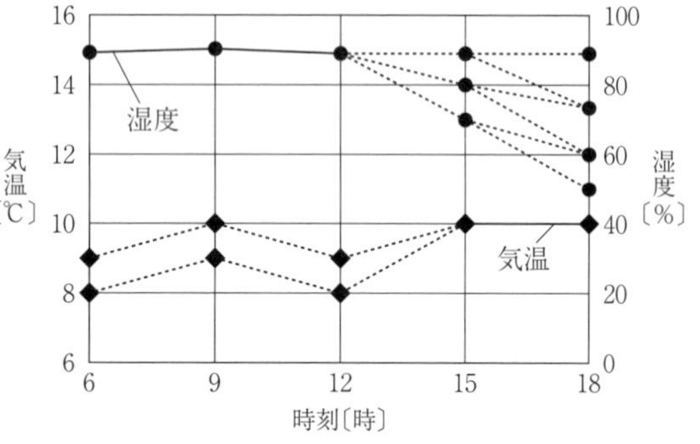

乾湿計用湿度表

乾球の読み〔℃〕	乾球と湿球との目盛りの読みの差〔℃〕							
	0.0	0.5	1.0	1.5	2.0	2.5	3.0	3.5
12	100	94	88	82	76	70	65	59
11	100	94	87	81	75	69	63	57
10	100	93	87	80	74	68	62	56
9	100	93	86	80	73	67	60	54
8	100	93	86	79	72	65	59	52
7	100	93	85	78	71	64	57	50

5　植物 A～C はコケ植物，シダ植物，被子植物のいずれかであり，清《きよし》さんは，「植物 A～C はそれぞれどの植物か」というクイズを出題するために次のパネル①～④を作成したが，このうち 1 枚に誤った内容を書いてしまった。これについて，下の問い(1)・(2)に答えよ。

パネル①	パネル②	パネル③	パネル④
植物 A・B・C の細胞の細胞膜の外側には細胞壁がみられる	植物 A・C には維管束がない	植物 B・C は種子をつくらない	植物 B には根，茎，葉の区別がない

(1)　清さんはパネル①～④のうち，誤った内容が書かれたパネルを正しい内容に書きかえることにした。このとき，パネル①～④のうち，どのパネルの下線部をどのように書きかえるとよいか，最も適当なものを，次の i 群(ア)～(エ)から 1 つ選べ。また，植物 A～C として最も適当なものを，下の ii 群(カ)～(ク)からそれぞれ 1 つずつ選べ。ただし，植物 A～C はそれぞれ異なるなかまの植物である。(　　　)　A (　　　)　B (　　　)　C (　　　)

i 群　(ア)　パネル①のみられるを「みられない」に書きかえる。
(イ)　パネル②のないを「ある」に書きかえる。
(ウ)　パネル③のつくらないを「つくる」に書きかえる。
(エ)　パネル④のないを「ある」に書きかえる。

ii 群　(カ)　コケ植物　　(キ)　シダ植物　　(ク)　被子植物

(2)　次の文章は，清さんが，被子植物と裸子植物の違いについて書いたものの一部である。文章中の □ に入る表現として最も適当なものを，下の(ア)～(エ)から 1 つ選べ。(　　　)

> 被子植物と裸子植物は，胚珠と子房の特徴によって分けることができる。被子植物と異なり，裸子植物は，胚珠が □ 。

(ア)　ない　　(イ)　むき出しになっている　　(ウ)　子房の中にある　　(エ)　子房の中にも外にもある

6　酸化銅と炭素を用いて，次の〈実験〉を行った。また，下のノートは〈実験〉についてまとめたものである。これについて，下の問い(1)～(3)に答えよ。ただし，炭素は空気中の酸素と反応しないものとする。

〈実験〉

操作①　黒色の酸化銅（CuO）の粉末3.20gと，黒色の炭素（C）の粉末0.24gをはかりとる。

操作②　はかりとった酸化銅の粉末と炭素の粉末をよく混ぜ合わせ，酸化銅の粉末と炭素の粉末の混合物をつくり，試験管に入れる。

操作③　右の図のような装置で，酸化銅の粉末と炭素の粉末の混合物をガスバーナーで十分に加熱する。このとき，石灰水の変化を観察する。

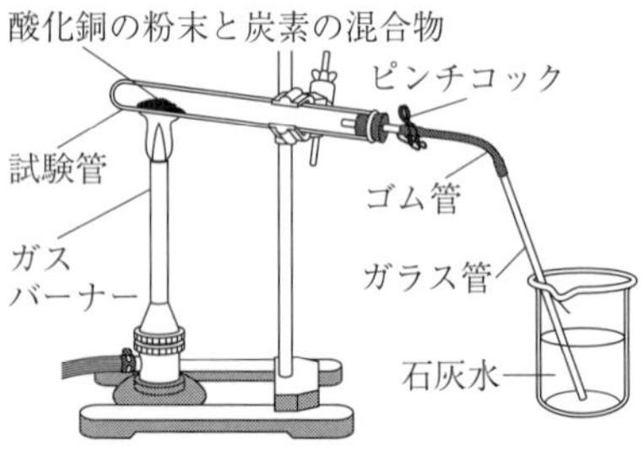

操作④　十分に加熱ができたらガラス管を石灰水から引きぬき，ガスバーナーの火を消す。その後，ピンチコックでゴム管を閉じる。

操作⑤　試験管が冷めてから，試験管内の固体をとり出して観察し，質量をはかる。

操作⑥　操作①ではかりとる酸化銅の粉末と炭素の粉末の質量をさまざまに変えて，操作②～⑤を行う。

ノート

酸化銅の粉末と炭素の粉末の混合物を加熱したときの，石灰水の変化を観察したところ，白くにごった。また，酸化銅の粉末と炭素の粉末の質量，これらの混合物を加熱した後に試験管内に残った固体の質量と色についてまとめると，次の表のようになった。試験管内に残った固体のうち，赤色の物質をろ紙にとってこすると，金属光沢が見られた。これらのことから，炭素が酸化されて二酸化炭素になり，酸化銅が還元されて銅になったと考えられ，試験管内に残った固体の色がすべて赤色であったものは，酸化銅と炭素がどちらも残らず反応したと考えられる。

酸化銅の粉末の質量〔g〕	3.20	3.20	3.20	3.20	2.40	1.60
炭素の粉末の質量〔g〕	0.12	0.18	0.24	0.36	0.12	0.12
試験管内に残った固体の質量〔g〕	2.88	2.72	2.56	2.68	2.08	1.28
試験管内に残った固体の色	赤色と黒色の部分がある		すべて赤色	赤色と黒色の部分がある		すべて赤色

(1)〈実験〉において，酸化銅の粉末3.20gと炭素の粉末0.24gの混合物を加熱して発生した二酸化炭素の質量は何gか求めよ。(　　　g)

(2)〈実験〉において，酸化銅の粉末3.20gと炭素の粉末0.36gの混合物を加熱した後に見られた黒色の物質を物質X，酸化銅の粉末2.40gと炭素の粉末0.12gの混合物を加熱した後に見られた黒色の物質を物質Yとするとき，物質Xと物質Yにあたるものの組み合わせとして最も適当なも

のを，次の(ア)～(エ)から１つ選べ。(　　　)

(ア)　X　酸化銅　　Y　酸化銅　　(イ)　X　酸化銅　　Y　炭素

(ウ)　X　炭素　　Y　酸化銅　　(エ)　X　炭素　　Y　炭素

(3)　ノートから考えて，次の(ア)～(オ)のうち，操作②～⑤を行うと，試験管内に残る固体の質量が1.92gになる酸化銅の粉末の質量と炭素の粉末の質量の組み合わせを**2**つ選べ。(　　　)

(ア)　酸化銅の粉末3.00gと炭素の粉末0.21g　　(イ)　酸化銅の粉末2.40gと炭素の粉末0.18g

(ウ)　酸化銅の粉末2.32gと炭素の粉末0.15g　　(エ)　酸化銅の粉末2.10gと炭素の粉末0.18g

(オ)　酸化銅の粉末2.00gと炭素の粉末0.15g

7　凸レンズによる像のでき方について調べるために，次の〈実験〉を行った。これについて，下の問い(1)～(3)に答えよ。

〈実験〉

操作①　右のⅠ図のように，光学台上に，光源，凸レンズ，スクリーンを一直線上に設置する。

操作②　光源から凸レンズまでの距離を 30cm，40cm，60cm に変え，それぞれの距離において，スクリーン上にはっきりした光源の実像がうつるようにスクリーンを動かし，そのときの凸レンズからスクリーンまでの距離と，光源と比べた光源の実像の大きさを調べる。

Ⅰ図

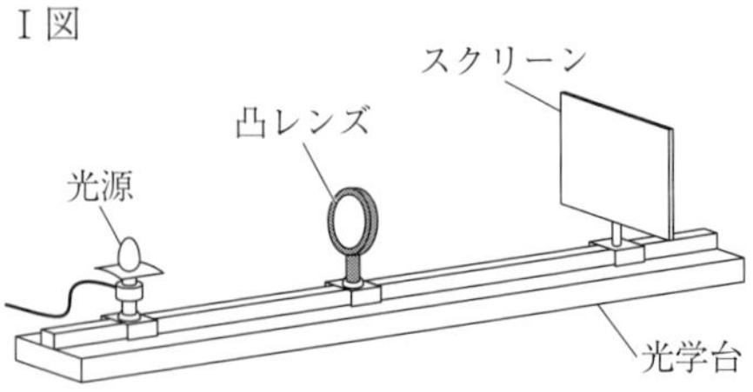

【結果】　スクリーン上にはっきりした光源の実像がうつったときの，光源から凸レンズまでの距離，凸レンズからスクリーンまでの距離，光源と比べた光源の実像の大きさをまとめると次のようになった。

光源から凸レンズまでの距離〔cm〕	30	40	60
凸レンズからスクリーンまでの距離〔cm〕	60	40	30
光源の実像の大きさ	A	光源と同じ	B

(1)　【結果】中の A ・ B に入る表現として最も適当なものを，次の(ア)～(ウ)からそれぞれ1つずつ選べ。また，【結果】から考えて，〈実験〉で用いた凸レンズの焦点距離は何 cm か求めよ。

A（　　　）　B（　　　）　（　　　　cm）

(ア)　光源より大きい　　(イ)　光源より小さい　　(ウ)　光源と同じ

(2)　操作②で，スクリーン上に光源の実像がはっきりうつっているとき，右のⅡ図のように，凸レンズの上半分に光を通さない紙をはる。このとき，光を通さない紙をはる前と比べて，スクリーン上にうつる光源の実像がどのようになるかについて述べた文として最も適当なものを，次の(ア)～(カ)から1つ選べ。（　　　）

Ⅱ図

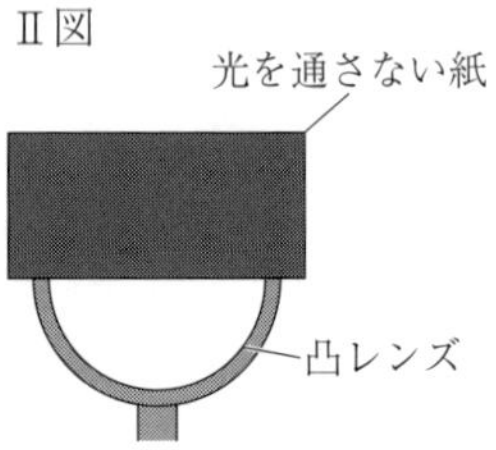

(ア)　光源の上半分だけがうつるようになり，明るさは変わらない。

(イ)　光源の上半分だけがうつるようになり，暗くなる。

(ウ)　光源の下半分だけがうつるようになり，明るさは変わらない。

(エ)　光源の下半分だけがうつるようになり，暗くなる。

(オ)　光源の全体がうつったままで，暗くなる。

(カ)　実像はまったくうつらなくなる。

(3)　凸レンズによってできる像は，実像の他に虚像もある。次の文章は，凸レンズを通して見える虚像に関して述べたものの一部である。文章中の　　　　に共通して入る表現を，**焦点**という語句を用いて**5字以上，8字以内**で書け。

光源を凸レンズの［　　］に置くと，凸レンズを通った光が広がるので実像はうつらなくなるが，凸レンズを通して実際の物体より大きな虚像が見える。

身近に虚像が用いられている例に，虫めがねによる観察がある。私たちが虫めがねを使って，小さな物体を拡大して観察しているとき，観察している小さな物体は，虫めがねのレンズの［　　］にある。

8　物体を持ち上げるのに必要な仕事について調べるため，誠さんは次の〈実験Ⅰ〉・〈実験Ⅱ〉を行った。これについて，下の問い(1)・(2)に答えよ。ただし，質量 100g の物体にはたらく重力の大きさを 1N とし，斜面と物体の間の摩擦，ロープの質量は考えないものとする。

〈実験Ⅰ〉　次の i 図のように，質量 1400g の物体を，ロープを用いて，4.0 秒かけて一定の速さで斜面に平行に 1.40m 引き上げることで，はじめの位置から 0.80m の高さまで持ち上げる。

〈実験Ⅱ〉　次の ii 図のように，質量 1400g の物体を，ロープを用いて，7.0 秒かけて一定の速さで真上に引き上げることで，はじめの位置から 1.40m の高さまで持ち上げる。

i 図

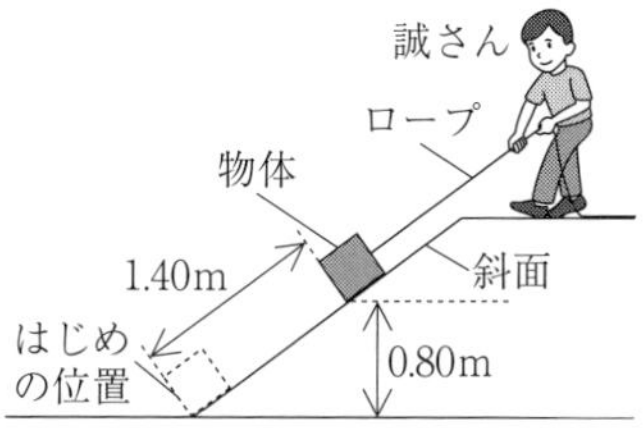

ii 図

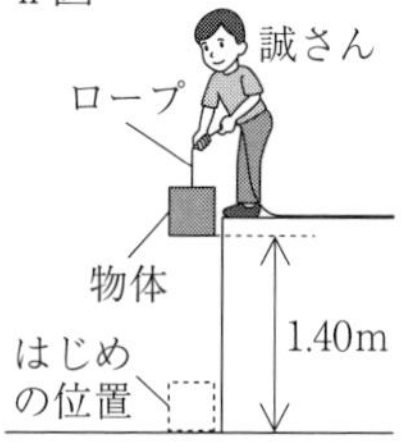

(1)　〈実験 1〉で物体を引き上げる力の大きさは何 N か求めよ。(　　　N)

(2)　次の文章は，〈実験Ⅰ〉と〈実験Ⅱ〉における，仕事と仕事率について述べたものの一部である。文章中の［ X ］・［ Y ］に入る表現として最も適当なものを，下の(ア)〜(ウ)からそれぞれ 1 つずつ選べ。X (　　　)　Y (　　　)

〈実験Ⅰ〉と〈実験Ⅱ〉で，物体を引き上げる力が物体にした仕事の大きさを比べると［ X ］。また，仕事率を比べると［ Y ］。

(ア)　〈実験Ⅰ〉の方が大きい　　(イ)　〈実験Ⅱ〉の方が大きい　　(ウ)　どちらも同じである

ことは、[A]ことを目的にした社会的な工夫であり、その目的のために私たちの社会には贈るという慣習があるんだったね。

一郎　なるほど。[7]段落に、誰もがゲットすることばかり考えるようであれば、「なんの広がりも起こりません」とあるけれど、ギブするようにもなれば、「広がり」が起こると言えるよね。本文から、「広がり」が起こることは、[B]だと分かるよ。

京子　そうだね。自分と他者が、[C]であることに基づく力によって、「広がり」は起こるものなんだと本文から読みとれるね。

一郎　うん。社会の中で、ギブすることが成り立っているのは、私たちが「社会的な生き物」であることによると言えるね。

京子　本文について理解が深まったね。私たちの生活には、何かを贈ること以外にもさまざまな慣習があるよ。次は身近な慣習を題材にしたポスターを見て、批評文を書いてみようか。

(一)　会話文中の[A]に入る最も適当な表現を、本文中から**十八字**で抜き出し、**初めと終わりの三字**を書け。[　　　]～[　　　]

(二)　会話文中の[B]に入る最も適当な表現を、次の(ア)～(エ)から一つ選べ。（　　）

(ア)　ギブする者とギブされる者の関係が揺るぎないものになることによって、ギブする者の気持ちに応えるためのふるまいが確立すること

(イ)　自分にギブしてくれた人にギブしたり、返礼をめあてにせずギブしたりすることによって、今までになかった関係性が成立すること

(ウ)　日常的なやりとりの中にも贈り合いの精神があると知ることによって、ギブとゲットを行う関係に対して新たな感動が生まれること

(エ)　他者の利益のために贈るという行為を重ねることによって、結果的に自分が他者より多くの物を受けとる関係性が生じること

(三)　会話文中の[C]に入る最も適当な表現を、本文中から**八字**で抜き出して書け。[　　　　　　　　]

(四)　批評文を書くときの注意点として**適当でないもの**を、次のⅠ群(ア)～(エ)から一つ選べ。また、京子さんは批評文を書くためのメモを行書で書くことにした。行書の特徴として**適当でないもの**を、後のⅡ群(カ)～(ケ)から一つ選べ。Ⅰ（　　）　Ⅱ（　　）

Ⅰ群

(ア)　個人的な印象や主観を重視して対象を捉える。

(イ)　対象となるものの価値や特性などについて評価する。

(ウ)　必要に応じて参考となる資料を引用する。

(エ)　自分の意見と根拠が明らかになる構成にする。

Ⅱ群

(カ)　文字の一部分が楷書で書くときより単純化されることがある。

(キ)　楷書で書くときより筆圧の変化が少なく、画は直線的になる。

(ク)　筆順は楷書で書くときとは異なることがある。

(ケ)　連続する点画どうしがつながることがある。

る。「大」という漢字は、「 Y 」と同じく、一般的にこの X 文字に分類される。

Ⅰ群　(ア) 象形　(イ) 指事　(ウ) 会意　(エ) 形声

Ⅱ群　(カ) 本　(キ) 羊　(ク) 知　(ケ) 油

(5)　本文中の d 論ソウ の片仮名の部分を**漢字**に直し、**楷書**で書け。(論　　)

(6)　本文中の f ますます増えています を単語に分け、次の〈例〉にならって、それぞれの語の品詞を示したものとして最も適当なものを、後の(ア)～(エ)から一つ選べ。(　　)

〈例〉 日は昇る　…　(答) 名詞＋助詞＋動詞

(ア)　副詞＋動詞＋助詞＋動詞

(イ)　副詞＋動詞＋助詞＋動詞＋助動詞

(ウ)　連体詞＋動詞＋助詞＋動詞

(エ)　連体詞＋動詞＋助詞＋動詞＋助動詞

(7)　本文中の g 貨幣経済のサービス が人間社会に与えた影響について説明した文として最も適当なものを、次の(ア)～(エ)から一つ選べ。(　　)

(ア)　人間関係を合理的に割り切るような考え方から救おうとすると同時に、期待していない時でも誰かと互いに助け合う関係を築く機会を奪った。

(イ)　回避することができない重苦しい関係性から解放しようとすると同時に、人と人との交流に求められてきたはずの利便性を維持する機会を奪った。

(ウ)　原始的なやりとりを行う関係から救済しようとすると同時に、普段から誰かと情報のやりとりを行うことで仲間意識を得るような機会を奪った。

(エ)　心理的な束縛を感じさせる関係性を解消しようとすると同時に、互いに共有したり援助したりして安心感を得るような機会を奪った。

(8)　本文中の h よく と**意味の異なるもの**が、波線部(～～)に用いられているものはどれか、次の(ア)～(エ)から一つ選べ。(　　)

(ア)　この料理は日本でよく作られる、なじみのあるものだ。

(イ)　近代の著名な画家として、彼の名前がよく挙げられる。

(ウ)　彼女の小説は、よく考えられた巧みな展開であることで有名だ。

(エ)　町を歩いていると、人から道をよく聞かれる。

(9)　本文中の i 報い の漢字の部分の読みを**平仮名**で書け。(　　い)

(10)　本文の段落構成を説明した文として**適当でないもの**を、次の(ア)～(エ)から一つ選べ。(　　)

(ア)　2・3段落では、1段落で提示した話題に対する考察を述べて、論を展開している。

(イ)　4・5段落では、2・3段落で述べた内容を別の角度から捉え、読者に思考することを促している。

(ウ)　6・7段落では、4・5段落で示した内容について、さらに論を発展させ、主張につなげている。

(エ)　8段落では、7段落までの内容を踏まえつつ、これまでとは異なる立場で主張を述べている。

(11)　京子さんと一郎さんのクラスでは、本文を学習した後、批評文を書くことになった。次の会話文は、京子さんと一郎さんが本文について話し合ったものの一部である。これを読み、後の問い㈠～㈣に答えよ。

京子　本文では、ギブする行為が私たちに与えるものについて述べられていたね。社会全体に目を向けると、互いにギブする思い出してみてください。あの古びた人形が、なぜ現代の私たちの心を動かすかと言うと、家族がこどもに与えるものであると同時に、こどもの側も、それを通して家族に与えることができるという、相互の立場からの贈り合いを感じさせるからでしょう。

8 そう考えれば、新しい関係を生みだす原動力は、誰かが誰かの力になる／誰かは誰かから力をもらうという、贈り贈られる関係――すなわち「利他性」――から生まれていると言えそうです。利他性は、ギブの価値観を示すものです。＊第2章の最後に、「人は誰かの世話をしたり、誰かの力になったり、感じたことを分かちあったりせずにいられない、社会的な生き物です」と書きました。もちろん個人個人で判断は異なるものですが、ある状況では利己的にふるまう人でも、違う状況では思いやりを示したりもします。相手から信頼されることで、相手にも信頼を返そうと気持ちをあらため、自分を変えていくことができます。みな心の奥底にそんな利他性を抱え、ふるまい方を調整しながら日々を生きています。相反するようなゲットとギブには、そんな人間の心の複雑さが反映されているのでしょう。

（上平崇仁《かみひらたかひと》「コ・デザイン」より。一部表記の変更や省略がある）

注

＊マルセル・モース…フランスの社会学者、民族学者。

＊≒…二つのものの間に置いて、それらがほとんど等しいことを表す記号。

＊ユートピア…完全で理想的な所。

＊インフラ…社会生活の基盤となる施設や情報通信網。

＊Tea doll…本文より前の部分に登場する、中に茶葉を詰めた人形で、カナダの遊牧民が長距離移動をする際、茶葉を運ぶという役割をこどもに与えるために用いたもの。

＊第2章…本文より前の部分。本文は第7章の一部。

(1) 本文中のa それらが連鎖することとはどのようなことか。最も適当なものを、次の(ア)～(エ)から一つ選べ。（　）

(ア) 義務として贈り物をする慣習が続けざまに変化すること。
(イ) 義務として贈り物の贈り方が引き継がれること。
(ウ) 贈り物に関する義務としての行動が次々とつながること。
(エ) 贈り物を義務として考える人が徐々に増えていくこと。

(2) 本文中のb ささやかなの意味として最も適当なものを、次のⅠ群(ア)～(エ)から一つ選べ。また、本文中のe 概念の意味として最も適当なものを、後のⅡ群(カ)～(ケ)から一つ選べ。Ⅰ（　）Ⅱ（　）

Ⅰ群 (ア) 遠慮のない　(イ) 突然の
(ウ) わずかばかりの　(エ) わざとらしい

Ⅱ群 (カ) 常に変わることがない性質への評価
(キ) おおよその内容を表す言葉に対する各自の印象
(ク) 特定の物に対してそれぞれが持つ認識の相違点
(ケ) ある物事についての本質的な意味内容

(3) 本文中の［　　］に入る表現として最も適当なものを、次の(ア)～(エ)から一つ選べ。（　）

(ア) 近視眼的な損得勘定　(イ) 人間関係を維持する力
(ウ) 互いに報酬を得る関係　(エ) モースの着眼点

(4) 次の文章は、本文中のc 大きなの「大」という漢字の成り立ちに関して述べたものである。文章中の［X］・［Y］に入る最も適当な語を、［X］は後のⅠ群(ア)～(エ)から、［Y］はⅡ群(カ)～(ケ)から、それぞれ一つずつ選べ。Ⅰ（　）Ⅱ（　）

物の形をかたどることでその物を表す漢字は［X］文字に分類され

2　次の文章を読み、問い(1)～(11)に答えよ。(1～8は、各段落の番号を示したものである。)

1　ギブすることは、要するに何かを「贈る」ことです。人間社会において他者に何かを贈るという慣習は、古今東西、幅広く見られます。一九二四年、*マルセル・モースはさまざまな伝統的な社会の慣習を分析し、贈り物は一方的に贈られるだけでなく、それを受けとること、そして返礼すること。この三つが義務として行われており、a それらが連鎖することで社会システムがつくりだされていることを見いだしました。

2　この力は伝統的な社会に限らず、現代でもはっきりと生き残っています。日本の年末年始に親しい関係で行われるお歳暮や年賀状なども、相互に敬意を取り交わしながら贈りあうことで共同体のつながりを意図的につくりだすための仕組みです。もっと身近な例で言えば、誰かの誕生日をSNSなどを通じて知ったときに送る、b ささやかなバースデーメッセージも含まれるでしょう。ちょっと考えれば、もらった側には、嬉《うれ》しさだけでなく、同時にお返しのあいさつをしなくては、という気持ちが生まれることに気づくでしょう。こういった仕組みを見ると、社会の中には［　　］だけでは説明できない、かかわりあいを長期的に成り立たせる力が働いていることが分かります。こうした贈与の力（*互酬的な関係性）は、実は近代的な市場経済よりはるかに古い歴史を持つ、人間社会の基盤的なものです。

3　モースの着眼点は後世に c 大きな影響を与え、その理論を継承する人や批判する人、さまざまな視点から d 論ソウが起こされてきました。近代社会が行き詰まりつつある中で、贈与の e 概念に注目が集まり、現在では人類学を飛び越え、哲学、心理学、社会学、経営学などの分野でも話題のトピックに上がることが f ますます増えています。

4　贈与の世界は、決して*ユートピアではありません。原始的な分かちあいは「温かみ」を感じさせる一方で、逃れることができない「しがらみ」の重さも同時に感じさせます。そんな息苦しさから逃れたいとみんな思ったからこそ、現代ではお金で決着をつけられる g 貨幣経済のサービスに需要が置き換わっていったわけです。

5　しかし、貨幣経済は人間関係をドライに切り離します。しがらみを取り払おうとすると同時に、何か意味が生まれるはずだった相互のやりとりまで消し去ってしまいました。現代ではつながりが希薄になった、と h よく言われますが、*インフラ的な意味で言えば、ここまで常時接続が発達した便利な時代はないはずです。正確に言えば、減ってしまったのは、ほっとするような分かちあいや助けあいを感じる機会、すなわち「予期せず人にギブする機会」や、「予期せず人からギブされる機会」なのではないでしょうか。分断されすぎた社会をつなぐためには、貨幣経済が積極的に切り離してきた力を、もういちど考え直すことが必要です。

6　日本語の中にも、「恩送り」や「情けは人のためならず」という言葉が古くから残っています。先人たちは、見返りを期待することなく他者へ親切にすることで回り回っていつかは自分によい i 報いがくるという、善意の循環が起こりやすい社会にするために、行為の円環を閉じない言い伝えをしてきたことが分かります。

7　その力は、循環する関係の中に存在しており、関係は閉じられないからこそ、私たちの世界には、ゲットの原理だけでは測れないやりとりが生成されていたはずなのです。誰もがゲットしか考えないようになれば、当然、なんの広がりも起こりません。たとえば、*Tea dollを

ものを一つ選べ。［　　　　］（　　）

(ア) 言ふべきにあらず　　(イ) 定まらずひらめいたり

(ウ) 草の戸も住み替はる　　(エ) 松島の月まづ心にかかりて

(5) 次の会話文は、悠一さんと絵里さんが本文を学習した後、本文について話し合ったものの一部である。これを読み、後の問い㈠・㈡に答えよ。

> 悠一　本文から、もてなす側ともてなされる側が、茶の湯を好む者として「［A］」でないことが読みとれるね。
>
> 絵里　そうだね。［B］ところから、本文に登場する客のような、「［C］」を相手にするときは、もてなす側が、そのような者を相手にしているのだと理解しておく必要があると分かるね。
>
> 悠一　もてなす側ともてなされる側が「［A］」にすることができなければ、茶の湯の味わいも十分ではなくなるんだね。

㈠ 会話文中の［A］・［C］に入る最も適当な表現を、本文中からそれぞれ**四字**で抜き出して書け。A［　　　　］　C［　　　　］

㈡ 会話文中の［B］に入る最も適当な表現を、次の(ア)～(エ)から一つ選べ。（　　）

(ア) 客が「朝顔の茶の湯」を希望したのに遅い時間に来たことに対し、亭主は立腹して遠回しに客を非難するようなふるまいをしたが、客に通じなかった

(イ) 客が日付を勘違いしたうえに反省する様子がないことに対し、亭主は腹を立てて追い返そうとさまざまな行動をとったが、客は気づかなかった

(ウ) 客が「朝顔の茶の湯」を頼んだのに昼前に来たことに対し、亭主は怒りが収まらずもてなしながらも声を荒げて叱ったが、客は聞き入れなかった

(エ) 客が大変早い時間に来たうえに平然とした様子であることに対し、亭主はいらだちを覚え客を困らせるような態度をとったが、客に伝わらなかった

国語

時間　四〇分
満点　四〇点

（注）　字数制限がある場合は、句読点や符号なども一字に数えなさい。

1　次の文章は、「西鶴諸国ばなし《さいかくしょこく》」の一節である。注を参考にしてこれを読み、問い(1)～(5)に答えよ。

野は菊・萩《はぎ》咲きて、秋のけしき程、しめやかにおもしろき事はなし。心ある人は歌こそ和国の風俗なれ。何によらず、ａ花車《きやしや》の道こそ一興なれ。

奈良の都のひがし町に、*しをらしく住みなして、明暮《あけくれ》茶の湯に身をなし、興福寺《こうふくじ》の、*花の水をくませ、かくれもなき*楽助《らくすけ》なり。ある時この里の*こざかしき者ども、*朝顔の茶の湯をのぞみしに、兼々《かねがね》日を約束して、ｂ万《よろづ》に心を付けて、その朝*七つよりこしらへ、この客を待つに、大かた時分こそあれ、昼前に来て、*案内《あない》をいふ。亭主腹立《ふくりふ》して、客を*露路《ろぢ》に入れてから、挑灯《ちやうちん》をともして、むかひに出《いづ》るに、客はまだ合点ゆかず、夜の足元するこそ、ｃをかしけれ。あるじおもしろからねば、花入れに土つきたる、芋の葉を生けて*見すれども、その通りなり。兎角《とかく》心得ぬ人には、心得あるべし。亭主も客も、心ひとつの*数寄人《すきびと》にあらずしては、たのしみもかくるなり。

（「新編日本古典文学全集」より）

注

*しをらしく…上品に。
*花の水…「花の井」という、井戸からくんだ名水。
*楽助…生活上の苦労がない人。
*こざかしき…利口ぶって生意気な。
*朝顔の茶の湯…朝顔が咲く時間に行われる茶の湯。
*七つ…四時頃。
*案内…取り次ぎの依頼。
*露路…茶室に至るまでの庭。
*見すれども…見せたが。
*数寄人…茶の湯に深い愛着を持つ人。

(1)　本文中のａ花車の道こそ一興なれの解釈として最も適当なものを、次の(ア)～(エ)から一つ選べ。（　　）

(ア)　風流の道は心ひかれるものだ
(イ)　風流の道は騒がしいものだ
(ウ)　風流の道は新たにつくるものだ
(エ)　風流の道は興ざめなものだ

(2)　本文中の二重傍線部（‖）で示されたもののうち、主語が一つだけ他と異なるものがある。その**異なるもの**を、次の(ア)～(エ)から選べ。（　　）

(ア)　住みなして　(イ)　くませ　(ウ)　いふ　(エ)　入れて

(3)　本文中のｂ万に心を付けての解釈として最も適当なものを、次の(ア)～(エ)から一つ選べ。（　　）

(ア)　多くの人に手伝ってもらって　(イ)　十分な報酬を期待して
(ウ)　あらゆることを面倒に思って　(エ)　さまざまなことに配慮して

(4)　本文中のｃをかしけれは歴史的仮名遣いで書かれている。これをすべて**現代仮名遣い**に直して、**平仮名**で書け。また、次の(ア)～(エ)のうち、波線部（～～）が現代仮名遣いで書いた場合と同じ書き表し方である

2022年度／解答

数　学

1 **【解き方】**(1) 与式 $= -9-30=-39$

(2) 与式 $=\dfrac{3(8a+9)-4(6a+4)}{12}=\dfrac{24a+27-24a-16}{12}=\dfrac{11}{12}$

(3) 与式 $=(\sqrt{2})^2+2\times\sqrt{2}\times\sqrt{5}+(\sqrt{5})^2=2+2\sqrt{10}+5=7+2\sqrt{10}$

(4) 両辺を 100 倍して，$16x-8=40$　移項して，$16x=40+8$　よって，$16x=48$ より，$x=3$

(5) 与式を順に①，②とする。①× 2 −②× 3 より，$5x=25$　よって，$x=5$　②に代入して，$3\times5-2y=-1$ より，$15-2y=-1$　よって，$-2y=-16$ より，$y=8$

(6) $y=\dfrac{1}{4}x^2$ に $y=9$ を代入して，$9=\dfrac{1}{4}x^2$ より，$x^2=36$　よって，$x=\pm6$　x の変域が，$a\leqq x\leqq3$ だから，$x=-6$　$y=\dfrac{1}{4}x^2$ は，x の絶対値が大きいほど y の値は大きくなるから，$a=-6$　これより，x の変域は，$-6\leqq x\leqq3$ だから，y の最小値は，$x=0$ のときの $y=0$　よって，$b=0$

(7) 右図で，$\overset{\frown}{AB}$の円周角より，$\angle ADB=\angle ACB=92°$　△BED の内角と外角の関係より，$\angle DBE=92°-57°=35°$　△FBC の内角と外角の関係より，$\angle x=92°+35°=127°$

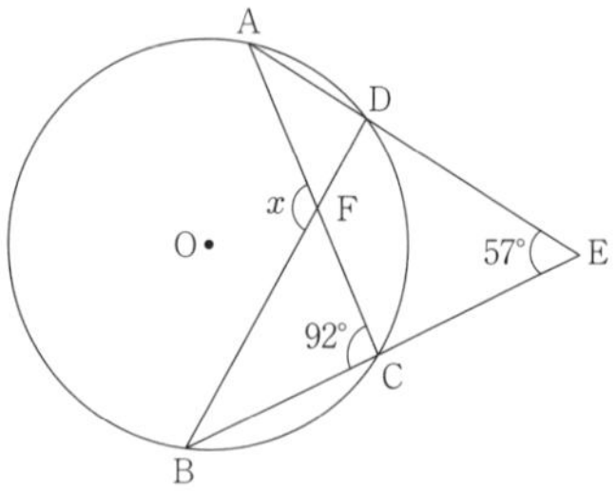

(8) はじめに箱に入っていた白玉の個数を x 個とすると，白玉と黒玉の個数について，$x:50=(40-3):3$ が成り立つ。これを解くと，$x=616.\cdots$ となるから，一の位を四捨五入して，およそ 620 個。

【答】(1) -39　(2) $\dfrac{11}{12}$　(3) $7+2\sqrt{10}$　(4) $x=3$　(5) $x=5,\ y=8$　(6) $(a=)-6$　$(b=)\,0$

(7) 127°　(8) (およそ) 620 (個)

2 **【解き方】**(1) $\dfrac{a}{b}=2$ のとき，$a=2b$ だから，このようになる目の出方は，$(a,\ b)=(2,\ 1)$，$(4,\ 2)$，$(6,\ 3)$ の 3 通り。さいころを 2 回投げたときの目の出方は全部で 36 通りだから，求める確率は，$\dfrac{3}{36}=\dfrac{1}{12}$

(2) 3 の倍数ではない数を 3 や 6 でわると循環小数になるから，$\dfrac{a}{b}$ が循環小数になるような目の出方は，$(1,\ 3)$，$(2,\ 3)$，$(4,\ 3)$，$(5,\ 3)$，$(1,\ 6)$，$(2,\ 6)$，$(4,\ 6)$，$(5,\ 6)$ の 8 通り。よって，求める確率は，$\dfrac{8}{36}=\dfrac{2}{9}$

【答】(1) $\dfrac{1}{12}$　(2) $\dfrac{2}{9}$

3 **【解き方】**(1) 面 ADFC 上にない点から，面 ADFC にひいた垂線の長さが点と平面 ADFC との距離になる。面 ADFC と面 ABC は垂直だから，点 B から辺 AC にひいた垂線 BG の長さは点 B と平面 ADFC との距離になる。

(2) 直角三角形ABCにおいて，三平方の定理より，$AC = \sqrt{AB^2 + BC^2} = 4\sqrt{5}$ (cm) AC = ADだから，$AD = 4\sqrt{5}$ cm 右図で，四角形CHDIは平行四辺形で，CHを底辺とすると高さはADになるから，四角形CHDIの面積は，$\dfrac{9}{2} \times 4\sqrt{5} = 18\sqrt{5}$ (cm^2) 四角錐BCHDIは底面を四角形CHDIとしたときの高さは，点Bと平面ADFCとの距離に等しくなる。△ABCの面積について、$\dfrac{1}{2} \times 4\sqrt{5} \times BG = \dfrac{1}{2} \times 8 \times 4$ より，$BG = \dfrac{8\sqrt{5}}{5}$ (cm) したがって，四角錐BCHDIの体積は，$\dfrac{1}{3} \times 18\sqrt{5} \times \dfrac{8\sqrt{5}}{5} = 48$ (cm^3)

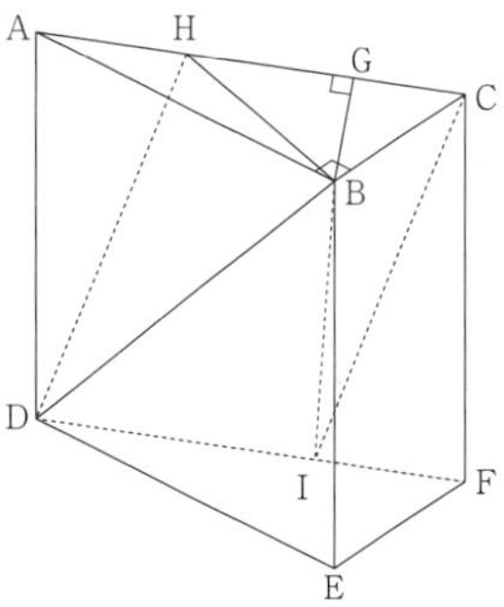

【答】 (1) (オ) (2) 48 (cm^3)

4 **【解き方】** (1) 大輝さんが走った時間は，9時36分 − 9時 − 18分 = 18（分）だから，1周にかかる時間は，18 ÷ 2 = 9（分） よって，進んだ道のりは出発してから9分後に1800m，9 + 18 = 27（分後）に1800m，27 + 9 = 36（分後）に3600mとなるので，グラフは右図1のように，(0，0)，(9，1800)，(27，1800)，(36，3600)を順に線分で結んだものになる。

図1

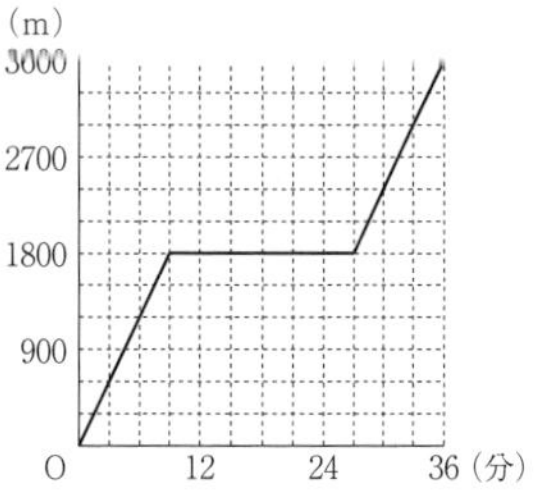

(2) ひなたさんのグラフの傾きは，$\dfrac{900}{12} = 75$ だから，式は $y = 75x$ 休憩後の大輝さんのグラフの傾きは，$\dfrac{3600 - 1800}{36 - 27} = 200$ だから，式を $y = 200x + b$ として，$x = 27$，$y = 1800$ を代入すると，$1800 = 200 \times 27 + b$ より，$b = -3600$ よって，$y = 200x - 3600$ この式と $y = 75x$ を連立方程式として解くと，$x = 28.8$，$y = 2160$ $60 \times 0.8 = 48$ より，28.8分 = 28分48秒だから，大輝さんがひなたさんに追いついたのは午前9時28分48秒。

(3) Ⅱ図と図1より，大輝さんとひなたさんの1周目を0m〜1800m，2周目を1800m〜3600mとして，午前9時 x 分にスタートから y m地点にいるとして大輝さんとひなたさんの進み方をグラフに表すと右図2のようになる。午前9時29分には大輝さんもひなたさんもジョギングコースの2周目を進んでいて，京平さんは大輝さんとひなたさんとは反対向きに1周をするので，図2のグラフにおいて，午前9時29分に地点Aを出発するときの座標は(29，3600)，午前9時41分に地点Aに着いたときの座標は(41，1800)となる。このときの京平さんのグラフの傾きは，$\dfrac{1800 - 3600}{41 - 29} = -150$ だから，グラフの式を $y = -150x + c$ として，$x = 41$，$y = 1800$ を代入すると，$c = 7950$ よって，京平さんの進み方を表すグラフは，$y = -150x + 7950$ 京平さんと大輝さんについて，$y = -150x + 7950$ と $y = 200x - 3600$ を連立方程式として解くと，$x = 33$，$y = 3000$ 京平さんとひなたさんについて，$y = -150x + 7950$ と $y = 75x$ を連立方程式として解くと，$x = \dfrac{106}{3}$，$y = 2650$ よって，京平さんが大輝さんとすれ違ったのは3000m地点，ひなたさんとすれ違ったのは2650m地点となるので，京平さんが大輝さんとすれ違ってからひなたさんとすれ違うまでに進んだ道のりは，3000 − 2650 = 350 (m)

図2

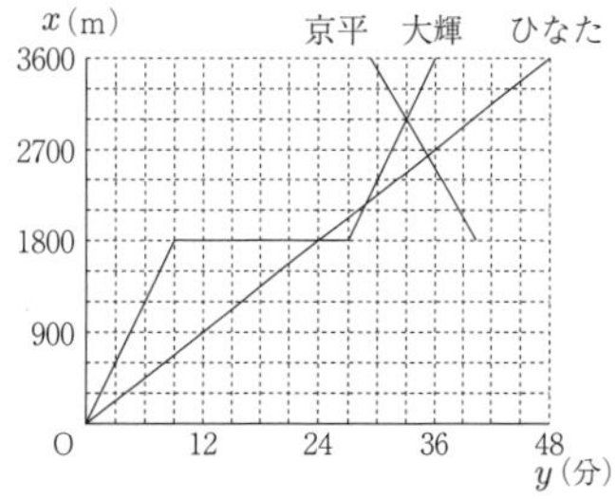

【答】 (1)（前図1） (2)（午前9時）28（分）48（秒） (3) 350 (m)

5 【解き方】(1) EF∥BCより，EF：BC = AE：AB　AE = AB − EB = 9 − 3 = 6 (cm)だから，EF：7 = 6：9より，EF = $\frac{14}{3}$ (cm)

(2) 平行線の錯角は等しいから，∠EDB = ∠DBC　DBは∠ABCの二等分線だから，∠EBD = ∠DBC　よって，∠EDB = ∠EBD　これより，△EBDはEB = EDの二等辺三角形なので，ED = 3 cm　同様に，∠FDC = ∠FCDより，△FCDはFC = FDの二等辺三角形。よって，FC = FD = $\frac{14}{3} - 3 = \frac{5}{3}$ (cm)　EF∥BCより，AF：AC = AE：AB = 6：9 = 2：3だから，AF：FC = 2：(3 − 2) = 2：1　よって，AF = $\frac{5}{3} \times 2 = \frac{10}{3}$ (cm)

(3) △CFD = Sとする。△CFDと△BDEは，底辺をそれぞれFD，EDとしたときの高さが等しいから，△CFDと△BDEの面積比はFD：EDに等しい。よって，△CFD：△BDE = $\frac{5}{3}$：3 = 5：9だから，△BDE = $\frac{9}{5}$S　△CFDと△DBCは，底辺をそれぞれFD，BCとしたときの高さが等しいから，△CFDと△DBCの面積比はFD：BCに等しい。よって，△CFD：△DBC = $\frac{5}{3}$：7 = 5：21だから，△DBC = $\frac{21}{5}$S　これより，四角形EBCFの面積は，S + $\frac{9}{5}$S + $\frac{21}{5}$S = 7S　ここで，△AEF∽△ABCで，相似比は，AE：AB = 2：3だから，面積比は，$2^2 : 3^2$ = 4：9　よって，四角形EBCF：△ABC = (9 − 4)：9 = 5：9だから，△ABC = $\frac{9}{5} \times 7$S = $\frac{63}{5}$S　したがって，△CFD：△ABC = S：$\frac{63}{5}$S = 5：63

【答】(1) $\frac{14}{3}$ (cm)　(2) $\frac{10}{3}$ (cm)　(3) 5：63

6 【解き方】(1) 各段の右端の正三角形の板に書かれている数は，1段目は1 (= 1^2)，2段目は4 (= 2^2)，3段目は9 (= 3^2)，4段目は16 (= 4^2)，…だから，7段目の右端の正三角形の板に書かれている数は，$7^2 = 49$　7段目の左端の正三角形の板に書かれている数は，6段目の右端の正三角形に書かれている数より1大きい数だから，$6^2 + 1 = 37$

(2) n段目の左端の正三角形の板に書かれている数は，$(n-1)^2 + 1 = n^2 - 2n + 2$，$n$段目の右端の正三角形の板に書かれている数は$n^2$だから，$n^2 - 2n + 2 + n^2 = 1986$が成り立つ。整理して，$n^2 - n - 992 = 0$　左辺を因数分解して，$(n + 31)(n - 32) = 0$　$n > 0$だから，$n = 32$

【答】(1) (7段目の左端の正三角形の板に書かれている数) 37

(7段目の右端の正三角形の板に書かれている数) 49

(2) 32

英　語

1 【解き方】(1) ①「私は私の人生においてたくさんの人々に会ってきたが，彼らの中に私が決して忘れないだろう１人の人がいる」。経験を表す現在完了の文。have の後ろは過去分詞になる。⑥「彼は前へ行って，彼のスピーチを始めた」。and の前の動詞 went が過去形なので過去の文。

(2)「私たちはそれを聞いて驚いた」。「～して驚く」＝ be surprised to ～。感情の原因を表す不定詞の副詞的用法を使う。We were surprised to hear that.となる。

(3)「その自己紹介の仕方」。直前のマウロの自己紹介の方法を指す。日本語で自己紹介をするとき，マウロは懸命に話そうとした。

(4) 下線部を含む文は「彼は理解できない日本語の言葉があるとき，いつも彼の周りにいる人々に質問をした」という意味。マウロが日本語の意味をたずねる質問だとわかる。アの「この日本語は何を意味していますか」が適切。

(5) (a) 彼はスピーチをしている間，「緊張していた」が，懸命に努めた。(b) 毎日友達と話すことが重要だと涼真が考える理由は何かを考える。第５段落の後半に「３つ目に，私たちはお互いに自分たちの意見を分かち合うことができるので，毎日彼らと話すことは私にとって重要である」とある。

(6) 質問は「マウロは涼真の学校での最後の日に，彼のクラスメイトに何を言ったか」という意味。最後から２つ目の段落の最後のマウロの言葉を見る。「私は日本で楽しい時間を過ごしました。それは私の宝物です」とマウロは話した。ウの「彼の日本での日々は彼の宝物だった」が適切。

(7) (ア) 第２段落で涼真の先生は「マウロは２か月日本に滞在する」と述べている。(イ)「涼真はマウロに会う前，彼がどんな言葉を話すか知らなかった」。第２段落で涼真が「英語かな？　日本語かな？　わからないよ，でも，ぼくは新しい生徒に会うのが待ちきれないよ」と話している。正しい。(ウ) 第４段落の２文目に「彼はすべての授業において日本語でとても熱心に勉強した」とある。(エ) 第６段落の１文目を見る。マウロが最後にスピーチを行った。

(8) (a) マウロのスピーチを聞く前に涼真が考えていたことは何かを考える。第６段落の中ごろに「世界のすべての人には教育を受ける機会があると私は思っていたが，それは間違っていた」とある。エの「世界中のすべての人が教育を得ることができる」が適切。(b) 第６段落の後半を見る。「教育は私たちが自分たちの将来をより良くする手助けをすることができる」という涼真の言葉が書かれている。

【答】(1) ① met　⑥ began　(2) (オ)→(エ)→(カ)→(ウ)→(ア)→(イ)　(3) (エ)　(4) (ア)　(5) (a) nervous　(b) (ア)　(6) (ウ)　(7) (イ)
(8) (a) (エ)　(b) make our future better

◀全訳▶　私は私の人生においてたくさんの人々に会ってきたが，彼らの中に私が決して忘れないだろう１人の人がいる。彼は私のクラスメイトの１人だった。私が中学生のとき，彼は私たちの学校に来た。

ある朝，私たちの先生が私たちに，「私たちは来週，外国から１人の新しい生徒を迎えることになります。彼の家族がこの町に滞在するので，彼は私たちの学校に来ます。彼はここで２か月を過ごす予定です」と言った。私たちはそれを聞いて驚いた。私は放課後，私の友人たちとその新しい生徒について話した。友人の１人が私に，「彼はどんな言語を話すのかな？」とたずねた。私は彼に，「英語かな？　日本語かな？　わからないよ，でも，ぼくはその新しい生徒に会うのが待ちきれないよ」と言った。

その日がやってきた。彼は私たちの教室に入ってきて，私たちは彼を歓迎した。彼の名前はマウロだった。彼は英語で自己紹介をした。彼は私たちのためにゆっくりと英語を話し，私たちは彼が何を言っているのかを理解できた。その後，彼は日本語でも自己紹介をした。彼の日本語は流ちょうではなかったが，彼は懸命に日本語を話そうとし，私はその自己紹介の仕方が好きだった。そのため，私は彼と仲良くやっていけると思った。

彼は教室で私の隣に座った。彼はすべての授業において日本語でとても熱心に勉強した。私は彼に，「君は時には，日本語で勉強することはとても大変だと感じるかい？」とたずねた。彼はほほ笑んで，「いいや，感じないよ。すべての授業がおもしろい」と私に言った。私は彼がどれほど熱心に勉強しているのかを理解したので，彼を尊敬した。彼は理解できない日本語の言葉があるとき，いつも彼の周りにいる人々に質問をした。また，彼はよく私たちと日本語を話そうとしたので，彼の日本語はより上手になった。

ある日，英語の授業ですべての生徒がスピーチを行った。テーマは「あなたの人生において最も大切なものは何か？」だった。それぞれの生徒は教室の前へ行った。順番が来ると，私たちは自分たちのスピーチを行った。多くの話し手がスピーチをした後，ついに私の順番がやってきた。私は私のスピーチを始めた。「私は私の人生において友達が最も大切だと思います。私には3つの理由があります。まず，私が悲しいとき，彼らは私を元気づけてくれます。次に，彼らは私が抱えている問題を解決する手伝いをしてくれます。3つ目に，私たちはお互いに自分たちの意見を分かち合うことができるので，毎日彼らと話すことは私にとって重要です」　スピーチの間，私はとても緊張していたが，私は最善を尽くした。

まもなく，マウロの順番が来て，それは私たちの授業の最後のスピーチだった。彼は前へ行って，彼のスピーチを始めた。彼は「教育が私の人生の中で最も大切です。私たちの国では，子どもたちの中には，勉強をしたいのにできない子たちがいます。教育は私たちに多くのものを与えることができると私は思います。例えば，もし私たちが教育を通して新しい知識を得るなら，私たちは広い見方や多くの考え方を持ち，その知識で多くの問題を解決することができます。それに私たちはたくさんの技術を得ることができ，将来の私たちの仕事に対してたくさんの選択を持つことができます。そのため，私たちは将来の可能性を広げることができるのです」と言った。彼のスピーチを聞いた後，なぜ彼が日本語であってもすべての授業でとても熱心に勉強していたのかを私は理解した。世界のすべての人には教育を受ける機会があると私は思っていたが，それは間違っていた。家に帰った後，私は彼のスピーチについて母と話した。私は「初めて，僕は教育がどれくらい大切なものであるかを考えたよ。今後は僕はもっと熱心に勉強するつもりだ。教育は僕たちが自分たちの将来をより良くする手助けをすることができる」と言った。私は教育を受けることは当然のことだと思っていた，しかし，私はそれが特別なものであり，私の将来に必要であることを理解した。

2か月が過ぎ，彼にとって私たちの学校での最後の日がやってきた。彼はその次の日に，彼の国へ帰らなければならなかった。私たちはとても悲しく，彼に私たちがどのように感じているのかを話した。私は彼に，「楽しい時間をありがとう。僕は英語の授業での君のスピーチを決して忘れないよ。今度は，僕は君の国で君に会いたいな」と言った。彼は私たちに，「みんなの言葉をありがとう。私は日本で楽しい時間を過ごしました。それは私の宝物です」と言った。

彼が私たちに大切なことを教えてくれたので，今，私はすべての授業で熱心に勉強し，学校生活で最善を尽くして，それを楽しむように努めている。教育には将来への私たちの可能性を広げる力があると私は思う。

2 **【解き方】** (1) 直前にある「あなたたちは，あなたたちの好きな動物の絵のついた扇子を買うことができる」というローザの言葉から，まゆは「それはエマの素敵な思い出になるだろう」と言ったと考えられる。

(2) ユズ寺について，ローザは3番目の発言で「私はそこの美しい池を楽しみ，その写真をたくさん撮った」と話している。また，ハス寺について，ローザは4番目の発言で「それにその寺院の近くにある有名な店で私たちが食べたさくら風味のアイスクリームはおいしかった」と話している。

(3) まゆの5番目の発言からハス寺へはかなり歩く必要があるので行かない，ローザの最後から2番目の発言からウメ寺は風鈴のイベントが終わってしまうので行かない，まゆの最後から2番目の発言からフジ寺は車でなければ行くのに時間がかかるので行かないとわかる。残りのユズ寺とキク寺を訪問すると考えられる。

(4) (ア) 特集記事にウメ寺のイベントが9月で終わることが書かれてあり，ローザの最後から2番目の発言からこの会話は9月に行われたことがわかる。冒頭でまゆは「エマが来月，日本に来る」と話しているので，エマが日本に来るのは10月。(イ) ローザの2番目の発言を見る。まゆはローザのためにネコの絵を描いた。(ウ)「ローザがユズ寺で撮った写真のおかげで，彼女の妹は将来その寺を訪れたいと思っている」。ローザの3番目の発言を見る。正しい。(エ) 特集記事に，「その店のスタッフがあなたのために扇子にあなたの大好きな動物の絵を描いてくれる」とある。

【答】(1)(イ)　(2)(ウ)　(3)(ア)・(エ)　(4)(ウ)

◀全訳▶

まゆ　：こんにちは，ローザ。オーストラリアの私の友達の１人であるエマが来月，日本に来るの。エマと私は一緒に一日を過ごすことになっているの。私は彼女を私たちの市のいくつかの寺院に連れていきたいわ。あなたと私はこの夏休みに私たちの市のいくつかの寺院を一緒に訪れたので，私たちがどの寺院を訪れるべきかを私に教えて。

ローザ：いいわよ。そうね，私はあなたたちがウメ寺を訪ねるべきだと思う。私はその寺院の美しい庭園と風鈴のイベントをとても楽しんだわ。そのイベントで，私たちはお互いのために風鈴に絵を描きました。

まゆ　：私は，あなたが私のために描いてくれたイルカの絵が好きよ。私はよくそれを見るわ。

ローザ：私もあなたが私にくれた風鈴が好きよ。私はそのネコの絵が好きよ。

まゆ　：エマは絵を描くのが好きなので，私たちはその寺院を訪ねて，そのイベントを楽しむわ。ユズ寺はどうかな？

ローザ：私はそこの美しい池を楽しみ，その写真をたくさん撮ったわ。私はそれらを私の国の妹に送り，彼女もその寺院を気に入ったの。もし彼女にこの市を訪れる機会があれば，その寺院を訪れるつもりだと彼女はいつも言っているわ。この雑誌にある特集記事にも同じことが書いてあるわよ。

まゆ　：そうね。私もその池を気に入ったので，私たちはこの寺院も訪れることにするわ。

ローザ：ハス寺はどう？　その寺院の大きな木は素敵だったわ。それにその寺院の近くにある有名な店で私たちが食べたさくら風味のアイスクリームはおいしかったわ。

まゆ　：この特集記事には，そのアイスクリーム店の名前が書いているわ。私はもう一度そのアイスクリームを食べたいけれど，私たちは駅からその寺院へかなり歩かなければならないわ。もし，私たちがこの寺院を訪れたら，私たちはとても疲れるでしょう。それに私たちは他の寺院を訪れる十分な時間が持てなくなる。私はエマを他の寺院に連れていきたいわ。

ローザ：なるほど。そうね，私たちがあなたのお母さんと一緒に車で訪ねた寺院も私は気に入ったわ。その寺院はこの特集記事に載っていないけれど，私たちはその寺院からこの市の夜景を楽しんだわ。私は決して忘れないでしょう。私たちはまた，その寺院の近くにある有名なお茶屋で日本茶を飲んだわね。それはすごくおいしかったわ。

まゆ　：それはフジ寺ね。その日，私の両親は私たちと一緒に来ることができないし，電車かバスでそこへ行くのにはたくさんの時間がかかるわ。エマはその日に，２つか３つの寺院を訪ねたいと思っているので，私たちはそこへ行くべきではないわね。

ローザ：待って，この特集記事には，風鈴のイベントが今月で終わると書いてある。この寺院はどう？　あなたたちはこの寺院の近くで扇子のイベントを楽しむことができるわ。あなたたちは，あなたたちの好きな動物の絵のついた扇子を買うことができるわよ。

まゆ　：それはエマの素敵な思い出になるわね，だから私たちはその寺院を訪ねて，ウメ寺は訪ねないことにするわ。

ローザ：あなたたちが楽しい一日を過ごすことができればいいわね。

特集記事

寺院の名前	情報
ユズ寺	あなたはこの寺院の美しい池を見るべきです。それを見逃すべきでありません。
ハス寺	この寺院の近くに「こころ」とよばれる有名アイスクリーム店があります。あなたはその店を訪れるべきです。
ウメ寺	あなたはこの寺院の風鈴のイベントを楽しむことができます。あなたは風鈴に絵を描くことができます。そのイベントは9月に終了します。
キク寺	あなたはこの寺院の近くの店で扇子のイベントを楽しむことができます。その店のスタッフがあなたのために扇子にあなたの大好きな動物の絵を描いてくれるでしょう。

3 **【解き方】**(1) マナは「私は土曜日に友達とテニスをして，日曜日に宿題をした」と言っている。

(2) ダイスケが最も年上で，リサはショウタよりも若い。リサはクミより年上なので，クミが最も若い。

【答】(1)(イ)　(2)(ウ)

◀全訳▶　(1)

A：こんにちは，アミ。あなたは先週末に何をしましたか？

B：土曜日に，私は私の祖父を訪ねて，彼と一緒にケーキを作りました。日曜日に，私は家でテレビを見ました。私は良い週末を過ごしました。あなたはどうでしたか，マナ？

A：私は土曜日に友達とテニスをして，日曜日に宿題をしました。

B：あなたも良い週末を過ごしましたね！

質問：マナは先週の土曜日に何をしましたか？

(2)

A：こんにちは，リサ。あなたには兄弟か姉妹がいますか？

B：はい，います。この写真を見てください。写真に4人の人がいます。これらの男の子たちは私の兄弟のダイスケとショウタです。この女の子は私の姉妹のクミで，これは私です。ダイスケは4人の中で最も年上です。私はショウタより若いです。

A：わかりました。あなたはクミよりも年上ですか？

B：はい，年上です。

質問：写真の中で最も若いのはだれですか？

4 **【解き方】**(1) エマの母親が「私が夕食のための食べ物を買うように言ったので，彼女は今スーパーマーケットにいる」と言っている。

(2) ジェーンが「アンが病気で，今日すぐに病院へ行くことになっている。だから明日パーティーを開くのは難しい」と言っている。

【答】(1)(エ)　(2)(イ)

◀全訳▶

母親　　：もしもし？

ジェーン：もしもし。こちらはジェーンです。エマをお願いできますか？

母親　　：こんにちは，ジェーン。ごめんなさい。私が彼女に夕食のための食べ物を買うように言ったので，彼女は今スーパーマーケットにいるんです。あなたは，明日の学校の友達のための誕生日パーティーについて彼女と話したいのですか？

ジェーン：はい，私はそのパーティーについて大切な伝言があるのです。彼女にそれを伝えてもらえませんか？

母親　　：もちろんいいですよ。それは何ですか？

ジェーン：明日がアンの誕生日なので，エマと私は明日レストランで彼女のための誕生日パーティーを開く計画がありました。私たちはすでに彼女へのプレゼントを買いました。でも，アンが病気で，今日すぐに病院へ行くことになっています。だから，私たちが明日パーティーを開くのは難しいのです。私たちは日をかえなければなりません。私は次の日曜日が一番良いと思っています。私はその日時間があるのですが，エマがどのように考えるかを彼女にたずねたいのです。

母親　：わかりました。彼女にそれを伝えます。ああ！　私の家族が次の日曜日に別の計画があることを思い出しました。彼女のおじさんとおばさんがその日に私たちの家に来ることになっています。

ジェーン：わかりました。

母親　：彼女が家に帰ったら，あなたにもう一度電話をするように私は彼女に言います。

ジェーン：ありがとうございます。

質問(1) エマは今どこにいますか？

質問(2) ジェーンとエマはなぜアンの誕生日パーティーの日をかえなければなりませんか？

5 **【解き方】**(1) 店で時計をすすめられた時の返答になるせりふを選ぶ。I like it but it’s a little expensive.＝「私はそれが好きですが，少し高いです」。

(2) ケイコの「ミナト駅で一番好きな歌手に会った」というせりふに対する返答を選ぶ。You’re so lucky.＝「あなたはとても幸運ですね」。

【答】(1) (エ)　(2) (ア)

◀全訳▶

(1)

A：こんにちは，私たちの店へようこそ。あなたは何をお探しですか？

B：私は腕時計を探しています。ここには素敵な時計がたくさんありますね。

A：この腕時計はいかがですか？　これはとても人気があります。

B：(私はそれが好きですが，それは少し高いです)。

(2)

A：こんにちは，トモミ。私はあなたに話すことがあります。

B：あなたはとてもうれしそうに見えます，ケイコ。何があったか私に話してください。

A：数時間前に，私はミナト駅で私が一番好きな歌手に会いました。

B：(あなたはとても幸運ですね)。

社　会

1 **【解き方】**(1) (ア) ライン川はフランス・ドイツなどのヨーロッパを流れる国際河川。(イ) チベット高原はアジアの中央部に位置する。(エ) パンパは南アメリカ大陸のアルゼンチンに広がる草原。また，パリ協定は世界の平均気温を現在より2度低く抑えることを目標として採択された協定。

(2) (ⅰ群) (イ)は20世紀，(ウ)は18世紀，(エ)は17世紀のできごと。(ⅱ群) (カ) エクアドルとフィリピンのバナナの生産量の差（70万t）は，輸出量の差（457万t）よりも小さい。(キ) エクアドルのバナナの生産量（653万t）は，グアテマラとコスタリカのバナナの生産量の合計（619万t）よりも多い。(ケ) コスタリカもあてはまる。

(3) エチオピアにおける宗教別人口の割合は，キリスト教が4629万人÷7375万人×100から約63％。イスラム教が2504万人÷7375万人×100から約34％となる。

(4) (ア)はアメリカとイギリス，(イ)はフランスやロシアなど，(オ)は日本のこと。

(5) (ⅰ群) 総会において各加盟国は，人口に関係なく一国一票の投票権を持つ。(ⅱ群) (カ)は平安京に都を移した天皇。(ク)は飛鳥時代の日本初の女性天皇。(ケ)は荘園整理令を出した平安時代の天皇。

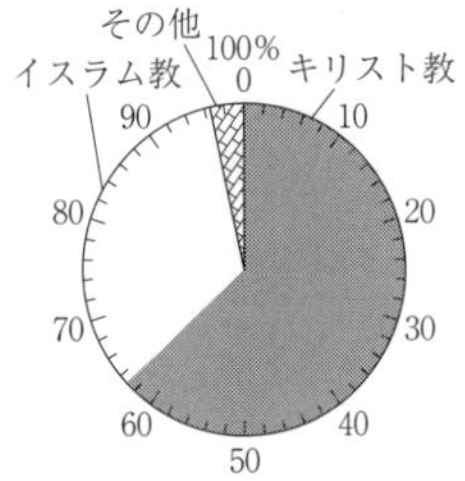

【答】(1) (ウ)，パリ(協定)　(2) (ⅰ群) (ア)　(ⅱ群) (ク)　(3) (右図)　(4) (ウ)・(エ)
(5) (ⅰ群) (エ)　(ⅱ群) (キ)

2 **【解き方】**(1) 成田国際空港は輸出入額の総額が日本一の貿易港で，おもに小型・軽量で高価な品物を扱う。名古屋港は近くに自動車工業がさかんな豊田市があり，自動車の輸出が大きな割合を占めている。

(2) 1875年に樺太・千島交換条約が結ばれて，樺太はロシア領，千島列島を含む北方領土が日本領となった。また，1905年にポーツマス条約が結ばれて，樺太の南半分が日本領となった。

(3) 再生可能エネルギーには太陽光や風力・波力などがあり，いずれも発電量は自然環境との関連が深く，安定的なエネルギー供給が課題となっている。

(4) 北海道は酪農がさかんであるが，牛乳は鮮度が落ちやすいので，日持ちするチーズやバターなどの乳製品に加工して遠方の都市に出荷することが多い。また，社会保障制度は生存権を守るために整備された制度。

(5) (ア) 企業に占める大企業の割合は1％以下。(イ) 独占禁止法によって不当な取引制限を禁止し，企業間で健全な競争が行われるようにしている。(ウ) 年齢や勤続年数に応じて賃金を上昇させる年功序列型の賃金制度にかわって，仕事の成果を評価基準として賃金を決める成果主義を導入する企業が増えてきている。

【答】(1) (成田国際空港) A　(名古屋港) C　(2) (ア)　(3) 供給量が左右される（同意可）　(4) (エ)，しゃかいふくし
(5) 社会的責任，(エ)

3 **【解き方】**(1) (ⅱ群) 平安時代中期に日本独自のかな文字や十二単《ひとえ》，大和絵などの文化が貴族を中心に栄えた。

(2) 写真は地中海沿岸のようす。夏の暑い外気を室内に入れないために窓が小さく，日光の熱を吸収しにくい白い壁の家が多く見られる。

(3) (ア)は江戸時代，(イ)は平安時代末期，(ウ)は室町時代，(エ)は鎌倉時代末期について述べた文。

(4) 白村江の戦いに敗れた日本は，唐・新羅の攻撃に備えて九州地方北部を守る兵士（防人）を置いた。

(5) (ⅰ群) 20歳代の総人口を約1250万人，投票率は約35％とすると，投票者数は約438万人。60歳代の総人口を約1780万人，投票率は約70％とすると，投票者数は約1246万人。20代の投票者数は60歳代の投票者数の約35％となる。(ⅱ群) (カ) 衆議院議員の被選挙権を得られる年齢は満25歳，参議院議員の被選挙権を得られる年齢は満30歳。(キ) 国政選挙において，外国に居住している有権者は「在外選挙制度」を利用し，投票を行うことができる。(ケ) 選挙当日に用事がある場合には，期日前投票が認められている。

【答】(1) (ⅰ群) (ア)　(ⅱ群) (キ)　(2) (イ)　(3) (イ)→(エ)→(ウ)→(ア)　(4) (ⅰ群) (ウ)　(ⅱ群) (カ)，万葉集
(5) (ⅰ群) (ア)　(ⅱ群) (ク)

4 **【解き方】** (1) 日英同盟が結ばれたのは 1902 年で，下関条約が結ばれた 1895 年とロンドン海軍軍縮条約が結ばれた 1930 年の間のできごと。津田梅子は 2024 年に発行される予定の新五千円札の肖像に選ばれた人物。

(2)（ⅰ群）ラジオ放送の開始は大正時代の 1925 年，テレビ放送の開始は太平洋戦争後の 1953 年。朝鮮戦争は 1950 年代に起こった。（ⅱ群）首長や議員の解職請求には有権者の 3 分の 1 以上の署名が必要。

(4) (ア) 九州地方の説明。(イ) 壇ノ浦の戦いが起こったのは山口県。(ウ) 五街道のうち，奥州街道が通っていた。(エ) 天童将棋駒は山形県，南部鉄器は岩手県の伝統的工芸品。

(5) (ア) 2015 年の所定外労働時間は 1995 年の所定外労働時間よりも増加している。(ウ) 2010 年の総実労働時間は，1995 年の総実労働時間より 100 時間以上短い。(エ) 所定内労働時間が 1700 時間未満の年（2005 年，2010 年，2015 年）は，いずれもパートタイム労働者の割合が 20 %以上になっている。

【答】 (1) B，(ア)　(2)（ⅰ群）(エ)　（ⅱ群）(ケ)　(3) (イ)・(ウ)・(オ)　共同参画社会　(4) 福島(県)，(エ)　(5) (イ)・(オ)

理　科

1 【解き方】(1) 筋肉をつくる細胞は，酸素をとり入れてエネルギーをとり出し，二酸化炭素を出している。

(2) 骨の両側にある筋肉は，関節をへだてた2つの骨についている。また，一方が縮むとき，他方はゆるむ。

(3) (ア)・(ウ)・(エ)は単細胞生物。

【答】(1) (ウ)　(2) (ⅰ群) (ア)　(ⅱ群) (キ)　(3) 組織，(イ)

2 【解き方】(2) 銅よりも亜鉛のほうが陽イオンになりやすいので，銅板と亜鉛板を用いた電池では亜鉛板が－極となり，銅板が＋極となる。電流は＋極から出て，－極へと流れる。素焼きの容器には小さな穴があいているので，イオンなどの小さい粒子が少しずつ通過できる。

【答】(1) (エ)　(2) (ⅰ群) (ア)　(ⅱ群) (コ)

3 【解き方】(1) 太陽からの距離が近い順に惑星を並べると，水星，金星，地球，火星，木星，土星，天王星，海王星となるので，Aが木星，Bが火星，Cが水星，Dが海王星，Eが土星，Fが天王星，Gが金星。地球型惑星は，水星・金星・地球・火星。

(2) 表より，太陽からの距離が地球よりも遠い惑星はA・B・D・E・Fで，どの惑星も少なくとも2個以上の衛星をもつ。地球が太陽のまわりを100周する時間は100年なので，公転周期が164.77年のDは1周もしていない。

(3) (ア) 天の川は，銀河系を地球から見たもの。(イ) すい星は，細長いだ円軌道で太陽のまわりを公転している。(ウ) 小惑星の多くは火星と木星の間にある。

【答】(1) B・C・G　(2) (ア)・(オ)　(3) (エ)，Y

4 【解き方】(2) 6時における湿球温度計の示した値は8.0℃，湿度は86％，9時における湿球温度計の示した値は9.0℃，湿度は87％，12時における湿球温度計の示した値は8.0℃，湿度は86％なので，6時と12時における気温である乾球温度計の示した値は等しい。乾湿計用湿度表より，湿度が86％か87％となるのは，乾球と湿球との目盛りの読みの差が1.0℃となるときなので，6時と12時における乾球温度計の示した値は，8.0 (℃) + 1.0 (℃) = 9.0 (℃)　また，9時における乾球温度計の示した値は，9.0 (℃) + 1.0 (℃) = 10.0 (℃)　15時における乾球温度計の示した値は10℃，湿球温度計の示した値は8.5℃なので，乾球と湿球の目盛りの読みの差は，10 (℃) − 8.5 (℃) = 1.5 (℃)　したがって，15時における湿度は80％。18時における乾球温度計の示した値は10℃，湿球温度計の示した値は8.0℃なので，乾球と湿球の目盛りの読みの差は，10 (℃) − 8.0 (℃) = 2.0 (℃)　よって，18時における湿度は74％。

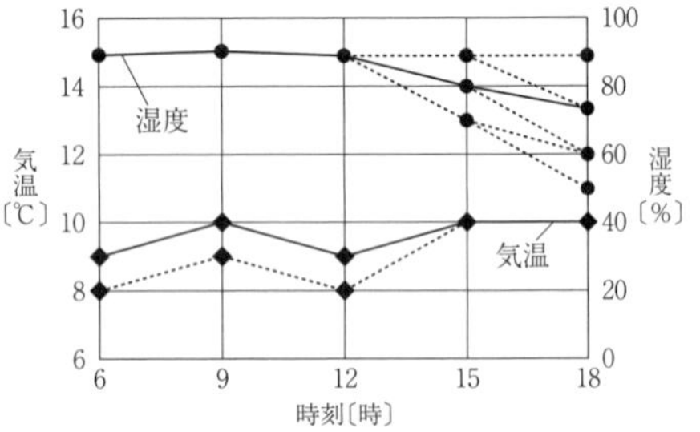

【答】(1) (ⅰ群) (ウ)　(ⅱ群) (キ)　(2) (前図)

5 【解き方】(1) シダ植物と被子植物には維管束があるので，維管束がない植物は1つ。パネル④より，植物Bは根，茎，葉の区別がないので，コケ植物。パネル③より，植物B・Cは種子をつくらないので，コケ植物かシダ植物。植物Bがコケ植物なので，植物Cはシダ植物。よって，残った植物Aは被子植物。

【答】(1) (イ)　A. (ク)　B. (カ)　C. (キ)　(2) (イ)

6 【解き方】(1) 表より，酸化銅の粉末3.20gと炭素の粉末0.24gの混合物を加熱したとき，試験管に残った固体の質量は2.56gなので，質量保存の法則より，発生した二酸化炭素の質量は，3.20 (g) + 0.24 (g) − 2.56 (g) = 0.88 (g)

(2) 表より，酸化銅の粉末3.20gと炭素の粉末0.24gの混合物を加熱したとき，試験管内に残った固体の色はすべて赤色になったので，酸化銅と炭素は過不足なく反応している。酸化銅の粉末3.20gと炭素の粉末0.36gの混合物を加熱すると，炭素の粉末の割合が大きいので，炭素の一部が反応せずに物質Xとして残る。酸化銅の粉末2.40gと過不足なく反応する炭素の粉末の質量は，$0.24\,(\mathrm{g}) \times \frac{2.40\,(\mathrm{g})}{3.20\,(\mathrm{g})} = 0.18\,(\mathrm{g})$なので，炭素の粉末0.12gとの混合物では酸化銅はすべて還元できず，酸化銅の一部が物質Yとして残る。

(3) (ア) 炭素の粉末0.21gと過不足なく反応する酸化銅の粉末の質量は，$3.20\,(\mathrm{g}) \times \frac{0.21\,(\mathrm{g})}{0.24\,(\mathrm{g})} = 2.80\,(\mathrm{g})$なので，酸化銅の一部が還元されずに残る。試験管に残る固体の質量は，$3.00\,(\mathrm{g}) - 2.80\,(\mathrm{g}) + 2.56\,(\mathrm{g}) \times \frac{0.21\,(\mathrm{g})}{0.24\,(\mathrm{g})} = 2.44\,(\mathrm{g})$ (イ) (2)より，酸化銅の粉末2.40gと炭素の粉末0.18gの混合物を加熱すると過不足なく反応するので，試験管内に残る固体の質量は，$2.56\,(\mathrm{g}) \times \frac{2.40\,(\mathrm{g})}{3.20\,(\mathrm{g})} = 1.92\,(\mathrm{g})$ (ウ) 炭素の粉末0.15gと過不足なく反応する酸化銅の粉末の質量は，$3.20\,(\mathrm{g}) \times \frac{0.15\,(\mathrm{g})}{0.24\,(\mathrm{g})} = 2.00\,(\mathrm{g})$なので，酸化銅の一部が反応せずに残る。試験管に残る固体の質量は，$2.32\,(\mathrm{g}) - 2.00\,(\mathrm{g}) + 2.56\,(\mathrm{g}) \times \frac{0.15\,(\mathrm{g})}{0.24\,(\mathrm{g})} = 1.92\,(\mathrm{g})$

(エ) 酸化銅の粉末2.10gと過不足なく反応する炭素の粉末の質量は，$0.24\,(\mathrm{g}) \times \frac{2.10\,(\mathrm{g})}{3.20\,(\mathrm{g})} = 0.1575\,(\mathrm{g})$なので，炭素の一部が反応せずに残る。試験管に残る固体の質量は，$2.56\,(\mathrm{g}) \times \frac{2.10\,(\mathrm{g})}{3.20\,(\mathrm{g})} + 0.18\,(\mathrm{g}) - 0.1575\,(\mathrm{g}) = 1.7025\,(\mathrm{g})$ (オ) 酸化銅の粉末2.00gと過不足なく反応する炭素の粉末の質量は，$0.24\,(\mathrm{g}) \times \frac{2.00\,(\mathrm{g})}{3.20\,(\mathrm{g})} = 0.15\,(\mathrm{g})$なので，酸化銅の粉末と炭素の粉末は過不足なく反応する。試験管に残る固体の質量は，$2.56\,(\mathrm{g}) \times \frac{2.00\,(\mathrm{g})}{3.20\,(\mathrm{g})} = 1.60\,(\mathrm{g})$

【答】 (1) 0.88（g） (2) (ウ) (3) (イ)・(ウ)

7 **【解き方】** (1) 表より，光源から凸レンズまでの距離が40cm，凸レンズからスクリーンまでの距離が40cmのとき，光源と同じ大きさの実像ができたので，光源とスクリーンは焦点距離の2倍の位置にある。よって，焦点距離は，$\frac{40\,(\mathrm{cm})}{2} = 20\,(\mathrm{cm})$ 光源が凸レンズの焦点距離の2倍の位置と焦点の間にあるとき，スクリーンには光源より大きい実像ができる。また，光源が凸レンズの焦点距離の2倍の位置より遠くにあるとき，スクリーンには光源より小さい実像ができる。

(2) 凸レンズの下半分を通った光がスクリーン上に集まるので，スクリーン上には光源の全体がうつるが，凸レンズを通る光が半分になるので暗くなる。

【答】 (1) A. (ア) B. (イ) 20（cm） (2) (オ) (3) 焦点より内側（同意可）

8 **【解き方】** (1) 質量1400gの物体にはたらく重力の大きさは，$1\,(\mathrm{N}) \times \frac{1400\,(\mathrm{g})}{100\,(\mathrm{g})} = 14\,(\mathrm{N})$ この物体を0.80mの高さまで持ち上げる仕事の大きさは，$14\,(\mathrm{N}) \times 0.80\,(\mathrm{m}) = 11.2\,(\mathrm{J})$ 仕事の原理より，斜面を利用しても仕事の大きさは変わらないので，斜面上を1.40m引き上げる力の大きさは，$\frac{11.2\,(\mathrm{J})}{1.40\,(\mathrm{m})} = 8.0\,(\mathrm{N})$

(2) (1)より，〈実験Ⅰ〉の仕事の大きさは11.2J。仕事率は，$\frac{11.2\,(\mathrm{J})}{4.0\,(\mathrm{s})} = 2.8\,(\mathrm{W})$ 〈実験Ⅱ〉の仕事の大きさは，$14\,(\mathrm{N}) \times 1.40\,(\mathrm{m}) = 19.6\,(\mathrm{J})$ 仕事率は，$\frac{19.6\,(\mathrm{J})}{7.0\,(\mathrm{s})} = 2.8\,(\mathrm{W})$

【答】 (1) 8.0（N） (2) X. (イ) Y. (ウ)

国　語

1 **【解き方】** (1)「一興なり」は，ちょっとした興味をひかれるものがあるということ。

(2)「案内」を請うたのは「客」。他は「亭主」，すなわち「奈良の都のひがし町」の「楽助」が主語。

(3)「万」は，あらゆることという意味。「心を付けて」は，大切に思って，気に留めてという意味。

(4) 助詞以外の「を」は「お」にする。(ア)と(ウ)の，語頭以外の「は・ひ・ふ・へ・ほ」は「わ・い・う・え・お」にする。(エ)の「づ」は「ず」にする。

(5) (一) A.「もてなす側ともてなされる側」とは，本文の「亭主」と「客」にあたる。「亭主」と「客」のすれちがいに，「亭主も客も心ひとつの数奇人にあらず」と述べていることに着目する。C. 朝顔の茶の湯を頼んでおきながら，「昼前」に来るような客であったことから，「兎角心得ぬ人には，心得あるべし」と，そのような人をもてなす側の心構えを説いている。(二)「客を露路に入れてから，挑灯をともして，むかひに出る」「花入れに土つきたる，芋の葉を生けて見すれども」等の行為はいずれも，「朝顔の茶の湯」には決まった時間があるのに，それを知らずに「昼前」にやってきた客に対するあてこすりであった。それなのに，客は「合点ゆかず」「その通りなり」といった反応をしていたことから考える。

【答】 (1) (ア)　(2) (ウ)　(3) (エ)　(4) おかしけれ・(イ)　(5) (一) A. 心ひとつ　C. 心得ぬ人　(二) (ア)

◀口語訳▶ 野には菊や萩が咲いているような，秋の景色ほど，ひっそりと静かで趣のあるものはない。風流を解する心を持った人は和歌こそが日本のならわしであると言う。どうであろうとも，風流の道は心ひかれるものだ。

奈良の都のひがし町に，上品に暮らし続け，日々茶の湯に身を入れ，興福寺の，「花の井」の水をくませていた，有名な楽助（生活上の苦労がない人）がいた。

ある時この里に住む利口ぶって生意気な者たちが，朝顔が咲く時間に行われる茶の湯を望んだので，前もって日を約束して，さまざまなことに配慮して，その朝は四時頃から準備をし，この客たちを待っていたところ，朝の茶の湯を始める時間はだいたい決まっているのに，（客は）昼前にやって来て，取り次ぎを頼んだ。

亭主は腹を立て，客を茶室に至るまでの庭に入れてから，提灯を灯して，迎えに出たのだが，客はまだ亭主の意図が理解できず，夜の道を歩くような歩き方をするのが，こっけいだった。亭主はおもしろくないので，花入れに土のついた，芋の葉を生けて見せたが，客たちはそのことも何とも思わなかった。とにかく風流を解さない人に対しては，もてなす側もそれ相応に取り計らうべきだ。亭主も客も，心同じく茶の湯に深い愛情を持つ人でなければ，茶の湯の楽しみも十分には得られないのである。

2 **【解き方】** (1)「それら」は，「贈られる」「受けとる」「返礼する」という一連の，「義務」として行われることがらを指している。

(3)「だけでは説明できない，かかわりあいを長期的に成り立たせる力」と続くので，「長期的」とは対照的な内容を考える。

(4) X.「物の形をかたどることでその物を表す漢字」の名称を考える。「大」は，人が頭を上にして両手両足を伸ばした形をかたどっている。Y.「本」は，木の根の太い部分に印をつけ，その部分を示し，「もと」という意味を表している漢字で，物事の状態を点や線で表した「指事文字」。「知」は，「矢」と「口」という二つの漢字を組み合わせた「会意文字」。「油」は，水や液体であることを表す「さんずい」と，「由（ユ）」という音を表す部分とでできている漢字で，意味を表す部分と音を表す部分とでできている「形声文字」。

(6) 単語に分けると「ますます（副詞）／増え（動詞）／て（助詞）／い（動詞）／ます（助動詞）」となる。

(7)「貨幣経済」は「しがらみを取り払おうとすると同時に，何か意味が生まれるはずだった相互のやりとりまで消し去ってしまいました」と述べた後で，やりとりについて，「減ってしまったのは，ほっとするような分かちあいや助けあいを感じる機会」と説明している。

(8) たびたびという意味。(ウ)は，念入りにという意味。

(10)「贈り合い」が人の「心を動かす」という[7]段落の内容を受け，続く[8]段落では，「贈り贈られる関係」は「新しい関係を生みだす原動力」だと述べている。

(11) ㈠「互いにギブすること」の「目的」を考える。本文では，「お歳暮や年賀状」を例に挙げ，「贈りあうことで…ための仕組みです」と述べている。㈡ Tea doll を例に，「広がり」を生みだす「贈り合い」は，人の「心を動かす」ものであり，こうしたやりとりは「新しい関係を生みだす原動力」となると述べている。㈢「基づく力」と続くので，「新しい関係を生みだす原動力は…から生まれている」という説明に着目する。㈣ Ⅰ. 説得力を持たせるためには客観性が必要になるので，「個人的な印象や主観」を重視した批評文では説得力が欠けたものとなる。Ⅱ.「行書」が，「楷書」をくずした書き方であることから考える。

【答】 (1) (ウ)　(2) Ⅰ. (ウ)　Ⅱ. (ケ)　(3) (ア)　(4) Ⅰ. (ア)　Ⅱ. (キ)　(5) (論)争　(6) (イ)　(7) (エ)　(8) (ウ)　(9) むく(い)
(10) (エ)　(11) ㈠ 共同体～りだす　㈡ (イ)　㈢ 贈り贈られる関係　㈣ Ⅰ. (ア)　Ⅱ. (キ)

~MEMO~

京都府公立高等学校
（中期選抜）

2021年度
入学試験問題

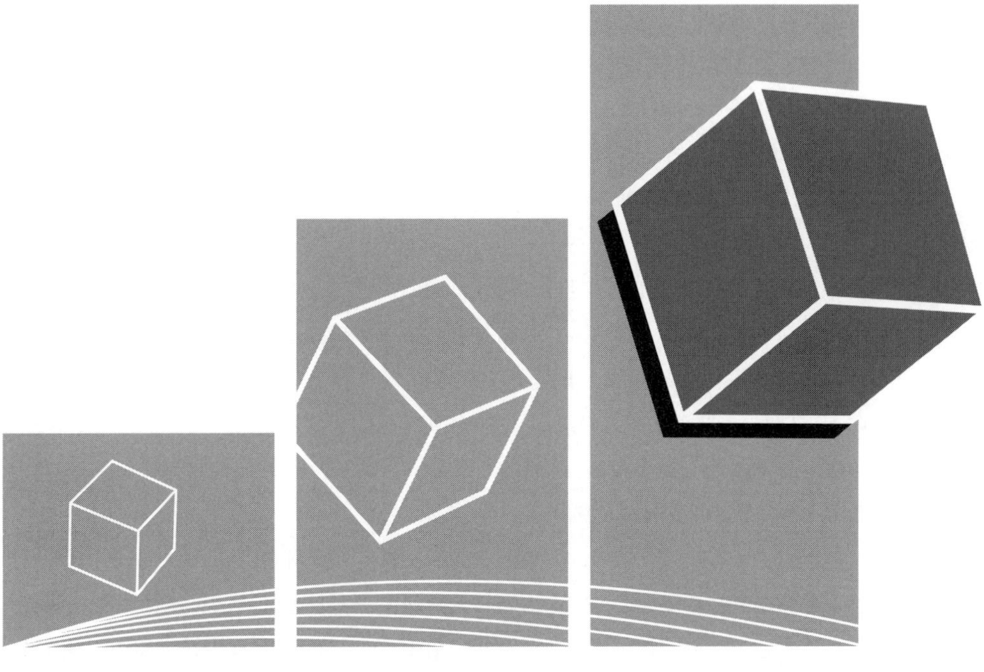

数学

時間　40分　　　　満点　40点

(注)　円周率はπとしなさい。
答えの分数が約分できるときは，約分しなさい。
答えが$\sqrt{}$を含む数になるときは，$\sqrt{}$の中を最も小さい正の整数にしなさい。
答えの分母が$\sqrt{}$を含む数になるときは，分母を有理化しなさい。

1　次の問い(1)〜(8)に答えよ。

(1)　$(-4)^2 - 9 \div (-3)$を計算せよ。(　　　)

(2)　$6x^2y \times \dfrac{2}{9}y \div 8xy^2$を計算せよ。(　　　)

(3)　$\dfrac{1}{\sqrt{8}} \times 4\sqrt{6} - \sqrt{27}$を計算せよ。(　　　)

(4)　$x = \dfrac{1}{5}$，$y = -\dfrac{3}{4}$のとき，$(7x - 3y) - (2x + 5y)$の値を求めよ。(　　　)

(5)　二次方程式$(x + 1)^2 = 72$を解け。(　　　)

(6)　関数$y = -\dfrac{1}{2}x^2$について，xの値が2から6まで増加するときの変化の割合を求めよ。(　　　)

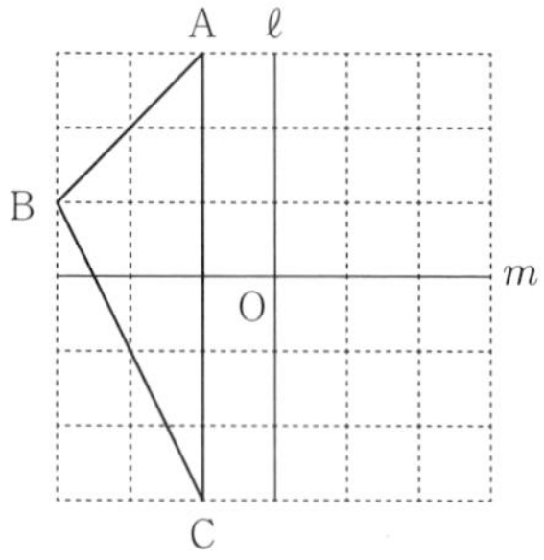

(7)　右の図のように，方眼紙上に△ABCと2直線ℓ，mがある。3点A，B，Cは方眼紙の縦線と横線の交点上にあり，直線ℓは方眼紙の縦線と，直線mは方眼紙の横線とそれぞれ重なっている。2直線ℓ，mの交点をOとするとき，△ABCを，点Oを中心として点対称移動させた図形を方眼紙上にかけ。

(8)　4枚の硬貨を同時に投げるとき，表が3枚以上出る確率を求めよ。ただし，それぞれの硬貨の表裏の出方は，同様に確からしいものとする。(　　　)

2　右のⅠ図は，2019年3月1日から15日間の一日ごとの京都市の最高気温について調べ，その結果をヒストグラムに表したものである。たとえば，Ⅰ図から，2019年3月1日からの15日間のうち，京都市の最高気温が8℃以上12℃未満の日は4日あったことがわかる。

このとき，次の問い(1)・(2)に答えよ。

Ⅰ図

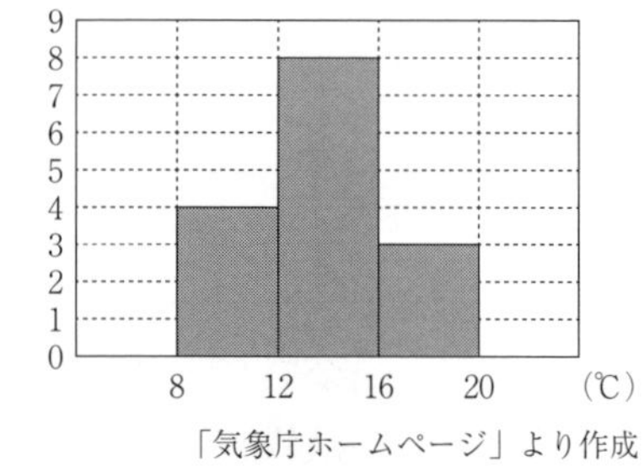

「気象庁ホームページ」より作成

(1)　Ⅰ図において，それぞれの階級にはいっている資料の個々の値が，どの値もすべてその階級の階級値であると考えて，一日ごとの京都市の最高気温の，2019年3月1日から15日間の平均値を，小数第2位を四捨五入して求めよ。(　　　℃)

(2)　右のⅡ図は，2019年3月1日から15日間の一日ごとの京都市の最高気温について，Ⅰ図とは階級の幅を変えて表したヒストグラムである。Ⅰ図とⅡ図から考えて，2019年3月1日からの15日間のうち，京都市の最高気温が14℃以上16℃未満の日は何日あったか求めよ。(　　　日)

Ⅱ図

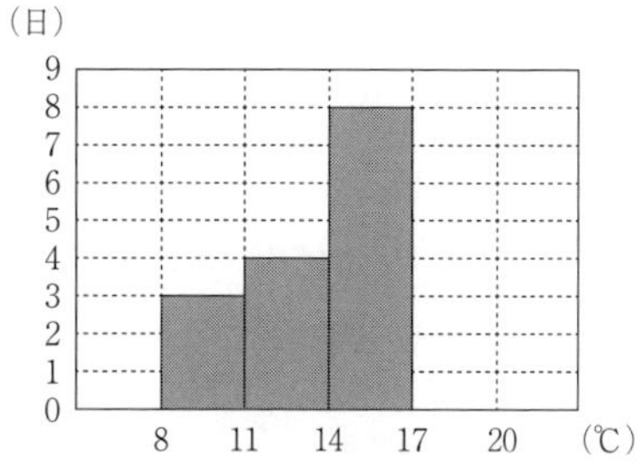

「気象庁ホームページ」より作成

3　右の図のような，正四角錐《すい》の投影図がある。この投影図において，立面図は1辺が6cm，高さが$3\sqrt{3}$cmの正三角形である。

このとき，次の問い(1)・(2)に答えよ。

(1)　この正四角錐の体積を求めよ。(　　　cm^3)

(2)　この正四角錐の表面積を求めよ。(　　　cm^2)

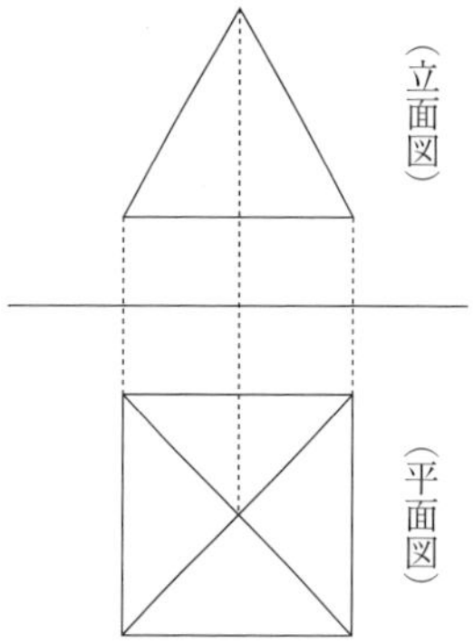

4　右の図のように，直線$y = \frac{1}{2}x + 2$と直線$y = -x + 5$が点Aで交わっている。直線$y = \frac{1}{2}x + 2$上にx座標が10である点Bをとり，点Bを通りy軸と平行な直線と直線$y = -x + 5$との交点をCとする。また，直線$y = -x + 5$とx軸との交点をDとする。

このとき，次の問い(1)・(2)に答えよ。

(1)　2点B，Cの間の距離を求めよ。また，点Aと直線BCとの距離を求めよ。2点B，Cの間の距離(　　　)　点Aと直線BCとの距離(　　　)

(2)　点Dを通り△ACBの面積を2等分する直線の式を求めよ。(　　　)

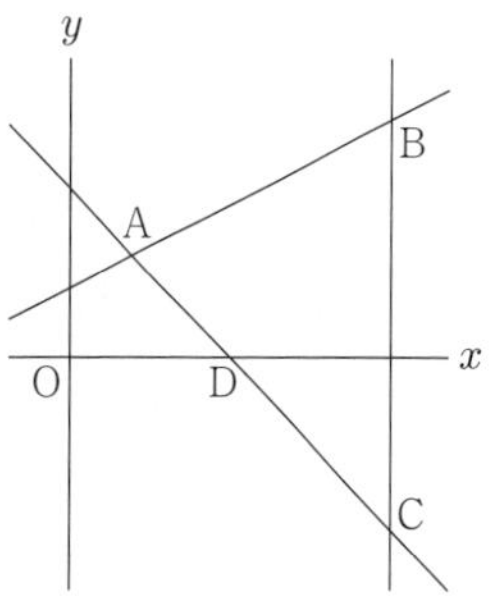

5　右の図のように，円Oの周を3等分する点A，B，Cがある。線分OB上に点Dを，OD：DB＝5：8となるようにとる。また，円Oの周上に点Eを，線分CEが円Oの直径となるようにとる。点Eを含むおうぎ形OABの面積は$54\pi \mathrm{cm}^2$である。

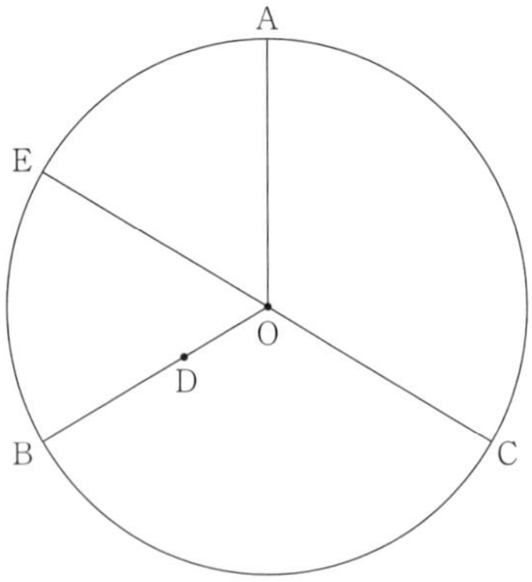

このとき，次の問い(1)～(3)に答えよ。

(1)　点Eを含むおうぎ形OABの中心角の大きさを求めよ。

(　　　)

(2)　円Oの半径を求めよ。(　　　cm)

(3)　線分ADと線分CEとの交点をFとするとき，線分CFの長さを求めよ。(　　　cm)

6　右のⅠ図のような，タイルAとタイルBが，それぞれたくさんある。タイルAとタイルBを，次のⅡ図のように，すき間なく規則的に並べたものを，1番目の図形，2番目の図形，3番目の図形，…とする。

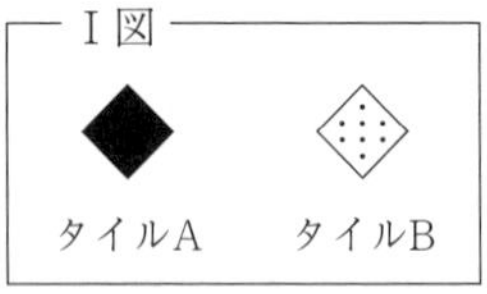

たとえば，2番目の図形において，タイルAは8枚，タイルBは5枚である。

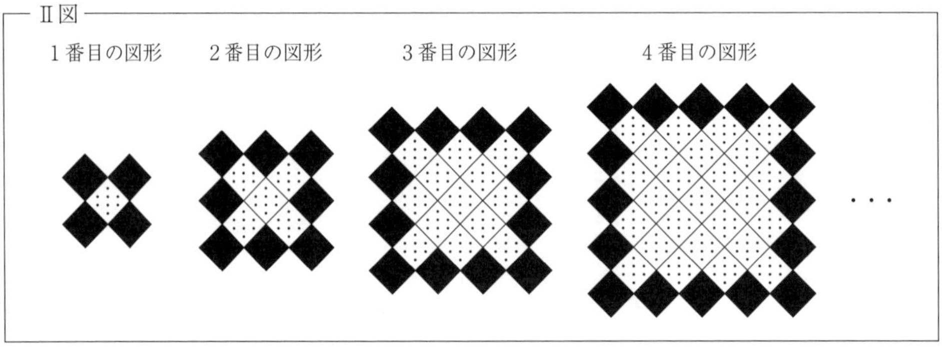

このとき，次の問い(1)～(3)に答えよ。

(1)　5番目の図形について，タイルAの枚数を求めよ。(　　　枚)

(2)　9番目の図形について，タイルBの枚数を求めよ。(　　　枚)

(3)　タイルAの枚数がタイルBの枚数よりちょうど1009枚少なくなるのは，何番目の図形か求めよ。(　　　番目の図形)

英語

時間　40分　　満点　40点

（編集部注）　放送問題の放送原稿は英語の末尾に掲載しています。
音声の再生についてはもくじをご覧ください。

（注）　問題3・4・5（リスニング）は，問題1・2の終了後に配布されます。
語数制限がある場合は，短縮形（I'm など）と数字（100 や 2021 など）は1語として数え，符号（, / . / ? / ! / “” など）は語数に含めないものとします。

1　次の英文は，中学生の真由実（Mayumi）が行ったスピーチである。これを読んで，問い(1)～(8)に答えよ。

Last year, all the students in my class had a work experience. Each student went to a place in our town and worked there for three days to know more about the job. One student worked at a flower shop and another student went to a restaurant. I worked at a *bakery called Mugi. Before the work experience, I ①(worry) about it a little, but I became excited when I started it.

The bakery has been popular for many years. There are many kinds of *bread there. My friends and I often go there to buy our favorite bread. We like ②(eat) the bread and we often talk about it. *Through the work experience, ③[(ア) the bakery / (イ) I / (ウ) so popular / (エ) understood / (オ) is / (カ) why]. I learned a lot about the way to make and sell bread.

*Workers at the bakery taught me how to make bread. I learned a lot of things to do for making bread. [④] them, it was interesting for me to make *dough and to *shape it into bread. When the workers make the dough, they use water as one of the *ingredients. They change the *amount of it to make the best dough for each day because the *temperature and the *humidity change every day. They said, “It is difficult to make the dough, but we always try to make the perfect dough for the day.” After they finish making the dough, they shape it well into each bread. I wanted to do it like them, but it was difficult for me to shape the dough into bread. One worker said, “It takes a few years to be able to make nice bread.” Now, I know it takes a lot of effort to make bread.

Workers at the bakery make many kinds of cards, and put them in front of each kind of bread in the shop. The cards show messages from the workers to customers. For example, one message is about special ingredients and *taste. I tried to write a card about my favorite bread, but I didn't know how to write a good card. One worker said to me, “You can write your *feelings about your favorite bread, and the reason for always buying it.” I did my best to write the card. I was excited because it was put in front of the bread in the shop. One worker said to me, “I love your card. It makes me happy because I understand that you enjoyed making it. Also, it shows your feelings about your favorite bread as a 14-year-old girl. Some customers bought the bread because they became interested in it after reading your card." I was very happy to hear ⑤ that, and I wanted to make better cards. Then, I asked some workers, "How do you make nice cards?" One of them said, "We try to learn a lot about every kind of bread in our bakery. Also, we read many books, and we often go to other bakeries to see good examples. We want to show the customers the good points of our bread, and we want ⑥ them to try the bread." Now, I know it takes a lot of effort to sell bread.

Through the work experience, I learned that workers are working very hard and I wanted to know the reason. Then, I asked some workers, and they said that they want to make many people happy, so they do their best every day. They also said that they become happy when they make customers happy. Before this experience, I thought people work only for their lives, but now, I understand that they also work hard for other people. If the workers can make other people happy, the workers will work harder. In the future, I want to work for other people like them. I tried a lot of things at the bakery, and that made me tired. However, the work experience was great because I was able to learn a lot and see a new world.

After I finished the work experience, I went to the bakery and bought bread. The taste was special and wonderful to me because I understood the feelings and the effort of the bakery workers.

(注) bakery　パン屋　　bread　パン　　through 〜　〜を通して　　worker　働く人
dough　(パンなどの) 生地　　shape 〜 into …　〜を…の形にする　　ingredient　材料
amount　量　　temperature　気温　　humidity　湿度　　taste　味　　feeling　気持ち

(1) 下線部① (worry)・② (eat)を，文意から考えて，それぞれ正しい形にかえて**1**語で書け。
①(　　　) ②(　　　)

(2) 下線部③の［　　］内の(ア)〜(カ)を，文意が通じるように正しく並べかえ，記号で書け。
(　　)→(　　)→(　　)→(　　)→(　　)→(　　)

(3) [④] に入る語として最も適当なものを，次の(ア)〜(エ)から1つ選べ。(　　　)
(ア) Against　(イ) Among　(ウ) During　(エ) Into

(4) 次の英文は，下線部⑤が指す内容について説明したものである。これを読んで，下の問い(a)・(b)に答えよ。

Mayumi enjoyed making the card, and one worker at Mugi understood that, so the worker loved Mayumi's card and became happy. Also, the card showed [i]. Some customers bought the bread because they wanted to try it [ii] the card.

(a) 本文の内容から考えて，[i] に入る表現として最も適当なものを，次の(ア)〜(エ)から1つ選べ。(　　　)
(ア) the customer's feelings about Mugi　(イ) the worker's favorite bread
(ウ) Mayumi's feelings about her favorite bread　(エ) the bakery loved by many people

(b) 本文の内容から考えて，[ii] に入る表現として最も適当な部分を，本文中から**2**語で抜き出して書け。(　　　　)

(5)　下線部⑥が指す内容として最も適当なものを，次の(ア)～(エ)から１つ選べ。(　　　)

(ア)　people visiting Mugi to buy bread　　(イ)　people working at other bakeries

(ウ)　people writing the good points of bread　　(エ)　people making bread to sell

(6)　本文の内容から考えて，次の〈質問〉に対して下の〈答え〉が成り立つように，［　　］に入る最も適当な**１語**を書け。(　　　)

〈質問〉　What do the workers at Mugi do for making the best dough for each day?

〈答え〉　They change the amount of ［　　］. It is one of the ingredients for making the dough.

(7)　本文の内容と一致する英文として最も適当なものを，次の(ア)～(エ)から１つ選べ。(　　　)

(ア)　Mayumi and her friends often visit Mugi to buy new kinds of bread.

(イ)　The cards showing the messages from the workers at Mugi were put in front of the shop.

(ウ)　The workers at Mugi read some books to show examples of the card to other bakeries.

(エ)　Mayumi bought bread at Mugi after the work experience, and it tasted special and wonderful to her.

(8)　次の英文は，このスピーチを聞いた中学生の優都（Yuto）と留学生のアンドレ（Andre）が交わしている会話の一部である。これを読んで，下の問い(a)・(b)に答えよ。

Yuto　:　What did Mayumi learn through the work experience?

Andre :　She talked about that in her speech. She understood that workers at Mugi do a lot of things for making and selling bread, and now, she knows that is their ［ i ］.

Yuto　:　That's good. I had a work experience at the post office, and I learned that workers there also work hard. They work hard because they want to carry someone's feelings with letters. That helps many people. I think that is their reason for working.

Andre :　Mayumi understood such a thing at Mugi, too. Before that, she thought people only work to live. However, after the work experience, she understood that they also ［ ii ］. And she wants to work like that in the future.

Yuto　:　Yes. I want to work like that, too.

(a)　［ i ］に入る語として最も適当なものを，次の(ア)～(エ)から１つ選べ。(　　　)

(ア)　communication　　(イ)　effort　　(ウ)　messages　　(エ)　mistakes

(b)　［ ii ］に入る表現として最も適当なものを，次の(ア)～(エ)から１つ選べ。(　　　)

(ア)　have a lot of experiences to see a new world

(イ)　have a work experience with their classmates

(ウ)　work to make other people happy

(エ)　work to make the best bread

[2] 次の英文は，高校生の直希（Naoki）と友人のソヨン（So-yeon）が，テレビ電話で交わしている会話である。次のホームステイプログラム（homestay program）のスケジュール（schedule）の一部を参考にして英文を読み，後の問い(1)～(4)に答えよ。

スケジュール（schedule）の一部

Monday August 6	8:30 a.m.	speaking/listening
	10:00 a.m.	reading/writing
	noon	brown bag lunch
	12:30 p.m.	use the computer at the library
	2:30 p.m.	play volleyball
	4:30 p.m.	go home with host family
Tuesday August 7	8:30 a.m.	speaking/listening
	10:00 a.m.	reading/writing
	noon	brown bag lunch
	12:30 p.m.	use the computer at the library
	2:30 p.m.	special class “American culture”
	4:30 p.m.	go home with host family
Wednesday August 8	8:30 a.m.	speaking/listening
	10:00 a.m.	reading/writing
	noon	brown bag lunch
	12:30 p.m.	visit a local factory
	□ p.m.	play games near the lake with host families

Naoki　：Hi, So-yeon. You said you are interested in studying in America, right?

So-yeon：Yes. I want to do that when I become a *college student, but I don’t know much about it.

Naoki　：My brother took part [①] a homestay program in America in his first year at college. Look, he gave me the schedule of it.

So-yeon：Is he studying at college in Japan now?

Naoki　：Yes. He is trying hard to work abroad in the future.

So-yeon：Wow! That sounds great.

Naoki　：My brother always says using different languages will help him. English is one of them.

So-yeon：I see. In this program, he had some English lessons [②], right?

Naoki　：Yes. He said that there were some students from different countries in his class, and studying with such classmates was a good chance to use English for communication.

So-yeon：And after lunch, he [③], right? All of them look fun.

Naoki　：Yes. For example, he played sports with his classmates. Also, he studied about American *culture in a special class and visited a *local factory. He listened to the *explanation about the local factory in English.

So-yeon：That sounds really hard to me.

Naoki　：Does it? But he enjoyed that because he understood the explanation while he was looking around the local factory.

So-yeon：Good. I think having such an experience in America was good for him when he tried to learn English in the program.

Naoki　：I agree with you. He spent a lot of time with his *host family after school and every weekend, and that was also a good experience of life in America for him.

So-yeon：Look at Wednesday, August 8. Did he start playing games near the lake in the evening?

Naoki　：Yes. In that part of America, it is not dark at about eight or nine p.m. in the summer.

So-yeon：So he began to play games at five thirty in the evening and had enough time. What is “brown bag lunch”?

Naoki　：It is like a *bento*. My brother made some sandwiches every morning, and he put them in a brown paper bag and brought it to school. Sometimes, he put some fruits in the bag, too.

So-yeon：People in America use brown paper bags for carrying their lunch, so they call it “brown bag lunch”, right?

Naoki　：That’s right. He liked it very much, and he does the same thing even in Japan.

So-yeon：I understand him. If I become interested in a culture, I want to know how people live there and try to do the same things.

(注) college　大学　　culture　文化　　local factory　地元の工場　　explanation　説明
host family　ホストファミリー

(1) [　①　] に入る最も適当な**1語**を書け。(　　　)

(2) [　②　]・[　③　] に入る表現の組み合わせとして最も適当なものを，次の(ア)～(エ)から1つ選べ。
(　　　)

(ア)　②　in the morning　　③　did different kinds of things
(イ)　②　at twelve thirty　　③　did his homework at the library
(ウ)　②　on August 7　　③　played volleyball for two hours
(エ)　②　before lunch　　③　played some games with host families

(3) 本文の内容から考えて，スケジュール（schedule）の一部中の [　　　] に入るものとして最も適当なものを，次の(ア)～(エ)から1つ選べ。(　　　)

(ア)　4:30　　(イ)　5:30　　(ウ)　8:30　　(エ)　9:30

(4) 本文の内容と一致する英文として最も適当なものを，次の(ア)～(エ)から1つ選べ。(　　　)

(ア) Naoki is studying hard in Japan because he wants to work in other countries in the future.

(イ) So-yeon thinks it was good for Naoki to have some experiences in America for learning English.

(ウ) So-yeon is interested in American school culture, so she has tried the same things even in Japan.

(エ) Naoki’s brother liked “brown bag lunch”, and he brings it to college even after coming back to Japan.

【リスニングの問題について】 放送中にメモをとってもよい。

3 それぞれの質問に対する答えとして最も適当なものを，次の(ア)～(エ)から１つずつ選べ。

(1)(　　　) (2)(　　　)

(1) (ア) Near the sea. (イ) In a warm room. (ウ) On a hot day. (エ) On a cold day.

(2) (ア) She is reading a French book. (イ) She is listening to a French song.

(ウ) She is watching a French movie. (エ) She is looking for the dictionary.

4 それぞれの質問に対する答えとして最も適当なものを，次の(ア)～(エ)から１つずつ選べ。

(1)(　　　) (2)(　　　)

(1) (ア) 午前４時 (イ) 午前５時 (ウ) 午前７時 (エ) 午前８時

(2) (ア) しりとりをする。 (イ) 歌を歌う。 (ウ) 鳥を観察する。 (エ) 昼食をとる。

5 それぞれの会話のチャイムのところに入る表現として最も適当なものを，下の(ア)～(エ)から１つずつ選べ。(1)(　　　) (2)(　　　)

（例題） A： Hi, I'm Hana.

B： Hi, I'm Jane.

A： Nice to meet you.

B： 〈チャイム音〉

(ア) I'm Yamada Hana. (イ) Nice to meet you, too. (ウ) Hello, Jane.

(エ) Goodbye, everyone.

（解答例） (イ)

(1) (ア) Yes, he is Hiroshi. (イ) Yes, he was playing the guitar.

(ウ) I don't think he is there. (エ) He wasn't Hiroshi's friend.

(2) (ア) OK. I'll do that.

(イ) Great. We will wait there.

(ウ) You should join our class tomorrow.

(エ) Satomi will also do her homework at home.

〈放送原稿〉

2021 年度京都府公立高等学校中期選抜入学試験英語リスニングの問題を始めます。

これから，問題[3]・[4]・[5]を放送によって行います。問題用紙を見なさい。

それでは，問題[3]の説明をします。

問題[3]は(1)・(2)の 2 つがあります。それぞれ短い会話を放送します。次に，Question と言ってから英語で質問をします。それぞれの質問に対する答えは，問題用紙に書いてあります。最も適当なものを，(ア)・(イ)・(ウ)・(エ)から 1 つずつ選びなさい。会話と質問は 2 回放送します。

それでは，問題[3]を始めます。

(1) A： Risa, when do you like to eat ice cream the best?

B： On a cold day, maybe. I like eating ice cream in a warm room. How about you, Meg?

A： I understand that. But I like eating it after swimming in the sea.

B： That sounds great, too!

Question：Where does Risa like to eat ice cream?

もう一度放送します。〈会話・質問〉

(2) A： Mom, I'm looking for the French dictionary.

B： I'm reading a French book with the dictionary, Emma. What do you want to do?

A： I'm listening to a French song, and I want to know what some words mean.

B： OK. I will finish reading this book soon. So, you can use the dictionary after that.

Question：What is Emma's mother doing?

もう一度放送します。〈会話・質問〉

これで，問題[3]を終わります。

次に，問題[4]の説明をします。

これから，マキとアンの会話を放送します。つづいて，英語で 2 つの質問をします。それぞれの質問に対する答えは，問題用紙に日本語で書いてあります。最も適当なものを，(ア)・(イ)・(ウ)・(エ)から 1 つずつ選びなさい。会話と質問は 2 回放送します。

それでは，問題[4]を始めます。

Maki： Hi, Anne. What are you going to do next summer?

Anne： Hi, Maki. I'm going to go to the mountain. Walking up the mountain is very hard, but it's a lot of fun. I like it very much.

Maki： You leave home early in the morning, right?

Anne： Yes. I usually get up at four and leave home at five, and start walking up the mountain at eight. I come home at seven in the evening.

Maki： Oh, that sounds very hard. What do you do while you are walking?

Anne： I enjoy talking with friends. When we are very tired, we help each other.

Maki： What do you mean?

Anne： We often do *shiritori*, or sing some songs. Also, I enjoy looking at plants. Sometimes I find very beautiful birds.

Maki：　That sounds nice. At the highest place on the mountain, what do you enjoy?

Anne：　We enjoy seeing beautiful mountains, and some towns if it's sunny. They're wonderful and I think that is the best! I walk very hard because I want to see them.

Maki：　Do you eat lunch there?

Anne：　Of course! It's so nice to eat lunch in such a good place.

Question (1)：What time does Anne usually start walking up the mountain?

Question (2)：What does Anne do at the highest place on the mountain?

もう一度放送します。〈会話・質問〉

これで，問題[4]を終わります。

次に，問題[5]の説明をします。

問題[5]は(1)・(2)の２つがあります。それぞれ短い会話を放送します。それぞれの会話の，最後の応答の部分にあたるところで，次のチャイムを鳴らします。〈チャイム音〉このチャイムのところに入る表現は，問題用紙に書いてあります。最も適当なものを，(ア)・(イ)・(ウ)・(エ)から１つずつ選びなさい。

問題用紙の例題を見なさい。例題をやってみましょう。

（例題）　A：　Hi, I'm Hana.

B：　Hi, I'm Jane.

A：　Nice to meet you.

B：　〈チャイム音〉

正しい答えは(イ)の Nice to meet you, too.となります。ただし，これから行う問題の会話の部分は印刷されていません。

それでは，問題[5]を始めます。会話は２回放送します。

(1)　A：　Look at the boy playing the guitar. That is Minoru, right?

B：　Well, I don't think that is Minoru. Maybe that is his brother, Hiroshi.

A：　Oh, really? There are some people around him. Is Minoru among them?

B：　〈チャイム音〉

もう一度放送します。〈会話〉

(2)　A：　Hi, Emma. It's sunny today. Let's go out.

B：　Sorry, I can't, Kanako. I have a lot of homework to do. Please go with Satomi.

A：　OK. I'm going to play tennis with her in the park, so join us later.

B：　〈チャイム音〉

もう一度放送します。〈会話〉

これで，リスニングの問題を終わります。

社会

時間　40分　　　　満点　40点

(注)　字数制限がある場合は，句読点や符号なども１字に数えなさい。

1　健さんは，赤道が通る大陸についてさまざまなことを調べた。右の資料Ⅰはアフリカ大陸周辺の略地図，資料Ⅱは南アメリカ大陸周辺の略地図であり，それぞれ同じ縮尺で健さんが作成したものである。これを見て，次の問い(1)～(5)に答えよ。

資料Ⅰ

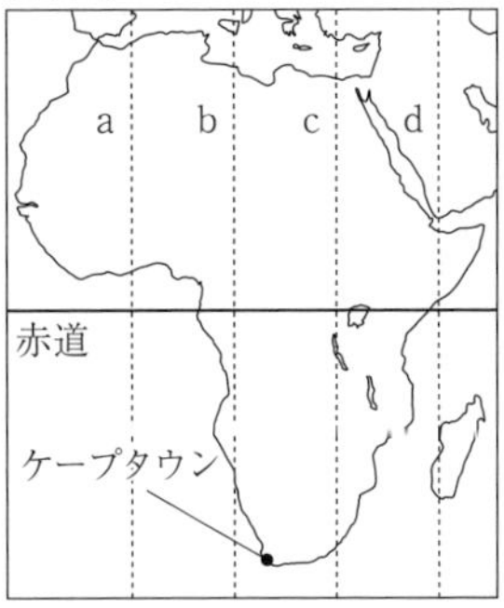

資料Ⅱ

(1)　資料Ⅰ中のa～dの点線（………）は，15度の間隔で引かれた経線を示しており，この４本の経線のうち，１本は本初子午線である。本初子午線を示しているものはどれか，a～dから１つ選べ。また，資料Ⅰ・Ⅱ中の•で示した都市のうち，最も高緯度に位置している都市はどれか，次の(ア)～(ウ)から１つ選べ。(　　　)(　　　)

(ア)　ケープタウン　　(イ)　クスコ　　(ウ)　マナオス

(2)　健さんは，資料Ⅰ中のアフリカ大陸で，20世紀にアフリカ州に属していない国によって核実験が行われていたことを知り，核兵器に関する各国の方針について調べた。日本が定めている，核兵器を「持たず，つくらず，持ちこませず」という方針を何というか，**ひらがな９字**で書け。また，健さんは，アフリカ大陸で初めて核実験が行われた年に，アフリカ州で17の独立国が生まれ，この年が「アフリカの年」と呼ばれることを知った。上の資料Ⅲは，20世紀の世界のできごとを，健さんが年代順に並べて作成したものである。資料Ⅲ中のA～Dのうち，「アフリカの年」が入る時期はどれか，１つ選べ。□□□□□□□□□　(　　　)

資料Ⅲ

ベルサイユ条約が結ばれる
A
世界恐慌が起こる
B
国際連合が発足する
C
石油危機が起こる
D
冷戦が終結する

(3)　資料Ⅰ中のケープタウンは，南アフリカ共和国の都市である。健さんは，ケープタウンの南部に位置する喜望峰《きぼうほう》をまわって，15世紀後半にインドに到達した人物について調べた。右の文は，この人物について健さんが書いたものである。文中の［　A　］に入る人物名を，次のⅰ群(ア)～(ウ)から１つ選べ。また，文中の［　B　］・［　C　］に入るものとして最も適当なものを，［　B　］は下のⅱ群(カ)～(ク)から，［　C　］はⅲ群(サ)～(ス)からそれぞれ１つずつ選べ。

［　A　］は，［　B　］から出航した後，アフリカ大陸西岸に沿って［　C　］を南下し，喜望峰をまわってインドに到達したことで，ヨーロッパから直接インドに行く航路を開いた。

ⅰ群(　　　)　ⅱ群(　　　)　ⅲ群(　　　)

ⅰ群　(ア)　マゼラン　　(イ)　コロンブス　　(ウ)　バスコ・ダ・ガマ

ⅱ群　(カ)　イギリス　　(キ)　スペイン　　(ク)　ポルトガル

ⅲ群　(サ)　インド洋　　(シ)　大西洋　　(ス)　太平洋

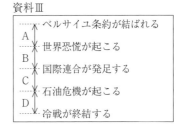

(4)　資料Ⅱ中のマナオスは，アマゾン川流域に位置するブラジルの都市である。健さんは，ブラジルがアマゾン川を利用して大量の鉄鉱石を輸送していることを知り，2017年における世界の鉄鉱石の生産量，輸出量および輸入量を調べて次の資料Ⅳを作成した。資料Ⅳは，2017年におけるそれぞれの項目の割合が高い国を上位4位まで示している。資料Ⅳから読み取れることとして適当なものを，あとの(ア)～(オ)から**2**つ選べ。(　　　)

資料Ⅳ　2017年における世界の鉄鉱石の生産量・輸出量・輸入量の国別割合

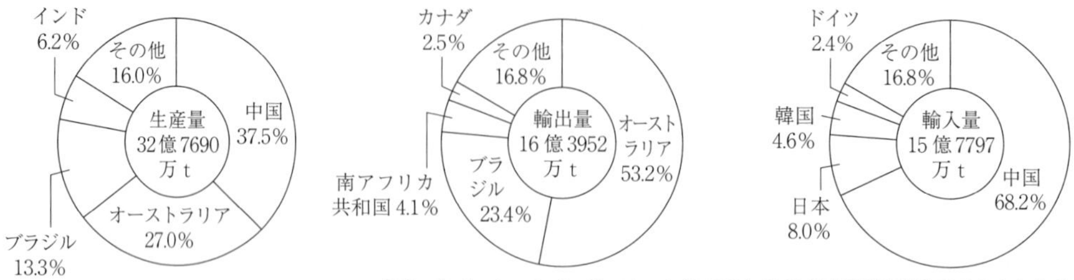

「データブック　オブ・ザ・ワールド2020」及び「鉄鋼統計要覧2019」より作成

(ア)　鉄鉱石の生産量が上位4位までに入っている国はすべて，鉄鉱石の輸出量でも上位4位までに入っている。

(イ)　鉄鉱石の生産量と輸出量について，いずれもオーストラリアはブラジルの2倍に満たない。

(ウ)　ブラジルの鉄鉱石の輸出量は，日本の鉄鉱石の輸入量の2倍以上である。

(エ)　ブラジルの鉄鉱石の生産量は，日本と韓国とドイツの鉄鉱石の輸入量の合計より少ない。

(オ)　中国の鉄鉱石の生産量と輸入量の合計は，世界の鉄鉱石の生産量の半分以上に相当する。

(5)　資料Ⅱ中のクスコはペルーの都市である。健さんは，クスコが，南アメリカ大陸西部を南北に連なる山脈にあることを知った。この山脈として最も適当なものを，次の(ア)～(エ)から1つ選べ。また，あとの資料Ⅴ中のA～Cはそれぞれ，資料Ⅰ・Ⅱ中で示した3つの都市のいずれかの雨温図である。クスコの雨温図をA～Cから1つ選べ。(　　　)(　　　)

(ア)　アンデス山脈　　(イ)　ウラル山脈　　(ウ)　ヒマラヤ山脈　　(エ)　ロッキー山脈

資料Ⅴ

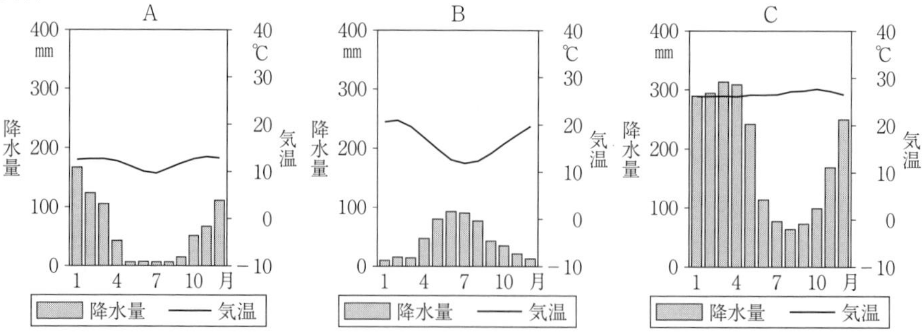

気象庁ホームページ（1981～2010年統計）より作成

2　大分県別府《べっぷ》市に住む唯さんは，身近な地域について調べた。次の資料Ⅰ・Ⅱはそれぞれ，昭和 50 年および平成 25 年に発行された別府市周辺の 2 万 5000 分の 1 地形図の一部であり，同じ地域を表している。これを見て，あとの問い(1)～(5)に答えよ。

資料Ⅰ　（昭和 50 年国土地理院発行 2 万 5000 分の 1 地形図「別府西部」より作成）

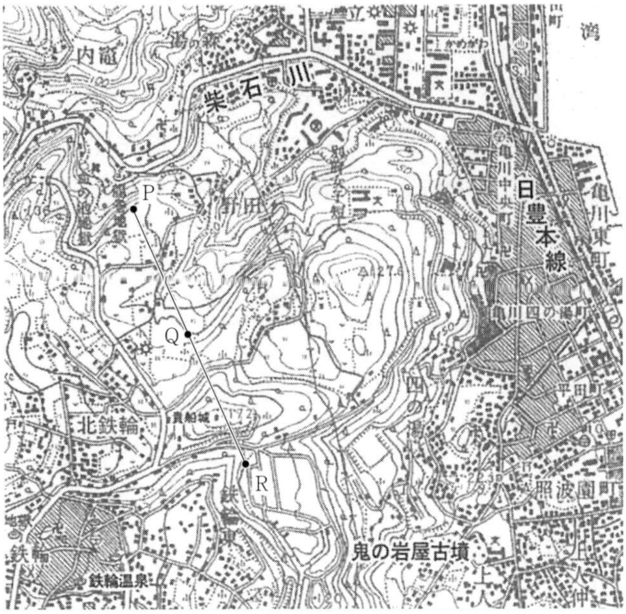

資料Ⅱ　（平成 25 年国土地理院発行 2 万 5000 分の 1 地形図「別府西部」より作成）

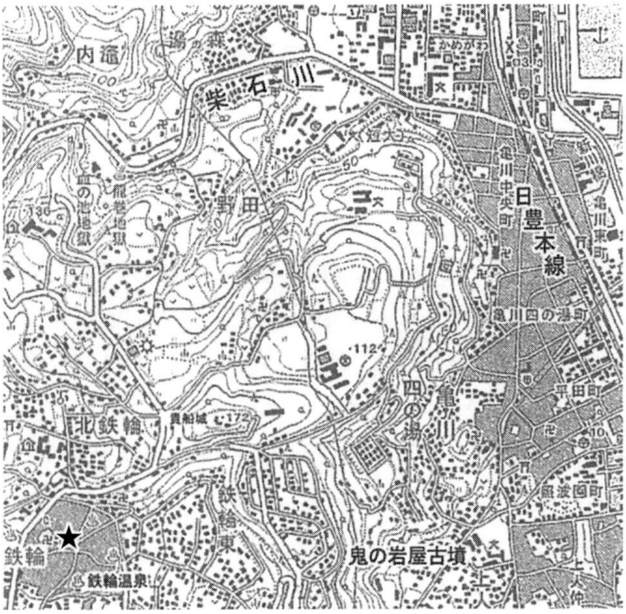

(1)　唯さんは，資料Ⅰと資料Ⅱを比較した。資料Ⅰから資料Ⅱで変化したことについて説明した文として適当なものを，次の(ア)～(エ)から **2 つ**選べ。（　　　）

(ア)「貴船城《きふねじょう》」の北西の田や畑が広がる場所に高等学校がつくられた。

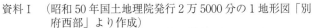

(イ)「柴石川《しばせきがわ》」の河口部が，うめ立てられて橋がかけられた。

(ウ)「日豊本線《にっぽうほんせん》」沿いに消防署と警察署がつくられた。

(エ)「鬼《おに》の岩屋《いわや》古墳《こふん》」の東側の地域では，建物密集地が広がった。

(2)　右の資料Ⅲは，資料Ⅰ中のP―Q―R間の断面を唯さんが模式的に表そうとしたものであり，資料Ⅲ中の点線（………）のうち，いずれかをなぞると完成する。右の図中の点線のうち，P―Q―R間の断面を表している点線を**すべて**なぞって，**実線**（――）で示せ。

資料Ⅲ

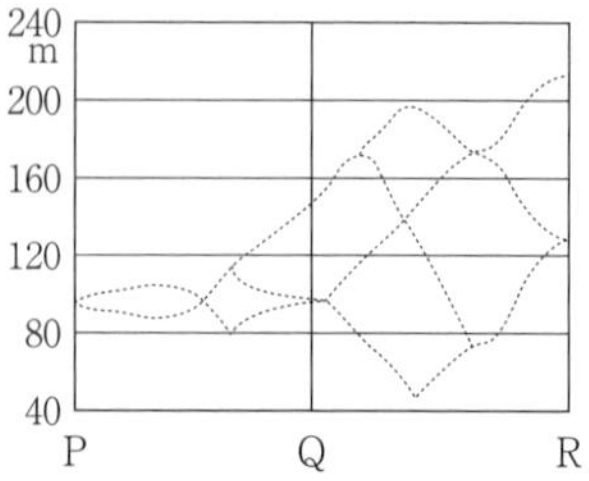

(3)　資料Ⅱ中には，温泉の地図記号（♨）が複数見られる。唯さんは，平成30年に，温泉地の活性化について議論した「第3回全国温泉地サミット」が別府市で開かれ，各地から市長や町村長などが参加したことを知った。市長や町村長のような地方公共団体の長を何というか，**漢字2字**で書け。また，唯さんは，温泉の魅力の発信や温泉の自然環境の保護に取り組むために，非営利の民間団体が別府市で活動していることを知った。一般に，非営利組織の略称を何というか，**アルファベット大文字3字**で書け。

(4)　唯さんは，資料Ⅱ中の★に「鉄輪《かんなわ》温泉」の開祖とされる一遍《いっぺん》の像があることを知った。一遍は，踊念仏《おどりねんぶつ》などによって教えを広めたが，その一遍が開いた宗派として最も適当なものを，次の i 群(ア)～(エ)から1つ選べ。また，一遍が活躍した時代である鎌倉時代を代表する書物として最も適当なものを，下の ii 群(カ)～(ケ)から1つ選べ。i 群（　　）　ii 群（　　）

i 群　(ア)　禅《ぜん》宗　(イ)　時《じ》宗　(ウ)　浄土《じょうど》宗　(エ)　日蓮《にちれん》宗

ii 群　(カ)　お伽草子《とぎぞうし》　(キ)　日本書紀《にほんしょき》　(ク)　平家物語《へいけものがたり》　(ケ)　枕草子《まくらのそうし》

(5)　唯さんは，現在の別府市が含まれる豊後国《ぶんごのくに》を統治していた大友《おおとも》氏が，室町時代に，貿易港として栄えた博多《はかた》を新たに支配するなど，積極的に海外と貿易を行っていたことを知った。右の資料Ⅳは，博多などで，勘合を用いて日本と明《みん》の貿易が行われていた時代における，東アジアの代表的な交易品の流れを唯さんが示した模式図である。資料Ⅳ中の［X］・［Y］に入る語句の組み合わせとして最も適当なものを，次の i 群(ア)～(エ)から1つ選べ。また，室町時代に博多とともに貿易で栄え，戦国時代以降，鉄砲がつくられるようになった都市を，下の ii 群(カ)～(ケ)から1つ選べ。i 群（　　）　ii 群（　　）

資料Ⅳ

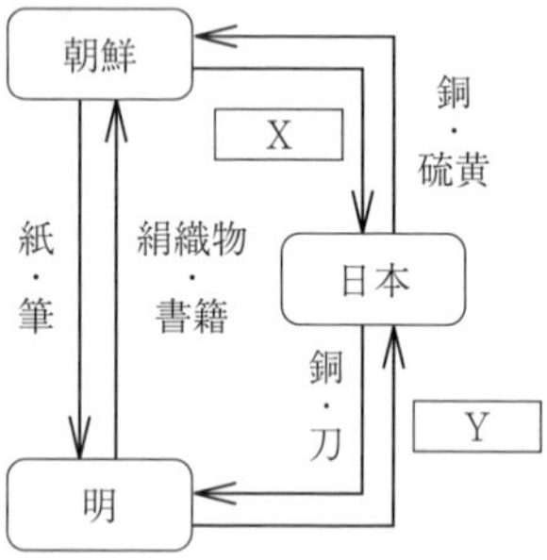

i 群　(ア)　X　綿織物・経典　Y　銅銭・生糸　(イ)　X　綿織物・経典　Y　銀

(ウ)　X　時計・ガラス製品　Y　銅銭・生糸　(エ)　X　時計・ガラス製品　Y　銀

ii 群　(カ)　神戸　(キ)　堺《さかい》　(ク)　下田《しもだ》　(ケ)　横浜

3　瞳さんは，日本の紙の歴史について調べ，展示発表することにした。次の資料Ⅰは，瞳さんが用意した展示用の写真と作成した解説文の一部である。これを見て，あとの問い(1)～(5)に答えよ。

資料Ⅰ

古代の戸籍用紙	室町時代の紙すき	江戸時代の瓦版《かわらばん》	明治時代の製紙工場
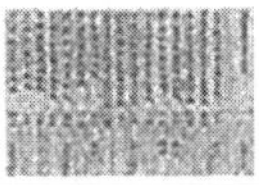			
7世紀に製紙の技法が伝わり，貴重品であった紙は，目的によって①木《もっ》簡《かん》と使い分けられた。	地方での②和紙の生産が盛んになり，「紙座《かみざ》」が生産と流通を請け負った。	現在の新聞にあたる瓦版が登場し，人々が③情報を得るためのメディアとして広まった。	④活版印刷が本格的に導入され，機械で紙を生産する⑤製紙産業が始まった。

(1)　瞳さんは，下線部①木簡が古代の様子を知る貴重な史料となっていることを知った。右の資料Ⅱは，瞳さんが，現在の日本地図の一部に，木簡が出土している都の跡地のうち，長岡京，藤原京，平安京，平城京の4つの都があった位置を・で示したものであり，A～Dはそれぞれ，4つの都のいずれかである。A～Dを，都がおかれていた時期の古いものから順に並べかえ，記号で書け。

資料Ⅱ

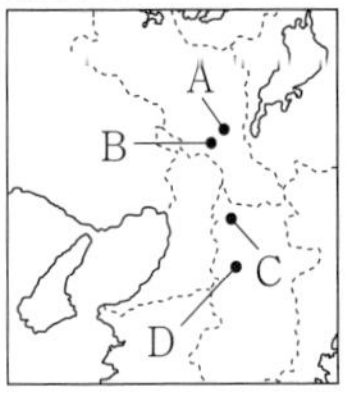

(　　)→(　　)→(　　)→(　　)

(2)　瞳さんは，下線部②和紙が1873年にウィーンで開催された万国博覧会に出品され，高い評価を受けたことを知った。世界初の万国博覧会は，他国に先がけて18世紀末に産業革命を実現した国の都市で，1851年に開かれた。この都市を，次のⅰ群(ア)～(エ)から1つ選べ。また，和紙は，桃山文化の建造物に取り入れられた書院造《しょいんづくり》のふすまや障子《しょうじ》などにも利用された。桃山文化を代表するものとして最も適当なものを，下のⅱ群(カ)～(ケ)から1つ選べ。ⅰ群(　　)　ⅱ群(　　)

ⅰ群　(ア)　パリ　(イ)　ベルリン　(ウ)　ローマ　(エ)　ロンドン

ⅱ群　(カ)　厳島《いつくしま》神社　(キ)　慈照寺《じしょうじ》の銀閣《ぎんかく》　(ク)　中尊寺金色堂《ちゅうそんじこんじきどう》　(ケ)　姫路《ひめじ》城

(3)　瞳さんは，現代の日本における，下線部③情報を得るためのメディアについて調べた。次の資料Ⅲは，目的別に最も利用するメディアに関する2018年度の調査結果を，瞳さんがまとめたものである。資料Ⅲから読み取れることとして適当なものを，あとの(ア)～(オ)からすべて選べ。

(　　)

資料Ⅲ　目的別に最も利用するメディア

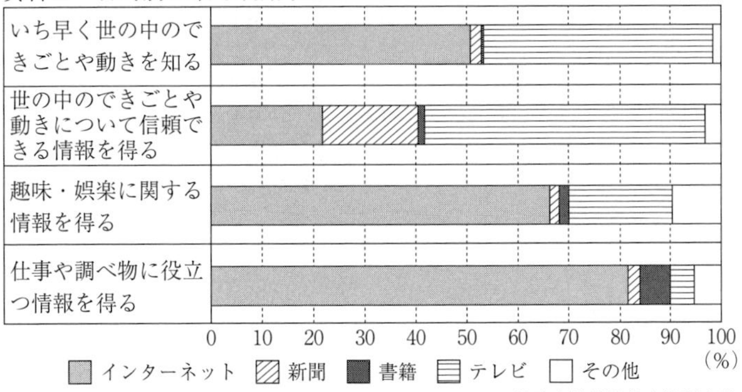

総務省情報通信政策研究所
「平成30年度情報通信メディアの利用時間と情報行動に関する調査」より作成

(ア)　いち早く世の中のできごとや動きを知るために，最も利用するメディアについての回答のうち，テレビの割合はインターネットより高い。

(イ)　仕事や調べ物に役立つ情報を得るために，最も利用するメディアについての回答のうち，書籍の割合は新聞とテレビの割合を，それぞれ上回っている。

(ウ)　どの目的においても，最も利用するメディアはインターネットであると回答した人の割合は，20％以上であり，そのうち，趣味・娯楽に関する情報を得る目的のみ割合が60％を超えている。

(エ)　最も利用するメディアは新聞であると回答した人の割合について，目的ごとに比べたとき，その割合が最も高い目的は，世の中のできごとや動きについて信頼できる情報を得ることである。

(オ)　いずれの目的においても，インターネットとテレビの割合の合計は，70％以上であり，紙のメディアである新聞と書籍の割合の合計は，20％以上である。

(4)　瞳さんは，16世紀のドイツで起きた宗教改革において，下線部④活版印刷が大きな役割を果たしたことを知った。この当時，宗教改革を支持した人々は「抗議する者」という意味で何と呼ばれたか，次のⅰ群(ア)〜(エ)から１つ選べ。また，日本で初めての本格的な活版印刷所は長崎に開設された。江戸時代に長崎で医学塾を開いたドイツ人医師を，下のⅱ群(カ)〜(ケ)から１つ選べ。

ⅰ群(　　　)　ⅱ群(　　　)

ⅰ群　(ア)　カトリック　(イ)　キリシタン　(ウ)　ピューリタン　(エ)　プロテスタント

ⅱ群　(カ)　シーボルト　(キ)　ハリス　(ク)　ペリー　(ケ)　ラクスマン

(5)　瞳さんは，下線部⑤製紙産業の盛んな都道府県の産業について調べた。次の資料Ⅳは，2017年のパルプ・紙・紙加工品の製造品出荷額等が上位5位までの都道府県の産業について，さまざまな視点から比較するために瞳さんが作成したものである。資料Ⅳ中のA〜Eはそれぞれ，北海道，埼玉県，静岡県，愛知県，愛媛県のいずれかである。北海道と静岡県にあたるものをA〜Eからそれぞれ１つずつ選べ。ただし，資料Ⅳ中の「—」は全くないことを示している。

北海道(　　　)　静岡県(　　　)

資料Ⅳ

	製造品出荷額等の合計（億円）（2017年）	製造品出荷額等の合計に占める割合（2017年）					産業別有業者数（2017年）		
		パルプ・紙・紙加工品（%）	食料品（%）	石油・石炭製品（%）	輸送用機械（%）	その他（%）	製造業（千人）	農業・林業（千人）	漁業（千人）
A	472,303	0.9	3.5	1.5	56.1	38.0	1,016.9	75.4	6.0
B	169,119	4.9	8.2	0.1	25.6	61.2	501.0	60.6	2.8
C	137,066	3.5	13.8	0.3	18.4	64.0	602.6	63.1	—
D	62,126	6.4	35.3	14.8	5.8	37.7	212.9	120.5	34.0
E	42,008	13.7	7.0	13.6	9.6	56.1	101.5	42.1	9.9

「データでみる県勢2020年版」より作成

4　紳一さんのクラスでは，平成に起こった日本のできごとについて，班ごとに調べ学習に取り組んだ。次の表は，1～5班が調べたできごとの一覧である。これを見て，あとの問い(1)～(5)に答えよ。

班	1班	2班	3班	4班	5班
年号(西暦)	平成元年 (1989年)	平成5年 (1993年)	平成16年 (2004年)	平成19年 (2007年)	平成28年 (2016年)
できごと	消費税の導入	55年体制の終わり	紙幣のデザイン変更	郵政民営化の開始	選挙権年齢の引き下げ

(1)　次の文章は，1班が消費税について書いたものの一部である。また，次の資料Ⅰは，消費税が導入されて以降の，国の消費税と所得税の税収の推移を1班が調べて作成したものであり，灰色で塗って示してある期間は，景気の後退期を表している。資料Ⅰを参考にして，1班が書いた文章中の[　　　]に入る表現を，**税収の変動**という語句を用いて，**9字以内**で書け。

導入時は3％であった消費税の税率は，1997年に5％，2014年に8％，2019年に10％にそれぞれ引き上げられた。

消費税は所得税と比較すると，働く世代などに負担が集中しにくく，また，景気の影響による[　　　]という特徴があげられる。このような理由で，消費税の税収は社会保障費に使われている。

資料Ⅰ

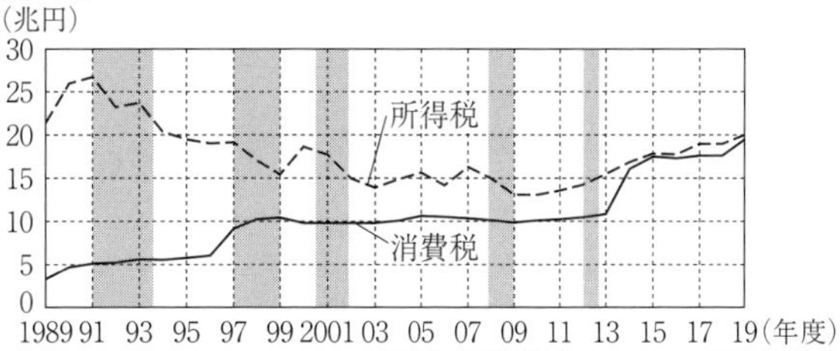

内閣府及び財務省ホームページより作成

(2)　右の文は，2班が，55年体制に関して書いたものの一部である。文中の[A]～[C]に入るものとして最も適当なものを，[A]は次のⅰ群(ア)～(ウ)から，[B]はⅱ群(カ)・(キ)から，[C]はⅲ群(サ)・(シ)からそれぞれ1つずつ選べ。

1993年に，[A]で内閣不信任の決議案が可決された後，細《ほそ》川護熙《かわもりひろ》内閣が成立し，[B]続いていた[C]とする体制が終わった。

ⅰ群(　　　)　ⅱ群(　　　)　ⅲ群(　　　)

ⅰ群　(ア)　衆議院　　(イ)　参議院

(ウ)　衆議院と参議院の両院

ⅱ群　(カ)　55年間　　(キ)　1955年から

ⅲ群　(サ)　自民党を与党，社会党を野党第一党

(シ)　社会党を与党，自民党を野党第一党

(3)　右の資料Ⅱは，平成16年から発行が開始された千円札の一部である。3班は，資料Ⅱ中に描かれている富士山《ふじさん》が山梨県側から見たものであることを知った。山梨県について述べた文として最も適当なものを，次のⅰ群(ア)～(エ)から1つ選べ。また，戦国時代，現在の山梨県にあたる甲斐国《かいのくに》は，武田《たけだ》氏によって支配されていた。戦国大名の武田氏や朝倉《あさくら》氏などが，領地を支配するために独自に定めたものとして最も適当なものを，あとのⅱ群(カ)～(ケ)から1つ選べ。ⅰ群(　　　)　ⅱ群(　　　)

資料Ⅱ

国立印刷局ホームページより作成

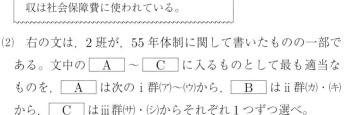

i群　(ア)　日本海に面している。　　(イ)　7地方区分では関東地方に属している。

　　　(ウ)　東京都に隣接している。　　(エ)　県庁所在地の都市名と県名が同じである。

ii群　(カ)　公事方《くじかた》御定書《おさだめがき》　　(キ)　大宝律令《たいほうりつりょう》　　(ク)　武家諸法度《ぶけしょはっと》　　(ケ)　分国法

(4)　4班は，郵政民営化が，政府の仕事を，できるだけ民間の企業などに任せて効率化することで，政府の任務を減らした「小さな政府」を目指す行政改革の1つであることを知った。次の(ア)～(エ)の国の政策のうち，「小さな政府」に向かうことを目的としているものを，**2**つ選べ。(　　　)

(ア)　国家公務員の数を減らす。　　(イ)　年金や医療などに関わる社会保障の充実をはかる。

(ウ)　国の財政規模を拡大させる。　　(エ)　規制緩和を行い，自由な経済活動をうながす。

(5)　5班は，日本における選挙権年齢の引き下げについて，全人口に占める有権者数の割合の推移に着目して調べた。次の資料Ⅲは，衆議院議員選挙における，全人口に占める有権者数の割合の推移を5班が示したものである。日本で選挙権年齢が20歳以上に引き下げられたのはどの時期か，資料Ⅲ中のA～Eから1つ選べ。また，日本で，納税額による選挙権の制限が廃止されてから女性に選挙権が認められるまでの間に起こったできごととして最も適当なものを，あとの(ア)～(エ)から1つ選べ。(　　　)(　　　)

資料Ⅲ　全人口に占める有権者数の割合

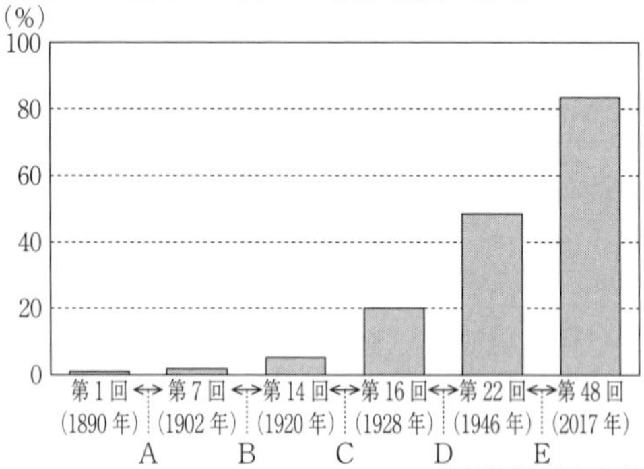

総務省資料より作成

(ア)　五・一五事件　　(イ)　大日本帝国憲法の発布　　(ウ)　原敬《はらたかし》内閣の成立

(エ)　男女雇用機会均等法の制定

理科

時間　40分　　　　満点　40点

（注）　字数制限がある場合は，句読点や符号なども１字に数えなさい。

1　桜さんは，被子植物である植物Ａと植物Ｂを用いて，次の〈観察Ⅰ〉・〈観察Ⅱ〉を行った。また，下のノートは桜さんが〈観察Ⅰ〉・〈観察Ⅱ〉の結果をまとめたものの一部である。これについて，下の問い(1)～(3)に答えよ。

〈観察Ⅰ〉　植物Ａと植物Ｂの種子を校庭の花だんに植え，それぞれが発芽した後の子葉の枚数を調べる。

〈観察Ⅱ〉　植物Ａと植物Ｂを育て，それぞれに咲いた花をいくつか選んで花弁のようすを観察する。その後，選んだ花の写真を毎日撮影して，継続的にその変化を観察する。

ノート

〈観察Ⅰ〉の結果，植物Ａの子葉は１枚，植物Ｂの子葉は２枚だった。

〈観察Ⅱ〉の結果，植物Ａの花の花弁はたがいに離れており，植物Ｂの花の①花弁はたがいにくっついていた。また，植物Ａも植物Ｂも，日がたつにつれて②花は果実に変化した。

(1)　ノート中の〈観察Ⅰ〉の結果から考えて，植物Ａと植物Ｂにおけるそれぞれの茎の横断面と根のつくりの模式図の組み合わせとして最も適当なものを，次の(ア)～(エ)から１つずつ選べ。

植物Ａ（　　　）　植物Ｂ（　　　）

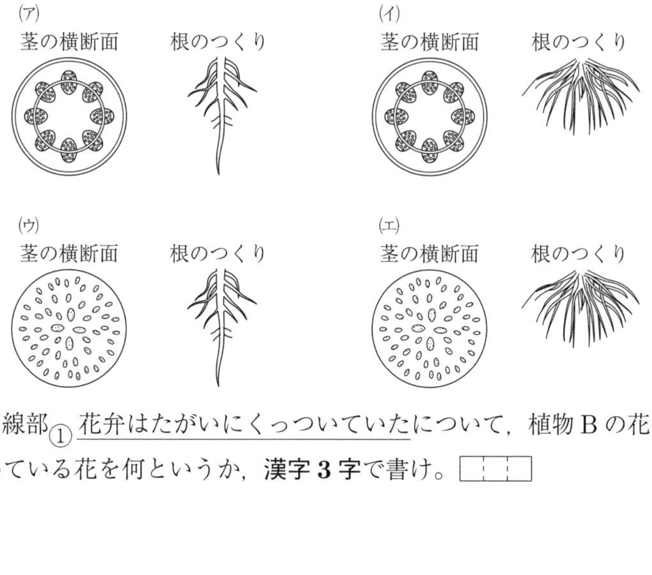

(2)　ノート中の下線部①花弁はたがいにくっついていたについて，植物Ｂの花のような，花弁がたがいにくっついている花を何というか，**漢字３字**で書け。

(3)　ノート中の下線部②花は果実に変化したについて，桜さんは多くの被子植物の果実の中には種子があることを知った。次のⅰ群(ア)～(カ)のうち，種子になるものとして最も適当なものを1つ選べ。また，桜さんは，右の図のようにホワイトボードにパネルを4枚並べて貼り，被子植物の種子ができるまでに起こることを説明することにした。下のⅱ群(サ)～(セ)は桜さんが作成したパネルである。被子植物の種子ができるまでに起こることを，順を追って説明できるように(サ)～(セ)を並べかえ，記号で書け。

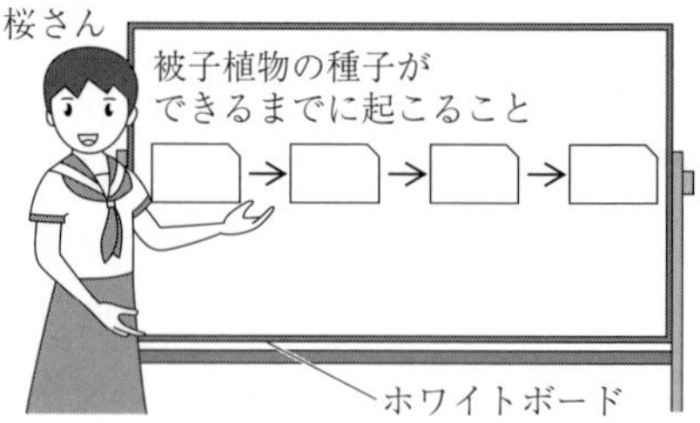

ⅰ群(　　　)　ⅱ群(　　→　　→　　→　　)

ⅰ群　(ア)　がく　　(イ)　子房　　(ウ)　花弁　　(エ)　柱頭　　(オ)　胚珠　　(カ)　やく

ⅱ群　(サ)　花粉管がのび，その中を精細胞が移動する。

(シ)　受精卵が細胞分裂をくり返し，胚になる。

(ス)　おしべの花粉が，めしべの柱頭につく。

(セ)　精細胞の核と卵細胞の核が合体する。

2　次の会話は，千夏さんと太一さんが理科部の活動中に交わしたものの一部である。これについて，下の問い(1)・(2)に答えよ。

千夏　おもに陸上で生活するセキツイ動物は鳥類，両生類，ハチュウ類，ホニュウ類に分けられ，これらのセキツイ動物のなかまのふやし方には，卵を産んで，卵から子がかえるというふやし方と，①母親の子宮内で，子が養分などをもらうことである程度成長してから生まれるというふやし方があるんだ。

太一　同じセキツイ動物でも，なかまのふやし方には大きな違いがあるんだね。

千夏　この違いは，長い年月をかけて世代を重ねる間に②生物が変化することでできたといわれているよ。

太一　なるほど。じゃあ今月は，生物がどのように変化してきたと考えられているか調べてみようかな。

(1)　会話中の下線部①母親の子宮内で，子が養分などをもらうことである程度成長してから生まれるというふやし方を何というか，**ひらがな4字**で書け。また，下線部②生物が変化するに関して，セキツイ動物の前あしに代表される相同器官は，生物の変化を知る上で重要なものである。相同器官の説明として最も適当なものを，次の(ア)～(エ)から1つ選べ。□□□□　(　　　)

(ア)　過去から現在に至るまで，種によって形やはたらきが異なる器官。

(イ)　過去から現在に至るまで，種によらず形やはたらきが同じである器官。

(ウ)　現在では種によって形やはたらきが異なるが，もとは同じ形やはたらきだったと考えられる器官。

(エ)　現在では種によらず形やはたらきが同じだが，もとは違う形やはたらきだったと考えられる器官。

(2)　右の図は太一さんが，鳥類，両生類，ハチュウ類，ホニュウ類が出現する年代についてまとめたものであり，図中のA～Cはそれぞれ鳥類，両生類，ハチュウ類のいずれかを表している。図中のA～Cのうち，ハチュウ類にあたるものとして最も適当なものを1つ選べ。また，シソチョウはその化石から，鳥類，両生類，ハチュウ類，ホニュウ類の4つのグループのうち，2つのグループの特徴をあわせもっていたことがわかっている。次の(ア)～(カ)のうち，シソチョウが特徴をあわせもっていたとされるグループの組み合わせとして最も適当なものを1つ選べ。(　　　)(　　　)

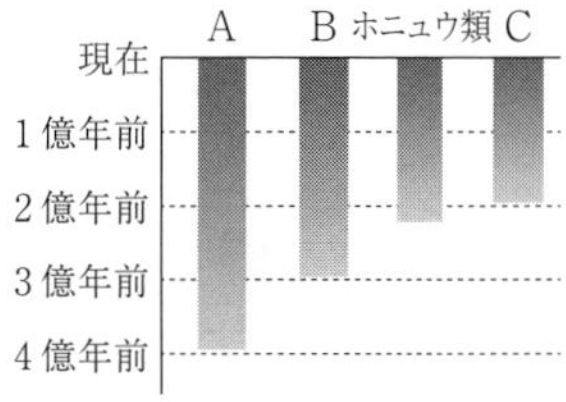

(ア)　鳥類と両生類　　(イ)　鳥類とハチュウ類　　(ウ)　鳥類とホニュウ類

(エ)　両生類とハチュウ類　　(オ)　両生類とホニュウ類　　(カ)　ハチュウ類とホニュウ類

3　次の文章は，明日香さんが，陸上と海上の気温と日本の気象の関係について調べてまとめたものの一部である。これについて，下の問い(1)・(2)に答えよ。

> 陸と海とでは，太陽から受けとる光によるあたたまり方に差があるため，陸上の気温と海上の気温に差がうまれ，風が吹くことがある。たとえば，晴れた日の昼，海岸付近で，海から陸に向かう風が吹くのは，陸上の気温の方が海上の気温より［ A ］ことで，陸上に［ B ］ができるためである。
>
> また，陸と海が太陽から受けとる光の量は季節によって変化するため，陸上の気温と海上の気温の差も季節によって変化する。この変化は，陸上や海上の①気団の発達や衰退に影響するため，日本付近では②季節ごとに特徴的な気圧配置が形成されることで，季節ごとの天気に特徴が生じる。

(1)　文章中の［ A ］・［ B ］に入る表現の組み合わせとして最も適当なものを，次のⅰ群(ア)～(エ)から１つ選べ。また，文章中の下線部①気団について，下のⅱ群(カ)～(ク)の日本付近でみられる気団のうち，冷たくしめっているという性質を持つ気団として最も適当なものを１つ選べ。

ⅰ群(　　　)　ⅱ群(　　　)

ⅰ群　(ア)　A　高くなる　　B　上昇気流　　(イ)　A　高くなる　　B　下降気流

　　　(ウ)　A　低くなる　　B　上昇気流　　(エ)　A　低くなる　　B　下降気流

ⅱ群　(カ)　小笠原気団　　(キ)　シベリア気団　　(ク)　オホーツク海気団

(2)　文章中の下線部②季節ごとに特徴的な気圧配置が形成されるについて，次の(ア)～(エ)はそれぞれ，明日香さんが調べた日本付近の天気図のうち，春，つゆ，夏，冬のいずれかの季節の特徴的な天気図を模式的に表したものである。(ア)～(エ)のうち，冬の特徴的な天気図を模式的に表したものとして最も適当なものを１つ選べ。(　　　)

(ア)

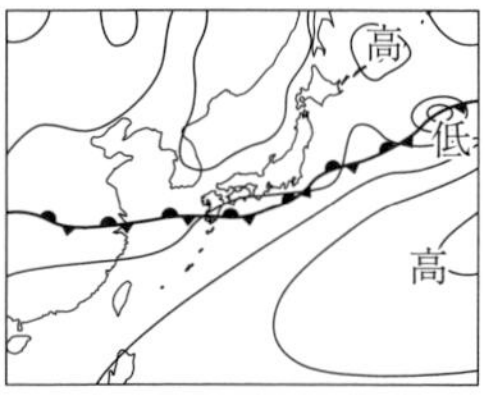

(イ)

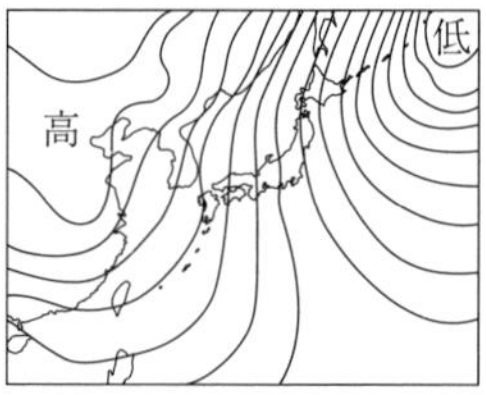

(ウ)

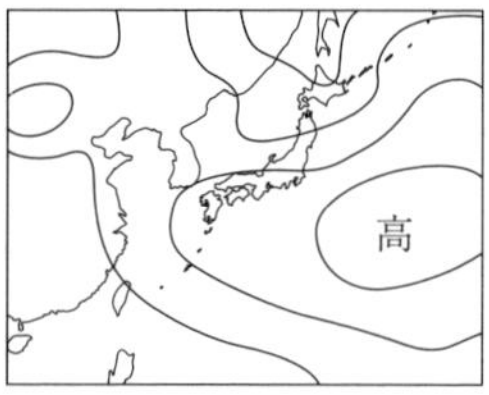

(エ)

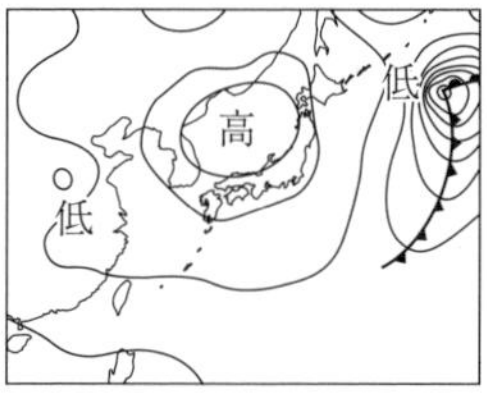

4 次の会話は，まもるさんと先生が月について交わしたものの一部である。これについて，下の問い(1)～(3)に答えよ。

まもる　ここ最近よく晴れていて，月がきれいに見えました。①同じ場所から毎日同じ時刻に月を観察すると，月の見かけの形が異なっていたのですが，なぜこのようなことが起こるのですか。

先生　それは，地球，月，太陽の位置関係が変化するからです。他にも，地球，月，太陽の位置関係が月の見え方に影響する現象として②月食が知られていますよ。

まもる　そうなんですね。今度，月の見え方について調べてみようと思います。

(1) 会話中の下線部①同じ場所から毎日同じ時刻に月を観察するについて，右のノートはまもるさんが，京都府内の，周囲に高い山や建物がない自宅から，毎日同じ時刻に肉眼で月を観察し，月の位置や見かけの形についてまとめたものである。ノート中の［ A ］に入る表現として最も適当なものを，次のⅰ群(ア)～(ウ)から1つ選べ。また，ノート中の［ B ］・［ C ］にあてはまるものとして最も適当なものを，下のⅱ群(カ)～(ケ)からそれぞれ1つずつ選べ。ただし，月が暗くなっている部分を黒く塗りつぶして示している。A（　　）B（　　）C（　　）

ノート
同じ場所から毎日同じ時刻に観察すると，月の位置は［ A ］見える。また，見かけの形は，次のように変化する。

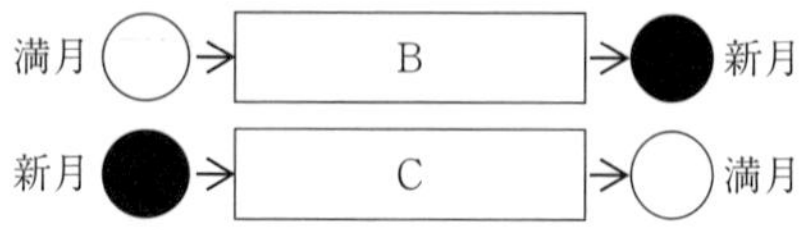

ⅰ群　(ア) 日がたつにつれて東へ移動して　(イ) 日がたつにつれて西へ移動して
(ウ) 変わらず同じところに

ⅱ群　(カ)　(キ)　(ク)　(ケ)

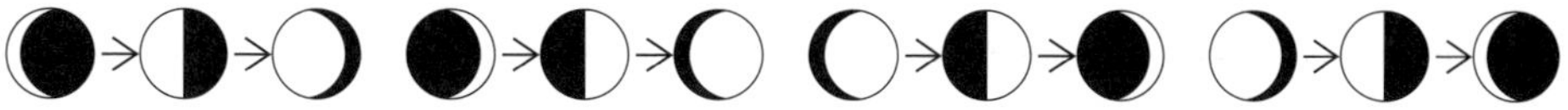

(2) 会話中の下線部②月食について，まもるさんは地球上のある地点Xで月食が観測されているときに，地球，月，太陽がどのように並んでいるかを表すため，右のⅠ図のような月食を観測した地点Xを示した地球，Ⅱ図のような月，Ⅲ図のような太陽の，3つの模式図を用意した。これらを用いて，地点Xで月食が観測されているとき，地球，月，太陽がどのように並んでいるかを表したものとして最も適当なものを，次の(ア)～(エ)から1つ選べ。
（　　）

Ⅰ図　Ⅱ図　Ⅲ図

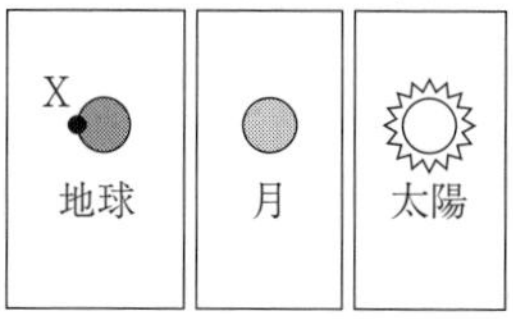

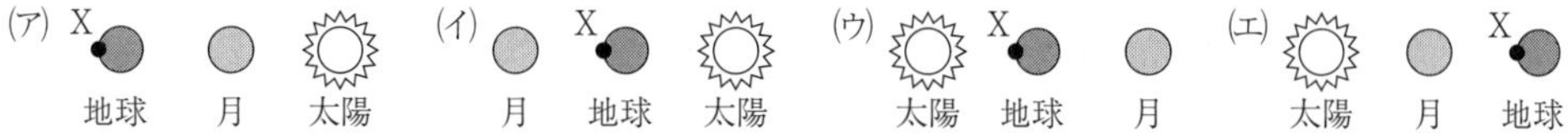

(3) 次の文章は，地球から見たときの月と太陽の見え方について書かれたものである。文章中の［　　］に入る適当な表現を，**6字以内**で書け。［　　　　　　］

月は太陽よりとても小さいにもかかわらず，地球から見ると月と太陽はほぼ同じ大きさに見える。その理由は，月の方が太陽より，地球との［　　］からである。

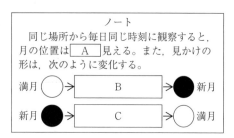

5　誠さんは，石灰石とうすい塩酸を用いて，理科室で次の〈実験〉を行った。これについて，下の問い(1)～(3)に答えよ。ただし，石灰石に含まれる炭酸カルシウムの割合は一定で，水の蒸発は考えないものとする。また，反応は炭酸カルシウムとうすい塩酸の間だけで起こるものとし，反応時に，発生した気体はすべてビーカーの外に出て，それ以外の物質はビーカーの中に残るものとする。

〈実験〉

操作①　石灰石 1.0g をビーカー A に入れる。

操作②　右の I 図のように，石灰石が入ったビーカー A と，うすい塩酸 $50cm^3$ が入ったビーカー B の，全体の質量を電子てんびんで測定する。

操作③　石灰石が入ったビーカー A の中に，ビーカー B に入ったうすい塩酸をすべて入れ，反応による気体が発生しなくなるまで十分に時間をおいた後，右の II 図のように，全体の質量を電子てんびんで測定する。

操作④　操作①でビーカー A に入れる石灰石の質量を 2.0g，3.0g，4.0g，5.0g に変え，それぞれの質量において操作②・操作③を行う。

I 図

II 図

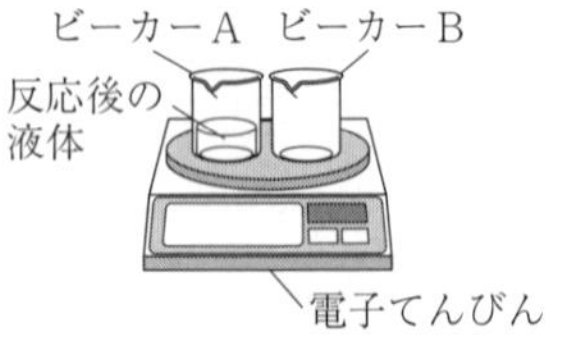

【結果】

ビーカー A に入れた石灰石の質量〔g〕	1.0	2.0	3.0	4.0	5.0
操作②での全体の質量〔g〕	171.4	172.4	173.4	174.4	175.4
操作③での全体の質量〔g〕	171.0	171.6	172.2	173.2	174.2

(1)　右の III 図は，誠さんが作成した 4 種類の原子のモデルであり，それぞれ酸素原子，炭素原子，水素原子，窒素原子のいずれかを表している。また，次の(ア)～(オ)は，ある 5 種類の分子を，III 図のモデルを用いて表したものである。(ア)～(オ)のうち 1 つが水分子，別の 1 つがアンモニア分子を表しているとき，〈実験〉の反応によって発生した気体の分子を表しているものとして最も適当なものを，(ア)～(オ)から 1 つ選べ。(　　　)

III 図

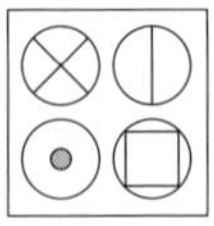

(ア) 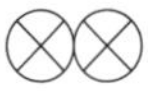
(イ) 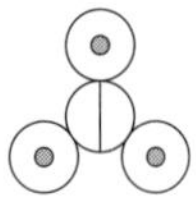
(ウ) 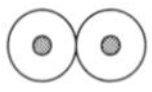
(エ) 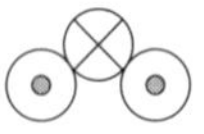
(オ) 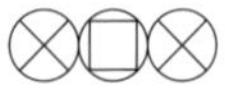

(2)　右の IV 図は，〈実験〉における，ビーカー A に入れる石灰石の質量と，反応によって発生する気体の質量の関係を表すために用意したグラフ用紙である。【結果】から考えて，ビーカー A に入れる石灰石の質量が 0 g から 5.0g までの範囲のときの，ビーカー A に入れる石灰石の質量と反応によって発生する気体の質量の関係を表すグラフを，IV 図に**実線**（――）でかけ。

IV 図

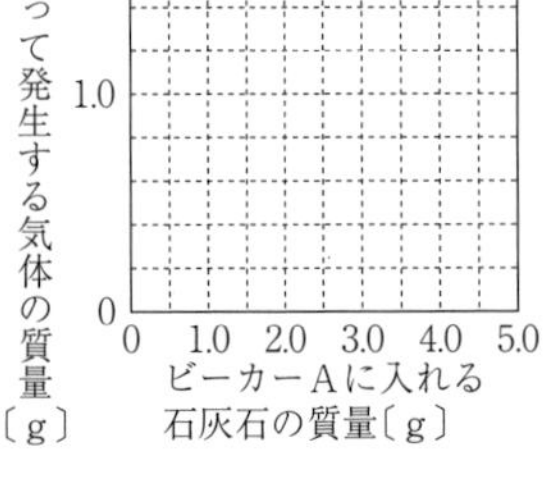

(3)　操作④で石灰石の質量を 5.0g に変えて操作②・操作③を行ったビーカー A に，さらに，〈実験〉で用いたものと同じ濃度のうすい塩

酸を50cm^{3}加えることによる気体の発生について述べた文として最も適当なものを，次の(ア)〜(エ)から1つ選べ。(　　　)

(ア) 2.0gの気体が発生する。　(イ) 1.2gの気体が発生する。　(ウ) 0.8gの気体が発生する。
(エ) 気体は発生しない。

6　水の温度と水に溶ける物質の質量との関係を調べるために，純物質（純粋な物質）である物質Xの固体を用いて実験を行った。次のノートは，学《まなぶ》さんがこの実験についてまとめたものの一部であり，下の表は，学さんが水の温度と100gの水に溶ける物質Xの質量との関係をまとめたものである。これについて，下の問い(1)・(2)に答えよ。ただし，水の蒸発は考えないものとする。

> ノート
>
> 物質Xの飽和水溶液をつくるために，水の温度を70℃に保ちながら物質Xを溶かした。できた70℃の物質Xの飽和水溶液の質量をはかると119gだった。この物質Xの飽和水溶液の温度を，70℃から［ A ］℃にすると，物質Xの固体が53g出てきた。［ A ］℃における物質Xの飽和水溶液の質量パーセント濃度を求めると［ B ］%であることがわかった。

水の温度〔℃〕	10	20	30	40	50	60	70
100gの水に溶ける物質Xの質量〔g〕	21	32	46	64	85	109	138

(1) ノート中の下線部物質Xを溶かしたに関して，次の文章は，物質の溶解について学さんがまとめたものである。文章中の［ P ］・［ Q ］に入る語句の組み合わせとして最も適当なものを，下の(ア)〜(カ)から1つ選べ。(　　　)

この実験の物質Xのように，水に溶けている物質を［ P ］という。また，この実験の水のように，［ P ］を溶かしている液体を［ Q ］という。

(ア) P 溶質　Q 溶媒　(イ) P 溶質　Q 溶液　(ウ) P 溶媒　Q 溶質
(エ) P 溶媒　Q 溶液　(オ) P 溶液　Q 溶質　(カ) P 溶液　Q 溶媒

(2) 表から考えて，ノート中の［ A ］に共通して入る数として最も適当なものを，次の(ア)〜(カ)から1つ選べ。また，［ B ］に入る数値を，小数第1位を四捨五入し，**整数**で求めよ。

(　　　)(　　　)

(ア) 10　(イ) 20　(ウ) 30　(エ) 40　(オ) 50　(カ) 60

7　牧子さんと京平さんは，理科部の活動で次の〈実験〉を行った。また，下の会話は〈実験〉について，牧子さんと京平さんが交わしたものの一部である。これについて，下の問い(1)～(3)に答えよ。

〈実験〉

操作Ⅰ　右のｉ図のように，耐熱用のペットボトルに，熱い湯を少量入れ，ペットボトルの中を水蒸気で十分に満たす。

操作Ⅱ　操作Ⅰの後，すぐにペットボトルのふたをしっかりとしめ，冷たい水をかけて，ペットボトルのようすを観察する。

【結果】　操作Ⅱの結果，右のⅱ図のようにペットボトルがつぶれた。

ｉ図

ⅱ図

牧子　どうしてペットボトルがつぶれたのかな。

京平　ペットボトルの中の圧力と，まわりの大気圧との間に差が生じたからなんだ。冷たい水をかけると，ペットボトルの中の[A]の状態の水が一部[B]になり，ペットボトルの中の圧力が，まわりの大気圧に比べて[C]なることでつぶれたんだ。

牧子　なるほど，①大気圧が関係しているんだね。

京平　うん。日常の生活で大気圧のはたらきを感じることは少ないけれど，たとえば写真のような②吸盤は，大気圧の力で机や壁にくっついているんだよ。

写真

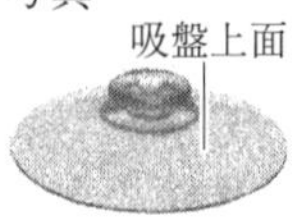

(1)　会話中の[A]～[C]に入る表現の組み合わせとして最も適当なものを，次の(ア)～(エ)から1つ選べ。(　　　)

(ア)　A　液体　B　気体　C　大きく　(イ)　A　液体　B　気体　C　小さく

(ウ)　A　気体　B　液体　C　大きく　(エ)　A　気体　B　液体　C　小さく

(2)　会話中の下線部①大気圧が関係しているについて，次の(ア)～(エ)のうち，大気圧による現象を述べた文として最も適当なものを1つ選べ。(　　　)

(ア)　煮つめた砂糖水に炭酸水素ナトリウムを加えると，膨らんでカルメ焼きができた。

(イ)　手に持ったボールを，宇宙ステーション内で離すと浮いたが，地上で離すと落下した。

(ウ)　密閉された菓子袋を，山のふもとから山頂まで持っていくと，その菓子袋が膨らんだ。

(エ)　からのペットボトルのふたをしめ，水中に沈めて離すと，そのペットボトルが浮き上がった。

(3)　会話中の下線部②吸盤について，右のⅲ図は写真の吸盤を円柱形として表したものである。ⅲ図において，吸盤上面の面積が30cm^2，大気圧の大きさを100000Paとするとき，吸盤上面全体にかかる大気圧による力の大きさは何Nか求めよ。(　　　N)

ⅲ図

8　ばねや物体にはたらく力について調べるために，次の〈実験Ⅰ〉～〈実験Ⅲ〉を行った。これについて，下の問い(1)・(2)に答えよ。ただし，ばねXののびは，ばねXに加わる力の大きさに比例するものとし，糸や滑車にはたらく摩擦力，ばねXや糸の質量，糸ののび縮みは考えないものとする。

〈実験Ⅰ〉　右のⅰ図のように，ばねXの一端を壁に固定し，もう一端に糸をとりつけ，その糸を天井に固定した滑車に通す。滑車に通した糸の先にさまざまな質量のおもりをつるし，おもりが静止したときのばねXの長さを測定する。

〈実験Ⅱ〉　右のⅱ図のように，天井に固定した2つの滑車と，糸を用いて，ばねXの両端に質量が同じおもりを1個ずつつるし，おもりが静止したときのばねXの長さを測定する。

〈実験Ⅲ〉　右のⅲ図のように，おもりの一点に糸を用いて2つのばねXをとりつけておもりを持ち上げ，おもりが静止したときのばねXののびから，ばねXがおもりを引く力を調べる。この操作を，おもりの質量と2つのばねXのなす角度をさまざまに変えて行う。

ⅰ図

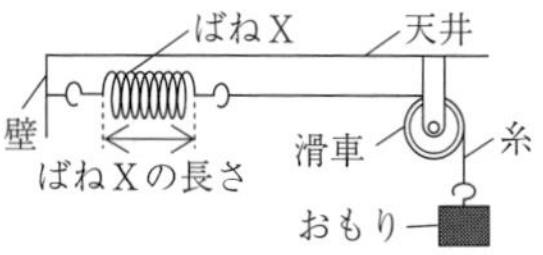

ⅱ図

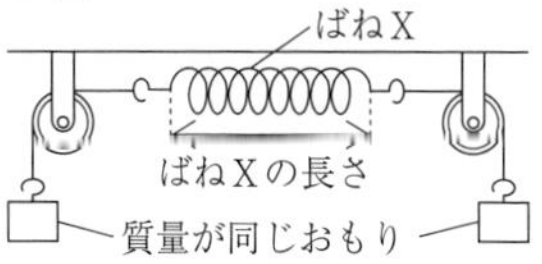

ⅲ図

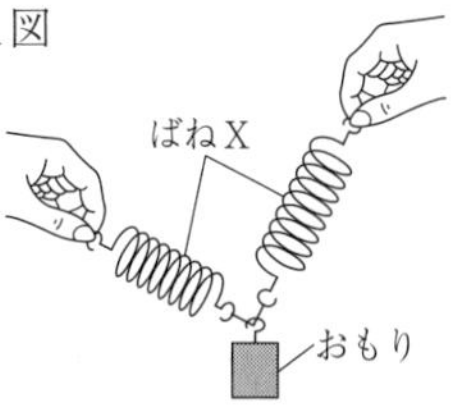

(1)　ばねののびは，ばねにはたらく力の大きさに比例するという関係を何の法則というか，**カタカナ3字**で書け。また，右の表は，〈実験Ⅰ〉における，おもりの質量とおもりが静止したときのばねXの長さについてまとめたものの一部である。〈実験Ⅱ〉において，おもりが静止したときのばねXの長さが21.0cmであったとき，表から考えて，おもり1個分の質量は何gであったか求めよ。

おもりの質量〔g〕	20	40	60	80
おもりが静止したときのばねXの長さ〔cm〕	12.0	14.0	16.0	18.0

［　　　］の法則　(　　　g)

(2)　〈実験Ⅲ〉において，2つのばねXがおもりを引く力の大きさと向きを，矢印（→）を用いて方眼紙に表したところ，次の(ア)～(エ)のようになった。(ア)～(エ)のうち，最も質量の大きいおもりを用いたときの図として適当なものを1つ選べ。ただし，(ア)～(エ)の方眼紙の1目盛りはすべて同じ力の大きさを表しており，図中の●は力の作用点を示しているものとする。(　　　)

(ア)

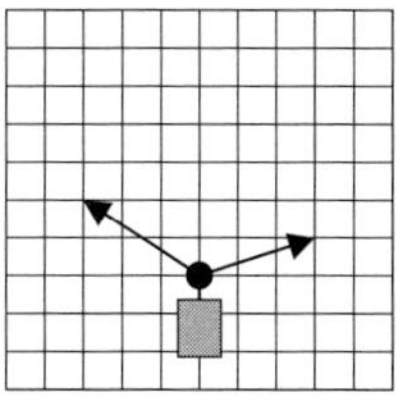

(イ)

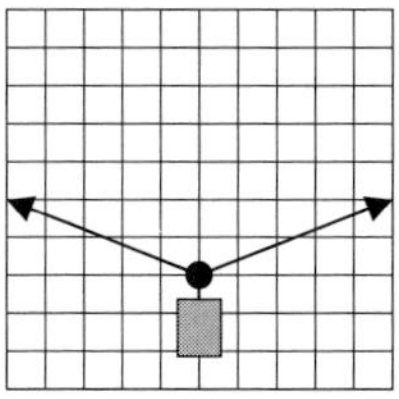

(ウ)

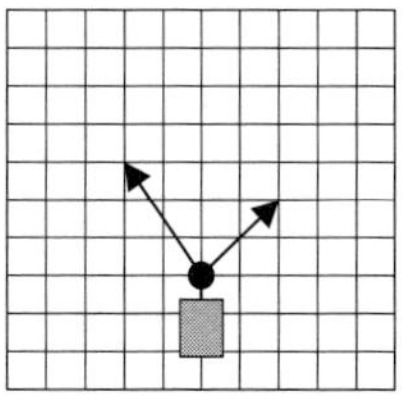

(エ)

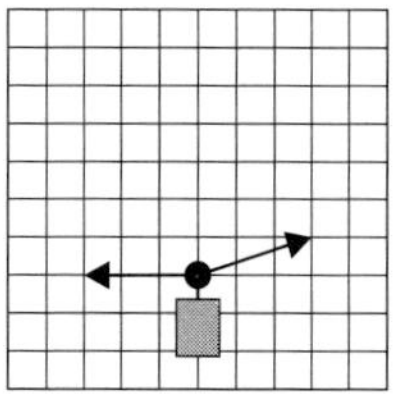

校で話し合いをする場面においても、容易に相手との意思の疎通が図れないことがあるよね。だから、本文には［A］と感じているとあったよ。

京子　うん。でも、このような日常生活における意思の疎通の難しさといった課題に限らず、現代社会で抱えている課題に対して必要なのは、［B］だと本文から読み取れるよ。

一郎　そうだね。なぜその［B］をする必要があるのかというと、［C］ことができるようになるからだと、本文を読むとわかるね。

京子　なるほど。じゃあ本文の内容について、意見文を書いてみよう。

(一) 会話文中の［A］に入る最も適当な表現を、本文中から**八字**で抜き出して書け。［　　　　　　　　］

(二) 会話文中の［B］に入る最も適当な表現を、本文中から**二十一字**で抜き出し、**初めと終わりの三字**を書け。［　　　］～［　　　］

(三) 会話文中の［C］に入る最も適当な表現を、次の(ア)～(エ)から一つ選べ。（　　）

(ア) これまで確立してきたものに動揺を与えることになるため、別の問題点が見つかり、新たな議論を広げる

(イ) 課題をその場にいる人と共有することになるため、時間をかけて議論を繰り返し、結論を導き出す

(ウ) 今まで自分になかった発想や考えを知り、自らの思考を検討することになるため、自己を新たなものにする

(エ) 互いに自らの経験や考えを伝え合うことになるため、多くの人に自分自身のことを理解してもらう

(四) 意見文について説明した次の文章中の［X］・［Y］に入る最も適当な表現を、［X］は後のⅠ群(ア)～(エ)から、［Y］はⅡ群(カ)～(ケ)から、それぞれ一つずつ選べ。Ⅰ（　　）Ⅱ（　　）

意見文は、まず自分の意見や主張を明確にし、文章中に［X］を書くことで説得力のある文章となる。さらに、［Y］を書くことで自分の意見や主張が深まり、明確なものとなって、説得力が増すことになる。

Ⅰ群
(ア) その意見を支える根拠
(イ) その意見に対する他者の感想
(ウ) 意見が推移した過程
(エ) 客観的な視点を省いた推論

Ⅱ群
(カ) 主観的な反論
(キ) 繰り返し同じ根拠
(ク) 反論を想定した考え
(ケ) 構成を意識した長い文章

(11) 本文の段落構成を説明した文として最も適当なものを、次の(ア)～(エ)から一つ選べ。（　　）

(ア) [3]段落では、[1]・[2]段落の話題の提示を受けて、筆者の主張を再度問題提起している。

(イ) [5]段落では、[4]段落で述べた具体例を踏まえて、[3]段落で述べた内容とは反対の内容を示している。

(ウ) [7]～[11]段落では、[6]段落で述べた話題に対する反論を、筆者自身の経験を踏まえて述べている。

(エ) [12]段落では、[11]段落までに述べた筆者の主張を踏まえ、本文全体をまとめている。

い換えやまとめであることを表す働き。

Ⅱ群　(カ)　だが　(キ)　つまり　(ク)　では　(ケ)　たとえば

(3)　本文中の a ないと同じ品詞のないが用いられているものを、次の(ア)～(エ)から一つ選べ。（　　）

(ア)　不確かな憶測にすぎない。　(イ)　明日の天気がわからない。

(ウ)　予想もしない結果になった。　(エ)　忘れ物は何もないはずだ。

(4)　本文中の b 膝を突き合わせての意味として最も適当なものを、次のⅠ群(ア)～(エ)から一つ選べ。また、本文中の h 真摯にの意味として最も適当なものを、後のⅡ群(カ)～(ケ)から一つ選べ。

Ⅰ（　　）Ⅱ（　　）

Ⅰ群　(ア)　急いでその場に近づき

(イ)　時間をかけて丁寧に

(ウ)　同じ方向を向いて座り

(エ)　近くで向き合ってじっくりと

Ⅱ群　(カ)　攻撃的に　(キ)　まじめに

(ク)　自己中心的に　(ケ)　つぶさに

(5)　本文中の c そうした態度について説明しているものとして最も適当なものを、次の(ア)～(エ)から一つ選べ。（　　）

(ア)　公共の問題に関心を持ち、自分個人のあり方を見つめ直そうとする態度。

(イ)　社会が抱える困難なことや個人の生活を楽しむことに向き合わない態度。

(ウ)　難しい課題は人に任せ、自分は生活に必要なことしか取り組まない態度。

(エ)　自分のことより身のまわりにある社会的な問題を解決しようとする態度。

(6)　本文中の d もう三〇年近く前は、どのような品詞の語で組み立てられているか、用いられている単語の品詞を、次の(ア)～(オ)から**すべて**選べ。（　　）

(ア)　動詞　(イ)　形容詞　(ウ)　連体詞　(エ)　副詞　(オ)　名詞

(7)　本文中の e コウ演の片仮名の部分を**漢字**に直し、**楷書**で書け。（　　演）

(8)　本文中の f 筆者が驚いたについて、筆者が驚いたこととして最も適当なものを、次の(ア)～(エ)から一つ選べ。（　　）

(ア)　質問者が自らの考えを踏まえて質問する場面が設定されており、同じ話題とは思えないような質問が発表者に投げかけられたこと。

(イ)　質問者は、それぞれ時代や国、民族などといった独自の視点で質問をし、発表者はどんな視点の質問であっても対応しようとしたこと。

(ウ)　日本では、質問する時間はあまり設けられていないが、ベルギーでは十分な質疑応答の時間が設けられていたこと。

(エ)　発表者が想定外の質問もすべて受け入れ、即座に発表内容と照合して応答したことで円滑に議論が発展したこと。

(9)　本文中の g 著しくの漢字の部分の読みを**平仮名**で書け。（　　しく）

(10)　一郎さんと京子さんのクラスでは、本文を学習した後、本文の内容について意見文を書くことになった。次の会話文は、一郎さんと京子さんが話し合ったものの一部である。これを読み、後の問い㊀～㊃に答えよ。

一郎　一つの話題に対してそれぞれが考えを持っているから、学揺り動かされる。まったくの*混沌《こんとん》である。しかしこの混沌のなかでこそ、それでも皆で真理を追求しようとする態度のなかでこそ、素晴らしい創造性が生まれるのである。おそらくベルギーという多言語の国家では、こうした議論の重要性がよく理解されている。

[12] 現代社会は、すべての人がそれぞれに真剣に取り組まなければならない共通の課題に直面している。そこで私たちが最初にしなければならないのは、こうした対話である。混沌たる状態のなかでも、皆で問題を共有して真理を追求する対話である。真理に直面しようとしない人々、現実を見つめない人々は、かならず衰退していく。かりに議論の場で共通の結論を得られなくても、互いが思考を深めて、自分なりの意見を持ち帰って、それまでの自分のあり方を変えることができる。今の時代に求められているのは、粘り強い思考を伴った、異質な人々同士の対話ではないだろうか。

（河野《こうの》哲也《てつや》「人は語り続けるとき、考えていない」より。一部省略がある）

注

＊頬かむり…知っていながら知らないふりをすること。
＊ストレスフル…ストレスを強く感じるさま。
＊セミナー…研究集会。
＊ゲストスピーカー…招待されて話をする人。
＊スタイル…形式。
＊アリストテレス…古代ギリシャの哲学者。
＊存在論…存在することの意味や根拠を探究する学問。
＊対峙…向き合うこと。
＊うかつ…事情にうとく不注意なさま。
＊足元を掬う…相手を失敗させること。
＊お門違い…見当違い。
＊混沌…物事の区別がはっきりしないこと。

(1) 次の文は、本文中の[1]・[2]段落の内容をまとめたものである。[X]・[Y]に入る表現の組み合わせとして最も適当なものを、後の(ア)〜(エ)から一つ選べ。（　　）

会話の中には、互いの希望をまとめたり、相互に理解しようとしたりする[X]と、物事の真実について、互いに深く吟味する[Y]がある。

(ア) X 交渉・交流　Y 対話
(イ) X 検索・検討　Y 対話
(ウ) X 交渉・対話　Y 追求
(エ) X 対話・交流　Y 交渉

(2) 本文中の[　]には、[　]の前に述べられていることと、後に述べられていることとの間で、どのような働きをする語が入るか。最も適当なものを、次のⅠ群(ア)〜(エ)から一つ選べ。また、本文中の[　]に入る語として最も適当なものを、後のⅡ群(カ)〜(ケ)から一つ選べ。

Ⅰ（　　）Ⅱ（　　）

Ⅰ群
(ア) 後に述べられていることが、前に述べられていることの具体例であることを表す働き。
(イ) 後に述べられていることが、前に述べられていることとは別の話題であることを表す働き。
(ウ) 後に述べられていることが、前に述べられていることとは逆の内容であることを表す働き。
(エ) 後に述べられていることが、前に述べられていることの言るとはどういうことか、これらのことについて家族で話し合う必要はaないだろうか。地域でも、どのような地域を目指せばいいのか、住人はどのような価値を重んじているのか、以前からの住人と新しく来た人たちはどう交流すればよいか。本当はこうしたことについてb膝を突き合わせて対話する必要があるのではないだろうか。

5　人生に関すること、家族と社会に関すること、政治に関すること、地域での生活のこと、私たちはこれらのことをほとんど対話することなく、日々を過ごしてしまっている。そうした難しい議論は頭のいい人たちに任せて、自分たちはせっせと働き、自分個人の生活だけを楽しめばいいのだ。かつてはこう考える人たちもいた。しかし、cそうした態度はすでに限界を迎えている。私たちは、公共の問題にもう無関心でいられないし、自分個人のあり方についても、いろいろな人から意見を聞いて考え直してみたいと思っているのである。

6　対話は面倒なことなのかもしれない。人の考えはそれぞれが異なっており、とりわけ、話が通じないと感じている相手と話し合うことは、ひどく*ストレスフルである。

7　そこで、筆者が思い出すのは、dもう三〇年近く前、ベルギーに留学したときの経験である。ルーヴァン大学のある教授による比較哲学の*セミナーは、毎週のようにヨーロッパ各地から*ゲストスピーカーを招いて、eコウ演をしてもらい、そのあとに十分なディスカッションの時間を取るという*スタイルのものだった。

8　ある週は、たしか、スペインの若手研究者によって*アリストテレスについての発表があり、その後に質疑応答となった。f筆者が驚いたのは、その質疑応答である。古代ギリシャの古典研究の発表であるのに、ある質問者は現代哲学のジャック・デリダの主張を持ち出し、「これに対してアリストテレスならどう答えるのか」と質問した。ある南米からの留学生は、「アリストテレスの哲学は、南米の先住民の国々を侵略したときの擁護論として用いられたが、あなたはこれについてどう弁護するのか」と質問した。ナイジェリアからの留学生は、「アリストテレスの*存在論は自分たちの民族で信じられている神の存在論とg著しく異なるが、どちらが正しいと思うか」と問うた。日本では考えられない質問たちである。こうした質疑が毎回のように続いた。

9　発表者たちは、日本ならば苦笑してやり過ごしそうな質問に対してもh真摯に答えようとしていた。この質疑応答に見られるのは、同じ土俵に上げることが不可能に思えるような、まったく文脈の違う、まったく枠組みの違う考えであっても、あえて*対峙《たいじ》させようとする姿勢である。哲学のテーマは人類に共通するテーマであり、そこに参加する者は、あらゆる違いを携えて（乗り越えてではない）、対話すべきだという態度である。それは、どのような参加者も迎え入れようとする、誰に対しても応答しようとする態度である。

10　とはいえ、やはり発表者たちはそれほどうまく返答できなかったように記憶している。しかし彼らの発表は、それまででは想像できないほど、空間的にも時間的にも広大な枠組みに投じられ、きわめて異質な意見に出会い、生産的な揺さぶりをかけられたのである。

11　*うかつにも当然視された文脈や慣習から見ればまるで異質であり、一見すると無関係とも言えるような、非常に異なった考え方の人たちが、まったく予想もつかない角度と発想から、突然に議論に参加してくる。その議論は、足元を*掬《すく》うやっかいな質問に満ちており、唐突な意見が混乱に拍車をかけ、ひとつの問題をまとめ終わらないうちに、さらに*お門違いと言いたくなるような主張がなされ、それまでの話の流れが

えよ。

実月　醍醐天皇によって醍醐寺が建てられた頃、道風は優れた書家として有名だったんだよ。
大貴　そうだったね。その道風は、醍醐天皇のどのような行為を評価したんだったかな。
実月　道風は、[A]に、[B]を掲げた行為を評価したことが本文からわかるね。
大貴　そうだね。醍醐天皇の行為は[C]であったと道風は考えていたんだね。

(一) 会話文中の[A]・[B]に入る最も適当な表現を、本文中からそれぞれ[A]は**三字**で、[B]は**五字**で抜き出して書け。

A □□□　B □□□□□

(二) 会話文中の[C]に入る最も適当な表現を、次の(ア)〜(エ)から一つ選べ。（　　）

(ア) 書の専門家の判断を優先したものであり、醍醐天皇自身の思いとは異なっていたが、慣例を一新させたもの
(イ) 古くからの通例を変えたものであり、その判断は醍醐天皇自身の考えとは違っていたが、多くの者の賛同を得られるもの
(ウ) 道風の意見と同じであっただけでなく、長く続いてきた風習にも醍醐天皇自身の感覚にも従ったもの
(エ) 慣習にこだわらず醍醐天皇自身の感性にそったものであっただけでなく、その感性は書き手と同じもの

2 次の文章を読み、問い(1)〜(11)に答えよ。(1〜12は、各段落の番号を示したものである。)

1 対話とは、何かの問いに答えようとして、あるいは、自分の考えが正しいのかどうかを知ろうとして、誰かと話し合い、真理を探求する会話のことである。ただ情報を検索すれば得られる単純な事実ではなく、きちんと検討しなければ得られない真理を得たいときに、人は対話をする。それは、自分を変えようとしている人が取り組むコミュニケーションである。

2 ショッピングや仕事でのやり取りは、自分の要望と相手の要望をすり合わせようとする交渉である。友人や恋人との会話は、よい関係を保ち、相手を理解し、互いに話を楽しもうとする交流である。これらの会話は有意義かもしれないが、真理の追求を目的としてはいない。対話は、何かの真理を得ようとして互いに意見や思考を検討し合うことである。

3 私たちは日常生活の中で、ほとんど対話する機会がないのではないだろうか。それは、真理の追求が日常生活で行われなくなっているからである。□実は、対話をしなければならない場面は、日常生活の中にも、思ったよりもたくさんあるのだ。

4 仕事場でも、ただ当面の与えられた業務をこなすだけではなく、仕事全体の方向性や意味が問われる場合、たとえば、「良い製品とは何か」「今はどういう時代で、どのような価値を消費者は求めているのか」「環境問題に対して、我が社は*頬かむりをしていていいのか」など真剣に論じるべきテーマは少なくないだろう。家庭でも、子どもの教育をめぐって、そもそも子どもにとっての良い人生とはなにか、そのために何を学んでほしいのか、親と子どもとはどういう関係なのか、子離れす

国語

時間　四〇分
満点　四〇点

（注）字数制限がある場合は、句読点や符号なども一字に数えなさい。

1　次の文章は、「古今著聞集」の一節である。注を参考にしてこれを読み、問い(1)～(5)に答えよ。

*延喜《えんぎ》の聖主、*醍醐寺《だいごじ》を御建立《こんりふ》の時、*道風朝臣《たうふうあそん》に額書き*進《まゐ》らすべき*よし仰《おほ》せられて、額二枚をたまはせけり。一枚は南大門、一枚は西門の*料なり。*真草　a 両様に書きて奉《たてまつ》るべきよし、勅定ありければ、仰せにしたがひて両様に書きて*進らせたりけるを、具に書きたるは南大門の料なるべきを、草の字の額を、晴れの門にうたれたりけり。道風これを見て、あはれ賢王やとぞ申しける。b そのゆゑは、草の額*ことに*書きすましておぼえけるが、*叡慮《えいりよ》に叶《かな》ひて、*かく日比《ひころ》の*儀あらたまりてうたれける、誠にかしこき c 御はからひなるべし。それをほめ申すなるべし。

（「新潮日本古典集成」より）

注
*延喜の聖主…醍醐天皇。
*醍醐寺…京都市伏見《ふしみ》区にある寺。
*道風朝臣…小野道風《おののとうふう》。平安中期の書家。
*書き進らす…書いてさしあげる。
*よし…というようなこと。
*料…掲げるための物品。
*真草…真は楷書、草は草書を意味し、それぞれの書体を示す。
*進らせたりける…献上した。
*ことに…特に。
*書きすましておぼえける…立派に書けたと思っていた。
*叡…天皇の行動や考えに敬意を表す語。
*かく…このように。
*儀…作法。

(1)　本文中の a 両様に書きて奉るべき の解釈として最も適当なものを、次の(ア)～(エ)から一つ選べ。（　　）
(ア)　それぞれの書体で二枚ずつ書いたものを、差し出すように
(イ)　それぞれの書体で一枚ずつ書いたものを、差し出すように
(ウ)　どちらかの書体で書いた二枚を、差し出すように
(エ)　どちらかの書体で書いた二枚のうち、良い方を差し出すように

(2)　本文中の二重傍線部（‖）で示されたもののうち、主語が一つだけ他と異なるものがある。その**異なるもの**を、次の(ア)～(エ)から選べ。（　　）
(ア)　したがひて　　(イ)　書きたる
(ウ)　うたれける　　(エ)　ほめ申す

(3)　本文中の b そのゆゑは・c 御はからひは歴史的仮名遣いで書かれている。これらの平仮名の部分をすべて**現代仮名遣い**に直して、それぞれ**平仮名**で書け。b［　　　　］　c 御［　　　　］

(4)　本文中には、道風の発言が一箇所あり、それを示すかぎ括弧（「　」）が抜けている。その発言の部分の、**初めと終わりの二字**をそれぞれ抜き出して書け。［　　］～［　　］

(5)　次の会話文は、実月さんと大貴さんが本文を学習した後、本文について話し合ったものの一部である。これを読み、後の問い㈠・㈡に答

2021年度／解答

数　学

1 **【解き方】** (1) 与式 $= 16 - (-3) = 16 + 3 = 19$

(2) 与式 $= 6x^2y \times \frac{2}{9}y \times \frac{1}{8xy^2} = \frac{1}{6}x$

(3) 与式 $= \frac{1}{2\sqrt{2}} \times 4\sqrt{6} - 3\sqrt{3} = 2\sqrt{3} - 3\sqrt{3} = -\sqrt{3}$

(4) 与式 $= 7x - 3y - 2x - 5y = 5x - 8y = 5 \times \frac{1}{5} - 8 \times \left(-\frac{3}{4}\right) = 7$

(5) 両辺の平方根をとって，$x + 1 = \pm 6\sqrt{2}$　よって，$x = -1 \pm 6\sqrt{2}$

(6) $x = 2$ のとき，$y = -\frac{1}{2} \times 2^2 = -2$，$x = 6$ のとき，$y = -\frac{1}{2} \times 6^2 = -18$　よって，変化の割合は，$\frac{-18-(-2)}{6-2} = -4$

(7) 180°の回転移動になるので，右図1のように，点Oについて，点Aと反対側にあり，OA = ODとなる点をDとし，点Oについて，点Bと反対側にあり，OB = OEとなる点をEとし，点Oについて，点Cと反対側にあり，OC = OFとなる点をFとして，3点D，E，Fを結んで三角形をつくればよい。よって，右図2のようになる。

図1

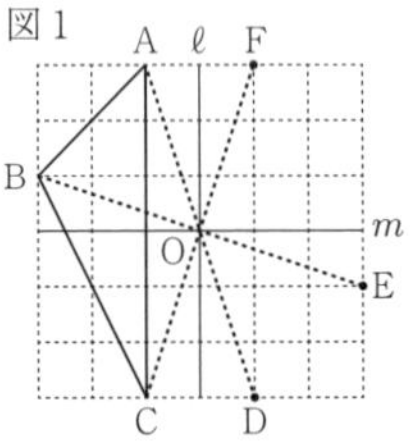

図2

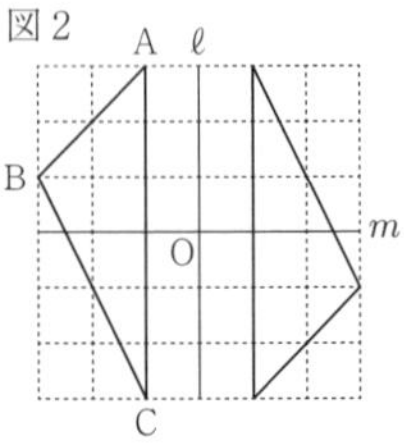

(8) 表が3枚出る場合，裏が1枚出ることになるので，どの硬貨が裏になるかで4通り。表が4枚出る場合は1通りだから，表が3枚以上出る場合は，$4 + 1 = 5$ (通り)　硬貨の表裏の出方は全部で，$2 \times 2 \times 2 \times 2 = 16$ (通り)だから，求める確率は $\frac{5}{16}$。

【答】 (1) 19　(2) $\frac{1}{6}x$　(3) $-\sqrt{3}$　(4) 7　(5) $x = -1 \pm 6\sqrt{2}$　(6) -4　(7) (前図2)　(8) $\frac{5}{16}$

2 **【解き方】** (1) 8℃以上12℃未満の階級の階級値は，$\frac{8+12}{2} = 10$ (℃)，12℃以上16℃未満の階級の階級値は，$\frac{12+16}{2} = 14$ (℃)，16℃以上20℃未満の階級の階級値は，$\frac{16+20}{2} = 18$ (℃)　よって，平均値は，$(10 \times 4 + 14 \times 8 + 18 \times 3) \div 15 = 13.73\cdots$ より，小数第2位を四捨五入して13.7℃。

(2) Ⅱ図より，最高気温が14℃以上の日は8日で，Ⅰ図より，最高気温が16℃以上の日は3日あるので，最高気温が14℃以上16℃未満の日は，$8 - 3 = 5$ (日)

【答】 (1) 13.7 (℃)　(2) 5 (日)

3 **【解き方】** (1) 平面図は1辺の長さが6cmの正方形。正四角錐の高さは，立面図の正三角形の高さになるから，正四角錐の体積は，$\frac{1}{3} \times 6 \times 6 \times 3\sqrt{3} = 36\sqrt{3}$ (cm^3)

(2) 正四角錐は右図のようになり，立面図における6cmの辺は，側面の三角形の高さになることがわかる。これより，側面は底辺が6cm，高さが6cmの二等辺三角形であることがわかるから，表面積は，$\frac{1}{2} \times 6 \times 6 \times 4 + 6 \times 6 = 108$ (cm^2)

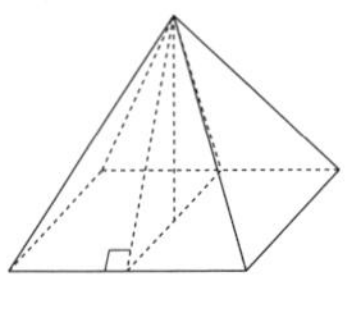

【答】(1) $36\sqrt{3}$ (cm^3) (2) 108 (cm^2)

4 【解き方】(1) 点Bのy座標は，$y = \frac{1}{2}x + 2$に，$x = 10$を代入して，$y = \frac{1}{2} \times 10 + 2 = 7$ 点Cのy座標は，$y = -x + 5$に，$x = 10$を代入して，$y = -10 + 5 = -5$ よって，2点B，C間の距離は，$7 - (-5) = 12$ また，点Aと直線BCとの距離は，2点A，Bのx座標の差になる。点Aは2直線$y = \frac{1}{2}x + 2$と$y = -x + 5$の交点だから，$y = \frac{1}{2}x + 2$に$y = -x + 5$を代入して，$-x + 5 = \frac{1}{2}x + 2$より，$-\frac{3}{2}x = -3$だから，$x = 2$ よって，点Aのx座標は2だから，点Aと直線BCとの距離は，$10 - 2 = 8$

(2) $\triangle\mathrm{ACB} = \frac{1}{2} \times 12 \times 8 = 48$ 点Dの座標は，$y = -x + 5$に，$y = 0$を代入して，$0 = -x + 5$より，$x = 5$だから，D(5，0)で，$\triangle\mathrm{BDC} = \frac{1}{2} \times 12 \times (10 - 5) = 30$ △BDCの面積は，△ACBの面積の$\frac{1}{2}$より大きいので，点Dを通り，△ACBの面積を2等分する直線は線分BCと交わる。この点をEとし，Eのy座標をeとすると，$\mathrm{CE} = e - (-5) = e + 5$で，$\triangle\mathrm{DCE} = \frac{1}{2} \times (e + 5) \times (10 - 5) = \frac{5}{2}e + \frac{25}{2}$と表せるから，△DCEの面積について，$\frac{5}{2}e + \frac{25}{2} = 48 \times \frac{1}{2}$が成り立つ。これを解くと，$e = \frac{23}{5}$だから，$\mathrm{E}\left(10,\ \frac{23}{5}\right)$ 直線DEは，傾きが，$\left(\frac{23}{5} - 0\right) \div (10 - 5) = \frac{23}{25}$だから，直線の式を，$y = \frac{23}{25}x + b$とおいて，点Dの座標を代入すると，$0 = \frac{23}{25} \times 5 + b$より，$b = -\frac{23}{5}$ よって，求める直線の式は，$y = \frac{23}{25}x - \frac{23}{5}$

【答】(1) (2点B，Cの間の距離) 12 (点Aと直線BCとの距離) 8 (2) $y = \frac{23}{25}x - \frac{23}{5}$

5 【解き方】(1) $\overset{\frown}{\mathrm{AEB}}$は円周の長さの$\frac{1}{3}$だから，点Eを含むおうぎ形OABの中心角は，$360° \times \frac{1}{3} = 120°$

(2) 円Oの半径をr cmとすると，点Eを含むおうぎ形OABの面積について，$\pi r^2 \times \frac{120}{360} = 54\pi$が成り立つ。整理すると，$r^2 = 162$だから，$r = \pm 9\sqrt{2}$ $r > 0$だから，$r = 9\sqrt{2}$ よって，円Oの半径は$9\sqrt{2}$ cm。

(3) 右図で，△AEFと△DOFにおいて，$\angle\mathrm{AOC} = 120°$より，$\angle\mathrm{AOE} = 180° - 120° = 60°$だから，△OAEは正三角形で，$\angle\mathrm{AEF} = 60°$，$\angle\mathrm{DOF} = \angle\mathrm{DOA} - \angle\mathrm{AOE} = 120° - 60° = 60°$より，$\angle\mathrm{AEF} = \angle\mathrm{DOF}$……① 対頂角は等しいから，$\angle\mathrm{AFE} = \angle\mathrm{DFO}$……② ①，②より，2組の角がそれぞれ等しいので，$\triangle\mathrm{AEF} \backsim \triangle\mathrm{DOF}$ よって，EF：OF = AE：DO △OAEは正三角形だから，AEは円の半径，つまりOBの長さに等しい。よって，EF：OF = (5 + 8)：5 = 13：5より，$\mathrm{OF} = \frac{5}{13 + 5} \times 9\sqrt{2} = \frac{5\sqrt{2}}{2}$ (cm)だから，$\mathrm{CF} = \mathrm{CO} + \mathrm{OF} = 9\sqrt{2} + \frac{5\sqrt{2}}{2} = \frac{23\sqrt{2}}{2}$ (cm)

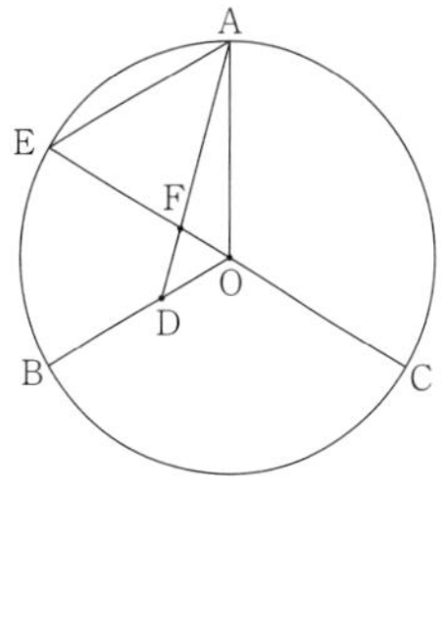

【答】(1) 120° (2) $9\sqrt{2}$ (cm) (3) $\frac{23\sqrt{2}}{2}$ (cm)

6 【解き方】(1) タイルAの枚数は，1番目の図形が，4 ($=1\times4$)枚，2番目の図形が，8 ($=2\times4$)枚，3番目の図形が，12 ($=3\times4$)枚，4番目の図形が，16 ($=4\times4$)枚，…のように，図形の番号の4倍になっているから，5番目の図形のタイルAの枚数は，$5\times4=20$ (枚)

(2) タイルBの枚数は，1番目の図形が1枚，2番目の図形は，$2+1+2=2\times2+1\times1=5$ (枚)，3番目の図形は，$3+2+3+2+3=3\times3+2\times2=13$ (枚)，4番目の図形は，$4+3+4+3+4+3+4=4\times4+3\times3=25$ (枚)となっているので，n番目の図形のタイルBの枚数は，$n^2+(n-1)^2$ で求められる。よって，9番目の図形のタイルBの枚数は，$9^2+8^2=145$ (枚)

(3) n番目の図形について，タイルAの枚数は，$4n$枚，タイルBの枚数は，$\{n^2+(n-1)^2\}$ 枚となるから，タイルAの枚数がタイルBの枚数よりちょうど1009枚少なくなるとき，$4n+1009=n^2+(n-1)^2$ が成り立つ。整理すると，$2n^2-6n-1008=0$ より，$n^2-3n-504=0$　左辺を因数分解して，$(n+21)(n-24)=0$　nは自然数だから，$n=24$　よって，24番目の図形である。

【答】(1) 20 (枚)　(2) 145 (枚)　(3) 24 (番目の図形)

英　語

1 **【解き方】** (1) ① 同文の後半から，過去形の文であることがわかる。②「～するのが好きだ」= like ～ing。

(2)「私はなぜそのパン屋がそれほど人気なのかを理解しました」。間接疑問文。I understood の後は〈疑問詞＋主語＋動詞〉の語順。I understood why the bakery is so popular となる。

(3) them は直前の文中にある「パンを作るためにするべき多くのこと」を指している。「それらの中で」= among them。

(4) 同段落の直前の文を見る。(a) 真由実の書いたカードは「お気に入りのパンについての真由実の気持ち」を表している。(b) 何人かのお客さんは真由実の書いたカードを「読んだ後」にそのパンを試してみたいと思い，購入した。

(5) ムギで働く人たちがパンを食べてみてほしいと思うのは，同文前半の customers（お客さん）である。「パンを買うためにムギを訪れる人たち」という意味の選択肢(ア)が適切。

(6)「ムギで働く人たちは，それぞれの日の最高の生地を作るために何をしていますか？」という質問。第3段落の前半を見る。彼らは材料の1つである「水」の量をかえている。

(7) (ア) 第2段落の3文目を見る。真由実と友人たちは「新しい種類のパン」ではなく「自分たちのお気に入りのパン」を買うためにムギに行っている。(イ) 第4段落の1文目を見る。ムギで働く人たちによって作られたカードは，「店の前」ではなく「店内にある各種類のパンの前」に置かれている。(ウ) 第4段落の後半を見る。ムギで働く人たちが本を読むのは，よりよいカードを作るためである。(エ)「職業体験の後，真由実がムギでパンを買うと，それは彼女にとって特別ですばらしい味がした」。最終段落を見る。正しい。

(8) (a) 第3段落の最終文と第4段落の最終文から考える。真由実はムギで働く人たちがパンを作ったり売ったりするために多くの「努力」をしていることを知っている。「努力」= effort。(b) 第5段落を見る。真由実はムギで働く人たちが「他の人たちを幸せにするために働いている」ことを知った。

【答】 (1) ① worried　② eating　(2) (イ)→(エ)→(カ)→(ア)→(オ)→(ウ)　(3) (イ)　(4) (a) (ウ)　(b) after reading　(5) (ア)
(6) water　(7) (エ)　(8) (a) (イ)　(b) (ウ)

◀全訳▶　昨年，私のクラスのすべての生徒が職業体験を行いました。それぞれの生徒が私たちの町にある1つの場所へ行き，その仕事についてより多くのことを知るため，3日間そこで働きました。花屋で働く生徒もいれば，レストランに行く生徒もいました。私はムギとよばれるパン屋で働きました。職業体験の前，私はそのことについて少し心配していましたが，それを始めると私はわくわくしました。

そのパン屋は長年にわたって人気があります。そこにはたくさんの種類のパンがあります。私の友人たちと私は，自分たちのお気に入りのパンを買うためによくそこへ行きます。私たちはそのパンを食べるのが好きで，よくそれについて話します。職業体験を通して，私はなぜそのパン屋がそれほど人気なのかを理解しました。私はパンの作り方や売り方について多くのことを学びました。

そのパン屋で働く人たちは，私にパンの作り方を教えてくれました。私はパンを作るためにするべきたくさんのことを学びました。それらの中で，生地を作ってそれをパンの形にすることは，私にとって興味深いことでした。生地を作るとき，働く人たちは材料の1つとして水を使います。気温と湿度は毎日変化するので，彼らはそれぞれの日に最高の生地を作るために水の量をかえています。彼らは「生地を作るのは難しいけれど，私たちはいつもその日の完璧な生地を作ろうとしています」と言いました。彼らは生地を作り終えると，上手にそれをそれぞれのパンの形にします。私は彼らのようにそれをやりたかったのですが，生地をパンの形にするのは私にとって難しかったです。働く人の一人は「よいパンを作ることができるようになるには数年かかります」と言いました。今，パンを作るには大変な努力が必要であることを私は知っています。

そのパン屋で働く人たちは多くの種類のカードを作り，それらを店内の各種類のパンの前に置いています。そのカードには，働く人たちからお客さんへのメッセージが書いてあります。例えば，あるメッセージは特別な材料や味についてのものです。私はお気に入りのパンについてカードを書こうとしたのですが，よいカードの書き方がわかりませんでした。働く人の一人は「あなたは自分のお気に入りのパンについての自分の気持ちや，いつもそれを買う理由を書けばいいのです」と私に言いました。私はそのカードを書くために最善を尽くしました。それが店内のパンの前に置かれたので，私はわくわくしました。働く人の一人は「私はあなたのカードがとても好きです。あなたがそれを楽しく作ったことがわかるので，それは私を幸せな気持ちにしてくれます。それに，それはあなたのお気に入りのパンについて，14 歳の女の子としてのあなたの気持ちを表現しています。あなたのカードを読んだ後，それに興味を持ってそのパンを買ったお客さんもいました」と私に言いました。私はそれを聞いてとてもうれしくて，よりよいカードを作りたいと思いました。それで，私は何人かの働く人たちに「あなたはどのようにして素敵なカードを作っているのですか？」と尋ねました。彼らの一人は「私たちは，自分たちのパン屋のあらゆる種類のパンについて多くのことを学ぼうとしています。それに，私たちは多くの本を読み，よい例を見るためにしばしば他のパン屋に行きます。私たちはお客さんに私たちのパンのよい点を見せ，彼らにそのパンを食べてもらいたいのです」と言いました。今，パンを売るには大変な努力が必要であることを私は知っています。

職業体験を通して，私は働く人たちがとても一生懸命に働いていることを学び，その理由が知りたいと思いました。そこで，私が何人かの働く人たちに尋ねると，彼らは多くの人々を幸せにしたいから毎日最善を尽くしているのだと言いました。彼らはまた，お客さんを幸せにしたときに，自分たちも幸せになるのだと言いました。この体験の前，私は人々が生活のためだけに働いていると思っていましたが，今では，彼らが他の人たちのためにも一生懸命働いていることを理解しています。他の人々を幸せにすることができれば，働く人たちはより熱心に働くでしょう。将来，私は彼らのように他の人たちのために働きたいと思います。私はそのパン屋で多くのことに挑戦し，そのことは私を疲れさせました。しかし，私は多くのことを学び，新しい世界を見ることができたので，その職業体験はすばらしいものでした。

職業体験を終えた後，私はそのパン屋に行ってパンを買いました。私はパン屋で働く人たちの気持ちと努力を理解したので，その味は私にとって特別ですばらしいものでした。

2 **【解き方】**(1)「私の兄はホームステイプログラムに参加しました」という意味の文。「～に参加する」= take part in ～。

(2)「スケジュールの一部」を見る。② 英語の授業はすべて「午前中」にある。③ 昼食後には，コンピュータを使ったり，スポーツやゲームをしたり，地元の工場を訪れたりするなど，直希の兄は「さまざまな種類のことをした」。

(3) ソヨンの最後から 3 番目のせりふを見る。直希の兄は夕方の「5 時 30 分」にゲームをし始めた。

(4) (ア) 直希の 3 番目のせりふを見る。将来海外で働くために日本で熱心に勉強しているのは，直希の兄である。(イ) 英語を学ぶためにアメリカでさまざまな経験をしたのは，直希の兄である。(ウ) ソヨンがアメリカの学校文化と同じことをしているという記述はない。(エ)「直希の兄は『ブラウンバッグランチ』が気に入って，日本に戻ってからも大学にそれを持参している」。直希の最後のせりふを見る。正しい。

【答】(1) in　(2) (ア)　(3) (イ)　(4) (エ)

◀全訳▶

直希　：こんにちは，ソヨン。あなたはアメリカで勉強することに興味があると言っていましたよね？

ソヨン：はい。私は大学生になったときにそうしたいと思っているのですが，それについてあまりよく知りません。

直希　：私の兄は大学 1 年生のときに，アメリカでホームステイプログラムに参加しました。見てください，彼がそのスケジュールを私にくれました。

ソヨン：彼は今，日本の大学で勉強しているのですか？

直希　：はい。彼は将来海外で働くため熱心に頑張っています。

ソヨン：まあ！　それはすばらしいですね。

直希　：いろいろな言語を使うことが自分を助けてくれるだろうと私の兄はいつも言っています。英語はそのうちの１つです。

ソヨン：なるほど。このプログラムで，彼は午前中に英語の授業を受けていたのですね？

直希　：そうです。彼のクラスにはさまざまな国の生徒たちがいて，そのようなクラスメートと一緒に勉強することは，コミュニケーションのために英語を使うよい機会だったと彼は言いました。

ソヨン：そして昼食後に，彼はさまざまな種類のことをしたのですね？　それらはすべて楽しそうです。

直希　：はい。例えば，彼はクラスメートたちと一緒にスポーツをしました。彼はまた，特別授業でアメリカ文化について勉強したり，地元の工場を訪問したりしました。彼はその地元の工場についての説明を英語で聞きました。

ソヨン：それは私にはとても難しそうです。

直希　：そうですか？　でも彼は地元の工場を見学している間に説明が理解できたので，それを楽しみました。

ソヨン：いいですね。そのプログラムの中で彼が英語を学ぼうとしたとき，アメリカでそのような経験をすることは彼にとってよいことだったと私は思います。

直希　：私もそう思います。放課後や毎週末に，彼はホストファミリーと一緒に多くの時間を過ごしました，そしてそのことも彼にとってアメリカ生活のよい経験となりました。

ソヨン：8月8日の水曜日を見てください。彼は夕方に湖の近くでゲームをし始めたのですか？

直希　：はい。アメリカのその地域では，夏になると午後8時や9時頃になっても暗くないのです。

ソヨン：それで彼が夕方の5時30分にゲームをし始めても十分な時間があったのですね。「ブラウンバッグランチ」とは何ですか？

直希　：それは弁当のようなものです。私の兄は毎朝サンドイッチを作り，それを茶色の紙袋に入れて，学校に持っていきました。彼は時々，その袋の中に果物を入れることもありました。

ソヨン：アメリカの人々は昼食を持ち運ぶために茶色の紙袋を利用するので，それを「ブラウンバッグランチ」とよぶのですね？

直希　：その通りです。彼はそれをとても気に入って，日本でも同じことをしています。

ソヨン：私は彼のことが理解できます。もし私がある文化に興味を持ったら，人々がそこでどのように暮らしているのか知りたいと思うし，同じことをしようとします。

3 **【解き方】**(1) リサは「暖かい部屋でアイスクリームを食べるのが好きだ」と言っている。

(2) エマの母親は「辞書を使ってフランス語の本を読んでいる」と言っている。

【答】(1) (イ)　(2) (ア)

◀全訳▶　(1)

A：リサ，あなたはいつアイスクリームを食べるのが一番好きですか？

B：たぶん，寒い日ですね。私は暖かい部屋でアイスクリームを食べるのが好きです。あなたはどうですか，メグ？

A：私はそれが理解できます。でも私は海で泳いだ後にそれを食べるのが好きです。

B：それもいいですね！

質問：リサはどこでアイスクリームを食べるのが好きですか？

(2)

A：お母さん，私はフランス語の辞書を探しているの。

B：私はその辞書を使ってフランス語の本を読んでいるところよ，エマ。あなたは何がしたいの？

A：私はフランス語の歌を聞いていて，いくつかの単語が何を意味するのか知りたいの。

B：わかったわ。私はこの本をもうすぐ読み終えるの。だから，その後に辞書を使えばいいわ。

質問：エマの母親は何をしていますか？

4 【解き方】(1) アンは「たいてい4時に起き，5時に家を出て，8時に歩いて山を登り始める」と言っている。

(2) マキの「あなたはそこ（山の一番高い場所）で昼食を食べるの？」という質問に対して，アンは「もちろん！」と答えている。

【答】(1) (エ)　(2) (エ)

◀全訳▶

マキ：こんにちは，アン。あなたは次の夏に何をするつもりなの？

アン：こんにちは，マキ。私は山に行く予定なの。歩いて山を登るのはとても大変だけれど，とても楽しいのよ。私はそれが大好きなの。

マキ：あなたは朝早く家を出るのでしょう？

アン：そうよ。私はたいてい4時に起き，5時に家を出て，8時に歩いて山を登り始めるの。夜の7時に帰宅するわ。

マキ：まあ，それはとても大変そう。歩いている間は何をするの？

アン：友人たちと楽しく話をするわ。私たちはとても疲れたとき，お互いを助け合うの。

マキ：どういう意味？

アン：私たちはよくしりとりをしたり，歌を歌ったりするの。それから，私は植物を見て楽しんでもいるわ。とてもきれいな鳥を見つけるときもある。

マキ：それはいいわね。山の一番高い場所では，何を楽しむの？

アン：私たちは美しい山々や，もし晴れていればいくつかの町を見て楽しむの。それらはすばらしいし，私はそれが最高だと思う！　私はそれらが見たいからとても一生懸命に歩くのよ。

マキ：あなたはそこで昼食を食べるの？

アン：もちろん！　そのようなよい場所で昼食を食べるのはとても素敵よ。

質問(1) アンはたいてい何時に歩いて山に登り始めますか？

質問(2) 山の最も高い場所でアンは何をしますか？

5 【解き方】(1)「ミノルはその中（ギターを弾いている少年の周りにいる人たちの中）にいますか？」というせりふに対する返答を選ぶ。I don't think he is there.＝「彼はそこにいないと思います」。

(2)「そこで彼女とテニスをするから，後で私たちに合流して」というせりふに対する返答を選ぶ。OK. I'll do that.＝「わかった。そうするわ」。

【答】(1) (ウ)　(2) (ア)

◀全訳▶　(1)

A：ギターを弾いている少年を見て。あれはミノルだよね？

B：ええと，あれはミノルではないと思う。たぶん，あれは彼の弟のヒロシよ。

A：えっ，本当？　彼の周りに何人か人がいるね。ミノルは彼らの中にいる？

B：(彼はそこにいないと思う)。

(2)

A：こんにちは，エマ。今日はいい天気よ。出かけましょう。

B：ごめんなさい，出かけられないわ，カナコ。私にはするべき宿題がたくさんあるの。サトミと一緒に出かけて。

A：わかったわ。私は公園で彼女とテニスをするつもりだから，後で私たちに合流して。

B：(わかった。そうするわ)。

社　会

1 【解き方】(1) 本初子午線と赤道はギニア湾上で交わる。また，赤道から離れた都市ほど高緯度に位置する都市となる。

(2) 非核三原則は 1971 年に国会で決議されたもので，この考え方を提唱した佐藤栄作はのちにノーベル平和賞を受賞した。また，「アフリカの年」とは 1960 年のこと。国際連合が発足した 1945 年と石油危機が起こった 1973 年の間のできごとになる。

(3)「コロンブス」と「マゼラン」はともにスペイン国王の援助を受け，コロンブスは西インド諸島に到達し，マゼランの一行は世界一周を達成した。

(4) (ア) 中国とインドはあてはまらない。(イ) 生産量・輸出量ともに，オーストラリアはブラジルの 2 倍以上となっている。(エ) 割合はブラジルの生産量の方が 3 国の合計より低いが，生産量全体は輸入量全体の 2 倍ほどになっているので，ブラジルの生産量の方が多いと判断できる。

(5) アンデス山脈やその周辺部ではインカ帝国などの古代文明が栄えた。クスコは標高が高く，高山気候に属しており，年平均気温は低い。また，10 月から 3 月にかけてまとまった降水がある。

【答】(1) a, (ア)　(2) ひかくさんげんそく，C　(3) (ⅰ群) (ウ)　(ⅱ群) (ク)　(ⅲ群) (シ)　(4) (ウ)・(オ)　(5) (ア), A

2 【解き方】(1) (ア) 高等学校は「貴船城」の北東につくられた。(ウ)「警察署」ではなく，交番が正しい。

(2) P から Q にかけて谷を通っている点，その後，標高が上がった後，「貴船城」から R にかけてが下りの急斜面となっていることが等高線からわかる。

(3) 都道府県の首長にあたるのが知事。

(4) (ⅰ群)「禅宗」を開いたのは栄西や道元。「浄土宗」を開いたのは法然。「日蓮宗」を開いたのは日蓮。(ⅱ群)『平家物語』は琵琶法師によって広められていった。

(5) (ⅰ群) X. この頃に朝鮮から木綿も伝わり，三河などで栽培も始まった。Y. 日明貿易で輸入された銅銭（永楽通宝など）は室町時代に商品の売買にさかんに用いられた。(ⅱ群) 堺は有力商人らの合議により運営される自治都市として栄え，そのようすは宣教師のフロイスによって「東洋のベネツィア」と表現された。

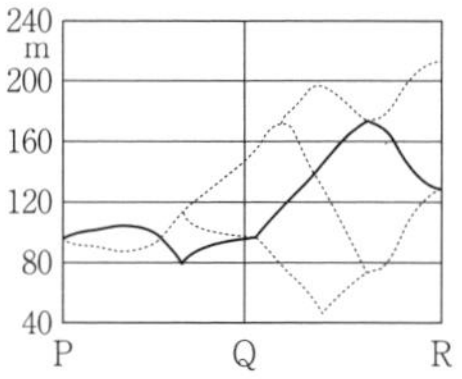

【答】(1) (イ)・(エ)　(2) (右図)　(3) 首長，NPO　(4) (ⅰ群) (イ)　(ⅱ群) (ク)
(5) (ⅰ群) (ア)　(ⅱ群) (キ)

3 【解き方】(1) 藤原京→平城京→長岡京→平安京の順に都がおかれた。

(2) (ⅰ群)「18 世紀末に産業革命を実現した国」とは，イギリスのこと。(ⅱ群) 安土桃山時代には，姫路城のような天守閣を持つ城が多く建造された。

(3) (ア) テレビの割合よりもインターネットの割合の方が高い。(ウ)「仕事や調べ物に役立つ情報を得る」も 60 %を超えている。(オ) いずれの目的においても，紙のメディアの合計は 20 %を超えていない。

(4) (ⅰ群) ローマ＝カトリック教会の教えは旧教といい，その信者はカトリックと呼ばれた。(ⅱ群)「ハリス」と「ペリー」はアメリカ人,「ラクスマン」はロシア人。

(5)「製造品出荷額等の合計」が最も高い A は自動車工業を中心に機械工業がさかんな愛知県。産業別有業者数の「漁業」が全くない C は内陸県の埼玉県。「食料品」の割合の高い D は第一次産業がさかんな北海道。「輸送用機械」の割合が A の愛知県に次いで高い B は二輪自動車の製造がさかんな静岡県。「パルプ・紙・紙加工品」の割合が高い E が愛媛県。

【答】(1) D → C → B → A　(2) (ⅰ群) (エ)　(ⅱ群) (ケ)　(3) (イ)・(エ)　(4) (ⅰ群) (エ)　(ⅱ群) (カ)
(5) (北海道) D　(静岡県) B

4 【解き方】(2)（ⅰ群）内閣不信任決議ができるのは衆議院のみ。（ⅱ群・ⅲ群）1955年から続いた自由民主党を与党，社会党を野党第一党とする体制を「55年体制」という。

(3)（ⅰ群）(ア) 山梨県は海に面していない内陸県。(イ) 山梨県は7地方区分では中部地方に属している。(エ) 山梨県の県庁所在地は甲府市。（ⅱ群）武田氏は「甲州法度《はっと》之次第」の中で，喧嘩《けんか》両成敗法を定めるなどした。

(4)「小さな政府」とは，政府の権限や規模などを可能な限り小さくしようとする政策。

(5)「日本で選挙権年齢が20歳以上に引き下げられた」のは1945年のこと。また，納税額による制限が廃止された1925年から女性に選挙権が認められた1945年の間に起こったできごとは1932年に起こった(ア)のみ。(イ)は1889年，(ウ)は1918年，(エ)は1985年のできごと。

【答】(1) 税収の変動が小さい（同意可）(2)（ⅰ群）(ア)（ⅱ群）(キ)（ⅲ群）(サ) (3)（ⅰ群）(ウ)（ⅱ群）(ケ)
(4) (ア)・(エ) (5) D，(ア)

理　科

1 【解き方】(1)〈観察Ⅰ〉の結果より，植物Aは単子葉類，植物Bは双子葉類。単子葉類の茎では維管束がばらばらに散らばっており，根のつくりはひげ根。また，双子葉類の茎では維管束が輪状に並んでおり，根のつくりは主根と側根からなる。

【答】(1)(植物A)(エ)　(植物B)(ア)　(2)合弁花　(3)(ⅰ群)(オ)　(ⅱ群)(ス)→(サ)→(セ)→(シ)

2 【解き方】(2)図中のAは両生類，Cは鳥類。

【答】(1)たいせい，(ウ)　(2)B，(イ)

3 【解き方】(1)海よりも陸の方があたたまりやすい。また，空気があたためられると，密度が小さくなって上昇する。(カ)はあたたかくしめっており，(キ)は冷たく乾燥している。

(2)冬は日本の西側に高気圧，東側に低気圧ができやすく，等圧線が縦になり，間隔がせまい。

【答】(1)(ⅰ群)(ア)　(ⅱ群)(ク)　(2)(イ)

4 【解き方】(1)月が出る時刻は日ごとに遅くなるので，同じ時刻に月を観察すると東へ移動する。月の満ち欠けは，満月の右側から欠けていき，新月の右側から満ちていく。

(2)月食は，月が地球の影に入る現象。

【答】(1)A．(ア)　B．(ケ)　C．(キ)　(2)(イ)　(3)距離が近い(同意可)

5 【解き方】(1)〈実験〉の反応によって発生した気体は二酸化炭素で，化学式はCO_2。アンモニアの化学式はNH_3なので，(イ)がアンモニア分子。よって，(ウ)は水素分子。また，水の化学式はH_2Oなので，(エ)が水分子となり，(ア)は酸素分子。

(2)表より，操作②での全体の質量と操作③での全体の質量の差が，反応によって発生する気体の質量。ビーカーAに入れた石灰石の質量が1.0gのとき，反応によって発生する気体の質量は，171.4(g)－171.0(g)＝0.4(g)　同様にして，2.0gのとき，172.4(g)－171.6(g)＝0.8(g)　3.0gのとき，173.4(g)－172.2(g)＝1.2(g)　4.0gのとき，174.4(g)－173.2(g)＝1.2(g)　5.0gのとき，175.4(g)－174.2(g)＝1.2(g)

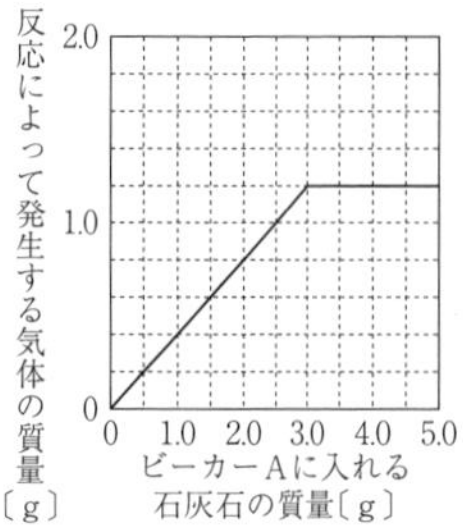

(3)(2)より，うすい塩酸$50cm^3$に石灰石を入れると，石灰石の質量が3.0gのとき過不足なく反応して，気体が1.2g発生する。このとき，反応していない石灰石の質量は，5.0(g)－3.0(g)＝2.0(g)　うすい塩酸$50cm^3$を加えると，さらに2.0gの石灰石が反応するので，発生する気体の質量は，1.2(g)×$\dfrac{2.0\,(g)}{3.0\,(g)}$＝0.8(g)

【答】(1)(オ)　(2)(前図)　(3)(ウ)

6 【解き方】(1)溶液は，溶質が溶媒に溶けた液体。

(2)表より，水の温度が70℃のとき，100gの水に溶ける物質Xの質量が138gなので，飽和水溶液の質量は，100(g)＋138(g)＝238(g)　したがって，70℃の物質Xの飽和水溶液119gの水の質量は，100(g)×$\dfrac{119\,(g)}{238\,(g)}$＝50(g)　物質Xの飽和水溶液の温度を下げると，水50gで53gの物質Xが出てきたので，水100gあたりに出てくる物質Xの質量は，53(g)×$\dfrac{100\,(g)}{50\,(g)}$＝106(g)　よって，100gの水に溶ける水に溶ける物質Xの質量が，138(g)－106(g)＝32(g)なので，このときの温度を，表より読み取る。また，20℃における物質Xの飽和水溶液の質量パーセント濃度は，$\dfrac{32\,(g)}{(100+32)\,(g)}$×100≒24(%)

【答】(1)(ア)　(2)(イ)，24

7 【解き方】(1) 気体の水蒸気を冷やすと液体の水となり，体積は減少する。

(2) 密閉された菓子袋を，山のふもとから山頂まで持っていくと，袋の外の大気圧が中よりも小さくなるので，菓子袋は膨らむ。

(3) $30cm^2 = 0.003m^2$ より，吸盤上面全体にかかる大気圧による力の大きさは，$100000\ (Pa) \times 0.003\ (m^2) = 300\ (N)$

【答】(1) (エ)　(2) (ウ)　(3) 300 (N)

8 【解き方】(1) 表より，おもりの質量が 20g と 40g のとき，おもりが静止したときのばね X の長さは 12.0cm と 14.0cm なので，おもりの質量の差は，40 (g) − 20 (g) = 20 (g)　ばね X の長さの差は，14.0 (cm) − 12.0 (cm) = 2.0 (cm)　したがって，ばね X に 20g の力を加えると 2.0cm のびるので，元のばねの長さは，12.0 (cm) − 2.0 (cm) = 10.0 (cm)　ばね X の長さが 21.0cm のとき，21.0 (cm) − 10.0 (cm) = 11.0 (cm) のびているので，ばね X にさらに加えた力の大きさは，$20\ (g) \times \dfrac{11.0\ (cm)}{2.0\ (cm)} = 110\ (g)$　ii 図のようにおもりをつるすと，ばねののびは i 図のようにおもり 1 個をつるしたときと同じになる。よって，おもり 1 個分の質量は 110g。

(2) おもりの重さは，2 つのばね X がおもりを引く力の合力とつり合う。作図により合力を求めると，次図のようになる。

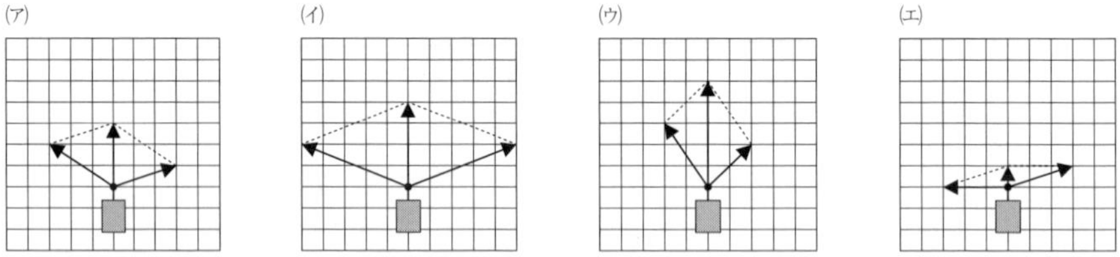

【答】(1) フック(の法則)，110 (g)　(2) (ウ)

国　語

1 【解き方】(1)「両様に」は，「真草」つまり楷書と草書の両方の書体でということ。与えた「額二枚」に，南大門用と西門用とで別々の書体で書くことを指示している。

(2) いつもと違った作法で額を掲げたのは，天皇。天皇の命令に従って額を書き，その後の天皇の判断をほめたのは，道風。

(3) b.「ゑ」は「え」にする。c. 語頭以外の「は・ひ・ふ・へ・ほ」は「わ・い・う・え・お」にする。

(4)「草の字の額」が「晴れの門」に掲げられたのを見た道風が，「申しける」と発言していることをおさえる。発言の終わりは，引用を示す助詞「と」にも着目する。

(5) ㊀ 道風は，「これ」を見て「あはれ賢王や」と評価している。「これ」は，「草の字の額を，晴れの門にうたれたりけり」ということを指す。㊁ 道風が「草の額」を「ことに書きすまして」と思っていたところ，醍醐天皇の「叡慮」にも合っていて，天皇が「日頃の儀」にこだわらない掲げ方をしたことをおさえる。

【答】(1)(イ)　(2)(ウ)　(3) b. そのゆえは　c.（御）はからい　(4) あは～王や

(5) ㊀ A. 南大門　B. 草の字の額　㊁ (エ)

◀口語訳▶　延喜の時代の醍醐天皇は，醍醐寺をご建立されたとき，小野道風朝臣に額を書いてさしあげるようにというようなことをおおせになって，額を二枚お与えになった。一枚は南大門に，もう一枚は西門に掲げるための物品である。楷書と草書の両方の書体で書いて差し出すようにという，天皇からのご命令があったので，道風はおおせに従って両方の書体で書いて献上したところ，楷書で書いたものは南大門に掲げるための物品であるのを，草書の字の額を，晴れの門に掲げられた。道風はこれを見て，なんと賢明な天皇だろうと言った。そのわけは，草書体の額を特に立派に書けたと思っていたところ，天皇のお考えとも合って，このようにいつもの作法を変えて掲げられたことは，実にすばらしいご判断であろう。そのことをほめたたえて言ったのであろう。

2 【解き方】(1) 1段落では，「対話」について，「何かの問い」に答えたり，「自分の考えが正しいのかどうか」を知ったりするために，人と話し合い，「真理を探求する会話」であると述べている。2段落では，「自分の要望と相手の要望をすり合わせようとする交渉」と「よい関係を保ち，相手を理解し…楽しもうとする交流」について述べている。

(2) Ⅰ. 日常生活の中で「ほとんど対話する機会がないのではないだろうか」と述べた後で，実際は，対話が必要な場面が「たくさんある」と，逆のことを述べている。Ⅱ. (ア)の働きをするのは(ケ)，(イ)の働きをするのは(ク)，(ウ)の働きをするのは(カ)，(エ)の働きをするのは(キ)である。

(3)「ず」「ぬ」に置き換えることができないので形容詞。他は，「ず」「ぬ」に置き換えられる助動詞。

(5)「人生」「家族と社会」「政治」「地域での生活」などに関する「難しい議論」を「頭のいい人たち」に任せて，「自分たち」は働いて「自分個人の生活だけを楽しめばいい」という態度を指している。

(6)「もう／三〇年／近く／前」と区切られる。「もう」は，活用のない自立語で，用言を修飾する副詞。「三〇年」「前」は，活用のない自立語で，主語にすることができる名詞。「近く」は，活用のある自立語で，言い切りの形が「～い」となる形容詞。

(8) 現代哲学や南米の先住民，ナイジェリアの民族などに関することと「アリストテレス」を関連させた質問に，「日本では考えられない質問たち」だと驚き，さらに，発表者たちがそうした質問にも「答えようとしていた」ことに驚いている。

(10) ㊀「人の考えはそれぞれが異なって」いて，話が通じないと感じる相手と話し合うことを「ストレスフル」と説明していることに着目する。㊁「現代社会」では「すべての人が…取り組まなければならない共通の課題に直面している」として，「今の時代に求められている」ものを示している。㊂ 皆で真理を追求する対話によって，「互いが思考を深めて，自分なりの意見を持ち帰って，それまでの自分のあり方を変えることができる」と述べている。㊃ 意見文では，自分の意見とそう考える理由をはっきり示すことが大切である。その上で，異なる考え方に対する説明なども書くことで，自分の意見の内容がさらにまとまっていくことをおさえる。

(11) 個々の日常生活での対話の必要性や，「比較哲学のセミナー」での筆者の体験などを取り上げた後，最後の11段落で，現代社会で求められる「対話」についてまとめている。

【答】 (1) (ア)　(2) Ⅰ. (ウ)　Ⅱ. (カ)　(3) (エ)　(4) Ⅰ. (エ)　Ⅱ. (キ)　(5) (ウ)　(6) (イ)・(エ)・(オ)　(7) 講(演)　(8) (イ)
(9) いちじる(しく)　(10) ㈠ 対話は面倒なこと　㈡ 粘り強〜の対話　㈢ (ウ)　㈣ Ⅰ. (ア)　Ⅱ. (ク)　(11) (エ)

京都府公立高等学校
(中期選抜)

2020年度
入学試験問題

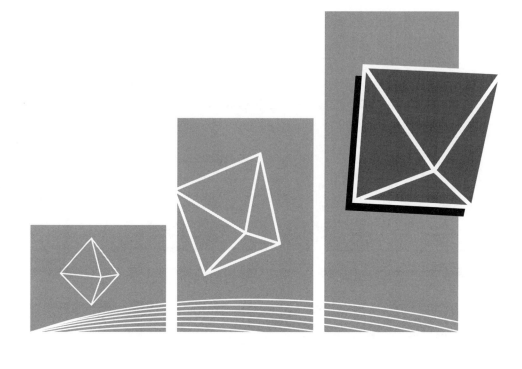

数学

時間　40分　　　　満点　40点

（注）　円周率はπとしなさい。
答えの分数が約分できるときは，約分しなさい。
答えが$\sqrt{}$を含む数になるときは，$\sqrt{}$の中を最も小さい正の整数にしなさい。
答えの分母が$\sqrt{}$を含む数になるときは，分母を有理化しなさい。

1　次の問い(1)～(8)に答えよ。

(1)　$5 + 4 \times (-3^2)$を計算せよ。(　　　)

(2)　$4(3x + y) - 6\left(\dfrac{5}{6}x - \dfrac{4}{3}y\right)$を計算せよ。(　　　)

(3)　$\sqrt{3} \times \sqrt{32} + 3\sqrt{6}$を計算せよ。(　　　)

(4)　次の連立方程式を解け。$x =$ (　　　)　$y =$ (　　　)

$$\begin{cases} 2x + 5y = -7 \\ 3x + 7y = -9 \end{cases}$$

(5)　一次関数$y = -\dfrac{4}{5}x + 4$のグラフをかけ。

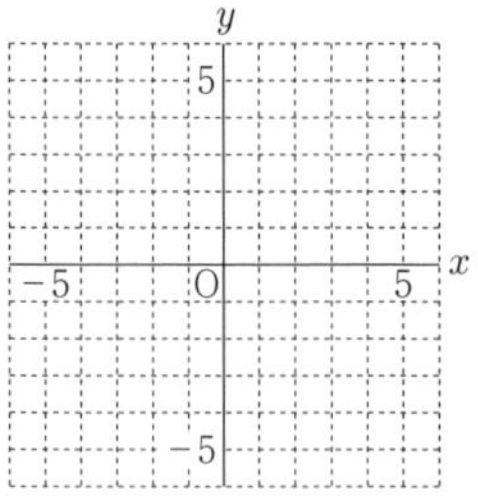

(6)　$5 < \sqrt{n} < 6$をみたす自然数nの個数を求めよ。(　　　個)

(7)　右の図で，4点A，B，C，Dは円Oの周上にあり，線分BDは円Oの直径である。このとき，$\angle x$の大きさを求めよ。$\angle x =$ (　　　°)

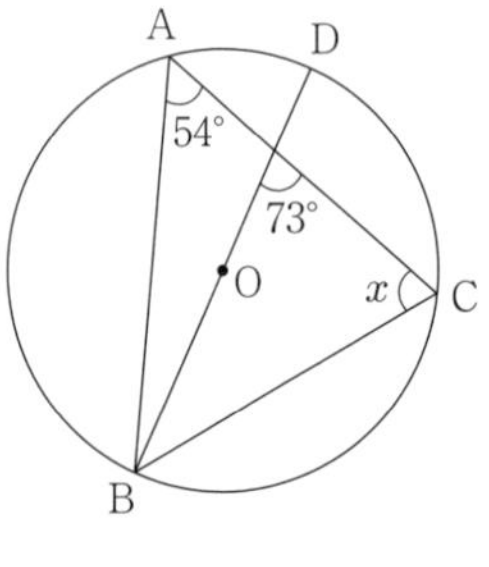

(8)　ある工場で同じ製品を10000個作った。このうち300個の製品を無作為に抽出して検査すると，7個の不良品が見つかった。この結果から，10000個の製品の中に含まれる不良品の個数はおよそ何個と考えられるか。一の位を四捨五入して答えよ。(およそ　　　個)

2 次のⅠ図のように，A，B，C，D，E，F，Gの文字が書かれた積み木が1個ずつあり，この順に下から積まれている。

Ⅰ図
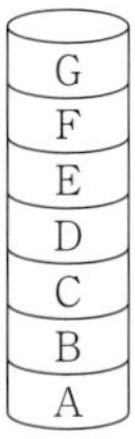

Ⅱ図
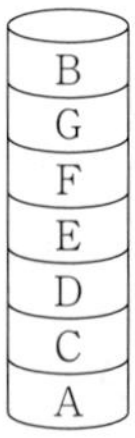

Ⅲ図
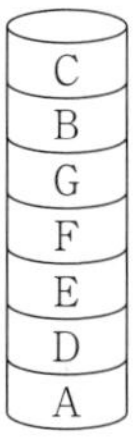

積まれた7個の積み木について，次の〈操作〉を行う。

〈操作〉

手順①　1から6までの目があるさいころを1回投げる。
手順②　手順①で1の目が出た場合，下から1番目にある積み木を抜き取る。
　　　　手順①で2の目が出た場合，下から2番目にある積み木を抜き取る。
　　　　手順①で3の目が出た場合，下から3番目にある積み木を抜き取る。
　　　　手順①で4の目が出た場合，下から4番目にある積み木を抜き取る。
　　　　手順①で5の目が出た場合，下から5番目にある積み木を抜き取る。
　　　　手順①で6の目が出た場合，下から6番目にある積み木を抜き取る。
手順③　手順②で抜き取った積み木を一番上に移動させる。

たとえば，Ⅰ図の状態から〈操作〉を2回続けて行うとき，1回目の〈操作〉の手順①で2の目が出た場合，7個の積み木はⅠ図の状態から上のⅡ図の状態になり，2回目の〈操作〉の手順①でも2の目が出た場合，7個の積み木はⅡ図の状態から上のⅢ図の状態になる。

このとき，次の問い⑴・⑵に答えよ。ただし，さいころの1から6までの目の出方は，同様に確からしいものとする。

⑴　Ⅰ図の状態から〈操作〉を2回続けて行うとき，〈操作〉を2回続けて行ったあとの一番上の積み木が，Gの文字が書かれた積み木となる確率を求めよ。(　　　)

⑵　Ⅰ図の状態から〈操作〉を2回続けて行うとき，〈操作〉を2回続けて行ったあとの下から4番目の積み木が，Eの文字が書かれた積み木となる確率を求めよ。(　　　)

3　振り子が1往復するのにかかる時間は，おもりの重さや振れ幅には関係せず，振り子の長さによって変わる。1往復するのにx秒かかる振り子の長さをy mとすると，$y = \frac{1}{4}x^2$という関係が成り立つものとする。このとき，次の問い(1)・(2)に答えよ。

(1)　1往復するのに2秒かかる振り子の長さを求めよ。また，長さが9 mの振り子が1往復するのにかかる時間を求めよ。長さ(　　　m)　時間(　　　秒)

(2)　振り子Aと振り子Bがあり，振り子Aの長さは振り子Bの長さより$\frac{1}{4}$m長い。振り子Bが1往復するのにかかる時間が，振り子Aが1往復するのにかかる時間の$\frac{4}{5}$倍であるとき，振り子Aの長さを求めよ。(　　　m)

4　右の図のように，三角錐《すい》ABCDがあり，AB = $2\sqrt{7}$ cm，BC = BD = 6 cm，CD = 2 cm，∠ABC = ∠ABD = 90°である。点Pは頂点Aを出発し，辺AC上を毎秒1 cmの速さで頂点Aから頂点Cまで移動する。

このとき，次の問い(1)～(3)に答えよ。

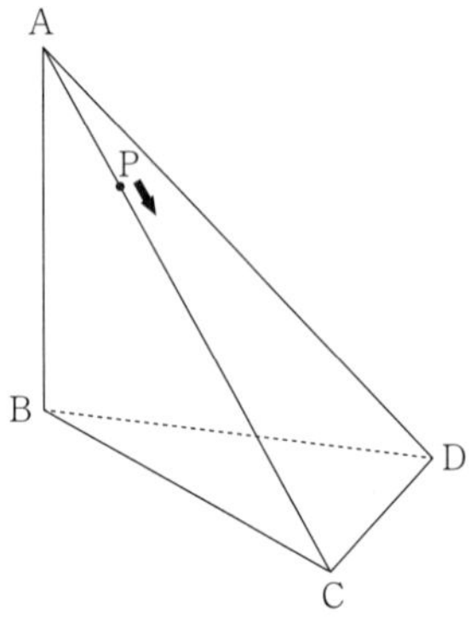

(1)　点Pが頂点Aを出発してから頂点Cに到着するまでにかかる時間は何秒か求めよ。(　　　秒)

(2)　△BCDの面積を求めよ。また，三角錐ABCDの体積を求めよ。
面積(　　　cm^2)　体積(　　　cm^3)

(3)　点Qは，頂点Aを点Pと同時に出発し，辺AB上を頂点Bに向かって，BC∥QPが成り立つように進む。このとき，三角錐AQPDの体積が$\frac{24\sqrt{5}}{7}$ cm^3となるのは，点Pが頂点Aを出発してから何秒後か求めよ。(　　　秒後)

5　右の図のように，AD∥BCの台形ABCDがあり，AB = CD = 6 cm，AC = 8 cm，∠BAC = 90°である。線分ACと線分BDの交点をEとする。また，辺BC上に点Fを，BF：FC = 3：2となるようにとり，線分AC上に点Gを∠BFG = 90°となるようにとる。

このとき，次の問い(1)～(3)に答えよ。

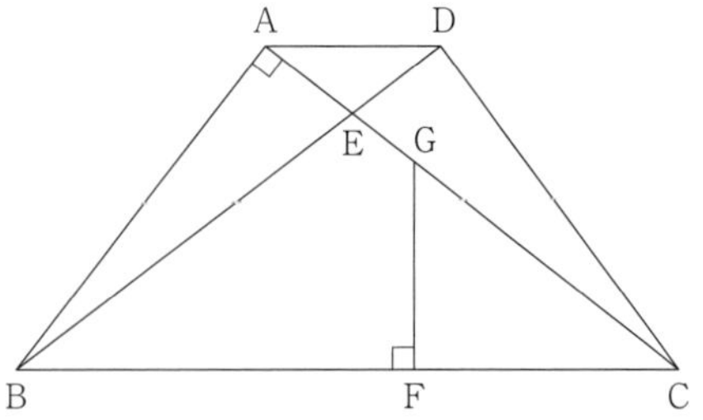

(1)　点Aと辺BCとの距離を求めよ。また，辺ADの長さを求めよ。
距離(　　　cm)　AD = (　　　cm)

(2)　AG：GCを最も簡単な整数の比で表せ。AG：GC = (　　：　　)

(3)　△DEGの面積を求めよ。(　　　cm^2)

6　右のⅠ図のような，直角三角形のタイルAとタイルBが，それぞれたくさんある。いずれのタイルも，直角をはさむ2辺の長さが1cmと2cmである。タイルAとタイルBを，次のⅡ図のように，すき間なく規則的に並べて，1番目の図形，2番目の図形，3番目の図形，…とする。

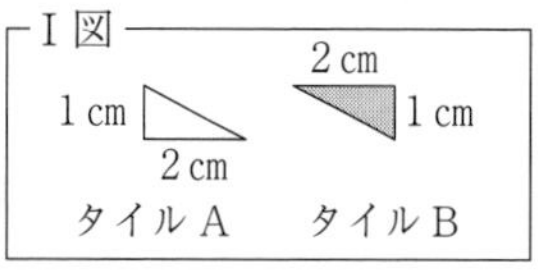

下の表は，それぞれの図形の面積についてまとめたものの一部である。

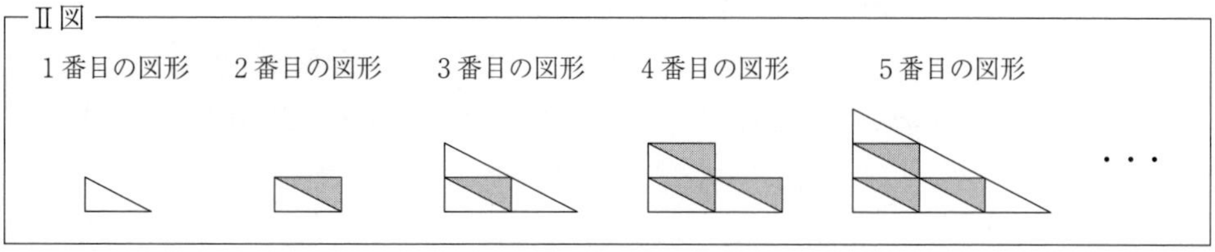

	1番目の図形	2番目の図形	3番目の図形	
面積(cm²)	1	2	4	…

このとき，次の問い(1)・(2)に答えよ。

(1)　7番目の図形と16番目の図形の面積をそれぞれ求めよ。

7番目の図形の面積(　　　cm^2)　16番目の図形の面積(　　　cm^2)

(2)　nを偶数とするとき，n番目の図形と$(2n+1)$番目の図形の面積の差が$331cm^2$となるようなnを求めよ。$n=$(　　　)

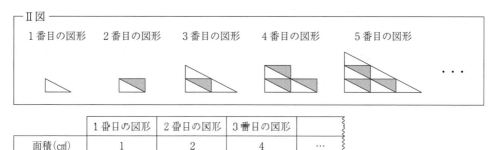

英語

時間　40分　　　　満点　40点

（編集部注）放送問題の放送原稿は英語の末尾に掲載しています。
音声の再生についてはもくじをご覧ください。

（注）問題[3]・[4]・[5]（リスニング）は，問題[1]・[2]の終了後に配布されます。
語数制限がある場合は，短縮形（I'm など）と数字（100 や 2020 など）は 1 語として数え，符号（, / . / ? / ! / “ ” など）は語数に含めないものとします。

[1]　次の英文は，高校生の俊（Shun）が行ったスピーチである。これを読んで，問い(1)～(8)に答えよ。

“How beautiful! I love them all.” I was really excited when I ① (see) the beautiful *sweets in a shop near my house for the first time. After that, I often visit the shop and enjoy looking at the sweets or buying some of them.

Many people like eating sweets. For example, they eat them on their birthday or other special days to share the good time with their family or friends. I eat sweets when I feel tired or a little sad. Then, I get energy and become happy. In the future, I want ② [(ア) with / (イ) many people / (ウ) to / (エ) happy and excited / (オ) make] the sweets that I make. My dream is to become a **pâtissier*.

One day, a *pâtissier* working in the shop which I often visit told me an interesting story. It was about a sweet ③ (name) **Tarte Tatin* from France. It is a kind of apple pie. *Tarte* means pie in English, and *Tatin* is the family name of two sisters who *ran a hotel in the nineteenth century. *According to the *pâtissier*, *Tarte Tatin* was made by the sisters *by mistake. One day, one of them tried to *bake an apple pie which they usually made. She had to bake a pie with apple pieces on it to make that apple pie, but she began to bake only the apple pieces without the pie. Then the other sister put the pie on the apple pieces and baked them together. They *turned it upside down and *served it. This was not the right way to make the apple pie they usually made, but [④]. Later, it was called *Tarte Tatin*. People in that town still love *Tarte Tatin* and they *are proud of it. They enjoy eating it as a traditional sweet in the *Tarte Tatin* festival in their town every year.

When I heard this story, I was really excited. I sometimes eat *Tarte Tatin*, but this was the first time to hear its story. Each sweet we eat may have an interesting story like *Tarte Tatin*, and we often learn how it was made from its story. I became interested in that and wanted to find another story about popular sweets. Then, I found ⑤ one about a Japanese sweet.

In Japan, we have a *wagashi* called ⑥ *Minazuki*, and many people, especially in Kyoto, eat it in June. It is a *triangle and we often see white ones. I didn't know why people eat it in that month. I asked my grandmother and she told me about it. According to her, a long time ago, *Minazuki* was the traditional name of the sixth month of the year, and it was a part of the hottest season. *Noble people in Kyoto ate *ice in that month because they wanted to feel cool during the hot days. People in the town wanted to do this, but it was very difficult for them to get ice. So they made a sweet which looked like a piece of ice, and ate it. Now, we call it *Minazuki.* I liked this story when I heard it. My grandmother said that people in Kyoto have eaten it for a long time because they have wanted good health during the hot season. I'm sure that people in Kyoto now are proud of *Minazuki* as a part of their *culture.

Now, I know that there are sweets made by mistake like *Tarte Tatin.* Also I know there are sweets made from people's wishes like *Minazuki.* I am sure that each sweet has its own story, and I think that the story usually comes from people's lives. I enjoy looking at beautiful sweets, and become more interested in making sweets because of their stories. If I can tell the stories about sweets I make in the future, people will be interested in them and enjoy eating them. They will remember the stories about the sweets and think about someone who made them or ate them a long time ago. I'm sure that will be an exciting and special experience for them. I want to be a *pâtissier* who will give such an experience to many people. I learned that people have told stories about sweets in their culture for a long time. I will *respect their culture and learn more about such stories.

(注)　sweet　スイーツ，甘い菓子　　*pâtissier*　パティシエ，菓子職人
Tarte Tatin　タルト・タタン（菓子の名）　run a hotel　ホテルを経営する
according to ～　～によれば　by mistake　手違いで　bake ～　～を焼く
turn ～ upside down　～をひっくり返す　serve ～　～(食べ物など) を出す
be proud of ～　～を誇りに思う　triangle　三角形のもの　noble　貴族の　ice　氷
culture　文化　respect ～　～を尊重する

(1)　下線部①(see)・③(name)を，文意から考えて，それぞれ正しい形にかえて**1語**で書け。
①(　　　)　③(　　　)

(2)　下線部②の［　　］内の(ア)～(オ)を，文意が通じるように正しく並べかえ，記号で書け。
(　　)→(　　)→(　　)→(　　)→(　　)

(3)　[④] に入る表現として最も適当なものを，次の(ア)～(エ)から1つ選べ。(　　　)
(ア)　the apple pie was wrapped for the sisters
(イ)　the apple pie was bought by the sisters
(ウ)　people who ate it didn't want to bake it in this way
(エ)　people who ate it liked it very much

(4)　下線部⑤が指すものとして最も適当なものを，次の(ア)～(エ)から1つ選べ。(　　　)
(ア)　a festival　　(イ)　a name　　(ウ)　a story　　(エ)　a shop

(5)　次の英文は，下線部⑥に関して説明したものである。これを読んで，後の問い(a)・(b)に答えよ。

A *wagashi* called *Minazuki* was made by people in Kyoto a long time ago. They made the sweet which looked like [i] because they wanted to [ii] like noble people, without ice in the part of the hottest season.

(a)　本文の内容から考えて，[i]に入る表現として最も適当なものを，次の(ア)～(エ)から1つ選べ。(　　　)

(ア)　a piece of ice　　(イ)　a traditional sweet　　(ウ)　a popular ice cream

(エ)　their favorite cake

(b)　[ii]に入る表現として最も適当な部分を，本文中から**2語**で抜き出して書け。(　　　　　　)

(6)　本文の内容から考えて，次の〈質問〉に対する答えとして最も適当なものを，下の(ア)～(エ)から1つ選べ。(　　　)

〈質問〉　What did the *Tatin* sisters do when *Tarte Tatin* was first made?

(ア)　One of them baked only the pie first, and the other put apple pieces on it and baked them together.

(イ)　One of them baked only apple pieces first, and the other put the pie on them and baked them together.

(ウ)　They baked the apple pieces and the pie together after serving the apple pie.

(エ)　They baked an apple pie in the right way, and turned it upside down before eating it.

(7)　本文の内容と一致する英文として最も適当なものを，次の(ア)～(エ)から1つ選べ。(　　　)

(ア)　The *pâtissier* who told the story about *Tarte Tatin* is working in a shop, and Shun has never visited it.

(イ)　Shun doesn't eat *Tarte Tatin* but often hears that it is eaten in the *Tarte Tatin* festival every year.

(ウ)　Shun told his grandmother about the reason for eating *Minazuki* in June, and she liked it.

(エ)　Shun learned that people have told the stories about sweets as a part of their culture.

(8)　次の英文は，このスピーチを聞いた高校生の京子（Kyoko）と留学生のアレックス（Alex）が交わしている会話の一部である。これを読んで，後の問い(a)・(b)に答えよ。

Kyoko：　Alex, do you like sweets?

Alex　：　Of course! I love chocolate, but I've never thought about its [i].

Kyoko：　According to Shun's speech, he learned about such things of some sweets he eats.

Alex　：　Yes. He learned about them in the two stories told by the *pâtissier* and his grandmother.

Kyoko：　And he wants to become a *pâtissier* who will give many people [ii] through each story about the sweets he will make, right?

Alex　：　Yes. I hope his dream will come true in the future, and I also want to find a story about chocolate.

(a) [i] に入る表現として最も適当なものを，次の(ア)～(エ)から1つ選べ。(　　　)

(ア) good things to eat　(イ) history or culture　(ウ) people and life

(エ) ways to buy it

(b) [ii] に入る表現として最も適当な部分を，本文中から**5語**で抜き出して書け。

(　　　　　　　　　　)

2　次の英文は，高校生のみな（Mina）と留学生のエリー（Ellie）が交わしている会話である。次のショッピングモール（shopping mall）のウェブサイト（website）を参考にして英文を読み，後の問い(1)～(4)に答えよ。

ウェブサイト（website）

Mina：　What are you going to do this weekend?

Ellie：　I want to go shopping to buy a new bottle this Saturday. It's cold this month, so I want to bring hot soup with sandwiches for lunch to school. I heard there is a good bottle for hot soup.

Mina：　Oh, I also want one. Can we go together?

Ellie：　Sure. But I don't know where I can buy one. Do you have any ideas?

Mina：　Yes. I often go to a big shopping mall called Maro Mall with my mother, and there are many shops there. We can go there ［ ① ］ bus. I think we can find *sales at Maro Mall this week, but I'm not sure. Let's check the website.

Ellie：　What does it say?

Mina：　We can enjoy sales there this week. The sales are from December ninth to the fifteenth at each shop. Let's find a bottle there.

Ellie：　That sounds good!

Mina：　Also, there is a traveling zoo this week, and we can *play with animals.

Ellie：　Oh, really? I want to go there. Do I need money to go into the zoo?

Mina：　I think so. Look. You need three hundred *yen.

Ellie：　I see. I think that websites are useful to check something we want to know.

Mina：　Yes, I think so, too. If you *click the box under the phone number, you can find the names of the shops. I mean the first box on the right. If you want to know what time the shopping mall opens and closes, you should click the second box from the right, but I want to click the next box now.

Ellie：　You mean the box between the box of the name of the shopping mall and the box about sales, right?

Mina：　Yes. We can find some events every weekend. Let's click it. Look! There will be a concert this Saturday.

Ellie：　Oh! I want to go to the concert. You mean the fourteenth, right?

Mina：　Yes. I also want to go there, and we need five hundred yen.

Ellie：　OK. Are there any other interesting events?

Mina：　Well, look! I've seen this bag on TV. There will be an event about that popular bag. We can buy the new color at the event. And I want to buy one, but this event is on

December twenty-first and twenty-second.

Ellie：　Is that next weekend?

Mina：　Yes. If we want to buy it, we have to go there next weekend.

Ellie：　Well, I want to go to the concert, so ② .

Mina：　OK. Let's have fun!

(注) sale　セール，特売　play　遊ぶ　yen　円　click ～　～をクリックする

(1) ① に入る最も適当な**1語**を書け。(　　　)

(2) 本文の内容から考えて，ウェブサイト（website）中の空欄のうち， i と iii に入るものの組み合わせとして最も適当なものを，次の(ア)～(エ)から1つ選べ。(　　　)

(ア) i　店舗一覧　iii　300　　(イ) i　店舗一覧　iii　500

(ウ) i　週末イベント情報　iii　300　　(エ) i　週末イベント情報　iii　500

(3) ② に入る表現として最も適当なものを，次の(ア)～(エ)から1つ選べ。(　　　)

(ア) let's go to the shopping mall this weekend　　(イ) let's enjoy it on December twenty-first

(ウ) let's check the date on the website　　(エ) let's see it on TV

(4) 本文の内容と一致する英文として最も適当なものを，次の(ア)～(エ)から1つ選べ。(　　　)

(ア) Mina found the popular bag on Maro Mall's website, and she wants to buy one.

(イ) Ellie said that she was going to buy a good bottle for lunch on Maro Mall's website.

(ウ) Mina is checking Maro Mall's website because she has never been to Maro Mall.

(エ) Ellie wants to try hot soup at Maro Mall because it's cold this month.

【リスニングの問題について】　放送中にメモをとってもよい。

3　それぞれの質問に対する答えとして最も適当なものを，次の(ア)～(エ)から1つずつ選べ。

(1)(　　　)　(2)(　　　)

(1) (ア) To the park.　(イ) Last month.　(ウ) Every weekend.　(エ) Her father did.

(2) (ア) Curry and spaghetti.　(イ) Spaghetti and some tomatoes.

(ウ) Some tomatoes and coffee.　(エ) Curry and coffee.

4　それぞれの質問に対する答えとして最も適当なものを，次の(ア)～(エ)から1つずつ選べ。

(1)(　　　)　(2)(　　　)

(1) (ア) 5つのクラブ　(イ) 12のクラブ　(ウ) 15のクラブ　(エ) 20のクラブ

(2) (ア) 球技に興味があり，強いチームで活動したかったから。

(イ) 親切な部員がおり，また，科学部の活動日と重ならないから。

(ウ) 以前に母が使っていたボールを持っているから。

(エ) 兄と練習したことがあり，また，練習日が自分に合っているから。

5 それぞれの会話のチャイムのところに入る表現として最も適当なものを，下の(ア)～(エ)から１つずつ選べ。(1)(　　　) (2)(　　　)

（例題） A： Hi, I'm Hana.

B： Hi, I'm Jane.

A： Nice to meet you.

B： 〈チャイム音〉

(ア) I'm Yamada Hana.　(イ) Nice to meet you, too.　(ウ) Hello, Jane.

(エ) Goodbye, everyone.

（解答例） (イ)

(1) (ア) I have just left home. I'll be there soon.　(イ) I have two. You can use one of them.

(ウ) Yes, it is. It was sunny yesterday.　(エ) I don't know when you leave here.

(2) (ア) That's nice. I'll buy one of them.　(イ) I don't want to buy any books.

(ウ) You should go to another bookstore.　(エ) I see. You wrote good English.

〈放送原稿〉

2020年度京都府公立高等学校中期選抜入学試験英語リスニングの問題を始めます。

これから，問題[3]・[4]・[5]を放送によって行います。問題用紙を見なさい。

それでは，問題[3]の説明をします。

問題[3]は(1)・(2)の2つがあります。それぞれ短い会話を放送します。次に，Questionと言ってから英語で質問をします。それぞれの質問に対する答えは，問題用紙に書いてあります。最も適当なものを，(ア)・(イ)・(ウ)・(エ)から1つずつ選びなさい。会話と質問は2回放送します。

それでは，問題[3]を始めます。

(1)　A：　Emma, your bike is really nice! Do you enjoy riding it?

B：　Yes. I go to the park with my brother by bike every weekend.

A：　Great. When did you get it?

B：　I got it last month. My father bought it for me.

Question：When did Emma get the bike?

もう一度放送します。〈会話・質問〉

(2)　A：　Mom, what are you going to cook for dinner today?

B：　I'm going to cook curry or spaghetti. Meg, if you like spaghetti, I want you to go and buy some tomatoes.

A：　Well, I ate curry yesterday, so I want to eat spaghetti. OK, I'll go. I think we need some coffee after dinner. I'll buy that, too.

B：　Thank you.

Question：What will Meg buy?

もう一度放送します。〈会話・質問〉

これで，問題[3]を終わります。

次に，問題[4]の説明をします。

これから，アリスと春子の会話を放送します。つづいて，英語で2つの質問をします。それぞれの質問に対する答えは，問題用紙に日本語で書いてあります。最も適当なものを，(ア)・(イ)・(ウ)・(エ)から1つずつ選びなさい。会話と質問は2回放送します。

それでは，問題[4]を始めます。

Alice　：　Hi, Haruko. Have you decided your club yet?

Haruko：　Hi, Alice. Yes. I'll join the science club. Have you decided?

Alice　：　No, not yet.

Haruko：　We have fifteen clubs in our school. What kind of club do you want to join?

Alice　：　I want to play a sport like volleyball, basketball or tennis, but not swimming or judo.

Haruko：　You mean you want to play ball games, right?

Alice　：　Yes!

Haruko：　We have five clubs for that kind of sport. How about the tennis club? I heard that the members of the club are very kind. They practice every Tuesday and Friday.

Alice　: I have a racket that my mother used before, so I don't need to buy a racket. But I can't go every Tuesday because I have to cook dinner for my family.

Haruko : Then, how about the volleyball club? They practice every Monday, Thursday and Friday.

Alice　: Oh, that's perfect. I often practiced volleyball with my older brother when I was an elementary school student. It was really fun, so I want to do it! I've just decided to join the volleyball club.

Haruko : I heard that the team has twenty members and it is very strong.

Alice　: OK. I'll do my best.

Question (1) : How many ball game clubs do they have in their school?

Question (2) : Why did Alice decide to join the volleyball club?

もう一度放送します。〈会話・質問〉

これで，問題4を終わります。

次に，問題5の説明をします。

問題5は(1)・(2)の2つがあります。それぞれ短い会話を放送します。それぞれの会話の，最後の応答の部分にあたるところで，次のチャイムを鳴らします。〈チャイム音〉このチャイムのところに入る表現は，問題用紙に書いてあります。最も適当なものを，(ア)・(イ)・(ウ)・(エ)から1つずつ選びなさい。

問題用紙の例題を見なさい。例題をやってみましょう。

(例題)　A : Hi, I'm Hana.

B : Hi, I'm Jane.

A : Nice to meet you.

B : 〈チャイム音〉

正しい答えは(イ)の Nice to meet you, too.となります。ただし，これから行う問題の会話の部分は印刷されていません。

それでは，問題5を始めます。会話は2回放送します。

(1)　A : Look! It's still raining.

B : Oh, no! Do you have an umbrella?

A : No. I left it at home. How about you?

B : 〈チャイム音〉

もう一度放送します。〈会話〉

(2)　A : What are you looking for, Kumi?

B : Well, a book which is written in easy English. I want to buy one to study English.

A : Oh! I think you can find some good ones. Look, there are many books like that kind, here.

B : 〈チャイム音〉

もう一度放送します。〈会話〉

これで，リスニングの問題を終わります。

社会

時間　40分　　　　満点　40点

（注）　字数制限がある場合は，句読点や符号なども１字に数えなさい。

1　涼さんは，夏休みに家族と東南アジアへ旅行に出かけ，さまざまなことを調べた。右の資料Ⅰは，涼さんが訪れた都市を記した東南アジア周辺の略地図の一部である。これを見て，次の問い(1)〜(5)に答えよ。

資料Ⅰ

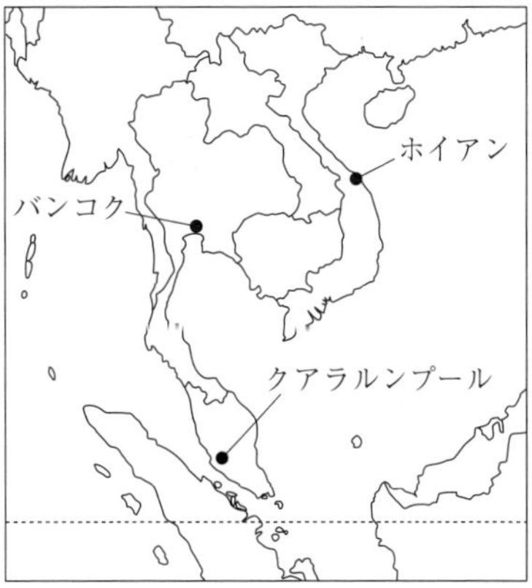

(1)　資料Ⅰ中の点線（------）は，緯度０度の緯線を示している。この緯線のことを何というか，**ひらがな４字**で書け。また，次の(ア)〜(エ)のうちから，この緯線が通る国を１つ選べ。　□□□□　（　　　）

(ア)　イタリア　　(イ)　インド　　(ウ)　エジプト
(エ)　ブラジル

(2)　資料Ⅰ中のホイアンは，ベトナムの都市である。涼さんは，かつて日本町があったホイアンを訪れ，朱印船貿易を通して当時の東南アジア各地に，日本町が形成されたことを知った。右の資料Ⅱは，13世紀から17世紀の日本のおもなできごとを涼さんが年代順に並べて作成したものである。日本と東南アジアの国々との間で，朱印船貿易が開始されたのはどの時期か，資料Ⅱ中のA〜Dから１つ選べ。また，涼さんは，朱印船貿易における航海では，夏と冬で風向きが変わる風が利用されていたことを知った。この風を何というか，**漢字３字**で書け。（　　　）　□□□

資料Ⅱ

御成敗式目が定められる
A
室町幕府が開かれる
B
応仁《おうにん》の乱が起こる
C
日本に鉄砲が伝来する
D
島原《しまばら》・天草一揆《あまくさいっき》が起こる

(3)　資料Ⅰ中のバンコクは，タイの首都である。涼さんは，バンコクで仏教寺院を訪れて仏教に興味を持ち，日本の仏教文化について調べた。日本で栄えた仏教文化の一つである飛鳥《あすか》文化を代表する建造物として最も適当なものを，次のⅰ群(ア)〜(エ)から１つ選べ。また，飛鳥文化が栄えた時期の日本について述べた文として最も適当なものを，あとのⅱ群(カ)〜(ケ)から１つ選べ。

ⅰ群（　　　）　ⅱ群（　　　）

ⅰ群　(ア)　延暦寺《えんりゃくじ》　　(イ)　法隆寺《ほうりゅうじ》　　(ウ)　中尊寺金色堂《ちゅうそんじこんじきどう》　　(エ)　平等院鳳凰堂《びょうどういんほうおうどう》

ⅱ群　(カ)　農村で，惣《そう》とよばれる自治組織がつくられた。

(キ)　人々に開墾をすすめるために，朝廷が墾田永年私財法をだした。

(ク)　漢字を変形させて簡単にした仮名文字がつくられ，枕草子《まくらのそうし》などの文学作品が生まれた。

(ケ)　家柄にとらわれず，個人の才能によって役人を採用するために，冠位十二階の制度が定められた。

(4)　資料Ⅰ中のクアラルンプールは，マレーシアの首都である。涼さんは，マレーシアがイギリスから独立した国であることを知った。次の資料Ⅲおよび資料Ⅳは，イギリスから独立した国のうち，マレーシア．オーストラリア，サウジアラビア，ガーナの４か国について，さまざまな視点から比較するために涼さんが作成したものである。資料Ⅲは，2016年における４か国の人口と人口密度を示したものであり，A～Dはそれぞれ，４か国のいずれかである。このうち，マレーシアにあたるものはどれか，涼さんが資料Ⅲについて書いた次の文を参考にして，A～Dから１つ選べ。また，資料Ⅳは，2016年における４か国の輸出額の上位５品目と，それぞれの輸出総額に対する割合を示したものであり，P～Sはそれぞれ，４か国のいずれかである。このうち，マレーシアにあたるものはどれか，P～Sから１つ選べ。資料Ⅲ(　　　)　資料Ⅳ(　　　)

資料Ⅲ	人口（千人）	人口密度（人／km²）
A	28,033	117.5
B	24,309	3.2
C	30,752	93.1
D	32,158	14.6

「データブック　オブ・ザ・ワールド2017」より作成

資料Ⅲからは，４か国それぞれの国の面積を求めて比較することもでき，国の面積が大きな順に，オーストラリア，サウジアラビア，マレーシア，ガーナとなることが読み取れる。

資料Ⅳ	1位		2位		3位		4位		5位	
P	機械類	41.4%	石油製品	6.6%	パーム油	4.8%	天然ガス	4.1%	精密機械	3.6%
Q	原油（石油）	65.6%	石油製品	11.4%	プラスチック	6.8%	有機化合物	3.7%	機械類	1.3%
R	金	41.6%	カカオ豆	17.7%	原油（石油）	10.1%	野菜・果実	9.6%	木材	3.6%
S	鉄鉱石	20.9%	石炭	15.6%	金	7.4%	天然ガス	7.0%	肉類	4.4%

「世界国勢図会　2018／19」より作成

(5)　涼さんは，資料Ⅰ中で記した都市があるすべての国が，1967年に創設された東南アジア諸国連合に加盟していることを知った。東南アジア諸国連合の略称を**アルファベット大文字５字**で書け。また，右の資料Ⅴは，涼さんが2017年における東南アジア諸国連合，ヨーロッパ連合（EU），アメリカ，日本の貿易額と国内総生産についてそれぞれ調べ，作成したものであり，A～Cはそれぞれ，東南アジア諸国連合，ヨーロッパ連合，アメリカのいずれかである。このうち，東南アジア諸国連合にあたるものを，A～Cから１つ選べ。ただし，東南アジア諸国連合，ヨーロッパ連合の貿易額および国内総生産は，それぞれの加盟国の合計を示したものである。　　　(　　　)

資料Ⅴ　貿易額と国内総生産（2017年）

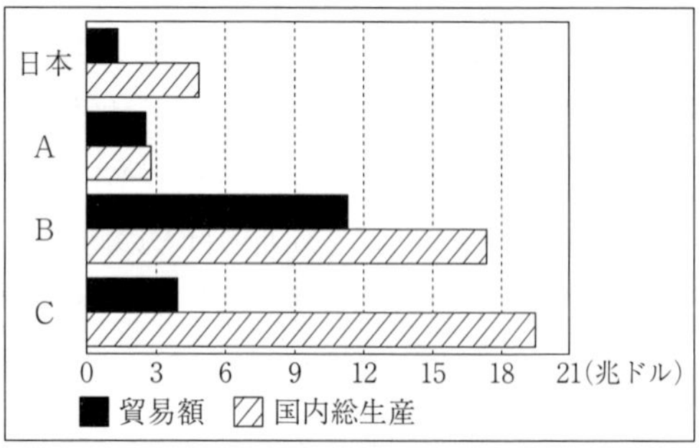

「世界国勢図会　2019／20」より作成

2　桜さんは，自分が住んでいる愛知県についてさまざまなことを調べた。右の資料Ⅰは，愛知県の略地図である。これを見て，次の問い(1)～(5)に答えよ。

資料Ⅰ

(1)　桜さんは，資料Ⅰ中の小牧山《こまきやま》に16世紀，織田信長《おだのぶなが》が小牧山城を築いたことを知った。織田信長が行ったこととして最も適当なものを，次のⅰ群(ア)～(エ)から1つ選べ。また，16世紀に世界で起こったできごとについて述べた文として最も適当なものを，あとのⅱ群(カ)～(ケ)から1つ選べ。ⅰ群(　　　)　ⅱ群(　　　)

ⅰ群　(ア)　参勤交代の制度を整えた。　(イ)　九州の島津《しまづ》氏を降伏させた。

(ウ)　キリスト教の信仰を禁止した。　(エ)　足利義昭《あしかがよしあき》を京都から追放した。

ⅱ群　(カ)　イギリスで名誉革命が起こった。　(キ)　アメリカで独立宣言が発表された。

(ク)　ルターが宗教改革を始めた。　(ケ)　李成桂《イソンゲ》《りせいけい》が高麗《コリョ》《こうらい》をたおして朝鮮《ちょうせん》国を建てた。

(2)　桜さんは，資料Ⅰ中の津島《つしま》市で「人権が尊重されるまちづくり条例」が2018年から施行されたことを知り，基本的人権について調べた。次の(ア)～(エ)は日本国憲法で保障されている基本的人権の内容の一部を示している。このうち自由権，社会権の内容として最も適当なものを，(ア)～(エ)からそれぞれ1つずつ選べ。自由権(　　　)　社会権(　　　)

(ア)　国に損害賠償を請求する権利　(イ)　能力に応じて，ひとしく教育を受ける権利

(ウ)　自分の財産を所有する権利　(エ)　選挙で代表者を選んだり，自ら立候補したりする権利

(3)　桜さんは，資料Ⅰ中の名古屋市にある徳川《とくがわ》美術館に，平安時代に作成された「源氏物語絵巻《げんじものがたりえまき》」が所蔵されていることを知った。次のA～Dは平安時代に日本で起こったできごとである。A～Dを古いものから順に並べかえ，記号で書け。(　　)→(　　)→(　　)→(　　)

A　白河《しらかわ》上皇が摂政《せっしょう》や関白《かんぱく》の力をおさえて政治を行った。

B　空海《くうかい》が高野山《こうやさん》に金剛峯寺《こんごうぶじ》を建てた。

C　藤原純友《ふじわらのすみとも》が武士団を率いて反乱を起こした。

D　源義朝《みなもとのよしとも》が平《へい》氏の軍勢に敗れた。

(4)　あとの資料Ⅱ・Ⅲは資料Ⅰ中の渥美《あつみ》半島内にある2つの異なる地域を示した2万5000分の1地形図の一部である。資料Ⅱの地形図から読み取れることとして最も適当なものを，次のⅰ群(ア)～(ウ)から1つ選べ。また，資料Ⅲ中のP地点を基準として，Q～S地点との標高差を比較したとき，地点間の標高差が最も小さいものとして適当なものを，あとのⅱ群(カ)～(ク)から1つ選べ。

ⅰ群(　　　)　ⅱ群(　　　)

ⅰ群　(ア)　○で囲まれたAの地域は，標高が50m以上であり，田として利用されている土地を含む。

(イ)　○で囲まれたBの地域は，標高が50m以上であり，果樹園として利用されている土地を含む。

(ウ)　○で囲まれたCの地域は，標高が50m以上であり，茶畑として利用されている土地を含む。

ⅱ群　(カ)　P 地点と Q 地点　　(キ)　P 地点と R 地点　　(ク)　P 地点と S 地点

資料Ⅱ

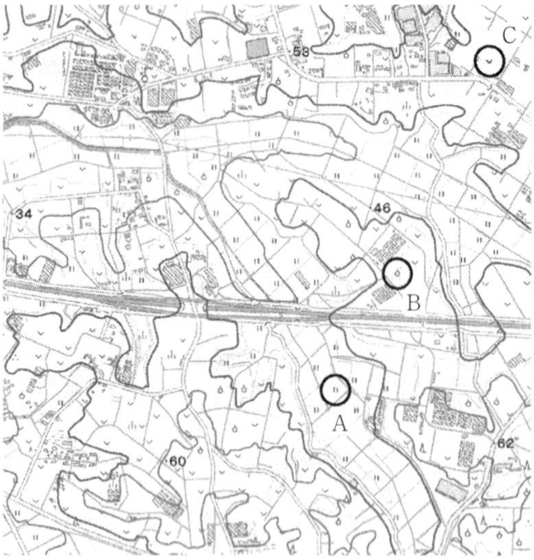

資料Ⅲ

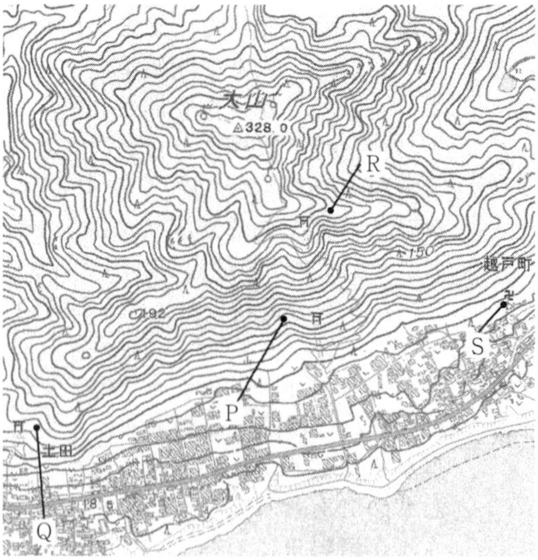

資料Ⅱ・Ⅲは国土地理院調製２万 5000 分の１地形図「二川《ふたがわ》」「野田《のだ》」（いずれも平成 31 年調製）の一部より作成

(5)　次の資料Ⅳは，2016 年における中部地方の各県の農業産出額とその品目別の内訳をまとめたものである。桜さんは，中部地方の農業の特色について調べる中で，中部地方には特定の農産物の産出額の割合が高い県がある一方で，愛知県のように多様な農産物の生産が幅広く行われている県もあることを知った。桜さんは，農業産出額に占める最上位品目の割合が 50 ％未満である県は，多様な農産物の生産が幅広く行われているのではないかと考え，資料Ⅳをもとにして中部地方の略地図である資料Ⅴ中に，農業産出額に占める最上位品目の割合が 50 ％未満であった愛知県を黒く塗って示した。資料Ⅳ中の愛知県を除く残りの県のうちから，愛知県と同様に，農業産出額に占める最上位品目の割合が 50 ％未満である県を**すべて**選び，資料Ⅴの略地図中で，その県にあたる部分を**すべて黒く塗って**示せ。

資料Ⅳ　2016 年における中部地方の各県の農業産出額とその品目別の内訳（単位：億円）

	農業産出額	米	野菜	果実	畜産	その他
愛知県	3,154	276	1,127	207	875	669
新潟県	2,583	1,484	386	80	499	134
長野県	2,465	454	897	557	305	252
静岡県	2,266	196	700	331	490	549
岐阜県	1,164	216	361	56	440	91
山梨県	899	56	141	541	84	77
富山県	666	448	61	22	98	37
石川県	548	283	108	30	95	32
福井県	470	288	89	9	52	32

「データでみる県勢 2019 年版」より作成

資料Ⅴ

3　太郎さんは，交通と運輸の歴史について調べ，発表することにした。次の資料Ⅰは，太郎さんが発表のために作成した展示用の写真と解説文の一部である。これを見て，下の問い(1)～(5)に答えよ。

資料Ⅰ

中世の日本では，馬借《ばしゃく》と呼ばれる，①馬を用いた運送業者が活動した。	江戸時代，大量の物資を運ぶ菱垣廻船《ひがきかいせん》が，②大阪と江戸を往復した。	交通や通信の整備が進められ，③明治時代になると，新橋《しんばし》・横浜間に鉄道が開通した。	20 世紀前半，日本では④自動車の国産化などが進められ，重化学工業が発展した。	1978 年に開港した成田《なりた》国際空港は，航空輸送の拠点となる⑤空港として発展してきた。

(1)　太郎さんは，下線部①馬が，中世の日本で戦いにも用いられてきたことを知った。右の資料Ⅱは，馬が用いられた13 世紀の戦いを描いたものである。また，次の文章は，その戦いに関して太郎さんが書いたものである。文中の[A]に入る，当時の中国全土を支配していた国の呼び名を**漢字１字**で書け。また，[B]に入る表現として最も適当なものを，あとの(ア)～(エ)から１つ選べ。□　(　　　)

資料Ⅱ

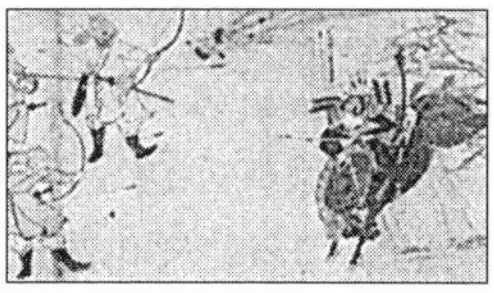

> [A]の皇帝フビライ・ハンの命令で始まった二度の[A]軍の襲来を，幕府はしりぞけた。この戦いの後，13 世紀末になると，[B]。

(ア)　生活が苦しくなった御家人を救済するために，幕府は永仁《えいにん》の徳政令を出した
(イ)　外国船の侵入を防ぐために，幕府は異国船打払《うちはらい》令を出した
(ウ)　幕府をたおすために，後鳥羽《ごとば》上皇が京都で反乱を起こした
(エ)　幕府の力がおとろえたために，戦国大名が各地を支配するようになった

(2)　太郎さんは，江戸時代の下線部②大阪が，「三都」と呼ばれる都市の一つであったことを知った。江戸時代の大阪について述べた文として適当なものを，次の(ア)～(カ)から**すべて**選べ。(　　　)
(ア)　出島《でじま》が築かれ，オランダ人との交易が行われた。
(イ)　幕府が直接支配する幕領（幕府領）となった。
(ウ)　商業都市として発展し，「天下の台所」と呼ばれた。
(エ)　化政文化の中心地として栄えた。
(オ)　港の一つが，日米修好通商条約によって開港した。
(カ)　豊臣《とよとみ》氏がほろぼされた戦いが起こった。

(3)　太郎さんは，下線部③明治時代の日本の様子について調べた。明治時代の日本の社会や文化の様子について述べた文として最も適当なものを，次の(ア)～(エ)から１つ選べ。(　　　)
(ア)　治安維持法の制定により，共産主義に対する取り締まりが強められた。
(イ)　国家総動員法の制定により，政府は労働力や資源を議会の承認なしに動員できるようになった。
(ウ)　文庫本や１冊１円の円本が刊行され，文化の大衆化に大きな役割を果たした。

(エ)　国際社交場である鹿鳴館《ろくめいかん》が建てられ，舞踏会が催されるなど，欧化政策が進められた。

(4)　太郎さんは，下線部④自動車について興味を持ち，次の資料Ⅲを作成した。資料Ⅲは，アジア州における2016年の自動車保有台数上位5か国に関するデータを，世界の合計とともに示したものである。また，あとの会話は，資料Ⅲについて太郎さんと先生が交わしたものの一部である。会話中の［ A ］・［ B ］に入る語句の組み合わせとして最も適当なものを，あとの(ア)～(エ)から1つ選べ。また，［ C ］に入る適当な表現を，**自動車保有台数**という語句を用いて**11字以内**で書け。(　　　)　［　　　　　　　　　　　］

資料Ⅲ	2010年	2016年	
	自動車保有台数（万台）	自動車保有台数（万台）	人口（千人）
中国	7,802	19,400	1,382,323
日本	7,536	7,775	125,892
インド	2,078	4,604	1,326,802
インドネシア	1,890	2,251	260,581
韓国	1,794	2,180	50,504
世界の合計	101,676	132,421	7,432,663

「データブック　オブ・ザ・ワールド」
2013年版及び2017年版及び2019年版より作成

太郎　2010年と2016年を比べると，資料Ⅲ中のそれぞれの国，世界の合計，いずれにおいても自動車保有台数が増加していますね。その中でも，中国と［ A ］は自動車保有台数が2倍以上に増加しています。

先生　そうですね。では，資料Ⅲから読み取ることのできる日本の特徴は何かありましたか。

太郎　はい。自動車保有台数の世界の合計と日本に注目すると，世界の合計に占める日本の割合は，2010年と比べ，2016年では［ B ］していることがわかります。

先生　そうですね。他にもありましたか。例えば，資料Ⅲ中の日本と他の4か国を比較するとどうですか。

太郎　あっ，わかりました。資料Ⅲ中の5か国の中で，日本は最も2016年の人口千人あたりの［ C ］ことが読み取れますね。

(ア)　A　インド　　B　増加　　　(イ)　A　インド　　B　減少

(ウ)　A　インドネシア　　B　増加　　(エ)　A　インドネシア　　B　減少

(5)　太郎さんは，下線部⑤空港や道路といった，私企業だけで提供することが困難な財を供給することが政府の役割の一つであることを知った。このような財のことを何というか，社会という語句に続けて，**漢字2字**で書け。また，このような財を供給するために，政府は国民から税金を徴収するが，政府が国民に課す税金の中で間接税にあたるものとして適当なものを，次の(ア)～(オ)から**2つ**選べ。社会［　　］　(　　　)

(ア)　関税　　(イ)　消費税　　(ウ)　所得税　　(エ)　相続税　　(オ)　法人税

4 都さんのクラスでは,「日本の社会」について班ごとにテーマを決めて調べ学習に取り組んだ。次の表は,1～5班のテーマと調べたことの一覧である。これを見て,あとの問い(1)～(5)に答えよ。

班	1班	2班	3班	4班	5班
テーマ	議会制民主主義	市場経済	企業	農業	工業
調べたこと	国民の政治参加について	価格の決まり方について	株式会社について	稲作地域について	工場の立地について

(1) 1班は,選挙が国民の意思を政治に反映させるための主要な方法であり,議会制民主主義を支えるものである点に着目した。次のⅰ群(ア)～(エ)の現在の日本における選挙の原則のうち,財産や性別などに関係なく,一定の年齢に達した国民すべてに選挙権を保障する原則を1つ選べ。また,現在の日本における国会議員の選挙制度について述べた文として最も適当なものを,あとのⅱ群(カ)～(ケ)から1つ選べ。ⅰ群(　　) ⅱ群(　　)

ⅰ群 (ア) 直接選挙　(イ) 秘密選挙　(ウ) 平等選挙　(エ) 普通選挙

ⅱ群 (カ) 衆議院議員の被選挙権を得られる年齢は,満18歳以上である。

(キ) 衆議院議員の全体では,比例代表制よりも,小選挙区制によって選出される議員の方が多い。

(ク) 参議院議員の選挙は6年に一度行われ,一度の選挙ですべての参議院議員が改選される。

(ケ) 参議院議員の選挙では,小選挙区比例代表並立制が採られている。

(2) 2班は,市場経済においては,需要と供給のバランスによって価格が変化する点に着目した。右の資料Ⅰは,自由な競争が行われている市場において,ある商品の価格と需要・供給の関係を模式的に表したものである。また,次の文は,資料Ⅰについて2班が書いたものの一部である。文中の A ・ B に入るものの組み合わせとして最も適当なものを,あとの(ア)～(エ)から1つ選べ。(　　)

資料Ⅰ

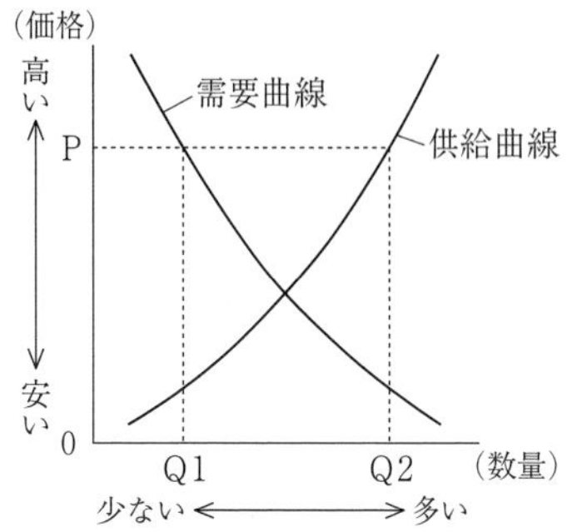

> 価格がPのとき,供給量が需要量を A おり, B の式で表される量の売れ残りがでるので,この商品の価格は下落していくと考えられる。

(ア) A 上まわって　B Q1 + Q2　(イ) A 上まわって　B Q2 − Q1

(ウ) A 下まわって　B Q1 + Q2　(エ) A 下まわって　B Q2 − Q1

(3) 次の資料Ⅱは,3班が株主と株式会社との関係についてまとめたものの一部であり,資料Ⅱ中の矢印(⟶)は,お金やものの動きを示している。また,あとの資料Ⅲは,3班が資料Ⅱについてまとめたものである。資料Ⅱ・Ⅲにおいて, A ・ B のそれぞれに共通して入る語句として最も適当なものを,あとの(ア)～(オ)からそれぞれ1つずつ選べ。A(　　) B(　　)

資料Ⅱ

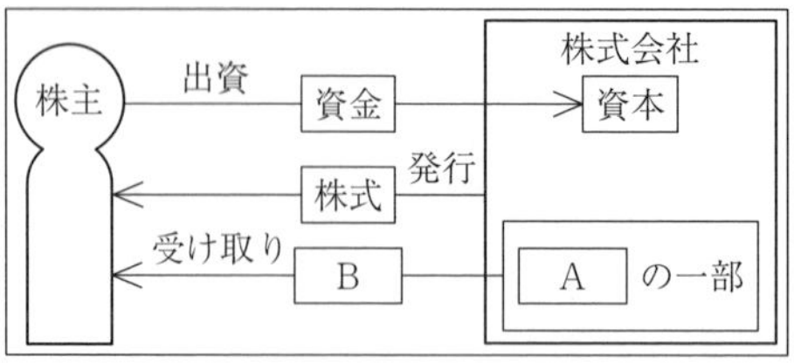

資料Ⅲ

株式会社は公企業と違い， A を得ることを目的とする私企業の一つで，株式を発行することで得られた資金を資本として，生産や販売などを行う。株主は，持ち株数に応じて，会社の A の一部を受け取ることができ，これを B という。

(ア)　債券　　(イ)　賃金　　(ウ)　配当　　(エ)　利子　　(オ)　利潤（利益）

(4)　4班は，日本で有数の米の生産地である東北地方の稲作について調べた。東北地方の稲作に関して述べた文として最も適当なものを，次のⅰ群(ア)～(エ)から1つ選べ。また，東北地方では，世界恐慌《きょうこう》の影響が日本において深刻化していた1930年代に，農業経営が危機におちいった。1930年代に日本で起こったできごととして最も適当なものを，あとのⅱ群(カ)～(ケ)から1つ選べ。

ⅰ群(　　　)　ⅱ群(　　　)

ⅰ群　(ア)　冷害に強くて品質の高い米の開発が進み，銘柄米として生産が行われている。

(イ)　太平洋側では，夏に吹くやませによって，稲作に適した気候がもたらされている。

(ウ)　土地の栄養が不足していくことを防ぐため，同じ土地で米だけを作り続ける輪作が行われている。

(エ)　日本海側では，千島《ちしま》列島から南下してくる黒潮によって，稲作に適した気候がもたらされている。

ⅱ群　(カ)　不平士族が西南戦争を起こした。

(キ)　本土への空襲が始まり，都市の子どもが疎開した。

(ク)　政府が警察予備隊をつくった。

(ケ)　陸軍の青年将校が二・二六事件を起こした。

(5)　5班は，日本の製鉄所が臨海部に多く立地していることに着目した。次の文章は，5班が製鉄所の立地に関して書いたものの一部である。文章中の A ・ B に入るものとして最も適当なものを， A はあとのⅰ群(ア)～(エ)から， B はⅱ群(カ)～(ク)から，それぞれ1つずつ選べ。

ⅰ群(　　　)　ⅱ群(　　　)

日本の製鉄所が臨海部に集中しているのは， A に適していることがおもな理由である。同様の理由で臨海部に集中しているものには， B などがある。

ⅰ群　(ア)　製品に使用する原材料の採掘　　(イ)　外国との貿易をめぐる対立の回避

(ウ)　政治や経済に関する情報の収集　　(エ)　重量の大きい原料や製品の大量輸送

ⅱ群　(カ)　IC（集積回路）工場　　(キ)　印刷工場　　(ク)　石油化学コンビナート

理科

時間　40分　　　　満点　40点

（注）　字数制限がある場合は，句読点や符号なども1字に数えなさい。

1　一郎さんと京子さんは，ヒトの消化液のはたらきについて調べるために，次の〈実験〉を行った。また，下の会話は，一郎さんと京子さんが，〈実験〉に関して交わしたものの一部である。これについて，下の問い(1)・(2)に答えよ。

〈実験〉

操作①　試験管A・Bを用意し，試験管Aには1％デンプン溶液7mLと水でうすめただ液2mLを入れてよく混ぜ，試験管Bには1％デンプン溶液7mLと水2mLを入れてよく混ぜる。

操作②　右のⅠ図のように，試験管A・Bを38℃の水に入れ，10分後にとり出す。

Ⅰ図

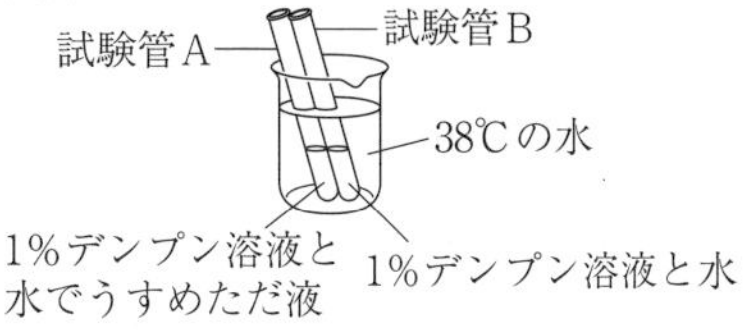

操作③　試験管A・Bにヨウ素液を数滴加えてよく混ぜ，それぞれの試験管中の溶液のようすを観察する。

一郎　〈実験〉の結果，P　中の溶液の色は青紫色に変化したけれど，もう一方の試験管中の溶液の色は青紫色に変化しなかったよ。なぜこのような差が生じたのかな。

京子　だ液に含まれている消化酵素である　Q　のはたらきによって，デンプンが分解されたからだよ。

一郎　そうなんだね。デンプンは　Q　のはたらきによって分解された後，体内でどうなるのかな。

京子　さまざまな消化液のはたらきによってブドウ糖にまで分解されてから吸収されるんだよ。

(1)　会話中の　P　・　Q　に入る語句の組み合わせとして最も適当なものを，次の(ア)～(エ)から1つ選べ。(　　　)

(ア)　P　試験管A　　Q　アミラーゼ　　(イ)　P　試験管A　　Q　ペプシン

(ウ)　P　試験管B　　Q　アミラーゼ　　(エ)　P　試験管B　　Q　ペプシン

(2)　右のⅡ図は，ヒトの消化器官を表した模式図である。会話中の下線部ブドウ糖を吸収する器官と，吸収されたブドウ糖を異なる物質に変えて貯蔵する器官を示しているものとして最も適当なものを，Ⅱ図中のW～Zからそれぞれ1つずつ選べ。また，消化液に関して述べた文として最も適当なものを，次の(ア)～(エ)から1つ選べ。

Ⅱ図

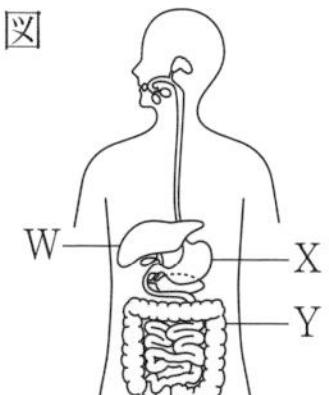

吸収する器官(　　　)　貯蔵する器官(　　　)(　　　)

(ア)　胃液は，デンプンを分解するはたらきをもつ。

(イ)　胆汁は，タンパク質を水に混ざりやすい状態にするはたらきをもつ。

(ウ)　すい液は，デンプン，タンパク質，脂肪を分解するはたらきをもつ。

(エ)　だ液は，デンプンだけではなく，タンパク質も分解するはたらきをもつ。

2　遺伝のしくみについて調べるために，エンドウを用いて次の〈実験〉を行った。これについて，下の問い(1)～(3)に答えよ。ただし，種子の形を丸くする遺伝子をA，しわのあるものにする遺伝子をaとする。

〈実験〉

操作①　丸い種子をつくる純系のエンドウと，しわのある種子をつくる純系のエンドウをかけ合わせる。

操作②　操作①でできた種子をすべて集め，種子の形について調べる。

操作③　操作②で調べた種子をまいて育て，それぞれ自家受粉させる。

操作④　操作③でできた種子をすべて集め，種子について調べる。

【結果】　操作②で集めた種子はすべて丸い種子であった。また，操作④で集めた種子は，丸い種子が2544個，しわのある種子が850個であった。

(1)　下線部丸い種子をつくる純系のエンドウのもつ，種子の形を決める遺伝子の組み合わせとして最も適当なものを，次の(ア)～(ウ)から1つ選べ。また，メンデルの見いだした遺伝の法則のうち，ある1つの形質に関して対になっている遺伝子が減数分裂によって分かれ，それぞれ別々の生殖細胞に入ることを何の法則というか，**ひらがな3字**で書け。(　　　)　□□□の法則

(ア)　AA　(イ)　Aa　(ウ)　aa

(2)　操作④で調べた種子のうち，操作②で調べた種子と，種子の形を決める遺伝子の組み合わせが同じものの占める割合を分数で表すとどうなると考えられるか，最も適当なものを，次の(ア)～(オ)から1つ選べ。(　　　)

(ア)　$\frac{1}{4}$　(イ)　$\frac{1}{3}$　(ウ)　$\frac{1}{2}$　(エ)　$\frac{2}{3}$　(オ)　$\frac{3}{4}$

(3)　遺伝子に関して述べた文として適当なものを，次の(ア)～(オ)から**すべて**選べ。(　　　)

(ア)　遺伝子は，多量の放射線を受けると傷ついてしまうことがある。

(イ)　遺伝子の本体は，DNA（デオキシリボ核酸）という物質である。

(ウ)　植物には，遺伝子のすべてが親と子でまったく同じである個体は存在しない。

(エ)　遺伝子を操作する技術を利用して，ヒトの病気の治療に役立つ物質が生産されている。

(オ)　染色体は遺伝子を含み，染色体の複製は体細胞分裂のときに細胞の両端に移動しながら行われる。

[3] 次の会話は令子さんと和馬《かずま》さんが，星の動きについて交わしたものの一部である。これについて，下の問い(1)・(2)に答えよ。

令子　昨日夜空を見ていたら，冬の①星座の１つであるオリオン座が見えたよ。オリオン座の位置は時間がたつにつれて変わったように見えたけれど，星の動きを観測するにはどうすればよいかな。

和馬　それなら，カメラのシャッターを長時間開いて②夜空を撮影すると，星の動きが線になった写真が撮れるので，星の動きをよりわかりやすく観測できるよ。

令子　今日，夜空を撮影して，実際に観測してみるよ。ありがとう。

(1) 下線部①星座について，次の文章は，星座を形づくる星々の特徴を説明したものである。文章中の[X]に入る最も適当な語句を，**ひらがな４字**で書け。また，文章中の[Y]・[Z]に入る表現の組み合わせとして最も適当なものを，下の(ア)～(カ)から１つ選べ。□□□□　（　　）

　星座を形づくる星々のように，自ら光を出す天体を[X]という。星座を形づくる[X]は太陽系の[Y]あり，地球から見たときの明るさは等級で表され，明るいほど等級の数字は[Z]なる。

(ア) Y　内側にのみ　　Z　大きく　　(イ) Y　内側にのみ　　Z　小さく
(ウ) Y　外側にのみ　　Z　大きく　　(エ) Y　外側にのみ　　Z　小さく
(オ) Y　内側にも外側にも　　Z　大きく　　(カ) Y　内側にも外側にも　　Z　小さく

(2) 下線部②夜空を撮影するについて，京都府内の，周囲に高い山や建物がない場所で，写真の中央が天頂となるようにカメラを夜空に向けて三脚に固定し，シャッターを１時間開いたままにして星の動きを撮影した。その結果，それぞれの星の動きが線となった写真が撮影された。このとき撮影された写真を模式的に表したものとして最も適当なものを，次の(ア)～(オ)から１つ選べ。

（　　）

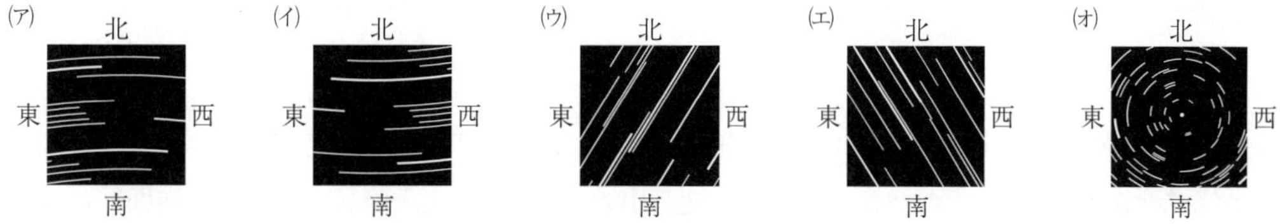

4　右のⅠ図は，明日香さんが調べたある年の3月7日午前9時における日本付近の天気図であり，低気圧の中心からのびる前線をそれぞれ前線Aと前線B，明日香さんの通う学校のグラウンドを地点Xとして示している。これについて，次の問い(1)～(3)に答えよ。

Ⅰ図

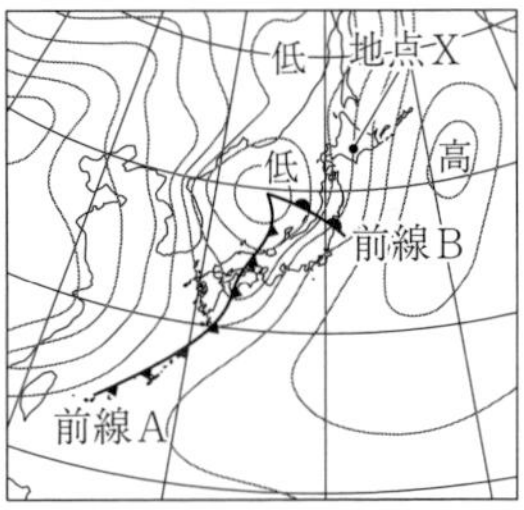

(1)　3月5日から7日にかけての前線の変化について述べた次の文章中の□に共通して入る最も適当な語句を，**ひらがな4字**で書け。□□□□

3月5日は日本付近に□前線がみられた。□前線は寒気と暖気の強さが同じくらいのときにできるもので，ほとんど動かない。この前線上に低気圧が発生したことで，3月7日にみられた前線Aや前線Bができたと考えられる。

(2)　明日香さんは，地点Xでの大気の流れ，前線A付近で雨が降るまでの過程，前線B付近で雨が降るまでの過程について，次のⅡ図のように黒板にパネルを3つずつ並べて貼り，クラスで発表することになった。次の(ア)～(ケ)は，明日香さんが発表のために作成したパネルである。前線A付近で雨が降るまでの過程を説明するために必要なものを，次の(ア)～(ケ)から**3つ**選び，順を追って説明できるように並べて**記号**で書け。(　　→　　→　　)

Ⅱ図

(ア)　暖気が寒気の上をはいあがるようにして進む。

(イ)　それに対して，低気圧の中心付近では，ふき込むような風が吹く。

(ウ)　これにより，気団どうしが作る前線面の傾きは急になる。

(エ)　高気圧の中心付近で，ふき出すような風が吹く。

(オ)　その結果，せまい範囲で雲ができ，短時間強い雨が降る。

(カ)　その結果，気圧の高い方から低い方へ大気は動き，東よりの風が吹く。

(キ)　寒気が暖気を押しあげるようにして進んでいく。

(ク)　これにより，気団どうしが作る前線面の傾きはゆるやかになる。

(ケ)　その結果，広い範囲で雲ができ，長時間雨が降る。

(3)　次の文章は，明日香さんが3月7日午前9時に地点Xで気圧を測定し，その結果とⅠ図からわかることについてまとめたものである。文章中の□に入る適当な表現を，**海面**という語句を用いて**6字以内**で書け。□□□□□□

地点Xで気圧を測定すると984hPaであったが，Ⅰ図では地点Xは1004hPaの等圧線上にあった。測定結果が天気図の等圧線の値より低くなった理由は，地点Xが□ところにあるためだと考えられる。

5　次の〈実験〉に関して，下の問い(1)〜(3)に答えよ。ただし，〈実験〉においてステンレス皿と金あみは加熱の前後で他の金属や空気と反応したり，質量が変化したりしないものとする。また，ステンレス皿上の物質は加熱時に金あみから外へ出ることはないものとする。

〈実験〉

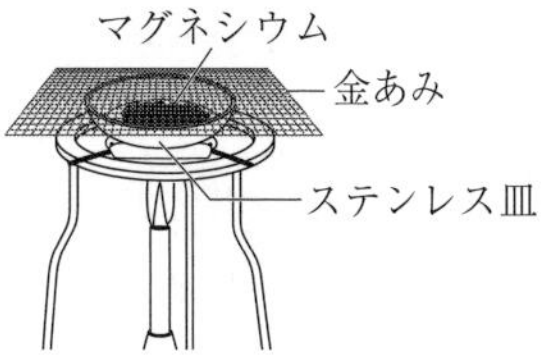

操作①　ステンレス皿と金あみの質量を測定する。また，マグネシウム 0.3g をはかりとってステンレス皿にのせる。

操作②　ステンレス皿の上に金あみをのせ，右の図のように2分間加熱する。

操作③　ステンレス皿が冷めてから，金あみをのせたままステンレス皿の質量をはかり，ステンレス皿上の物質の質量を求める。

操作④　ステンレス皿上の物質をよくかき混ぜて再び2分間加熱し，冷めた後にステンレス皿上の物質の質量を求める。これを質量が変化しなくなるまでくり返し，変化がなくなったときの質量を記録する。

操作⑤　ステンレス皿にのせるマグネシウムの質量を変えて，操作②〜④を行う。

【結果】

加熱前のステンレス皿上のマグネシウムの質量〔g〕	0.3	0.6	0.9	1.2	1.5
加熱をくり返して質量の変化がなくなったときのステンレス皿上の物質の質量〔g〕	0.5	1.0	1.5	2.0	2.5

(1)　〈実験〉においてマグネシウムと化合した物質は，原子が結びついてできた分子からできている。次の(ア)〜(オ)のうち，分子であるものをすべて選べ。(　　　)

(ア)　H_2O　　(イ)　Cu　　(ウ)　NaCl　　(エ)　N_2　　(オ)　NH_3

(2)　【結果】から考えて，加熱をくり返して質量の変化がなくなったときの物質が 7.0g 得られるとき，マグネシウムと化合する物質は何 g になるか求めよ。(　　　g)

(3)　マグネシウム 2.1g と銅の混合物を用意し，ステンレス皿にのせて操作②〜④と同様の操作を行った。このとき，加熱をくり返して質量の変化がなくなったときの混合物が 5.5g 得られたとすると，最初に用意した混合物中の銅は何 g か求めよ。ただし，銅だけを加熱すると，加熱前の銅と加熱をくり返して質量の変化がなくなったときの物質との質量比は 4：5 になるものとする。また，金属どうしが反応することはないものとする。(　　　g)

6　健さんが行った次の〈実験〉について，下の問い(1)・(2)に答えよ。

〈実験〉

操作①　水とエタノールの混合物30mLを枝つきフラスコに入れ，右のＩ図のようにゆっくりと加熱して沸とうさせ，ガラス管から出てくる気体を氷水で冷やし，液体にして試験管に集める。

Ｉ図

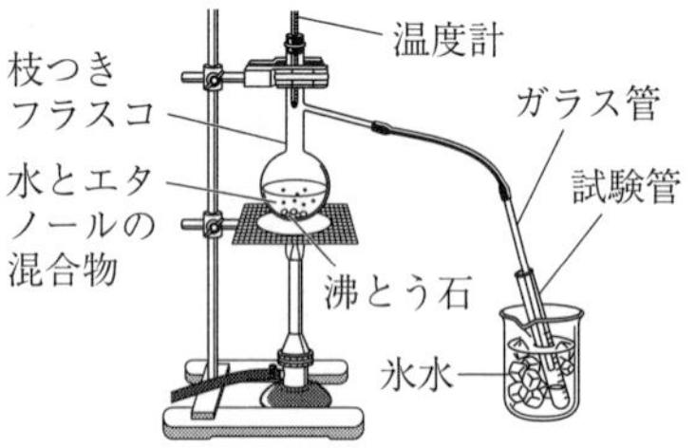

操作②　集めた液体が試験管についている5mLの目盛りまでたまったら，次の試験管にとりかえる。この操作を3本目の試験管まで続け，得られた順に試験管A～Cとする。

操作③　試験管A～Cの液体をそれぞれ蒸発皿に移してマッチの火を近づけ，それぞれの液体に火がつくかどうかを調べる。

【結果】

試験管A	試験管B	試験管C
長い間火がついた	火はついたがすぐに消えた	火はつかなかった

(1)　〈実験〉のように，液体を加熱して沸とうさせ，出てきた気体を再び液体にして集める方法を何というか，**ひらがな6字**で書け。また，次の文章は【結果】からわかることを健さんがまとめたものである。文章中の X ・ Y に入る語句の組み合わせとして最も適当なものを，下のｉ群(ア)・(イ)から， Z に入る最も適当な表現を，ii群(カ)～(ケ)からそれぞれ1つずつ選べ。

[　|　|　|　|　|　]　ｉ群（　　　）　ii群（　　　）

水が最も多く含まれるのは X ，エタノールが最も多く含まれるのは Y であると考えられる。このような【結果】になったのは，水よりエタノールの方が Z ためであると考えられる。

ｉ群　(ア)　X　試験管A　　Y　試験管C　　(イ)　X　試験管C　　Y　試験管A

ii群　(カ)　沸点が高い　　(キ)　沸点が低い　　(ク)　融点が高い　　(ケ)　融点が低い

(2)　健さんは〈実験〉を応用して，海水から水を分けてとり出すことにした。室温が一定の理科室で，右のII図のような半球状の容器とIII図とIV図のような容器，一定量の海水と冷水を用意し，それらを組み合わせて三脚にのせ，ガスバーナーに火をつけゆっくりと加熱した。次の(ア)～(エ)のうち，海水から分けてとり出される水がIV図の容器の中に最も多く得られるものを1つ選べ。ただし，加熱前の(ア)～(エ)におけるIV図の容器は空であり，加熱中に各容器は割れたり動いたりしないものとする。（　　　）

II図

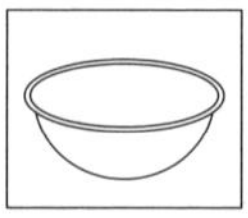

III図

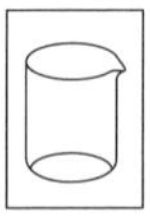

IV図

(ア)

(イ)

(ウ)

(エ)

7 舞子さんは，モノコードとオシロスコープを用いて次の〈実験〉を行った。また，下のまとめは舞子さんが〈実験〉についてまとめたものの一部である。これについて，下の問い(1)・(2)に答えよ。

〈実験〉

操作① 右のⅠ図のように，モノコードに弦をはり，木片をモノコードと弦の間に入れる。このとき，弦が木片と接する点をA，固定した弦の一端をBとする。AB間の中央をはじいたときに出る音をオシロスコープで観測し，オシロスコープの画面の横軸の1目盛りが0.0005秒となるように設定したときに表示された波形を記録する。

Ⅰ図

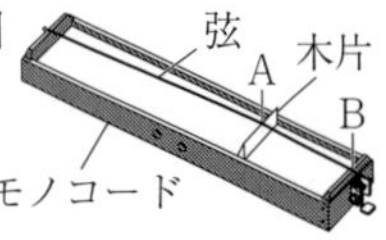

操作② 木片を移動させてAB間の長さをさまざまに変える。AB間の弦のはる強さを操作①と同じになるよう調節し，AB間の中央を操作①と同じ強さではじいたときに出る音を，操作①と同じ設定にしたオシロスコープで観測し，表示された波形をそれぞれ記録する。

まとめ

〈実験〉で記録した音の波形をそれぞれ比較すると，音の波形の振幅は，AB間の長さに関わらず一定であることが確認できた。

右のⅡ図は，操作①で記録した音の波形であり，音の振動数を求めると，[X]Hzであった。次に，操作②で記録した音の波形から，それぞれの音の振動数を求め，AB間の長さと振動数の関係について調べたところ，AB間の長さが[Y]なるほど，音の振動数が少なくなっていることが確認できた。音の高さと振動数の関係をふまえて考えると，AB間の長さが[Y]なると，弦をはじいたときに出る音の高さが[Z]なるといえる。

Ⅱ図

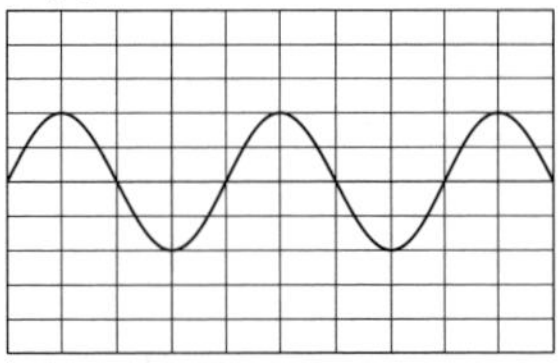

(1) まとめ中の[X]に入る数値として最も適当なものを，次の(ア)～(エ)から1つ選べ。(　　　)

(ア) 200　(イ) 500　(ウ) 2000　(エ) 5000

(2) 右のⅢ図は，まとめ中の下線部操作②で記録した音の波形のうち，Ⅱ図から求めた振動数の半分であった音の波形を表そうとしたものであり，図中の点線（┈┈）のうち，いずれかをなぞると完成する。解答欄の図中の点線のうち，その音の波形を表していると考えられる点線を，**実線**（──）で横軸10目盛り分なぞって図を完成させよ。ただし，縦軸と横軸の1目盛りが表す大きさは，Ⅱ図と等しいものとする。また，まとめ中の[Y]・[Z]に入る語句の組み合わせとして最も適当なものを，次の(ア)～(エ)から1つ選べ。

Ⅲ図

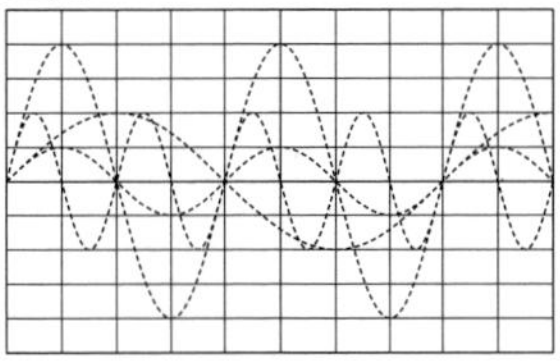

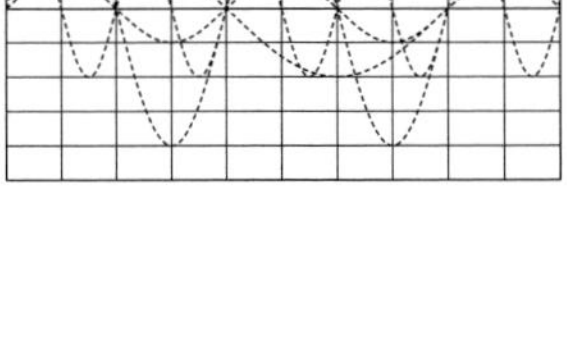

(　　　)

(ア)　Y　長く　　Z　高く　(イ)　Y　長く　　Z　低く　(ウ)　Y　短く　　Z　高く
(エ)　Y　短く　　Z　低く

8　右の図のように，2本のまっすぐなレールをなめらかにつなぎあわせて傾きが一定の斜面と水平面をつくり，斜面上に球を置いて手で支え，静止させた。手を静かに離し，球がレール上を動き始めたのと同時に，0.1秒ごとにストロボ写真（連続写真）を撮影した。次の表は，球が動き始めてからの時間と，球が静止していた位置からレール上を動いた距離を，撮影した写真から求めてまとめたものの一部である。これについて，下の問い(1)～(3)に答えよ。ただし，球にはたらく摩擦力や空気の抵抗は考えないものとし，球がレールを離れることはないものとする。

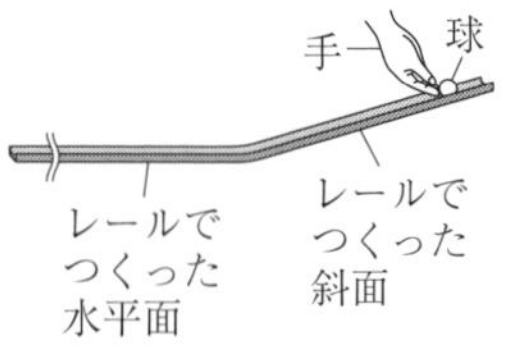

球が動き始めてからの時間〔s〕	0.1	0.2	0.3	0.4	0.5	0.6	0.7	0.8
球が静止していた位置からレール上を動いた距離〔cm〕	1.5	6.0	13.5	24.0	36.0	48.0	60.0	72.0

(1)　球が動き始めてからの時間が0.2秒から0.3秒までの間における，球がレール上を動いた平均の速さは何cm/sか求めよ。(　　　　cm/s)

(2)　表から考えて，球が静止していた位置からレール上を動いた距離が120.0cmに達したのは，球が動き始めてからの時間が何秒のときか求めよ。ただし，水平面は十分な長さがあったものとする。(　　　　秒)

(3)　球が動き始めてからの時間が0.1秒から0.3秒までの間，および球が動き始めてからの時間が0.6秒から0.8秒までの間における，球にはたらく球の進行方向に平行な力について述べた文として最も適当なものを，次の(ア)～(エ)からそれぞれ1つずつ選べ。

0.1秒から0.3秒までの間(　　　　)　0.6秒から0.8秒までの間(　　　　)

(ア)　一定の大きさではたらき続ける。　(イ)　はたらき続け，しだいに大きくなる。
(ウ)　はたらき続け，しだいに小さくなる。　(エ)　はたらいていない。

太さんと芽依さんが本文について話し合ったものの一部である。これを読み、後の問い㈠～㈢に答えよ。

創太　完成度の高い貨幣ってどのようなもののことだったかな。

芽依　本文の内容から完成度の高い貨幣とは、交換手段としての働きと、［X］を高い水準で備えているもののことだと読み取れるね。本文には、現在の貨幣が昔の貨幣と比べて、完成度が高いということが書かれていたね。

創太　そうだったね。本文最後の一文に書かれていた、「人間を交換する生きものととらえるならば、貨幣は人間の交換生活と歩調をあわせて進化してきた」とはどういうことだったかな。

芽依　その本文最後の一文を、別の表現にすると、［Y］ということだと本文からわかるね。貨幣について調べてみると、アダム・スミスが、人間は物々交換し、取引する性向を備えていることを指摘していたよ。

創太　なるほど。じゃあ、本文の内容を踏まえて1ポスターセッションの主題は「交換生活と人」にするのはどうかな。

芽依　それはいいね。ポスターの本文は縦書きにしようかな。2縦書きを読みやすく書くための要点を教科書で復習しておくね。

㈠ 会話文中の［X］に入る最も適当な表現を、次の(ア)～(エ)から一つ選べ。（　　）

(ア) 持続性と指標的な作用
(イ) 一過性と客観的な作用
(ウ) 永遠性と創造的な側面
(エ) 規則性と短期的な側面

㈡ 会話文中の［Y］に入る最も適当な表現を、次の(ア)～(エ)から一つ選べ。（　　）

(ア) 人間が交換する生きものとして段階的に発展してきたことにより、貨幣は廉価なものから高価なものまで価値を示すことができるようになった
(イ) 貨幣が人間を交換する生きものとなるように変化させたことで、硬貨や紙幣が生まれ、人間の社会生活が豊かで安定したものになった
(ウ) 交換することは人間の特性であると考えられ、交換媒介は、社会の進歩に伴い、姿を変化させ、その働きを充実させ、硬貨や紙幣へ発展してきた
(エ) 人間は交換するだけの生きものではないので、人間の生活の発展と、貨幣が交換するものとして進化してきたことは、根幹の部分では関連がない

㈢ 1ポスターセッションに向けてポスターを作成する際の一般的な注意点として**適当でないもの**を、次のⅠ群(ア)～(エ)から一つ選べ。また、2縦書きを読みやすく書く際の一般的な注意点として**適当でないもの**を、後のⅡ群(カ)～(ケ)から一つ選べ。Ⅰ（　　）Ⅱ（　　）

Ⅰ群
(ア) 見る側の興味をひくキャッチコピーをつける。
(イ) 用紙の上下左右に余白を設けない。
(ウ) 題名の部分は見出しよりも目立たせて書く。
(エ) 具体的な内容に関する情報の掲載は最小限にする。

Ⅱ群
(カ) 字間と行間をそれぞれそろえて書く。
(キ) 用紙に合った文字の大きさで書く。
(ク) 文字の中心を行の中心にそろえて文字を書く。
(ケ) 平仮名は漢字より大きく書く。

(エ)　互いの欲求を満たすためにモノを交換する際、互いが求めるモノの価値の代用となって働く存在が求められたため

㊁　文章中の[B]に入る最も適当な表現を、本文中から**二十八字**で抜き出し、**初めと終わりの三字**を書け。[　　　]～[　　　]

(5)　本文中のd言及の読みを**平仮名**で書け。（　　　）

(6)　本文中のe確立したの意味として最も適当なものを、次のⅠ群(ア)～(エ)から一つ選べ。また、本文中のh均質の意味として最も適当なものを、後のⅡ群(カ)～(ケ)から一つ選べ。Ⅰ（　　）Ⅱ（　　）

Ⅰ群　(ア)　不動のものとなった　(イ)　可能性をみせた
(ウ)　成功した　(エ)　軌道に乗った

Ⅱ群　(カ)　一つの形にまとまっている
(キ)　形状が薄く平らである
(ク)　成分や密度、性質が一定である
(ケ)　高い品質を保っている

(7)　本文中の[　]には、[　]の前に述べられていることと、後に述べられていることとの間で、どのような働きをする語が入るか。最も適当なものを、次のⅠ群(ア)～(エ)から一つ選べ。また、本文中の[　]に入る語として最も適当なものを、後のⅡ群(カ)～(ケ)から一つ選べ。

Ⅰ（　　）Ⅱ（　　）

Ⅰ群　(ア)　前に述べられていることと、後に述べられていることが並列であることを表す働き。
(イ)　前に述べられていることが、後に述べられていることの原因であることを表す働き。
(ウ)　後に述べられていることが、前に述べられていることの説明やまとめであることを表す働き。
(エ)　後に述べられていることが、前に述べられていることとは逆の内容であることを表す働き。

Ⅱ群　(カ)　だから　(キ)　だが　(ク)　つまり　(ケ)　同様に

(8)　本文中のf報告の熟語の構成を説明したものとして最も適当なものを、次のⅠ群(ア)～(エ)から一つ選べ。また、f報告と同じ構成の熟語を、後のⅡ群(カ)～(ケ)から一つ選べ。Ⅰ（　　）Ⅱ（　　）

Ⅰ群　(ア)　上の漢字が下の漢字を修飾している。
(イ)　上の漢字と下の漢字の意味が対になっている。
(ウ)　上の漢字と下の漢字が似た意味を持っている。
(エ)　上の漢字と下の漢字が主語・述語の関係になっている。

Ⅱ群　(カ)　添付　(キ)　脇道　(ク)　日没　(ケ)　緩急

(9)　本文中のgシュウ容の片仮名の部分を**漢字**に直し、**楷書**で書け。（　　容）

(10)　本文の段落構成を説明した文として最も適当なものを、次の(ア)～(エ)から一つ選べ。（　　）

(ア)　[2]段落では、[1]段落の内容と対照的な状況について具体例を使って示すことで、[1]段落の趣旨を否定している。
(イ)　[3]段落では、[2]段落で用いた例を発展させることで、「貨幣商品起源説」について説明している。
(ウ)　[4]段落では、[3]段落で述べた内容と異なる論点で根拠を示すことで、貨幣の誕生を説明している。
(エ)　[5]段落では、[3]・[4]段落で述べたことを用いて、一般論と自説を比較している。

(11)　創太さんと芽依さんのクラスでは、本文を学習した後、本文の内容についてポスターセッションをすることになった。次の会話文は、創

たとえば米はラーメンよりは保存が効くが、時間がたてば品質が落ちる。そうなると交換を断られてしまうし、価値基準としても不安定である。貨幣のはじまりはこのような不完全な商品だったが、その後、時代が下るにつれて三つの機能をより完全に果たすモノに変わっていった。米や麦からより耐久性の高い貝や石へ、さらに貴金属へ、それを h 均質的に加工した硬貨へ、そして紙幣へ。容易に持ち運べ、劣化せず、一〇〇円のジュースから一〇〇億円の戦闘機まであらゆるものの価値をあらわせる貨幣へと完成度を高めていったのである。人間を交換する生きものととらえるならば、貨幣は人間の交換生活と歩調をあわせて進化してきたといえるかもしれない。

（深田《ふかだ》淳《じゅん》太郎《たろう》「文化人類学の思考法」により。一部省略がある）

注

＊「2人の～の一致」…アメリカの経済学者グレゴリー・マンキューが論じた内容。

＊アダム・スミス…イギリスの経済学者。

＊欲望の二重の一致…2段落の「欲求の二重の一致」と同意。

＊当座…その場ですぐ。

(1) 本文中の a ここが示す内容として最も適当なものを、次の(ア)～(エ)から一つ選べ。（　　）

(ア) 自分が生産したモノを差し出す見返りとして貨幣を手に入れる場面。

(イ) 貨幣を使用してモノを買うことで、間接的に相手の貨幣を受け取る場面。

(ウ) 各個人の能力や技術によってつくり出されたモノがやりとりされる場面。

(エ) 生活に必要で誰もが求めるモノを、貨幣を用いることで入手する場面。

(2) 本文からは次の一文が抜けている。この一文は本文中の〈1〉～〈4〉のどこに入るか、最も適当な箇所を示す番号を一つ選べ。（　　）

なぜならモノどうしの直接交換は難しいからだ。

(3) 本文中の b もちろん断られるだろうは、どのような品詞の語で組み立てられているか、用いられている単語の品詞を、次の(ア)～(オ)からすべて選べ。（　　）

(ア) 動詞　(イ) 副詞　(ウ) 連体詞　(エ) 助動詞　(オ) 助詞

(4) 次の文章は、本文中の c 貨幣の発生に関して述べたものである。これを読み、後の問い㊀・㊁に答えよ。

> 貨幣は、［A］に発生したと考えられる。この「貨幣商品起源説」が広く説得力を持つのは、ある種の商品が、［B］と人々にとらえられて商品貨幣となり、実際に多くの場面で機能していたという報告があるからである。

㊀ 文章中の［A］に入る最も適当な表現を、次の(ア)～(エ)から一つ選べ。（　　）

(ア) 交換を行う者どうしのあいだで欲求の二重の一致が成立することによって、交換媒介となるモノの必要性が生じたため

(イ) 相手が求めるモノとなるように、自分の持っているモノの価値をより高める働きをもつ存在が求められたため

(ウ) 物々交換のあいだに入る媒介物が生まれたことで、自身が生産したモノの価値を保存する必要性が生じたため

2　次の文章は、「貨幣」について書かれたものの一節である。これを読み、問い(1)～(11)に答えよ。(1～5は、各段落の番号を示したものである。)

1　まずは私たちが日常的に使っている貨幣から考えてみよう。私たちはそれらでパンや珈琲《コーヒー》を買う。これを言いなおせば、私たちは自分でパンや珈琲をつくるのではなく、各々の技能に応じてモノやサービスを生産し、その見返りとして貨幣をもらい、その貨幣と交換で他人がつくったパンや珈琲を手に入れるということである。つまりモノとモノとを、貨幣を介して間接的に交換しているわけだ。

2　aここでは貨幣があいだに入ることが決定的に重要である。〈1〉もし貨幣がなかったらと想像してみよう。人類学者である私はお腹《なか》が減ったら、ラーメン屋で「人類学の本と交換にラーメンを食べさせてくれ」と頼まねばならない。bもちろん断られるだろう。虫歯が痛むラーメン屋は歯科医院に行って、ラーメンと引き換えに歯を治療してくれと頼むが、歯医者はラーメンは昼に食べたばかりだからと断るかもしれない。私だって歯医者に「歯を削ってやるから本をくれ」と頼まれても困る。物々交換が成立するには「*2人の人間が互いに相手の欲しい物をもっているという希《まれ》な偶然、すなわち欲求の二重の一致」が必要だが、片思いが両思いに成就《じょうじゅ》するのは容易ではない。〈2〉だから、あいだに入る「交換媒介」としての貨幣が重要なのである。

3　多くの論者がc貨幣の発生について論じる際に、この媒介機能の重要性にd言及してきた。*アダム・スミスは、(*欲望の二重の一致という)「不便を避けるために、分業がe確立した後、どの時代にも賢明な人はみな、自分の仕事で生産したもの以外に、他人が各自の生産物と交換するのを断らないと思える商品をある程度持っておく方法をとった」と論じている。たとえば日本では米などが、この「他人が断らない商品」にあたる。主食である米は、みながそれなりにもっているので、*当座の交換の見返りとして一番欲しいものではない。〈3〉だが、それでも歯医者はラーメン屋が米をもって来たら、受けとって治療するだろう。なぜなら米はラーメンと違って保存が効くので、いつか食べられるからだ。歯医者が米を受けとる理由として、保存が効くこと以上に大きいのは、米ならきっと人類学者も受けとるだろうという期待である。じっさいに人類学者は米を受けとるだろう。なぜなら、本を読まないラーメン屋も米なら受けとると期待するからである。こうして米は必ずしも各人の一番欲しいモノではないが、他人もきっと受けとるという期待から、交換を断られない商品、すなわち交換媒介＝貨幣として機能するようになる。〈4〉

4　このように物々交換のあいだに入る媒介物としての人気商品に貨幣の起源を見るのが「貨幣商品起源説」である。もちろん過去にさかのぼって貨幣が発生する瞬間を確認できるわけではないので、これは仮説にすぎない。□物々交換のなかから、特定の商品が貨幣の役割を果たすようになったというf報告は数多くある。たとえば経済学者であるリチャード・A・ラドフォードは、自身が第二次世界大戦中に捕虜として囚《とら》われていたgシュウ容所で、パンや缶詰などの物々交換のなかからタバコが貨幣として用いられるようになった事例を報告している。

5　現在、私たちが使っている貨幣はこの「交換媒介」*機能を中心として、価値を将来にもち越す「価値保存」、あらゆるモノの価値をあらわす「価値基準」という三つの機能を果たすものとされる。米やタバコなどの商品貨幣はこの三つの機能を果たすものの、まだ不完全である。

(ア) 衛の文公　(イ) 公孫龍　(ウ) 道行き人　(エ) 梁の帝

(4) 本文からは、本文中のｅ「に対応して初めを示すかぎ括弧（「）が抜けている。このかぎ括弧（「）が入る箇所の、**直後の三字**を本文中から抜き出して書け。［　　　］

(5) 次の会話文は、舞子さんと良平さんが本文を学習した後、本文について話し合ったものの一部である。これを読み、後の問い㈠・㈡に答えよ。

> 舞子　文公は日照りの対策を占わせたんだね。占いの結果を受けて、文公はどのように考えたのだったかな。
>
> 良平　文公は、占いで人を一人犠牲にするよう告げられたけれど、その一人を自分以外の人とした場合、これは「［A］」であり、事態をますます悪化させ、［B］にはならないと考えた、ということが本文から読み取れるよ。
>
> 舞子　そうだね。占いはそもそも［B］にしたことだったわけだからね。本文を読むと、文公の、［C］が天を動かした、ということがわかるね。

㈠ 会話文中の［A］・［B］に入る最も適当な表現を、本文中からそれぞれ**四字**で抜き出して書け。A［　　　　］　B［　　　　］

㈡ 会話文中の［C］に入る最も適当な表現を、次の(ア)～(エ)から一つ選べ。（　　）

(ア) 自分の思いに固執せず、臣下の忠告に耳を貸しそれを素直に受け入れて考えを改めるという謙虚な態度

(イ) 自身が天の怒りを受けることを恐れず、穀物が豊かに実って民が栄えるよう、占いを行った勇気

(ウ) 与えられた方策をそのまま採用せず、目的に照らし合わせてその方策の是非を考え、民を重んじる判断をした姿勢

(エ) 自身が帝に罰せられることを顧みず、激怒する帝に向かって帝の行動を改めさせようとした覚悟

国語

時間　四〇分
満点　四〇点

(注)　字数制限がある場合は、句読点や符号なども一字に数えなさい。

1　次の文章は、「浮世物語《うきよものがたり》」の一節である。注を参考にしてこれを読み、問い(1)～(5)に答えよ。

*唐土《もろこし》*梁《りやう》の帝《みかど》、猟《かり》に出《い》で給《たま》ふ。白き*鴈《がん》ありて田の中にa下りゐたり。帝みづから*弓に矢をはげ、これを射んとし給ふに、道行き人ありて、是《これ》を知らず白鴈を追ひたて侍《は》べり。帝b大いに怒りて、その人をとらへて殺さんとし給ふ所に、*公孫龍《こうそんれう》といふ臣下、いさめていはく、むかし*衛《ゑい》の*文《ぶん》公《こう》の時、天下大いに日照りする事三年なり。これを占はせらるるに、曰《いは》く、一人を殺して天に*まつらば雨ふるべしと。文公の曰く、雨を求むるも民のため也《なり》。今これ人を殺しなば、不仁の行、いよいよ天の怒りを受けん。この上は、われ死して天に*まつらん、とのたまふ。その心ざし*天理にかなひ、たちまちに雨ふりて、*五穀ゆたかに民*さかへたり。今、君この白鴈をc重んじて人を殺し給はば、これまことに*虎狼《こらう》のdたぐひにあらずやe」と申しければ、帝大いに感じて、公孫龍を*たうとみ給ひけり。

(「新編日本古典文学全集」より)

注

*唐土…昔、日本が中国のことを指して呼んだ名称。

*梁…国名。

*鴈…カモ科の水鳥。

*弓に矢をはげ…矢を弓の弦《つる》にかけ。

*公孫龍…梁の帝の家臣。

*衛…国名。

*文公…衛の君主。

*まつらば…差し上げるならば。

*まつらん…差し上げよう。

*天理…天の道理。

*五穀…五種の主要な穀物。また、穀物の総称。

*さかへたり…栄えた。

*虎狼…トラとオオカミ。冷酷無情なもののたとえ。

*たうとみ給ひけり…尊び重んじなさった。

(1)　本文中のa下りゐたり・dたぐひは歴史的仮名遣いで書かれている。これらの平仮名の部分をすべて**現代仮名遣い**に直して、それぞれ**平仮名**で書け。a下〔　　　　〕　d〔　　　〕

(2)　本文中のb大いに怒りての理由を述べた文として最も適当なものを、次の(ア)～(エ)から一つ選べ。(　　　)

(ア)　道を通った人が、鴈を射ようとしている人物が梁の帝であることを知らずに、梁の帝を追いたてて道を譲らせようとしたから。

(イ)　田んぼの中の鴈を梁の帝が射ようとしていることを知らなかった通りすがりの人が、その鴈を追いたてたから。

(ウ)　梁の帝が自ら弓を取り、鴈を射ようとしていたときに、射るのを邪魔しようと鴈を追いたてた人がいたから。

(エ)　鴈を誰かが射ないように梁の帝は見張っていたが、道行く人に気づかなかった結果、その人に鴈を追いたてられたから。

(3)　本文中のc重んじての主語である人物として最も適当なものを、次の(ア)～(エ)から一つ選べ。(　　　)

2020年度／解答

数　学

1 【解き方】⑴ 与式 $= 5 + 4 \times (-9) = 5 - 36 = -31$

⑵ 与式 $= 12x + 4y - 5x + 8y = 7x + 12y$

⑶ 与式 $= \sqrt{3} \times \sqrt{4^2 \times 2} + 3\sqrt{6} = \sqrt{3} \times 4\sqrt{2} + 3\sqrt{6} = 4\sqrt{6} + 3\sqrt{6} = 7\sqrt{6}$

⑷ 与式を順に①，②とする。①× 3 －②× 2 より，$y = -3$　これを①に代入して，$2x + 5 \times (-3) = -7$ より，$2x = 8$　よって，$x = 4$

⑸ 右図のような，傾きが $-\dfrac{4}{5}$，切片が 4 の直線となる。

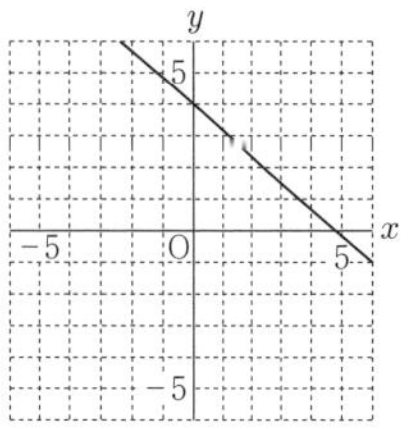

⑹ $5 < \sqrt{n} < 6$ より，$\sqrt{25} < \sqrt{n} < \sqrt{36}$　よって，$25 < n < 36$　これを満たす自然数 n は，26～35 の 10 個。

⑺ C と D を結ぶ。三角形の内角と外角の関係より，$\angle ABD = 73° - 54° = 19°$　$\overset{\frown}{AD}$に対する円周角だから，$\angle ACD = \angle ABD = 19°$　また，BD は直径だから，$\angle BCD = 90°$　よって，$\angle x = 90° - 19° = 71°$

⑻ 無作為に抽出した製品に含まれる不良品の割合は，全体に含まれる不良品の割合に，ほぼ等しいと推定できる。よって，10000 個の製品に含まれる不良品の個数を x 個とすると，$x : 10000 = 7 : 300$　よって，$300x = 70000$ となり，$x = \dfrac{70000}{300} = 233.33\cdots$　一の位を四捨五入して，およそ 230 個。

【答】⑴ -31　⑵ $7x + 12y$　⑶ $7\sqrt{6}$　⑷ $(x =)\ 4$　$(y =)\ -3$　⑸（前図）　⑹ 10（個）　⑺ $(\angle x =)\ 71°$　⑻（およそ）230（個）

2 【解き方】⑴ 1 回目，2 回目の〈操作〉でのさいころの目の数をそれぞれ a，b とすると，1 回目の〈操作〉の後，a が何であっても，G の積み木は下から 6 番目にある。よって，2 回目の〈操作〉の後，G の積み木が一番上になるのは，$b = 6$ の場合だから，条件を満たすのは，$(a,\ b) = (1,\ 6)$，$(2,\ 6)$，$(3,\ 6)$，$(4,\ 6)$，$(5,\ 6)$，$(6,\ 6)$ の 6 通り。a，b の組み合わせは全部で，$6 \times 6 = 36$（通り）だから，求める確率は，$\dfrac{6}{36} = \dfrac{1}{6}$

⑵ Ⅰ図の状態で，E の積み木は下から 5 番目にある。よって，$a = 5$ のとき，E の積み木は 2 回目の〈操作〉の前には 1 番上にあり，2 回目の〈操作〉の後に下から 4 番目になることはないから，$a \neq 5$ の場合を考える。(i) $a = 1$～4 のとき，1 回目の〈操作〉の後，E の積み木はすでに下から 4 番目にあるから，$b = 5$ または 6　これを満たす a，b の組は，$4 \times 2 = 8$（通り）　(ii) $a = 6$ のとき，1 回目の〈操作〉の後，E の積み木は，まだ下から 5 番目にあるから，$b = 1$～4　これを満たす a，b の組は，$1 \times 4 = 4$（通り）　(i)，(ii)より，求める確率は，$\dfrac{8 + 4}{36} = \dfrac{12}{36} = \dfrac{1}{3}$

【答】⑴ $\dfrac{1}{6}$　⑵ $\dfrac{1}{3}$

3 【解き方】⑴ $y = \dfrac{1}{4}x^2$ に $x = 2$ を代入して，$y = \dfrac{1}{4} \times 2^2 = 1$　よって，振り子の長さは 1 m　また，$y = 9$ を代入して，$9 = \dfrac{1}{4}x^2$ より，$x^2 = 36$　$x > 0$ だから，$x = 6$　よって，1 往復にかかる時間は 6 秒。

⑵ 振り子 A について，$y = \dfrac{1}{4}x^2$……①が成り立つとき，振り子 B は，長さが $\left(y - \dfrac{1}{4}\right)$m，1 往復するのにか

かる時間は $\frac{4}{5}x$ 秒だから，$y-\frac{1}{4}=\frac{1}{4}\times\left(\frac{4}{5}x\right)^2$ が成り立つ。整理して，$y=\frac{4}{25}x^2+\frac{1}{4}$　この式に，①を代入して，$\frac{1}{4}x^2=\frac{4}{25}x^2+\frac{1}{4}$　両辺を 100 倍して，$25x^2=16x^2+25$ より，$x^2=\frac{25}{9}$　これを①に代入して，$y=\frac{1}{4}\times\frac{25}{9}=\frac{25}{36}$ だから，振り子 A の長さは $\frac{25}{36}$m。

【答】 (1) (長さ) 1 (m)　(時間) 6 (秒)　(2) $\frac{25}{36}$ (m)

④ **【解き方】** (1) △ABC において，三平方の定理より，$AC=\sqrt{(2\sqrt{7})^2+6^2}=\sqrt{28+36}=\sqrt{64}=8$ (cm)　点 P は毎秒 1 cm の速さで動くから，点 P が頂点 C に到着するまでにかかる時間は 8 秒。

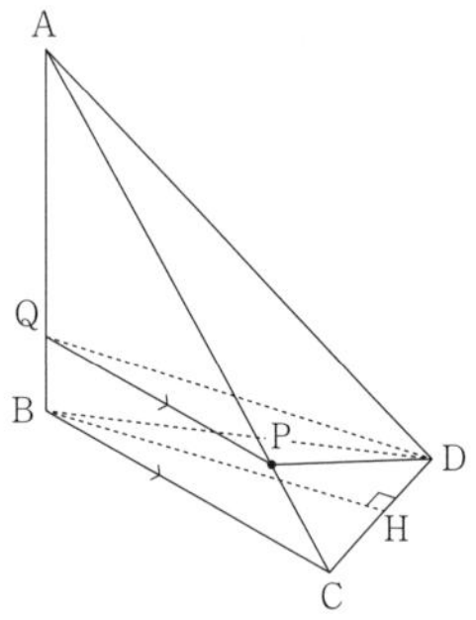

(2) 右図のように，B から CD に垂線 BH を下ろすと，△BCD は二等辺三角形だから，H は CD の中点で，CH = 1 cm　△BCH において，$BH=\sqrt{6^2-1^2}=\sqrt{35}$ (cm)　よって，$△BCD=\frac{1}{2}\times2\times\sqrt{35}=\sqrt{35}$ (cm^2)　また，三角錐 ABCD の体積は，$\frac{1}{3}\times\sqrt{35}\times2\sqrt{7}=\frac{14\sqrt{5}}{3}$ (cm^3)

(3) 三角錐 ABCD と三角錐 AQPD の底面をそれぞれ，△ABC，△AQP とみると，高さが等しいから，体積比は面積比に等しくなる。$\frac{14\sqrt{5}}{3}:\frac{24\sqrt{5}}{7}=49:36$ だから，このとき，△ABC : △AQP = 49 : 36 = $7^2:6^2$ となる。QP ∥ BC より，△ABC ∽△AQP だから，△ABC と△AQP の相似比は 7 : 6。よって，AC : AP = 7 : 6 より，$AP=\frac{6}{7}AC=\frac{6}{7}\times8=\frac{48}{7}$ (cm)　したがって，点 P が頂点 A を出発してから $\frac{48}{7}$ 秒後。

【答】 (1) 8 (秒)　(2) (面積) $\sqrt{35}$ (cm^2)　(体積) $\frac{14\sqrt{5}}{3}$ (cm^3)　(3) $\frac{48}{7}$ (秒後)

⑤ **【解き方】** (1) △ABC において，三平方の定理より，$BC=\sqrt{6^2+8^2}=\sqrt{100}=10$ (cm)　右図のように，A から BC に垂線 AH を下ろすと，△ABC ∽△HBA がいえるから，AC : HA = BC : BA　よって，8 : HA = 10 : 6 より，$HA=\frac{8\times6}{10}=\frac{24}{5}$ (cm)　また，AB : HB = BC : BA より，6 : HB = 10 : 6 だから，$HB=\frac{6\times6}{10}=\frac{18}{5}$ (cm)　四角形 ABCD は AB = CD の台形だから，$AD=BC-2HB=10-\frac{36}{5}=\frac{14}{5}$ (cm)

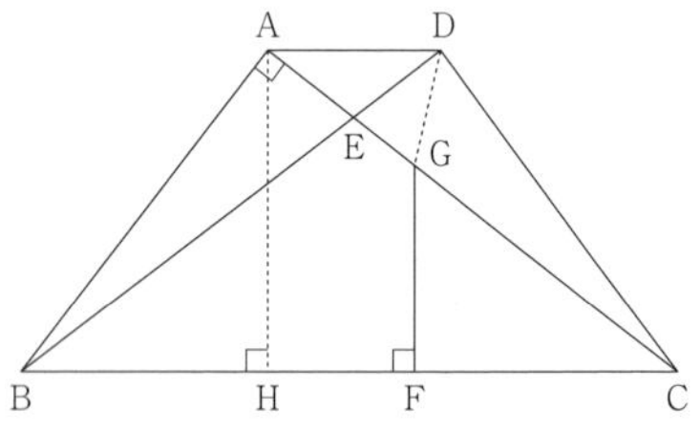

(2) BF : FC = 3 : 2 より，$FC=\frac{2}{5}BC=\frac{2}{5}\times10=4$ (cm)，BF = 10 − 4 = 6 (cm) となる。よって，$HF=6-\frac{18}{5}=\frac{12}{5}$ (cm)　GF ∥ AH だから，$AG:GC=HF:FC=\frac{12}{5}:4=3:5$

(3) $AE:EC=AD:BC=\frac{14}{5}:10=7:25$ より，$AE=\frac{7}{32}AC$　(2)より，$GC=\frac{5}{8}AC$ だから，$EG=AC-AE-GC=AC-\frac{7}{32}AC-\frac{5}{8}AC=\frac{32-7-20}{32}\times AC=\frac{5}{32}AC$　よって，$△DEG=\frac{5}{32}△ADC=\frac{5}{32}\times\left(\frac{1}{2}\times\frac{14}{5}\times\frac{24}{5}\right)=\frac{21}{20}$ (cm^2)

【答】(1)（距離）$\dfrac{24}{5}$ (cm)　（AD ＝）$\dfrac{14}{5}$ (cm)　(2)（AG：GC ＝）3：5　(3) $\dfrac{21}{20}$ (cm^2)

6 【解き方】(1) 奇数番目の図形は直角三角形で，7 番目の図形では，縦がタイル A の 1 cm の辺 4 枚分，横がタイル A の 2 cm の辺 4 枚分の長さだから，面積は，$\dfrac{1}{2} \times 4 \times 8 = 16$ (cm^2)　同様に，15 番目の図形では，縦，横について，それぞれタイル A を 8 枚並べた長さだと考えればよいから，面積は，$\dfrac{1}{2} \times 8 \times 16 = 64$ (cm^2)　16 番目は，15 番目の図形にタイル B を 8 枚加えるから，$64 + \left(\dfrac{1}{2} \times 2 \times 1\right) \times 8 = 72$ (cm^2)

(2) 奇数番目の図形の縦の長さは，1 番目が，$\dfrac{1+1}{2} = 1$ (cm)，3 番目が，$\dfrac{3+1}{2} = 2$ (cm)，5 番目が，$\dfrac{5+1}{2} = 3$ (cm)，…となるので，$(n-1)$番目は，$\dfrac{(n-1)+1}{2} = \dfrac{n}{2}$ (cm)　よって，$(n-1)$番目の図形は，縦が $\dfrac{n}{2}$ cm，横が，$\dfrac{n}{2} \times 2 = n$ (cm) の直角三角形だから，面積は，$\dfrac{1}{2} \times \dfrac{n}{2} \times n = \dfrac{n^2}{4}$ (cm^2)　n 番目の図形の面積は，これにタイル B を $\dfrac{n}{2}$ 枚加えるので，$\dfrac{n^2}{4} + \left(\dfrac{1}{2} \times 2 \times 1\right) \times \dfrac{n}{2} = \dfrac{n^2}{4} + \dfrac{n}{2}$ (cm^2)　また，$(2n+1)$番目の図形は，縦が，$\dfrac{(2n+1)+1}{2} = \dfrac{2n+2}{2} = n+1$ (cm)，横が $2(n+1)$ cm の直角三角形になるから，面積は，$\dfrac{1}{2} \times (n+1) \times 2(n+1) = (n+1)^2$ (cm^2)　よって，$(n+1)^2 - \left(\dfrac{n^2}{4} + \dfrac{n}{2}\right) = 331$ が成り立つ。展開して整理すると，$n^2 + 2n - 440 = 0$ だから，$(n-20)(n+22) = 0$　したがって，$n = 20,\ -22$　n は正の偶数だから，$n = 20$

【答】(1)（7 番目の図形の面積）16 (cm^2)　（16 番目の図形の面積）72 (cm^2)　(2)（n ＝）20

英　語

1 【解き方】(1) ① 過去形の文。see の過去形は saw。③「タルト・タタン」と名付けられたスイーツ。「～された」は過去分詞を用いて表す。

(2)「将来，私は自分が作ったスイーツで多くの人々を幸せにし，わくわくさせたい」。「～したい」= want to ～。「A を B にする」= make A B。「～で」= with ～。In the future, I want to make many people happy and excited with the sweets that I make.となる。

(3) 文前半の「これは彼女たちが普段作っていたアップル・パイの正しい作り方ではなかった」という内容と，逆接の接続詞である but から判断する。「それを食べた人々はそれがとても気に入った」という文が続く。

(4) 直前の文中にある「物語」を指している。俊は日本のスイーツにまつわる「物語」を見つけた。

(5) 第 5 段落の 5 文目以降にある祖母の話を見る。京都の人々は貴族のように「涼しさを感じ」たいと思い，「氷のかけら」のように見えるスイーツを作った。

(6)「初めて『タルト・タタン』が作られたとき，タタン姉妹は何をしたのですか？」。第 3 段落の中ほどを見る。姉妹の一人がリンゴだけを焼き，それから，もう一人がそのリンゴの上にパイを置いて一緒に焼いた。

(7) (ア) 第 3 段落の 1 文目を見る。「タルト・タタン」の話をしてくれたパティシエが働いている店を，俊はよく訪れている。(イ) 第 4 段落の 2 文目を見る。俊は時々「タルト・タタン」を食べている。(ウ) 第 5 段落を見る。6 月に「水無月」を食べる理由を説明したのは俊の祖母。(エ)「俊は人々が文化の一部としてスイーツにまつわる物語を語ってきたことを学んだ」。最終段落の最後から 2 文目を見る。正しい。

(8) (a) 俊はスピーチの中で，スイーツにまつわる「歴史や文化」について語った。(b) 最終段落の後半を見る。俊は自分が作るスイーツにまつわる物語を通して，人々に「わくわくする特別な経験」を与えるようなパティシエになりたいと思っている。

【答】(1) ① saw　③ named　(2) (ウ)→(オ)→(イ)→(エ)→(ア)　(3) (エ)　(4) (ウ)　(5) (a) (ア)　(b) feel cool　(6) (イ)　(7) (エ)
(8) (a) (イ)　(b) an exciting and special experience

◀全訳▶ 「なんてきれいなんだろう！　全部気に入った」 初めて家の近くにある店できれいなスイーツを見たとき，私はとてもわくわくしました。その後，私はよくその店を訪れ，スイーツを見たり，いくつかのスイーツを買ったりして楽しんでいます。

多くの人々はスイーツを食べるのが好きです。例えば，人々は家族や友人たちと楽しい時間をともに過ごすため，誕生日やその他の特別な日にスイーツを食べます。私は疲れていたり少し悲しかったりするときにスイーツを食べます。そうすると，エネルギーを得ることができて，幸せになれるのです。将来，私は自分が作ったスイーツで多くの人々を幸せにし，わくわくさせたいと思っています。私の夢はパティシエになることです。

ある日，私がよく訪れる店で働いているパティシエが，私に興味深い話をしてくれました。それはフランスの「タルト・タタン」と名付けられたスイーツについての話でした。それはアップル・パイの一種です。「タルト」は英語でパイを意味し，「タタン」は 19 世紀にホテルを経営していた二人の姉妹の姓です。そのパティシエによれば，「タルト・タタン」はその姉妹によって，手違いで作られました。ある日，彼女たちがいつも作っていたアップル・パイを，姉妹の一人が焼こうとしました。そのアップル・パイを作るためには，上にリンゴを乗せてパイを焼かなければならなかったのですが，彼女はパイなしでリンゴだけを焼き始めました。その後，もう一人の姉妹がそのリンゴの上にパイを置き，それらを一緒に焼きました。彼女たちはそれをひっくり返して出したのです。これは彼女たちが普段作っていたアップル・パイの正しい作り方ではなかったのですが，それを食べた人々はそれがとても気に入りました。その後，それは「タルト・タタン」と呼ばれるようになりました。その町の人々は今でも「タルト・タタン」を愛し，それを誇りに思っています。彼らは毎年，町の「タルト・タタン」祭りで，伝統的なスイーツとしてそれを楽しく食べています。

この話を聞いたとき，私はとてもわくわくしました。私は時々「タルト・タタン」を食べますが，それにまつわる物語を聞いたのは今回が初めてでした。私たちが食べているそれぞれのスイーツには「タルト・タタン」のような興味深い物語があるのかもしれず，その物語から私たちは，それがどのようにして作られたのかをしばしば学ぶのです。私はそのことに興味を持つようになり，人気のあるスイーツにまつわる別の物語を見つけたいと思いました。そして，私はある日本のスイーツにまつわる物語を見つけました。

日本には，「水無月」と呼ばれる和菓子があり，特に京都では多くの人々が6月にそれを食べています。それは三角形で，私たちは白いのをよく目にします。私はなぜ人々がその月にそれを食べるのか知りませんでした。祖母に尋ねると，そのことについて私に教えてくれました。祖母によれば，昔，「水無月」というのは一年の6番目の月の古くからの呼称であり，最も暑い季節の一部でした。暑い日々に涼しさを感じたいと思い，京都の貴族たちはその月に氷を食べました。町の人々もそのようにしたかったのですが，彼らが氷を手に入れるのは困難でした。そこで彼らは氷のかけらのように見えるスイーツを作り，それを食べました。今，私たちはそれを「水無月」と呼んでいます。この話を聞いたとき，私はそれが気に入りました。暑い季節に健康を保ちたいので，京都の人々は長い間それを食べているのだと祖母は言いました。京都の人々は今，彼らの文化の一部として「水無月」を誇りに思っているにちがいありません。

今，「タルト・タタン」のように手違いで作られたスイーツがあることを私は知っています。また，「水無月」のように，人々の願いから作られたスイーツがあることも知っています。それぞれのスイーツにはそれ自身の物語がきっとあり，その物語はたいてい人々の生活に由来しているのだと思います。私はきれいなスイーツを見て楽しみ，それらの物語によって，スイーツを作ることにより興味を持つようになりました。もし将来自分が作るスイーツについての物語を語ることができれば，人々はそれらに興味を持ち，スイーツを楽しく食べてくれるでしょう。彼らはそのスイーツにまつわる物語を忘れず，そのスイーツを作った人のことや，ずっと昔にそのスイーツを食べていた人のことを思うでしょう。それはきっと，彼らにとってわくわくする特別な経験になるにちがいありません。私は，多くの人々にそのような経験を与えるパティシエになりたいと思います。人々が長い間，自分たちの文化の中にあるスイーツにまつわる物語を語ってきたことを私は学びました。私は彼らの文化を大切にし，そのような物語についてもっと学ぶつもりです。

2 **【解き方】**(1) そこまで「バスで」行くことができる。「～(交通手段）で」= by ～。

(2) i．エリーの7番目のせりふと直後のみなのせりふを見る。iのボックスをクリックすると，週末のイベントについて知ることができる。iii．エリーの5番目のせりふと直後のみなのせりふを見る。移動動物園の入場料は300円。

(3) エリーの8番目のせりふと直後のみなのせりふより，コンサートが行われるのは14日の土曜日。エリーはコンサートに行きたいので今週末にショッピングモールに行こうと提案している。

(4) (ア)「みなは，まろもーるのウェブサイトで人気のあるバッグを見つけ，それを買いたいと思っている」。みなの10番目のせりふを見る。正しい。(イ) エリーは温かいスープを入れるためのボトルを買うつもりだが，「まろもーるのウェブサイトで」買うとは言っていない。(ウ) みなの3番目のせりふを見る。みなはしばしば母親と一緒にまろもーるに行く。(エ) エリーの最初のせりふを見る。エリーは学校での昼食に温かいスープを飲みたいと思っている。

【答】(1) by　(2) (ウ)　(3) (ア)　(4) (ア)

◀全訳▶

みな　：今週末は何をする予定なの？

エリー：今週の土曜日は新しいボトルを買うために買い物に行きたいわ。今月は寒いから，学校へ昼食にサンドイッチと温かいスープを持ってきたいと思っているの。温かいスープにちょうどいいボトルがあると聞いたのよ。

みな　：あら，私もボトルが欲しいの。一緒に行かない？

エリー：いいわよ。でもどこでボトルが買えるのかわからないの。何かアイデアはある？

みな　：あるわよ。母と一緒にしばしばまろもーると呼ばれる大きなショッピングモールに行くのだけれど，そこにはお店がたくさんあるの。そこまでバスで行くことができるわ。今週，まろもーるで特売があると思うのだけれど，はっきりと知らないの。ウェブサイトを調べてみましょう。

エリー：何と書いてあるの？

みな　：今週は特売を満喫することができるわ。各店とも12月9日から15日まで特売をしている。そこでボトルを見つけましょう。

エリー：それはいいわね！

みな　：それに，今週は移動動物園が来るから，動物と一緒に遊ぶことができるわ。

エリー：まあ，本当？　そこに行きたい。動物園に入るのにお金は必要かしら？

みな　：そうだと思う。見て。300円必要よ。

エリー：わかったわ。ウェブサイトは私たちが知りたいことを調べるのに便利だと思う。

みな　：そうね，私もそう思う。電話番号の下のボックスをクリックすれば，店の名前を知ることができるわ。右にある最初のボックスのことよ。ショッピングモールの開店時間と閉店時間が知りたければ，右から2つ目のボックスをクリックすればいいの，でも今，私はとなりのボックスをクリックしたい。

エリー：ショッピングモールの名前のボックスと，特売に関するボックスの間にあるボックスのことね？

みな　：そう。週末ごとのイベントを見つけられるの。それをクリックしてみましょう。見て！　今週の土曜日にコンサートがあるわ。

エリー：まあ！　私はコンサートに行きたい。14日のことよね？

みな　：そうよ。私も行きたいわ，500円必要ね。

エリー：わかったわ。他にも何か面白いイベントがある？

みな　：そうね，ほら！　私はテレビでこのバッグを見たことがあるわ。あの人気のあるバッグに関するイベントがある。そのイベントでは新色のバッグを買うこともできるの。そのバッグが買いたいけれど，このイベントは12月21日と22日だわ。

エリー：それは来週の週末？

みな　：そう。もしそれが買いたければ，来週末そこに行かなければならない。

エリー：ええと，私はコンサートに行きたいから，ショッピングモールには今週末に行きましょう。

みな　：わかったわ。楽しみましょう！

3 **【解き方】**(1)「いつそれを手に入れたのですか？」という質問に対してエマが「先月手に入れた」と答えている。

(2) 母親の「トマトをいくつか買ってきてほしい」という依頼を聞いて，メグが「コーヒーも買ってくる」と言っている。

【答】(1)(イ)　(2)(ウ)

◀全訳▶　(1)

A：エマ，あなたの自転車はとても素敵ですね！　それに乗るのを楽しんでいますか？

B：はい。毎週末，自転車で弟と一緒に公園へ行きます。

A：いいですね。いつそれを手に入れたのですか？

B：先月手に入れました。父が私に買ってくれたのです。

質問：エマはいつその自転車を手に入れたのですか？

(2)

A：お母さん，今日の夕食には何を作る予定？

B：カレーかスパゲティを作ろうと思っているの。メグ，スパゲティがいいのなら，トマトをいくつか買ってきてほしいのだけれど。

A：ええと，昨日はカレーを食べたから，スパゲティが食べたいわ。いいわよ，行ってくる。夕食後にコーヒーが必要だと思う。それも買ってくるわ。

B：ありがとう。

質問：メグは何を買うつもりですか？

4 **【解き方】** (1) 球技がしたいというアリスに春子が「その種のスポーツクラブなら5つある」と説明している。

(2) バレーボール部の練習日が都合の悪い火曜日以外であることと，小学生のとき，兄とバレーボールをしたのが楽しかったということから，アリスはバレーボール部に入ることにした。

【答】 (1) (ア)　(2) (エ)

◀全訳▶

アリス：こんにちは，春子。もうクラブを決めたの？

春子　：こんにちは，アリス。私は科学部に入るつもりよ。あなたは決めたの？

アリス：いいえ，まだよ。

春子　：私たちの学校には15のクラブがあるわ。あなたはどんなクラブに入りたいの？

アリス：私はバレーボール，バスケットボール，あるいはテニスのようなスポーツがしたいのだけれど，水泳や柔道はしたくないの。

春子　：つまり球技がしたいということね？

アリス：そう！

春子　：その種のスポーツクラブなら5つあるわ。テニス部はどう？　そのクラブのメンバーはとてもやさしそうよ。彼らは毎週火曜日と金曜日に練習しているわ。

アリス：母が以前使っていたラケットがあるから，ラケットを買う必要がないわ。でも家族のために料理をしなければならないので，毎週火曜日には行けないの。

春子　：それなら，バレーボール部は？　彼らは毎週月曜日，木曜日，そして金曜日に練習しているわ。

アリス：ああ，それなら完璧だわ。小学生の頃，兄とよくバレーボールを練習したの。とても楽しかったから，バレーボールがしたい！　バレーボール部に入ることに決めたわ。

春子　：チームには20人のメンバーがいて，とても強いそうよ。

アリス：わかった。全力でがんばるわ。

質問(1)：彼らの学校にはいくつの球技クラブがありますか？

質問(2)：なぜアリスはバレーボール部に入ることにしたのですか？

5 **【解き方】** (1)「あなたは(傘を持っていますか)？」というせりふに対する返答を選ぶ。(イ)は「2本持っています。あなたはそのうちの1本を使えばいいです」という意味。

(2) 簡単な英語の本を探しているクミに対して，Aが「ほら，ここにそのような本がたくさんあります」と言っている。(ア)は「それはいいですね。そのうちの1冊を買うことにします」という意味。

【答】 (1) (イ)　(2) (ア)

◀全訳▶　(1)

A：ほら！　雨がまだ降っていますよ。

B：ああ，困った！　あなたは傘を持っていますか？

A：いいえ。家に置いてきました。あなたは？

B：〈チャイム音〉

(2)

A：クミ，何を探しているのですか？

B：ええと，簡単な英語で書かれている本です。英語を勉強するために買いたいのです。

A：ああ！　良い本が何冊か見つけられると思います。ほら，ここにそのような本がたくさんあります。

B：〈チャイム音〉

社　会

1 【解き方】⑴ 赤道はインドネシアのスマトラ島やブラジルのアマゾン川河口近くなどを通っている。

⑵ 朱印船貿易は豊臣秀吉や徳川家康などが行った。季節風はモンスーンとも呼ばれ，日本・アジアの気候や農業に大きな影響を与えている。

⑶（ⅰ群）法隆寺は飛鳥時代に聖徳太子が建立した寺院。延暦寺・中尊寺金色堂・平等院鳳凰堂はともに平安時代に建立された。（ⅱ群）(カ)は室町時代，(キ)は奈良時代，(ク)は平安時代の日本の様子。

⑷（資料Ⅲ）資料Ⅲから A・B・C・D の 4 か国は人口が同じくらいなので，面積が広いほど人口密度は低くなると考えられる。このことから，A はガーナ，B はオーストラリア，C はマレーシア，D はサウジアラビアとわかる。（資料Ⅳ）「パーム油」がポイント。原料の油やしは熱帯や亜熱帯の地域で栽培され，世界の生産量のうち，インドネシアやマレーシアなどの東南アジア諸国での生産が約 8 割を占める。Q がサウジアラビア，R がガーナ，S がオーストラリア。

⑸ ASEAN 加盟国の人口は EU やアメリカを上回っているが，経済規模は大きく下回っている。

【答】⑴ せきどう，(エ)　⑵ D，季節風　⑶（ⅰ群）(イ)　（ⅱ群）(ケ)　⑷（資料Ⅲ）C　（資料Ⅳ）P　⑸ ASEAN，A

2 【解き方】⑴（ⅰ群）織田信長は 1573 年に 15 代将軍足利義昭を京都から追放し，室町幕府を滅ぼした。（ⅱ群）(カ)は 17 世紀（1688 年），(キ)は 18 世紀（1776 年），(ク)は 16 世紀（1517 年），(ケ)は 14 世紀（1392 年）のできごと。

⑵ (ア)は請求権，(エ)は参政権の内容。

⑶ A は 1086 年，B は 816 年，C は 939 年，D は 1159 年のできごと。

⑷（ⅰ群）(ア) A の地域は標高が 50m に満たない。(ウ) C の地域は普通，畑として利用されている。（ⅱ群）2 万 5 千分の 1 の地形図では等高線は 10m ごとに引かれている。標高はそれぞれ P 地点は 100～110m，Q 地点は 70～80m，R 地点は 240～250m，S 地点は 30～40m なので，P 地点と Q 地点間の標高差が最も小さい。

⑸ 農業産出額に占める最上位品目の割合は，新潟県は約 57 %，長野県は約 36 %，静岡県は約 31 %，岐阜県は約 38 %，山梨県は約 60 %，富山県は約 67 %，石川県は約 52 %，福井県は約 61 %。よって，50 %未満の長野県・静岡県・岐阜県を黒く塗る。

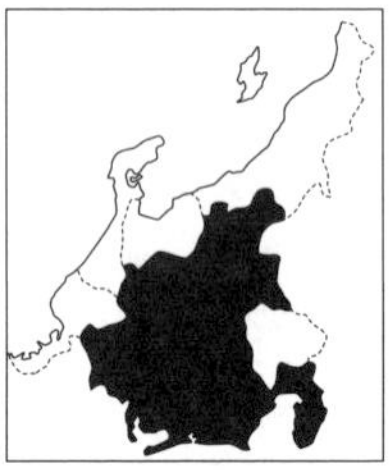

【答】⑴（ⅰ群）(エ)　（ⅱ群）(ク)　⑵（自由権）(ウ)　（社会権）(イ)　⑶ B → C → A → D
⑷（ⅰ群）(イ)　（ⅱ群）(カ)　⑸（右図）

3 【解き方】⑴ 資料Ⅱは元寇の様子を描いた「蒙《もう》古《こ》襲来《しゅうらい》絵《え》詞《ことば》」。永仁の徳政令が出されたが効果は薄く，経済はかえって混乱した。(イ)は江戸時代，(ウ)は鎌倉時代前半，(エ)は室町時代のできごと。

⑵ (ア)は長崎，(エ)は江戸。(オ)の「条約」で開かれたのは函館・新潟・神奈川・兵庫・長崎。

⑶ (ア)・(ウ)は大正時代，(イ)は昭和時代の様子。

⑷ 2010 年と 2016 年を比べると，インドの自動車保有台数は約 2.2 倍に増加している。自動車保有台数の世界の合計に占める日本の割合は，2010 年は約 7.4 %だったのが 2016 年には約 5.9 %に減少している。

⑸ 間接税とは税負担者と納税者が異なる税。(ウ)・(エ)・(オ)は直接税。

【答】⑴ 元，(ア)　⑵ (イ)・(ウ)・(カ)　⑶ (エ)　⑷ (イ)，自動車保有台数が多い。（同意可）　⑸（社会）資本，(ア)・(イ)

4 【解き方】⑴ (カ) 衆議院議員の被選挙権を得られる年齢は満 25 歳以上。満 18 歳以上は選挙権が得られる年齢。(ク) 参議院議員の選挙は 3 年に一度行われ，定数の半数が改選される。(ケ) 参議院議員の選挙では，都道府県選挙区選出制と比例代表制が採られている。

⑵ 供給量は売り手，需要量は買い手を表すと考えるよい。商品の価格が高いと，消費者の購買意欲は低下する。

⑷（ⅰ群）(イ)「やませ」は，農作物が育ちにくくなる冷害の原因となる風。(ウ)「輪作」は，連作障害や土地の栄養の不足を防ぐために，同じ土地に違う性質の農作物を何年かに一度のサイクルで栽培する方法。北海道の十勝平野などで行われている。(エ)「黒潮」は，日本列島の太平洋側を北上してくる暖流。（ⅱ群）(ケ)の二・二

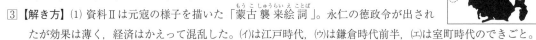

六事件は1936年に起こった事件。(カ)は1877年，(キ)は1944年，(ク)は1950年のできごと。

(5)(ⅰ群) 鉄鋼を生産する原料である鉄鉱石や石炭，製品の鉄鋼は重量が大きく，船での輸送が適している。

(ⅱ群) 石油はほとんどを輸入に頼っているため，石油化学コンビナートは臨海部に立地している。

【答】 (1)(ⅰ群) (エ)　(ⅱ群) (キ)　(2)(イ)　(3) A. (オ)　B. (ウ)　(4)(ⅰ群) (ア)　(ⅱ群) (ケ)　(5)(ⅰ群) (エ)　(ⅱ群) (ク)

理　科

1 **【解き方】**(1) ヨウ素液はデンプンと反応して青紫色に変化する。だ液を入れた試験管Aではデンプンが分解されるので，ヨウ素液は青紫色にはならない。ペプシンは胃液に含まれる消化酵素でタンパク質を分解する。

(2) ブドウ糖を吸収する器官は小腸，吸収されたブドウ糖を異なる物質に変えて貯蔵する器官は肝臓。胃液はタンパク質を分解し，だ液はデンプンだけを分解する。胆汁は脂肪を水に混ざりやすい状態にする。

【答】(1) (ウ)　(2) (吸収する器官) Z　(貯蔵する器官) W　(ウ)

2 **【解き方】**(2) 操作①はAAとaaのかけ合わせなので，操作②で調べた種子の遺伝子の組み合わせはAaになる。操作③はAaとAaのかけ合わせなので，操作④で調べた種子の遺伝子の組み合わせは，AA・Aa・Aa・aaになる。よって，$\frac{2}{4}=\frac{1}{2}$

(3) 植物の栄養生殖は無性生殖なので，遺伝子のすべてが親と子でまったく同じになる。染色体は，体細胞分裂が始まる前には複製されており，体細胞分裂のときに細胞の両端に移動しながら複製することはない。

【答】(1) (ア)，ぶんり(の法則)　(2) (ウ)　(3) (ア)・(イ)・(エ)

3 **【解き方】**(1) 地球に最も近い恒星は太陽なので，星座を形づくる恒星は太陽系の外側にある。

(2) (ア)は南の空，(ウ)は東の空，(エ)は西の空，(オ)は北の空の星の動きを表している。

【答】(1) こうせい，(エ)　(2) (イ)

4 **【解き方】**(2) 前線Aは寒冷前線，前線Bは温暖前線。

(3) 等圧線はその地点の海面上（標高0m）の気圧を表しているので，標高が高い地点では等圧線の気圧より低くなる。

【答】(1) ていたい　(2) (キ)→(ウ)→(オ)　(3) 海面より高い（同意可）

5 **【解き方】**(1) 金属のCuや固体のNaClは原子が多数集まって結合しているもの。

(2) 結果の表より，反応するマグネシウムの質量と加熱をくり返して質量の変化がなくなった物質（酸化マグネシウム）の質量の割合を比で表すと，0.3 (g)：0.5 (g)＝3：5になるので，酸化マグネシウムの質量が7.0gのとき，反応したマグネシウムの質量は，$7.0\,(\mathrm{g})\times\frac{3}{5}=4.2\,(\mathrm{g})$　よって，マグネシウムと化合する酸素の質量は，$7.0\,(\mathrm{g})-4.2\,(\mathrm{g})=2.8\,(\mathrm{g})$

(3) 2.1gのマグネシウムが反応したときにできる酸化マグネシウムの質量は，$2.1\,(\mathrm{g})\times\frac{5}{3}=3.5\,(\mathrm{g})$なので，加熱をくり返して質量の変化がなくなった5.5gの混合物中の酸化銅の質量は，$5.5\,(\mathrm{g})-3.5\,(\mathrm{g})=2.0\,(\mathrm{g})$
反応する銅の質量：反応後にできる酸化銅の質量＝4：5なので，酸化銅が2.0gできるときに反応した銅の質量は，$2.0\,(\mathrm{g})\times\frac{4}{5}=1.6\,(\mathrm{g})$

【答】(1) (ア)・(エ)・(オ)　(2) 2.8 (g)　(3) 1.6 (g)

6 **【解き方】**(1) エタノールは燃え，水は燃えないので，試験管Aに含まれる液体はエタノールが多く，試験管Cに含まれる液体は水が多いとわかる。蒸留では沸点の低い物質が先に沸とうして出てくるので，水よりエタノールの方が沸点が低いとわかる。

(2) Ⅲ図の容器で海水を加熱して水蒸気を発生させ，その水蒸気をⅢ図の容器の上の冷水で冷やして水滴に戻し，落ちる水滴をⅣ図の容器で受ければ，海水から水を分けることができる。

【答】(1) じょうりゅう　(ⅰ群) (イ)　(ⅱ群) (キ)　(2) (ウ)

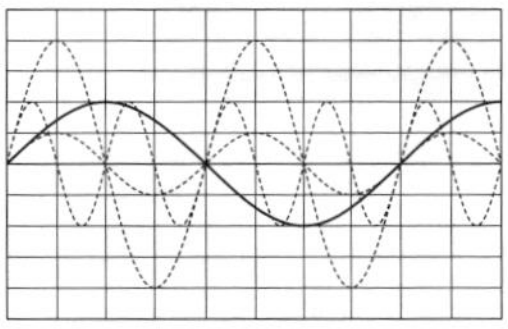

7 **【解き方】**(1) Ⅱ図の音の波形より，音が１回振動するのに横軸４目盛り分の時間がかかっているので，１回振動するのにかかる時間は，0.0005 (秒) × 4 (目盛り) = 0.002 (秒)　よって，$\frac{1\,(回)}{0.002\,(秒)}$ = 500 (Hz)

(2) 同じ強さで弦をはじいているので，振幅は変わらず，振動数がⅡ図の半分なので，１回振動するのに横軸，4 (目盛り) × 2 = 8 (目盛り) の波形になる。音の高低は振動数によって決まり，振動数が少ないほど低い音になる。

【答】(1)(イ)　(2) (前図)，(イ)

8 **【解き方】**(1) 表より，0.2 秒から 0.3 秒までの間に動いた距離は，13.5 (cm) − 6.0 (cm) = 7.5 (cm)　0.2 秒から 0.3 秒までの間の時間は，0.3 (s) − 0.2 (s) = 0.1 (s)　よって，$\frac{7.5\,(cm)}{0.1\,(s)}$ = 75 (cm/s)

(2) 球が動き始めてからの時間が 0.6 秒，0.7 秒，0.8 秒のとき，球が動いた距離は 48.0cm，60.0cm，72.0cm なので，0.1 秒間に球が動いた距離は，60.0 (cm) − 48.0 (cm) = 12.0 (cm)，72.0 (cm) − 60.0 (cm) = 12.0 (cm) となり，球は水平面上を等速直線運動していると考えられる。そのときの球の速さは，$\frac{12.0\,(cm)}{0.1\,(s)}$ = 120 (cm/s)　72.0cm と 120.0cm の間の距離は，120.0 (cm) − 72.0 (cm) = 48.0 (cm) なので，この距離を動くのにかかる時間は，$\frac{48.0\,(cm)}{120\,(cm/s)}$ = 0.4 (s)　よって，0.8 (s) + 0.4 (s) = 1.2 (s)

(3) 球が動き始めてからの時間が 0.1 秒，0.2 秒，0.3 秒のとき，球が動いた距離は 1.5cm，6.0cm，13.5cm なので，0.1 秒間に球が動いた距離は，6.0 (cm) − 1.5 (cm) = 4.5 (cm)，13.5 (cm) − 6.0 (cm) = 7.5 (cm) となり，球は斜面上をだんだん速くなる運動をしている。斜面上の球には進行方向に平行な力がはたらいているので，球はだんだん速くなる。等速直線運動をしている球には進行方向に力がはたらいていないので，球の速さは一定になる。

【答】(1) 75 (cm/s)　(2) 1.2 (秒)　(3) (0.1 秒から 0.3 秒までの間) (ア)　(0.6 秒から 0.8 秒までの間) (エ)

国　語

1 【解き方】(1) a.「ゐ」は「い」にする。d. 語頭以外の「は・ひ・ふ・へ・ほ」は「わ・い・う・え・お」にする。
(2)「白き鴈」を「射んとし」たときに，「道行き人」が鴈を「追ひたて」て邪魔をしたので，帝は腹を立てている。
(3)「白鴈」を射ることを優先して，それを邪魔した人を殺そうとした人物を考える。
(4) 帝が「白鴈」を追い立ててしまった人を「殺さん」としたときに，公孫龍が「いさめ」た始まりを探す。
(5) ㊀ A. 占いを聞いた文公は，「雨を求むるも民のため」なのだから，その民を殺すような行いは「不仁の行」だと述べている。B. 占いをさせてまで，文公が「雨を求むる」理由を考える。㊁ 文公は，「一人を殺して天にまつらば雨ふるべし」というお告げに従うことは「民のため」にならない「不仁の行」だと考え，「われ死して天にまつらん」と自らが犠牲となる決意を示している。

【答】(1) a.（下）りいたり　d. たぐい　(2) (イ)　(3) (エ)　(4) むかし　(5) ㊀ A. 不仁の行　B. 民のため　㊁ (ウ)

◀口語訳▶　中国の梁の帝が，猟に出なさった。白い鴈がいて田の中に下りていた。帝がみずから矢を弓の弦にかけ，これを射ようとしなさったところ，道を行く人がいて，これを知らずに白鴈を追い立てた。帝は大いに怒って，その人をとらえて殺そうとなさったところに，公孫龍という臣下が，いさめて，「むかし衛の文公の時代に，天下で長い日照りが三年続きました。これに対する策を占わせたところ，『一人を殺して天に差し上げるならば雨が降るだろう』と告げられました。文公は，『雨を求めるのは民のためである。今ここで人を殺すなら，仁の道に背く行いであり，ますます天の怒りを受けるだろう。この上は，私の命を天に差し上げよう』，とおっしゃった。その志が天の道理にかない，たちまちに雨が降って，五穀が豊かに実り民は栄えました。今，あなた様がこの白鴈を重んじて人を殺しなさるならば，これは本当に虎狼のたぐいの行いではないでしょうか」と申し上げたところ，帝は大いに感動して，公孫龍を尊び重んじなさった。

2 【解き方】(1)「モノとモノ」を「間接的に交換」する際には，「貨幣が…決定的に重要」と述べている。
(2) 一文に「モノどうし」の交換とあるので，「モノとモノ」の「交換」について述べているところへ入れる。
(3) 単語に分けると，「もちろん（副詞）／断ら（動詞）／れる（助動詞）／だろ（助動詞）／う（助動詞）」となる。
(4) ㊀ 前で，「物々交換が成立」するには「欲求の二重の一致」が必要なので，これを可能にする「交換媒介」として「貨幣」が登場したと述べている。㊁「商品貨幣となり」と続いていることに注目。「貨幣」が登場する以前の「物々交換のあいだに入る…人気商品」として「米」を挙げ，これは「必ずしも各人の一番欲しいモノではないが…交換を断られない商品」であったために，人気の「貨幣商品」となったと述べている。
(7) 前では，「貨幣商品起源説」に対し，「仮説にすぎない」と否定的な見解を示しているが，後では，「物々交換のなかから，特定の商品が貨幣の役割を果たすようになったという報告は数多くある」と述べて，「貨幣商品起源説」を認める見解を示している。前と後が反対の内容になっているので，逆接の接続語が入る。
(8) (キ)は上の漢字が下の漢字を修飾している。(ク)は上下の漢字が主述の関係。(ケ)は反意の漢字の組み合わせ。
(10) 2段落で，例えば「ラーメン」では物々交換のために必要な「欲求の二重の一致」は成立しないという一方で，3段落で「米」を例に挙げ，こうした「交換を断られない商品」が「物々交換のあいだに入る媒介物」として機能するようになり，これが「貨幣の起源」となったと述べている。
(11) ㊀ 5段落で「貨幣」は，「『交換媒介』機能」の他に，「価値保存」「価値基準」という「機能」も果たしていると述べていることから考える。㊁「人間」はもともと「交換する生きもの」であるので，「物々交換のあいだに入る媒介物」が「米や麦からより耐久性の高い貝や石へ…そして紙幣へ」と変わっていったのは，「人間の交換生活」と合わせて発展していったためなのだろうと述べている。㊂ Ⅰ.「用紙の上下左右に余白」があることで，全体が読みやすくなり，また書かれている内容が強調されることもある。Ⅱ.「平仮名」が「漢字より大きく」なると，バランスの悪い印象を与える。

【答】(1) (ウ)　(2) 1　(3) (ア)・(イ)・(エ)　(4) ㊀ (エ)　㊁ 他人も～い商品　(5) げんきゅう　(6) Ⅰ. (ア)　Ⅱ. (ク)
(7) Ⅰ. (エ)　Ⅱ. (キ)　(8) Ⅰ. (ウ)　Ⅱ. (カ)　(9) 収(容)　(10) (イ)　(11) ㊀ (ア)　㊁ (ウ)　㊂ Ⅰ. (イ)　Ⅱ. (ケ)

2025年度 受験用

公立高校入試対策シリーズ(赤本) ラインナップ

入試データ	前年度の各高校の募集定員,倍率,志願者数等の入試データを詳しく掲載しています。
募集要項	公立高校の受験に役立つ募集要項のポイントを掲載してあります。ただし,2023年度受験生対象のものを参考として掲載している場合がありますので,2024年度募集要項は必ず確認してください。
傾向と対策	過去の出題内容を各教科ごとに分析して,来年度の受験について,その出題予想と受験対策を掲載してあります。予想を出題範囲として限定するのではなく,あくまで受験勉強に対する一つの指針として,そこから学習の範囲を広げて幅広い学力を身につけるように努力してください。
くわしい解き方	模範解答を載せるだけでなく,詳細な解き方·考え方を小問ごとに付けてあります。解き方·考え方をじっくり研究することで応用力が身に付くはずです。また,英語長文には全訳,古文には口語訳を付けてあります。
解答用紙と配点	解答用紙は巻末に別冊として付けてあります。 解答用紙の中に問題ごとの配点を掲載しています(配点非公表の場合を除く)。合格ラインの判断の資料にしてください。

府県一覧表

3021	岐阜県公立高
3022	静岡県公立高
3023	愛知県公立高
3024	三重県公立高【後期選抜】
3025	滋賀県公立高
3026-1	京都府公立高【中期選抜】
3026-2	京都府公立高【前期選抜 共通学力検査】
3027-1	大阪府公立高【一般選抜】
3027-2	大阪府公立高【特別選抜】
3028	兵庫県公立高
3029-1	奈良県公立高【一般選抜】
3029-2	奈良県公立高【特色選抜】
3030	和歌山県公立高
3033-1	岡山県公立高【一般選抜】
3033-2	岡山県公立高【特別選抜】
3034	広島県公立高
3035	山口県公立高
3036	徳島県公立高
3037	香川県公立高
3038	愛媛県公立高
3040	福岡県公立高
3042	長崎県公立高
3043	熊本県公立高
3044	大分県公立高
3046	鹿児島県公立高

滋賀県特色選抜・学校独自問題

2001	滋賀県立石山高
2002	滋賀県立八日市高
2003	滋賀県立草津東高
2004	滋賀県立膳所高
2005	滋賀県立東大津高
2006	滋賀県立彦根東高
2007	滋賀県立守山高
2008	滋賀県立虎姫高
2020	滋賀県立大津高

京都府前期選抜・学校独自問題

2009	京都市立堀川高·探究学科群
2010	京都市立西京高·エンタープライジング科
2011	京都府立嵯峨野高·京都こすもす科
2012	京都府立桃山高·自然科学科

ご購入はお近くの書店,または弊社ウェブサイトへ。 https://book.eisyun.jp/

2025 年度
受験用

公立高校入試対策シリーズ 3026-1

京都府公立高等学校
(中期選抜)

別冊

解答用紙

- この冊子は本体から取りはずしてご使用いただけます。
- 解答用紙（本書掲載分）をダウンロードする場合はこちら↓
  https://book.eisyun.jp/

※なお，予告なくダウンロードを終了することがあります。

英俊社

●解答用紙の四隅にあるガイドに合わせて指定の倍率で拡大すると，実物とほぼ同じ大きさでご使用いただけます（一部例外がございます）。

検査３　数学答案用紙

問題番号		答の番号	答の欄	採点欄
1	(1)	【1】		【1】
	(2)	【2】		【2】
	(3)	【3】		【3】
	(4)	【4】		【4】
	(5)	【5】	$x=$	【5】
	(6)	【6】	$y=$	【6】
	(7)	【7】	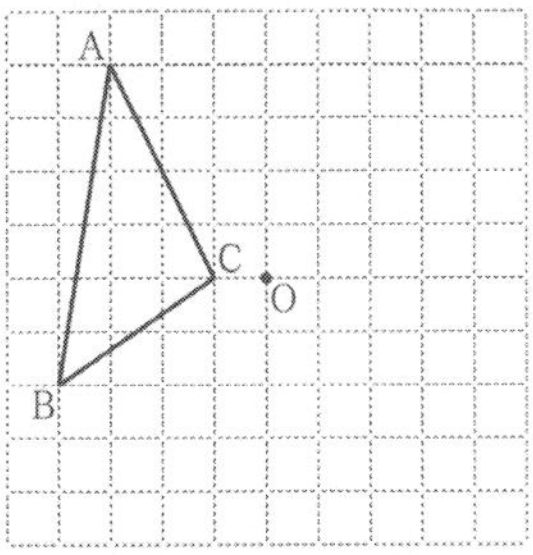	【7】
	(8)	【8】		【8】
2	(1)	【9】	人 ／ ア　イ　ウ　エ	【9】
	(2)	【10】	ア　イ　ウ　エ　オ	【10】
3	(1)	【11】	m ／ $y=$	【11】
	(2)	【12】	m	【12】
4	(1)	【13】	半径　cm ／ AE $=$　cm	【13】
	(2)	【14】	cm	【14】
5	(1)	【15】	cm^2	【15】
	(2)	【16】	cm	【16】
	(3)	【17】	cm^2	【17】
6	(1)	【18】	本	【18】
	(2)	【19】	本	【19】
	(3)	【20】	$n=$	【20】

検査	受付番号		得点	
3				

※実物の大きさ：141% 拡大（A4 用紙）

検査 5−1　英語（筆記）答案用紙

問題番号			答の番号	答の欄	採点欄
1	（1）		【1】	ア　イ　ウ　エ	【1】
	（2）		【2】	②　⑤	【2】
	（3）		【3】	ア　イ　ウ　エ	【3】
	（4）	（a）	【4】		【4】
		（b）	【5】	ア　イ　ウ　エ	【5】
	（5）		【6】	（　）→（　）→（　）→（　）→（　）→（　）	【6】
	（6）		【7】	ア　イ　ウ　エ	【7】
	（7）		【8】	ア　イ　ウ　エ	【8】
	（8）	（a）	【9】	ア　イ　ウ　エ	【9】
		（b）	【10】		【10】
2	（1）		【11】		【11】
	（2）		【12】	ア　イ　ウ　エ	【12】
	（3）		【13】	ア　イ　ウ　エ　オ	【13】
	（4）		【14】	ア　イ　ウ　エ	【14】

検査	受付番号		得点	
5−1				

検査 5−2　英語（リスニング）答案用紙

問題番号		答の番号	答の欄				採点欄
3	(1)	【15】	ア	イ	ウ	エ	【15】
	(2)	【16】	ア	イ	ウ	エ	【16】
4	(1)	【17】	ア	イ	ウ	エ	【17】
	(2)	【18】	ア	イ	ウ	エ	【18】
5	(1)	【19】	ア	イ	ウ	エ	【19】
	(2)	【20】	ア	イ	ウ	エ	【20】

検査	受付番号		得点	
5−2				

※実物の大きさ：141% 拡大（A4 用紙）

検査２　社会答案用紙

問題番号		答の番号	答の欄		採点欄
1	（1）	【1】	ア　イ　ウ　エ　オ　カ		【1】
	（2）	【2】	ア　イ　ウ　エ	□□□□□□	【2】
	（3）	【3】	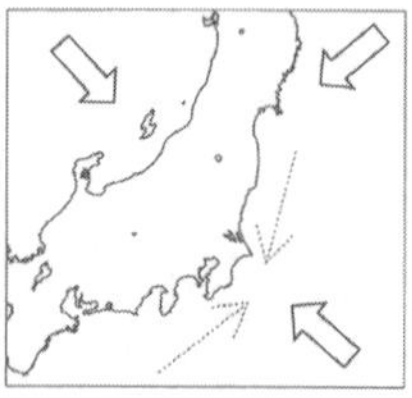		【3】
	（4）	【4】	（　）→（　）→（　）	カ　キ　ク　ケ	【4】
	（5）	【5】	i 群　ア　イ　ウ　エ　オ	ii 群　カ　キ　ク　ケ	【5】
2	（1）	【6】	ア　イ　ウ　エ　オ		【6】
	（2）	【7】	橋がかかっている地域　ア　イ　ウ	県境がある地域　ア　イ　ウ	【7】
	（3）	【8】	ア　イ　ウ　エ	□□権	【8】
	（4）	【9】	i 群　ア　イ　ウ　エ	ii 群　カ　キ　ク　ケ　コ	【9】
	（5）	【10】	ア　イ　ウ　エ　オ		【10】
3	（1）	【11】	ア　イ　ウ　エ　オ　カ		【11】
	（2）	【12】	i 群　ア　イ　ウ　エ	ii 群　カ　キ　ク　ケ	【12】
	（3）	【13】	（　）→（　）→（　）→（　）		【13】
	（4）	【14】	i 群　ア　イ　ウ　エ	ii 群　カ　キ　ク　ケ	【14】
	（5）	【15】		ア　イ　ウ　エ	【15】
4	（1）	【16】	ア　イ　ウ　エ	□□□□栽培	【16】
	（2）	【17】	（　）→（　）→（　）→（　）		【17】
	（3）	【18】	□□□□課税	ア　イ　ウ	【18】
	（4）	【19】	ア　イ　ウ　エ　オ		【19】
	（5）	【20】	ア　イ　ウ　エ		【20】

検査	受付番号	得点
2		

※実物の大きさ：141% 拡大（A4 用紙）

検査4　理科答案用紙

問題番号		答の番号	答の欄			採点欄
1	(1)	【1】	ア　イ　ウ　エ			【1】
	(2)	【2】		ア　イ　ウ　エ　オ　カ		【2】
	(3)	【3】	ア　イ　ウ　エ			【3】
2	(1)	【4】	6			【4】
	(2)	【5】	g/cm^3			【5】
3	(1)	【6】	A　ア　イ　ウ　エ	B　ア　イ　ウ　エ	カ　キ	【6】
	(2)	【7】	i群　ア　イ	ii群　カ　キ　ク		【7】
4	(1)	【8】	ア　イ　ウ　エ			【8】
	(2)	【9】	i群　ア　イ	ii群　カ　キ　ク		【9】
	(3)	【10】	ア　イ　ウ	反応		【10】
5	(1)	【11】	ア　イ　ウ　エ			【11】
	(2)	【12】	ア　イ　ウ　エ	Hz		【12】
6	(1)	【13】	秒			【13】
	(2)	【14】	X　cm	Y　cm		【14】
	(3)	【15】	ア　イ　ウ　エ			【15】
7	(1)	【16】	ア　イ　ウ　エ			【16】
	(2)	【17】	A　B　C　D	ア　イ　ウ　エ		【17】
	(3)	【18】	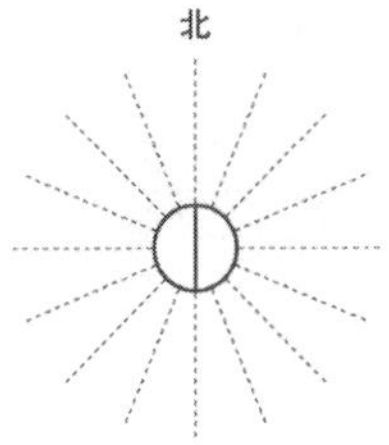			【18】
	(4)	【19】		ア　イ　ウ　エ		【19】
	(5)	【20】	P　Q　R			【20】

検査	受付番号	得点
4		

※実物の大きさ：141% 拡大（A4 用紙）

検査１　国語答案用紙

問題番号		答の番号	答の欄	採点欄
一	（1）	【1】	ア　イ　ウ　エ	【1】
	（2）	【2】	ア　イ　ウ　エ	【2】
	（3）	【3】	□□□□□□□　ア　イ　ウ　エ	【3】
	（4）㊀	【4】	ア　イ　ウ　エ	【4】
	（4）㊁	【5】	ア　イ　ウ　エ	【5】
	（4）㊂	【6】	□□□□□□□	【6】
二	（1）	【7】	ア　イ　ウ　エ	【7】
	（2）	【8】	ア　イ　ウ　エ	【8】
	（3）	【9】	Ⅰ　ア　イ　ウ　エ　Ⅱ　カ　キ　ク　ケ	【9】
	（4）	【10】	色	【10】
	（5）	【11】	1　2　3　4	【11】
	（6）	【12】	んだ	【12】
	（7）	【13】	ア　イ　ウ　エ	【13】
	（8）	【14】	Ⅰ　ア　イ　ウ　エ　Ⅱ　カ　キ　ク　ケ	【14】
	（9）	【15】	Ⅰ　ア　イ　ウ　エ　Ⅱ　カ　キ　ク　ケ	【15】
	（10）	【16】	ア　イ　ウ　エ	【16】
	（11）㊀	【17】	□□□〜□□□	【17】
	（11）㊁	【18】	ア　イ　ウ　エ	【18】
	（11）㊂	【19】	□□□〜□□□	【19】
	（11）㊃	【20】	Ⅰ　ア　イ　ウ　エ　オ　カ　Ⅱ　サ　シ　ス　セ	【20】

検査	受付番号	得点
1		

※実物の大きさ：141% 拡大（A4 用紙）

【数　　学】

1. 2点×8（(5)は完答）　2. (1)1点×2　(2)2点（完答）　3. (1)1点・2点　(2)2点
4. (1)1点×2　(2)2点　5. (1)1点　(2)2点　(3)3点　6. (1)1点　(2)2点　(3)2点

【英　　語】

1. (1)2点　(2)1点×2　(3)〜(8)2点×8（(5)は完答）　2. 2点×4　3. 2点×2　4. 2点×2
5. 2点×2

【社　　会】

1. (1)2点　(2)1点×2　(3)2点（完答）　(4)1点×2　(5)1点×2
2. (1)2点（完答）　(2)〜(4)1点×6　(5)2点（完答）
3. (1)2点　(2)1点×2　(3)2点（完答）　(4)1点×2　(5)1点×2
4. (1)1点×2　(2)2点（完答）　(3)1点×2　(4)2点（完答）　(5)2点

【理　　科】

1. (1)1点（完答）　(2)1点・2点　(3)2点　2. 2点×2　3. 2点×2（各完答）
4. (1)2点　(2)2点（完答）　(3)1点×2　5. (1)2点　(2)1点×2　6. (1)2点　(2)1点×2　(3)2点
7. (1)2点　(2)1点×2　(3)2点　(4)1点・2点　(5)1点

【国　　語】

一. (1)2点　(2)2点　(3)1点×2　(4)2点×3
二. (1)〜(8)2点×8（(3)・(8)は各完答）　(9)1点×2　(10)2点　(11)㊀〜㊂2点×3　㊃1点×2

検査３　数学答案用紙

問題番号		答の番号	答の欄	採点欄
1	（1）	【1】		【1】
	（2）	【2】		【2】
	（3）	【3】		【3】
	（4）	【4】	$x=$　　　　，　$y=$	【4】
	（5）	【5】		【5】
	（6）	【6】	個	【6】
	（7）	【7】	cm	【7】
	（8）	【8】	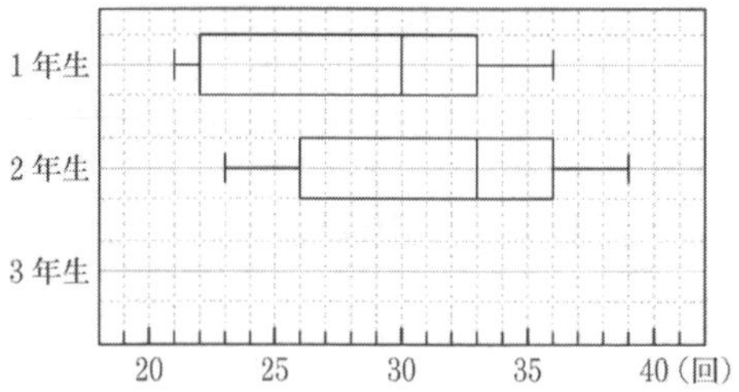	【8】
2	（1）	【9】	cm^3	【9】
	（2）	【10】	cm^2	【10】
3	（1）	【11】		【11】
	（2）	【12】	ア　イ　ウ　エ　オ　カ	【12】
4	（1）	【13】	$y=$　／　ア　イ　ウ　エ	【13】
	（2）	【14】	$x=$	【14】
5	（1）	【15】	cm	【15】
	（2）	【16】	cm	【16】
	（3）	【17】	cm^2	【17】
6	（1）	【18】	枚	【18】
	（2）	【19】	枚	【19】
	（3）	【20】	$n=$	【20】

検査	受付番号		得点
3			

※実物の大きさ：141% 拡大（A4用紙）

検査 5-1　英語（筆記）答案用紙

問題番号			答の番号	答の欄						採点欄
1	(1)		【1】	ア	イ	ウ	エ			【1】
	(2)		【2】	②		⑤				【2】
	(3)	(a)	【3】							【3】
		(b)	【4】	ア	イ	ウ	エ			【4】
	(4)		【5】	ア	イ	ウ	エ			【5】
	(5)		【6】	(　　) →	(　　) →	(　　) →	(　　) →	(　　) →	(　　)	【6】
	(6)		【7】	ア	イ	ウ	エ			【7】
	(7)		【8】	ア	イ	ウ	エ			【8】
	(8)	(a)	【9】	ア	イ	ウ	エ			【9】
		(b)	【10】							【10】
2	(1)		【11】							【11】
	(2)		【12】	ア	イ	ウ	エ			【12】
	(3)		【13】	ア	イ	ウ	エ	オ		【13】
	(4)		【14】	ア	イ	ウ	エ			【14】

検査	受付番号						得点
5-1							

※実物の大きさ：141% 拡大（A4 用紙）

検査5−2　英語（リスニング）答案用紙

問題番号		答の番号	答の欄				採点欄
3	(1)	【15】	ア	イ	ウ	エ	【15】
	(2)	【16】	ア	イ	ウ	エ	【16】
4	(1)	【17】	ア	イ	ウ	エ	【17】
	(2)	【18】	ア	イ	ウ	エ	【18】
5	(1)	【19】	ア	イ	ウ	エ	【19】
	(2)	【20】	ア	イ	ウ	エ	【20】

検査	受付番号		得点
5−2			

※実物の大きさ：141% 拡大（A4 用紙）

検査２　社会答案用紙

問題番号		答の番号	答の欄		採点欄
1	（1）	【1】	a　b　c　d	ア　イ　ウ　エ	【1】
	（2）	【2】	ア　イ　ウ　エ		【2】
	（3）	【3】	ア　イ　ウ　エ		【3】
	（4）	【4】	（　）→（　）→（　）→（　）		【4】
	（5）	【5】	ア　イ　ウ　エ　オ　カ		【5】
2	（1）	【6】	写真Ａ	写真Ｂ　ア　イ　ウ　エ	【6】
	（2）	【7】	m	ア　イ　ウ　エ	【7】
	（3）	【8】			【8】
	（4）	【9】	ⅰ群　ア　イ　ウ	ⅱ群　カ　キ　ク	【9】
	（5）	【10】	ⅰ群　ア　イ　ウ　エ	ⅱ群　カ　キ　ク　ケ	【10】
3	（1）	【11】	（　）→（　）→（　）→（　）		【11】
	（2）	【12】	ア　イ　ウ　エ		【12】
	（3）	【13】	ア　イ　ウ　エ　オ		【13】
	（4）	【14】	ア　イ　ウ　エ　オ		【14】
	（5）	【15】	権	ア　イ　ウ　エ	【15】
4	（1）	【16】	ⅰ群　ア　イ　ⅱ群　カ　キ	ⅲ群　サ　シ　ⅳ群　タ　チ　ツ　テ	【16】
	（2）	【17】	の改革		【17】
	（3）	【18】	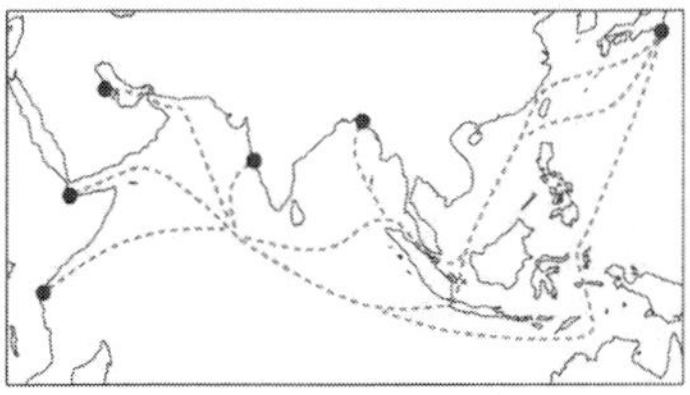		【18】
	（4）	【19】	ア　イ　ウ　エ		【19】
	（5）	【20】	ⅰ群　ア　イ　ウ　エ	ⅱ群　カ　キ　ク　ケ　コ　サ	【20】

検査	受付番号		得点
2			

※実物の大きさ：141% 拡大（A4 用紙）

検査４　理科答案用紙

問題番号		答の番号	答の欄		採点欄
1	(1)	【1】	ア　イ　ウ　エ		【1】
	(2)	【2】	X　ア　イ　ウ　エ	Y　m/s	【2】
	(3)	【3】	ア　イ　ウ	神経	【3】
2	(1)	【4】	A　B　C　D		【4】
	(2)	【5】	i群　ア　イ　ウ	ii群　カ　キ　ク	【5】
3	(1)	【6】	ア　イ　ウ　エ		【6】
	(2)	【7】	凝灰岩　ア　イ　ウ	石灰岩　ア　イ　ウ	【7】
	(3)	【8】	ア　イ　ウ　エ		【8】
4	(1)	【9】	ア　イ　ウ　エ　オ　カ		【9】
	(2)	【10】	kJ	時間	【10】
	(3)	【11】	A　B　C　D　E　F		【11】
5	(1)	【12】	ア　イ　ウ　エ		【12】
	(2)	【13】	ア　イ　ウ　エ		【13】
6	(1)	【14】	g		【14】
	(2)	【15】	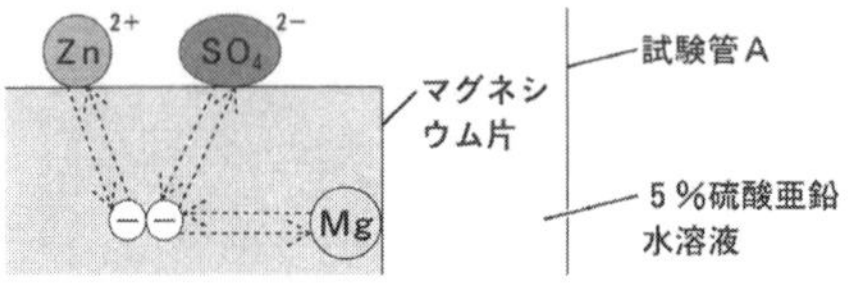		【15】
	(3)	【16】	ア　イ　ウ　エ		【16】
7	(1)	【17】	i群　ア　イ　ウ　エ	ii群　カ　キ　iii群　サ　シ	【17】
	(2)	【18】	i群　ア　イ　ウ　エ	ii群　カ　キ　ク　ケ	【18】
8	(1)	【19】	i群　ア　イ　ウ　エ	ii群　カ　キ　ク	【19】
	(2)	【20】	C	D	【20】

検査	受付番号		得点
4			

検査1　国語答案用紙

問題番号		答の番号	答の欄	採点欄
一	(1)	【1】	□□□□　ア　イ　ウ　エ	【1】
	(2)	【2】	ア　イ　ウ　エ	【2】
	(3)	【3】	ア　イ　ウ　エ	【3】
	(4)	【4】	(　　)→(　　)→(　　)→(　　)	【4】
	(5)㈠	【5】	□□□□□□□□□□	【5】
	(5)㈡	【6】	ア　イ　ウ　エ	【6】
二	(1)	【7】	Ⅰ　ア　イ　ウ　エ　Ⅱ　カ　キ　ク　ケ	【7】
	(2)	【8】	Ⅰ　ア　イ　ウ　エ　Ⅱ　カ　キ　ク　ケ	【8】
	(3)	【9】		【9】
	(4)	【10】	ア　イ　ウ　エ	【10】
	(5)	【11】	1　2　3　4	【11】
	(6)	【12】	ア　イ　ウ　エ	【12】
	(7)	【13】	Ⅰ　ア　イ　ウ　エ　Ⅱ　カ　キ　ク　ケ	【13】
	(8)	【14】	性	【14】
	(9)	【15】	ア　イ　ウ　エ	【15】
	(10)	【16】	ア　イ　ウ　エ	【16】
	(11)㈠	【17】	□□□ 〜 □□□	【17】
	(11)㈡	【18】	□□□ 〜 □□□	【18】
	(11)㈢	【19】	ア　イ　ウ　エ	【19】
	(11)㈣	【20】	Ⅰ　ア　イ　Ⅱ　カ　キ　Ⅲ　サ　シ	【20】

検査	1	受付番号	得点

※実物の大きさ：141% 拡大（A4 用紙）

2023 年度　京都府公立高等学校（中期選抜）［配点］

【数　　学】

1. 2点×8　2. 2点×2　3. 2点×2（⑵は完答）　4. ⑴1点×2　⑵3点　5. 2点×3
6. ⑴1点　⑵2点　⑶2点

【英　　語】

1. ⑴2点　⑵1点×2　⑶～⑻2点×8　2. 2点×4　3. 2点×2　4. 2点×2　5. 2点×2

【社　　会】

1. ⑴1点×2　⑵2点　⑶1点　⑷並べかえ：2点　宣言：1点　⑸2点
2. ⑴～⑶1点×6　⑷2点（完答）　⑸1点×2
3. ⑴2点　⑵1点×2　⑶2点（完答）　⑷2点（完答）　⑸1点×2
4. ⑴ i 群・ii 群：1点　iii 群・iv 群：2点　⑵1点　⑶2点　⑷1点　⑸ i 群：1点　ii 群：2点

【理　　科】

1. ⑴1点　⑵X. 1点　Y. 2点　⑶1点×2　2. 2点×2（各完答）　3. 2点×3（⑵は完答）
4. ⑴1点　⑵電力量：1点　時間：2点　⑶2点（完答）　5. 2点×2　6. 2点×3
7. ⑴ i 群：1点　ii 群・iii 群：1点　⑵1点×2　8. ⑴1点（完答）　⑵C. 2点　D. 1点

【国　　語】

一. ⑴1点×2　⑵～⑸2点×5
二. ⑴2点（完答）　⑵1点×2　⑶～⑽2点×8（⑺は完答）　⑾2点×4（㊃は完答）

検査３　数学答案用紙

問題番号		答の番号	答の欄	採点欄
1	(1)	【1】		【1】
	(2)	【2】		【2】
	(3)	【3】		【3】
	(4)	【4】	$x=$	【4】
	(5)	【5】	$x=$ ，$y=$	【5】
	(6)	【6】	$a=$ | $b=$	【6】
	(7)	【7】	$\angle x=$ °	【7】
	(8)	【8】	およそ　個	【8】
2	(1)	【9】		【9】
	(2)	【10】		【10】
3	(1)	【11】	ア　イ　ウ　エ　オ	【11】
	(2)	【12】	cm^3	【12】
4	(1)	【13】	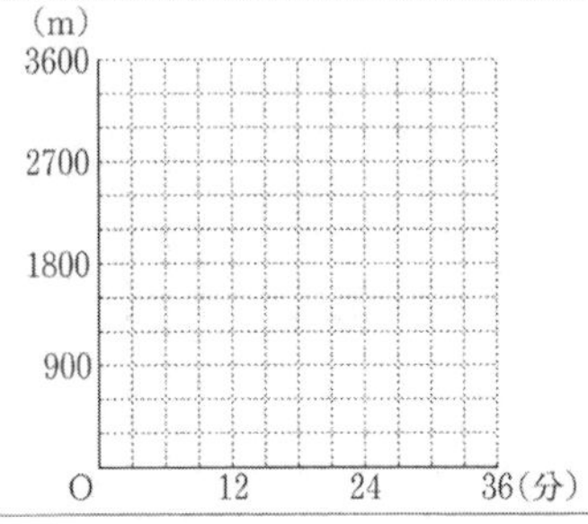	【13】
	(2)	【14】	午前9時　分　秒	【14】
	(3)	【15】	m	【15】
5	(1)	【16】	cm	【16】
	(2)	【17】	cm	【17】
	(3)	【18】	△CFD：△ABC＝　：	【18】
6	(1)	【19】	7段目の左端の正三角形の板に書かれている数 | 7段目の右端の正三角形の板に書かれている数	【19】
	(2)	【20】	$n=$	【20】

検査	受付番号	得点
3		

※実物の大きさ：141%拡大（A4用紙）

検査５−１　英語（筆記）答案用紙

問題番号			答の番号	答の欄	採点欄
1	(1)		【1】	①　　⑥	【1】
	(2)		【2】	(　　)→(　　)→(　　)→(　　)→(　　)→(　　)	【2】
	(3)		【3】	ア　イ　ウ　エ	【3】
	(4)		【4】	ア　イ　ウ　エ	【4】
	(5)	(a)	【5】		【5】
		(b)	【6】	ア　イ　ウ　エ	【6】
	(6)		【7】	ア　イ　ウ　エ	【7】
	(7)		【8】	ア　イ　ウ　エ	【8】
	(8)	(a)	【9】	ア　イ　ウ　エ	【9】
		(b)	【10】		【10】
2	(1)		【11】	ア　イ　ウ　エ	【11】
	(2)		【12】	ア　イ　ウ　エ	【12】
	(3)		【13】	ア　イ　ウ　エ　オ	【13】
	(4)		【14】	ア　イ　ウ　エ	【14】

検査	受付番号		得点
5−1			

※実物の大きさ：141% 拡大（A4 用紙）

検査 5−2　英語（リスニング）答案用紙

問題番号		答の番号	答の欄				採点欄
3	（1）	【15】	ア	イ	ウ	エ	【15】
	（2）	【16】	ア	イ	ウ	エ	【16】
4	（1）	【17】	ア	イ	ウ	エ	【17】
	（2）	【18】	ア	イ	ウ	エ	【18】
5	（1）	【19】	ア	イ	ウ	エ	【19】
	（2）	【20】	ア	イ	ウ	エ	【20】

検査	受付番号		得点	
5−2				

※実物の大きさ：141% 拡大（A4 用紙）

検査２ 社会答案用紙

問題番号		答の番号	答の欄		採点欄
1	（1）	【1】	ア　イ　ウ　エ	協定	【1】
	（2）	【2】	i群　ア　イ　ウ　エ	ii群　カ　キ　ク　ケ	【2】
	（3）	【3】	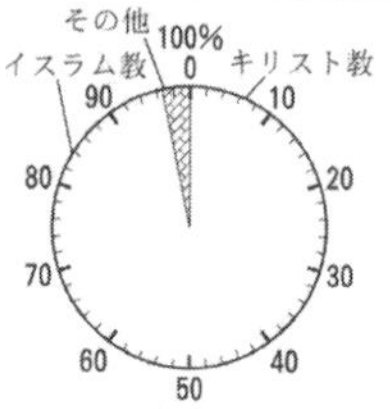		【3】
	（4）	【4】	ア　イ　ウ　エ　オ		【4】
	（5）	【5】	i群　ア　イ　ウ　エ	ii群　カ　キ　ク　ケ	【5】
2	（1）	【6】	成田国際空港　A　B　C　D	名古屋港　A　B　C　D	【6】
	（2）	【7】	ア　イ　ウ　エ		【7】
	（3）	【8】	9		【8】
	（4）	【9】	ア　イ　ウ　エ		【9】
	（5）	【10】		ア　イ　ウ　エ	【10】
3	（1）	【11】	i群　ア　イ　ウ　エ	ii群　カ　キ　ク　ケ	【11】
	（2）	【12】	ア　イ　ウ　エ		【12】
	（3）	【13】	（　）→（　）→（　）→（　）		【13】
	（4）	【14】	i群　ア　イ　ウ	ii群　カ　キ　ク	【14】
	（5）	【15】	i群　ア　イ　ウ	ii群　カ　キ　ク　ケ	【15】
4	（1）	【16】	A　B　C　D	ア　イ　ウ　エ	【16】
	（2）	【17】	i群　ア　イ　ウ　エ	ii群　カ　キ　ク　ケ	【17】
	（3）	【18】	ア　イ　ウ　エ　オ		【18】
	（4）	【19】	県	ア　イ　ウ　エ	【19】
	（5）	【20】	ア　イ　ウ　エ　オ		【20】

検査	受付番号	得点
2		

※実物の大きさ：141% 拡大（A4 用紙）

検査４　理 科 答 案 用 紙

問題番号		答の番号	答の欄	採点欄
1	(1)	【1】	ア　イ　ウ　エ	【1】
	(2)	【2】	i群　ア　イ　ウ　エ ／ ii群　カ　キ　ク　ケ	【2】
	(3)	【3】	／ ア　イ　ウ　エ	【3】
2	(1)	【4】	ア　イ　ウ　エ	【4】
	(2)	【5】	i群　ア　イ　ウ　エ ／ ii群　カ　キ　ク　ケ　コ	【5】
3	(1)	【6】	A　B　C　D　E　F　G	【6】
	(2)	【7】	ア　イ　ウ　エ　オ	【7】
	(3)	【8】	ア　イ　ウ　エ ／ X　Y　Z	【8】
4	(1)	【9】	i群　ア　イ　ウ ／ ii群　カ　キ	【9】
	(2)	【10】	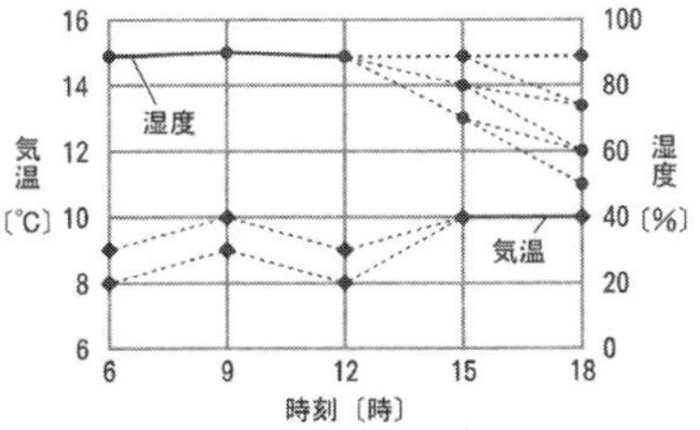	【10】
5	(1)	【11】	ア　イ　ウ　エ ／ A　カ　キ　ク ／ B　カ　キ　ク ／ C　カ　キ　ク	【11】
	(2)	【12】	ア　イ　ウ　エ	【12】
6	(1)	【13】	g	【13】
	(2)	【14】	ア　イ　ウ　エ	【14】
	(3)	【15】	ア　イ　ウ　エ　オ	【15】
7	(1)	【16】	A　ア　イ　ウ ／ B　ア　イ　ウ ／ cm	【16】
	(2)	【17】	ア　イ　ウ　エ　オ　カ	【17】
	(3)	【18】	5　8	【18】
8	(1)	【19】	N	【19】
	(2)	【20】	X　ア　イ　ウ ／ Y　ア　イ　ウ	【20】

検査	受付番号		得点
4			

※実物の大きさ：141% 拡大（A4 用紙）

検査１　国語答案用紙

問題番号		答の番号	答　の　欄		採点欄
一	（1）	【1】	ア　イ　ウ　エ		【1】
	（2）	【2】	ア　イ　ウ　エ		【2】
	（3）	【3】	ア　イ　ウ　エ		【3】
	（4）	【4】		ア　イ　ウ　エ	【4】
	（5）㈠	【5】	A	C	【5】
	（5）㈡	【6】	ア　イ　ウ　エ		【6】
二	（1）	【7】	ア　イ　ウ　エ		【7】
	（2）	【8】	Ⅰ　ア　イ　ウ　エ	Ⅱ　カ　キ　ク　ケ	【8】
	（3）	【9】	ア　イ　ウ　エ		【9】
	（4）	【10】	Ⅰ　ア　イ　ウ　エ	Ⅱ　カ　キ　ク　ケ	【10】
	（5）	【11】	論		【11】
	（6）	【12】	ア　イ　ウ　エ		【12】
	（7）	【13】	ア　イ　ウ　エ		【13】
	（8）	【14】	ア　イ　ウ　エ		【14】
	（9）	【15】	い		【15】
	（10）	【16】	ア　イ　ウ　エ		【16】
	（11）㈠	【17】	～		【17】
	（11）㈡	【18】	ア　イ　ウ　エ		【18】
	（11）㈢	【19】			【19】
	（11）㈣	【20】	Ⅰ　ア　イ　ウ　エ	Ⅱ　カ　キ　ク　ケ	【20】

検査	1	受付番号	得点

※実物の大きさ：141% 拡大（A4 用紙）

【数　　学】

1. ⑴〜⑸ 2点×5　⑹ 1点×2　⑺ 2点　⑻ 2点　　2. 2点×2　　3. 2点×2　　4. 2点×3
5. 2点×3　　6. ⑴ 1点×2　⑵ 2点

【英　　語】

1. ⑴ 1点×2　⑵〜⑻ 2点×9　　2. 2点×4　　3. 2点×2　　4. 2点×2　　5. 2点×2

【社　　会】

1. ⑴ 1点×2　⑵ 1点×2　⑶ 2点　⑷ 2点　⑸ 1点×2
2. ⑴ 1点×2　⑵ 2点　⑶ 2点　⑷ 1点×2　⑸ 1点×2
3. ⑴〜⑶ 2点×3　⑷ ⅰ群・ⅱ群：1点　語句：1点　⑸ 1点×2　　4. ⑴〜⑷ 1点×8　⑸ 2点

【理　　科】

1. ⑴ 2点　⑵ 1点×2　⑶ 1点×2　　2. ⑴ 1点　⑵ ⅰ群：1点　ⅱ群：2点
3. ⑴ 2点　⑵ 2点　⑶ 1点×2　　4. 2点×2　　5. ⑴ ⅰ群：1点　A〜C：2点　⑵ 1点
6. 2点×3　　7. ⑴ A・B：1点　焦点距離：1点　⑵ 2点　⑶ 2点　　8. ⑴ 2点　⑵ 1点×2

【国　　語】

一. ⑴〜⑶ 2点×3　⑷ 1点×2　⑸ 2点×2
二. ⑴ 2点　⑵ 1点×2　⑶〜⑽ 2点×8　⑾ ㊀〜㊂ 2点×3　㊃ 1点×2

検査３　数学答案用紙

問題番号		答の番号	答の欄		採点欄
1	（1）	【1】			【1】
	（2）	【2】			【2】
	（3）	【3】			【3】
	（4）	【4】			【4】
	（5）	【5】	$x =$		【5】
	（6）	【6】			【6】
	（7）	【7】	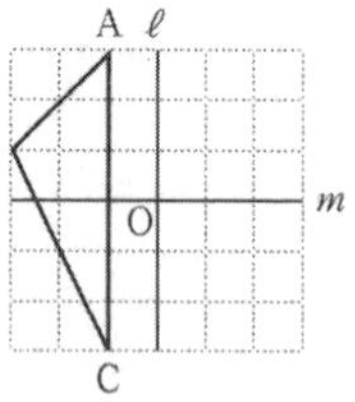		【7】
	（8）	【8】			【8】
2	（1）	【9】	℃		【9】
	（2）	【10】	日		【10】
3	（1）	【11】	cm^3		【11】
	（2）	【12】	cm^2		【12】
4	（1）	【13】	2点B，Cの間の距離	点Aと直線BCとの距離	【13】
	（2）	【14】	$y =$		【14】
5	（1）	【15】	°		【15】
	（2）	【16】	cm		【16】
	（3）	【17】	cm		【17】
6	（1）	【18】	枚		【18】
	（2）	【19】	枚		【19】
	（3）	【20】	番目の図形		【20】

検査	受付番号	得点
3		

検査 5−1　英語（筆記）答案用紙

問題番号			答の番号	答の欄				採点欄
1	（1）		【1】	①		②		【1】
	（2）		【2】	（　）→（　）→（　）→（　）→（　）→（　）				【2】
	（3）		【3】	ア	イ	ウ	エ	【3】
	（4）	（a）	【4】	ア	イ	ウ	エ	【4】
		（b）	【5】					【5】
	（5）		【6】	ア	イ	ウ	エ	【6】
	（6）		【7】					【7】
	（7）		【8】	ア	イ	ウ	エ	【8】
	（8）	（a）	【9】	ア	イ	ウ	エ	【9】
		（b）	【10】	ア	イ	ウ	エ	【10】
2	（1）		【11】					【11】
	（2）		【12】	ア	イ	ウ	エ	【12】
	（3）		【13】	ア	イ	ウ	エ	【13】
	（4）		【14】	ア	イ	ウ	エ	【14】

検査	受付番号		得点	
5−1				

※実物の大きさ：141% 拡大（A4 用紙）

検査5−2　英語（リスニング）答案用紙

問題番号		答の番号	答の欄				採点欄
3	（1）	【15】	ア	イ	ウ	エ	【15】
	（2）	【16】	ア	イ	ウ	エ	【16】
4	（1）	【17】	ア	イ	ウ	エ	【17】
	（2）	【18】	ア	イ	ウ	エ	【18】
5	（1）	【19】	ア	イ	ウ	エ	【19】
	（2）	【20】	ア	イ	ウ	エ	【20】

検査	受付番号		得点	
5−2				

※実物の大きさ：141% 拡大（A4 用紙）

検査２　社会答案用紙

問題番号		答の番号	答の欄	採点欄
1	(1)	【1】	a　b　c　d ／ ア　イ　ウ	【1】
	(2)	【2】	／ A　B　C　D	【2】
	(3)	【3】	i群　ア　イ　ウ ／ ii群　カ　キ　ク ／ iii群　サ　シ　ス	【3】
	(4)	【4】	ア　イ　ウ　エ　オ	【4】
	(5)	【5】	ア　イ　ウ　エ ／ A　B　C	【5】
2	(1)	【6】	ア　イ　ウ　エ	【6】
	(2)	【7】	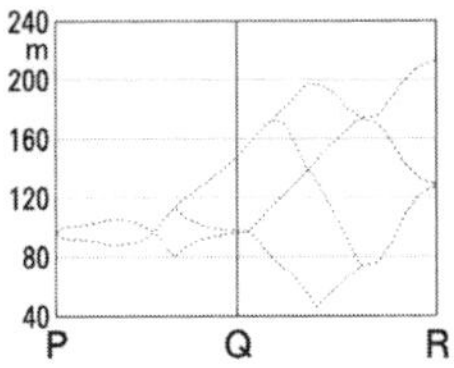	【7】
	(3)	【8】		【8】
	(4)	【9】	i群　ア　イ　ウ　エ ／ ii群　カ　キ　ク　ケ	【9】
	(5)	【10】	i群　ア　イ　ウ　エ ／ ii群　カ　キ　ク　ケ	【10】
3	(1)	【11】	(　　) → (　　) → (　　) → (　　)	【11】
	(2)	【12】	i群　ア　イ　ウ　エ ／ ii群　カ　キ　ク　ケ	【12】
	(3)	【13】	ア　イ　ウ　エ　オ	【13】
	(4)	【14】	i群　ア　イ　ウ　エ ／ ii群　カ　キ　ク　ケ	【14】
	(5)	【15】	北海道　A　B　C　D　E ／ 静岡県　A　B　C　D　E	【15】
4	(1)	【16】	9	【16】
	(2)	【17】	i群　ア　イ　ウ ／ ii群　カ　キ ／ iii群　サ　シ	【17】
	(3)	【18】	i群　ア　イ　ウ　エ ／ ii群　カ　キ　ク　ケ	【18】
	(4)	【19】	ア　イ　ウ　エ	【19】
	(5)	【20】	A　B　C　D　E ／ ア　イ　ウ　エ	【20】

検査	受付番号		得点	
2				

※実物の大きさ：141% 拡大（A4 用紙）

検査４　理科答案用紙

問題番号		答の番号	答の欄			採点欄
1	（1）	【1】	植物A　ア　イ　ウ　エ	植物B　ア　イ　ウ　エ		【1】
	（2）	【2】				【2】
	（3）	【3】	i群　ア　イ　ウ　エ　オ　カ	ii群（　）→（　）→（　）→（　）		【3】
2	（1）	【4】		ア　イ　ウ　エ		【4】
	（2）	【5】	A　B　C	ア　イ　ウ　エ　オ　カ		【5】
3	（1）	【6】	i群　ア　イ　ウ　エ	ii群　カ　キ　ク		【6】
	（2）	【7】	ア　イ　ウ　エ			【7】
4	（1）	【8】	A　ア　イ　ウ	B　カ　キ　ク　ケ	C　カ　キ　ク　ケ	【8】
	（2）	【9】	ア　イ　ウ　エ			【9】
	（3）	【10】				【10】
5	（1）	【11】	ア　イ　ウ　エ　オ			【11】
	（2）	【12】	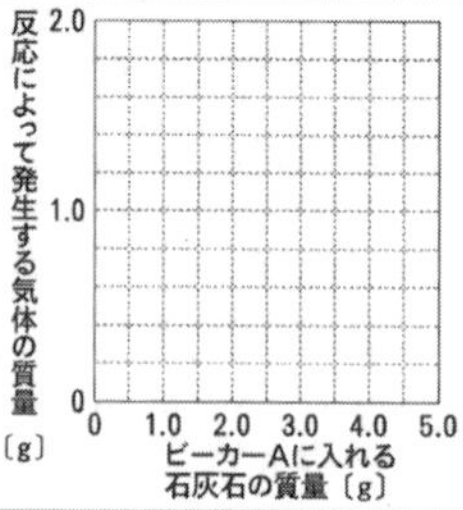			【12】
	（3）	【13】	ア　イ　ウ　エ			【13】
6	（1）	【14】	ア　イ　ウ　エ　オ　カ			【14】
	（2）	【15】	ア　イ　ウ　エ　オ　カ	%		【15】
7	（1）	【16】	ア　イ　ウ　エ			【16】
	（2）	【17】	ア　イ　ウ　エ			【17】
	（3）	【18】	N			【18】
8	（1）	【19】	の法則	g		【19】
	（2）	【20】	ア　イ　ウ　エ			【20】

検査	受付番号		得点
4			

※実物の大きさ：141% 拡大（A4 用紙）

検査1　国語答案用紙

問題番号		答の番号	答の欄	採点欄
一	(1)	【1】	ア　イ　ウ　エ	【1】
	(2)	【2】	ア　イ　ウ　エ	【2】
	(3)	【3】	b □□□□□　c 御□□□□	【3】
	(4)	【4】	□□ ～ □□	【4】
	(5) ㊀	【5】	A □□□　B □□□□□	【5】
	(5) ㊁	【6】	ア　イ　ウ　エ	【6】
二	(1)	【7】	ア　イ　ウ　エ	【7】
	(2)	【8】	Ⅰ ア　イ　ウ　エ　Ⅱ カ　キ　ク　ケ	【8】
	(3)	【9】	ア　イ　ウ　エ	【9】
	(4)	【10】	Ⅰ ア　イ　ウ　エ　Ⅱ カ　キ　ク　ケ	【10】
	(5)	【11】	ア　イ　ウ　エ	【11】
	(6)	【12】	ア　イ　ウ　エ　オ	【12】
	(7)	【13】	演	【13】
	(8)	【14】	ア　イ　ウ　エ	【14】
	(9)	【15】	しく	【15】
	(10) ㊀	【16】	□□□□□□□□	【16】
	(10) ㊁	【17】	□□□ ～ □□□	【17】
	(10) ㊂	【18】	ア　イ　ウ　エ	【18】
	(10) ㊃	【19】	Ⅰ ア　イ　ウ　エ　Ⅱ カ　キ　ク　ケ	【19】
	(11)	【20】	ア　イ　ウ　エ	【20】

検査	受付番号	得点
1		

※実物の大きさ：141% 拡大（A4 用紙）

【数　　学】

1. 2点×8　2. 2点×2　3. 2点×2

4. ⑴2点B，Cの間の距離：1点　点Aと直線BCとの距離：2点　⑵2点

5. ⑴1点　⑵2点　⑶3点　6. ⑴1点　⑵2点　⑶2点

【英　　語】

1. ⑴1点×2　⑵～⑻2点×9　2. 2点×4　3. 2点×2　4. 2点×2　5. 2点×2

【社　　会】

1. ⑴1点×2　⑵1点×2　⑶ⅰ群・ⅱ群：1点　ⅲ群：1点　⑷2点　⑸1点×2

2. ⑴2点　⑵2点　⑶～⑸1点×6　3. ⑴2点　⑵1点×2　⑶2点　⑷1点×2　⑸1点×2

4. ⑴2点　⑵ⅰ群：1点　ⅱ群・ⅲ群：1点　⑶1点×2　⑷2点　⑸1点×2

【理　　科】

1. ⑴1点×2　⑵1点　⑶ⅰ群：1点　ⅱ群：2点　2. 1点×4　3. ⑴1点×2　⑵2点

4. ⑴A：1点　B・C：1点　⑵2点　⑶2点　5. 2点×3

6. ⑴1点　⑵A. 2点　B. 1点　7. ⑴1点　⑵2点　⑶2点

8. ⑴法則：1点　質量：2点　⑵2点

【国　　語】

一. ⑴2点　⑵2点　⑶1点×2　⑷2点　⑸2点×2

二. ⑴～⑶2点×3　⑷1点×2　⑸～⑾2点×10

検査３　数学答案用紙

問題番号		答の番号	答の欄		採点欄
1	(1)	【1】			【1】
	(2)	【2】			【2】
	(3)	【3】			【3】
	(4)	【4】	$x=$　　　，　$y=$		【4】
	(5)	【5】	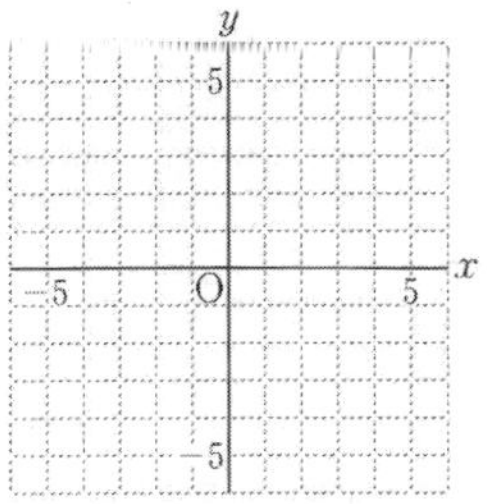		【5】
	(6)	【6】	個		【6】
	(7)	【7】	$\angle x=$　　　°		【7】
	(8)	【8】	およそ　　　個		【8】
2	(1)	【9】			【9】
	(2)	【10】			【10】
3	(1)	【11】	長さ　　　m	時間　　　秒	【11】
	(2)	【12】	m		【12】
4	(1)	【13】	秒		【13】
	(2)	【14】	面積　　　cm^2	体積　　　cm^3	【14】
	(3)	【15】	秒後		【15】
5	(1)	【16】	距離　　　cm	AD＝　　　cm	【16】
	(2)	【17】	AG：GC＝　　　：		【17】
	(3)	【18】	cm^2		【18】
6	(1)	【19】	7番目の図形の面積　　　cm^2	16番目の図形の面積　　　cm^2	【19】
	(2)	【20】	$n=$		【20】

検査	受付番号		得点
3			

※実物の大きさ：141％拡大（A4 用紙）

検査 5−1　英語（筆記）答案用紙

問題番号			答の番号	答の欄				採点欄
1	(1)		【1】	①		③		【1】
	(2)		【2】	(　)→(　)→(　)→(　)→(　)				【2】
	(3)		【3】	ア	イ	ウ	エ	【3】
	(4)		【4】	ア	イ	ウ	エ	【4】
	(5)	(a)	【5】	ア	イ	ウ	エ	【5】
		(b)	【6】					【6】
	(6)		【7】	ア	イ	ウ	エ	【7】
	(7)		【8】	ア	イ	ウ	エ	【8】
	(8)	(a)	【9】	ア	イ	ウ	エ	【9】
		(b)	【10】					【10】
2	(1)		【11】					【11】
	(2)		【12】	ア	イ	ウ	エ	【12】
	(3)		【13】	ア	イ	ウ	エ	【13】
	(4)		【14】	ア	イ	ウ	エ	【14】

検査	受付番号		得点	
5−1				

※実物の大きさ：141％拡大（A4 用紙）

検査5−2　英語（リスニング）答案用紙

問題番号		答の番号	答の欄				採点欄
3	（1）	【15】	ア	イ	ウ	エ	【15】
	（2）	【16】	ア	イ	ウ	エ	【16】
4	（1）	【17】	ア	イ	ウ	エ	【17】
	（2）	【18】	ア	イ	ウ	エ	【18】
5	（1）	【19】	ア	イ	ウ	エ	【19】
	（2）	【20】	ア	イ	ウ	エ	【20】

検査	受付番号	得点
5−2		

※実物の大きさ：141％拡大（A4用紙）

検査２　社会答案用紙

問題番号		答の番号	答の欄		採点欄
1	（1）	【1】		ア　イ　ウ　エ	【1】
	（2）	【2】	A　B　C　D		【2】
	（3）	【3】	i 群　ア　イ　ウ　エ	ii 群　カ　キ　ク　ケ	【3】
	（4）	【4】	資料Ⅲ　A　B　C　D	資料Ⅳ　P　Q　R　S	【4】
	（5）	【5】		A　B　C	【5】
2	（1）	【6】	i 群　ア　イ　ウ　エ	ii 群　カ　キ　ク　ケ	【6】
	（2）	【7】	自由権　ア　イ　ウ　エ	社会権　ア　イ　ウ　エ	【7】
	（3）	【8】	（　　）→（　　）→（　　）→（　　）		【8】
	（4）	【9】	i 群　ア　イ　ウ	ii 群　カ　キ　ク	【9】
	（5）	【10】	**資料**Ⅳ中の愛知県を除く残りの県のうちから，愛知県と同様に，農業産出額に占める最上位品目の割合が50％未満である県を**すべて**選び，その県にあたる部分を**すべて黒く塗っ**て示せ。		【10】
3	（1）	【11】		ア　イ　ウ　エ	【11】
	（2）	【12】	ア　イ　ウ　エ　オ　カ		【12】
	（3）	【13】	ア　イ　ウ　エ		【13】
	（4）	【14】	ア　イ　ウ　エ	11	【14】
	（5）	【15】	社会	ア　イ　ウ　エ　オ	【15】
4	（1）	【16】	i 群　ア　イ　ウ　エ	ii 群　カ　キ　ク　ケ	【16】
	（2）	【17】	ア　イ　ウ　エ		【17】
	（3）	【18】	A　ア　イ　ウ　エ　オ	B　ア　イ　ウ　エ　オ	【18】
	（4）	【19】	i 群　ア　イ　ウ　エ	ii 群　カ　キ　ク　ケ	【19】
	（5）	【20】	i 群　ア　イ　ウ　エ	ii 群　カ　キ　ク	【20】

検査	受付番号	得点
2		

検査４　理科答案用紙

問題番号		答の番号	答の欄	採点欄
1	(1)	【1】	ア　イ　ウ　エ	【1】
	(2)	【2】	吸収する器官 W X Y Z ／ 貯蔵する器官 W X Y Z ／ ア　イ　ウ　エ	【2】
2	(1)	【3】	ア　イ　ウ ／ □□□ の法則	【3】
	(2)	【4】	ア　イ　ウ　エ　オ	【4】
	(3)	【5】	ア　イ　ウ　エ　オ	【5】
3	(1)	【6】	□□□□ ／ ア　イ　ウ　エ　オ　カ	【6】
	(2)	【7】	ア　イ　ウ　エ　オ	【7】
4	(1)	【8】	□□□□ 前線	【8】
	(2)	【9】	(　　) → (　　) → (　　)	【9】
	(3)	【10】	□□□□□□ 6	【10】
5	(1)	【11】	ア　イ　ウ　エ　オ	【11】
	(2)	【12】	g	【12】
	(3)	【13】	g	【13】
6	(1)	【14】	□□□□□□ ／ i 群 ア　イ ／ ii 群 カ　キ　ク　ケ	【14】
	(2)	【15】	ア　イ　ウ　エ	【15】
7	(1)	【16】	ア　イ　ウ　エ	【16】
	(2)	【17】	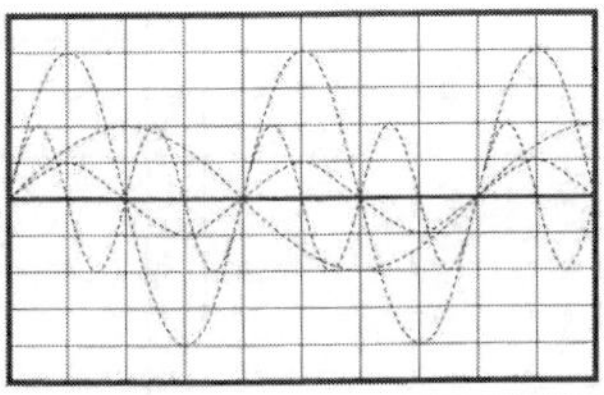 ／ ア　イ　ウ　エ	【17】
8	(1)	【18】	cm/s	【18】
	(2)	【19】	秒	【19】
	(3)	【20】	0.1 秒から 0.3 秒までの間 ア　イ　ウ　エ ／ 0.6 秒から 0.8 秒までの間 ア　イ　ウ　エ	【20】

検査	受付番号		得点
4			

検査1　国語答案用紙

問題番号		答の番号	答の欄	採点欄
一	(1)	【1】	a 下　　d	【1】
	(2)	【2】	ア　イ　ウ　エ	【2】
	(3)	【3】	ア　イ　ウ　エ	【3】
	(4)	【4】		【4】
	(5) ㊀	【5】	A　　B	【5】
	(5) ㊁	【6】	ア　イ　ウ　エ	【6】
二	(1)	【7】	ア　イ　ウ　エ	【7】
	(2)	【8】	1　2　3　4	【8】
	(3)	【9】	ア　イ　ウ　エ　オ	【9】
	(4) ㊀	【10】	ア　イ　ウ　エ	【10】
	(4) ㊁	【11】	～	【11】
	(5)	【12】		【12】
	(6)	【13】	Ⅰ　ア　イ　ウ　エ　Ⅱ　カ　キ　ク　ケ	【13】
	(7)	【14】	Ⅰ　ア　イ　ウ　エ　Ⅱ　カ　キ　ク　ケ	【14】
	(8)	【15】	Ⅰ　ア　イ　ウ　エ　Ⅱ　カ　キ　ク　ケ	【15】
	(9)	【16】	容	【16】
	(10)	【17】	ア　イ　ウ　エ	【17】
	(11) ㊀	【18】	ア　イ　ウ　エ	【18】
	(11) ㊁	【19】	ア　イ　ウ　エ	【19】
	(11) ㊂	【20】	Ⅰ　ア　イ　ウ　エ　Ⅱ　カ　キ　ク　ケ	【20】

検査	受付番号	得点
1		

※実物の大きさ：141% 拡大（A4 用紙）

2020 年度　京都府公立高等学校（中期選抜）［配点］

【数　　学】

1. 2点×8　2. 2点×2　3. (1)1点×2　(2)2点　4. (1)1点　(2)1点×2　(3)2点

5. (1)1点×2　(2)2点　(3)2点　6. (1)1点×2　(2)3点

【英　　語】

1. (1)1点×2　(2)〜(8)2点×9　2. 2点×4　3. 2点×2　4. 2点×2　5. 2点×2

【社　　会】

1. 1点×10　2. (1)1点×2　(2)2点　(3)2点　(4)1点×2　(5)2点

3. (1)1点×2　(2)2点　(3)2点　(4)1点×2　(5)1点×2

4. (1)1点×2　(2)2点　(3)2点　(4)1点×2　(5)2点

【理　　科】

1. (1)1点　(2)1点×3　2. (1)1点×2　(2)2点　(3)2点　3. (1)X：1点　YZ：2点　(2)2点

4. (1)1点　(2)2点　(3)2点　5. (1)1点　(2)2点　(3)2点

6. (1)方法：1点　ⅰ群・ⅱ群：2点　(2)2点　7. (1)2点　(2)波形：2点　YZ：1点

8. (1)1点　(2)2点　(3)1点×2

【国　　語】

一. (1)1点×2　(2)〜(5)2点×5

二. (1)〜(5)2点×6　(6)1点×2　(7)〜(10)2点×4　(11)㊀ 2点　㊁ 2点　㊂ 1点×2

~MEMO~

~MEMO~

~MEMO~